早稲田大学学術叢書──061

「よい市民」形成と アメリカの学校

革新主義期における愛国心の教育と多様性の保障

奴隷解放宣言 [米国議会図書館、cph 3A06245]

宮本健市郎＋佐藤隆之
Kenichiro Miyamoto＋Takayuki Sato

早稲田大学出版部

The Making of "Good Citizens" in American Schools
Fostering Patriotism and Ensuring Diversity during the Progressive Era

MIYAMOTO Kenichiro, Ph.D., is Professor at School of Education, Kwansei Gakuin University.

SATO Takayuki, Ph.D., is Professor at Faculty of Education and Integrated Arts and Sciences, Waseda University.

First published in 2025 by
Waseda University Press Co., Ltd.
1-9-12 Nishiwaseda
Shinjuku-ku, Tokyo 169-0051
www.waseda-up.co.jp

© 2025 by Kenichiro Miyamoto, Takayuki Sato

All rights reserved. Except for short extracts used for academic purposes or book reviews, no part of this publication may be reproduced, stored in a retrieval system or transmitted in any form whatsoever—electronic, mechanical, photocopying or otherwise—without the prior and written permission of the publisher.

ISBN978-4-657-25701-7

Printed in Japan

まえがき

　本書は，19世紀末ころから世界規模で推進された「新教育」運動を，主に
アメリカに注目して学び続けてきた筆者二人が，約15年にわたって行った共
同研究に基づいている（具体的な研究テーマや時期については，「あとがき」をご
覧いただきたい）。「進歩主義教育」と呼ばれるアメリカの新教育は「子ども中
心の教育」として知られているが，どのような「よい市民」を形成するのか，
その目標については，光があてられてこなかった。ここでいう「形成」は，意
図的・制度的な教育にくわえて，経験あるいは環境を通しての，無意図的で非
制度的な営みや作用を包括している。

　私たちが最初に取り組んだのは，学校で子どもの能力や学習成果を測定する
ペーパー・テストの開発と活用，とくにそれを可能にすると共に制約している
紙と鉛筆というメディアに注目した社会史的な研究であった。人間の能力を測
る具体的な方法に着目して，目標とする「市民」を明らかにしようとしたので
ある。

　その次に，通常の授業が行われる教室以外に，講堂や多目的室を設置すると
いう空間の改革を取り上げた。講堂や多目的室に地域の様々な職業の人々を招
くなどして，学校と社会を結びつけ，子どもが主体的に参加しながら市民とな
っていけるようにしていたことが目にとまった。当時の史資料には，「よい市
民（good citizen）」や「よい市民性（good citizenship）」があちこちで言及さ
れていることは，ペーパー・テスト研究のときから，気になっていた。それに
ついての研究が未開拓であるように思われ，アメリカの「よい市民（性）」教
育の研究へと舵をきることになった。そして，最後に，学校での教育実践のな
かで，「よい市民」がどのように形成されたのか，その実態の解明に取り組ん
だ。

　私（佐藤）が注目したのは，進歩主義教育の理論的源泉となったジョン・デ
ューイである。新味はないかもしれないが，デューイは「よい市民（性）」に
ついてまとまった論考を残さず，あちこちで散発的に検討しているようだった。
それらを整理し，全体像を描いてみたかった。言及がある文献をひとつずつ読

み込む作業により，デューイが説く「よい市民」観とその変容の概要はつかめたが，物足りなさも残った。デューイは社会の求めに応じ，その時代に即した市民を論じ続けた。その社会や時代の文脈がよくわからないまま，デューイの著作のみを解釈することに限界を感じていた。

　そんな時，宮本先生は，遊び場運動の指導者であったジョセフ・リーという，進歩主義教育研究のなかでほとんど言及されることがない人物を探し当てていた。リーは，アメリカ化の急先鋒に立った人物である。デューイほど著名ではないが，移民制限運動やリクリエーション運動で大きな影響力をもっていた。当時の社会や時代の動きを象徴していたのは，デューイではなく，リーではなかったか。そこで，デューイとリーの二人を対照させることで，近年話題になっている市民性教育の観点から，アメリカ進歩主義教育の解釈を深められるという見通しを得た。

　進歩主義教育は，対立する二つの立場を包含しつつ，"good"で形容される「市民」を教育しようとした。もとよりアメリカでは，人種，民族，宗教，文化などにおいて多様な人間がいることが国力の源となってきたという自負や信念から，多様性が重んじられた。本書が対象とするいわゆる「革新主義期」（1890年代から1910年代）においては，ひとりひとりの子どもを尊重しようとする進歩主義教育の思想が盛り上がっていた。その一方で，アメリカ社会の現実を見ると，「アメリカ化（Americanization）」を強力に推進し，愛国心を掲げる教育が推し進められていたことも確認できた。この背景に，アメリカを特徴づける多様性が，ひとつの国家としての統一性を損ね，混乱や不平等を招くという危惧や不安があったように見える。

　進歩主義教育の思想と実践は，このような矛盾を含んでいた。デューイの思想とリーの実践を照らし合わせることで，その矛盾が解明できるのではないか。そのような着想を発展させたのが本書である。

　長く共同研究を続けて，本書をまとめるにあたり，二つの柱を立てた。ひとつは，「よい市民」を形成するための学校の役割，もうひとつは，愛国心と多様性の関係である。

　まず，学校の役割について述べれば，近代国民国家の存立を支える制度とし

て確立された学校で，愛国心の教育が強調されることは自然なことである。学校では，「よい市民」とはなにかを特定し，それに向かって形成することが重視されるようになった。実際，本書で取り上げる進歩主義学校でも，帰化に関する法制を学び，愛国心の教育を行うための指導書も用いていた。学校はアメリカ化を推進するための橋頭堡となった。それにもかかわらず，学校には共和主義にたって多様性を積極的に推進することも期待されていた。学校教育はこのような矛盾を抱えていたのである。

　学校と社会を結びつける「社会センターとしての学校」が登場したのは，その現れとみることができる。たしかに，「よい市民」の形成に対して，学校教育に大きな期待をかける教育者は多かった。その一方で，学校における「よい市民」形成の限界を認め，あるいはそもそも学校に期待せず，学校という枠を超えて「よい市民」を育てようとする動きも革新主義期にはみられた。公教育制度の概念が拡大しつつあったのである。

　したがって，本書のタイトルにある「学校」は，制度上の狭い意味の「学校」をさすだけでなく，公教育制度そのもの，もしくは，社会との相互関係を重視したコミュニティ・スクールの意味も含んでいる。それはまた，子どもだけではなく大人も教育の対象とする組織（たとえば，本書で取り上げる，当初は子ども救済をめざし，後に青年や成人を対象とするリクリエーションの振興を目的とするようになった「アメリカ遊び場協会」）とも，深いつながりを持っていたことに留意してほしい。

　このように，「学校」は矛盾を抱えつつ，また，学校外の教育組織との複雑な関係のなかで，「よい市民」の形成に取り組んでいた。それを読み解くことが，本書のひとつの柱となっている。

　もうひとつの柱は，愛国心と多様性の意味や両者の関係である。元来，このふたつは密接に結びついていた。大きく言えば，市民革命によって絶対主義体制に終止符が打たれ，近代国民国家が成立した。市民には自由が承認されると同時に，その国家の形成者としての愛国心が求められていたから，民主主義と愛国心は結びついていたのである[1]。

　その結びつけ方は，今なお問い続けられている。多様性を尊重し，ひとりひ

とりに平等に機会を与える公正と包摂こそが社会や組織を成長させるという「DEI（多様性［Diversity］，公正［Equity］，包摂［Inclusion］）」が，1960年代の公民権運動のころから推進されてきた。ここ数年では，なんらかの障がいがある人々にまで広げて多様な能力を積極的に生かすべく，「ニューロ（神経・脳）」のレベルで多様性を尊重しようとする「ニューロダイバーシティ」や，性別二元論を超えたジェンダーの多様性や流動性も主張されている。

　その一方で，二度のトランプ政権の成立に象徴されるように，アメリカ・ファーストが強く叫ばれ，少なくないアメリカ国民の共感を得ている。多様性を推進する手段ともされるアファーマティブ・アクション（積極的差別是正措置）は違法という連邦最高裁判決が，2023年6月に出された。トランプ氏は，あらゆるDEIプログラムの終了を宣言してもいる[2]。実際，2025年1月20日に大統領に就任するや否やDEI施策を廃止した。DEIは，実力がないのに優遇されているという批判に用いられることもある。この流れは愛国に棹さしている。多様性を無視しえない現状を視野に入れつつも，アメリカなるものをひとつに見定めて同化を求めている。

　アメリカ革新主義期に限っていうなら，南北戦争を経てアメリカ国民の意識が醸成された。ほぼ時を同じくして，新移民の増加により，その意識が揺さぶられた。そのような状況に始まる革新主義期には，アメリカの民主主義と愛国心の結びつきが，他の時代とは異なる緊張感をもって注目の的となった。連邦政府は「アメリカ化」を積極的に進める政策をとり，アメリカで生活する多くの人々を対象とする壮大な市民性教育の実施を促した。

　ベラー（Robert N. Bellah）らは，コミュニタリアン（共同体主義者）といわれる立場から，アメリカにおける個人主義とコミュニティの関係を論じた書で，公的な生活の構成要因のひとつとして市民性について論じている。アメリカ固有の個人主義に基づくのは，自由に，つまり主体的，能動的，積極的にコミュニティに参加し，話し合う市民である。それゆえに多様である市民は，互いの違いに戸惑い，ときに自らの利益を手にすべく争うことを余儀なくされる。争いを克服するために，愛国に傾く市民が増えている[3]。参加し，争う市民，そ

---

　1)　日高六郎「愛国心」『日本大百科全書』（小学館，1998年）。
　2)　「国の象徴『多様性』に異変」読売新聞，2024年5月18日，朝刊，全国版，6頁。

の行き着く先として，戸惑いながらも多様性をなんとか保障しようとする市民や，愛国に統一性や安定を求めようとする市民がいる。アメリカの市民は，多様性と愛国心の狭間で揺れ動くことを宿命づけられているようである。

本書は，この揺れ動きの実態とその背景にある思想を，革新主義期における「よい市民」形成の実験を対象として解明する試みである。それにより，民主主義の危機が叫ばれる現在の民主的な市民の教育について，思想と歴史の観点から，いささかなりとも新たな知見を付け加え，示唆を与えることができれば望外の喜びである。

最後に，執筆分担について記しておきたい。全体の構成は宮本が構想した。本書の序章（第3節），第1章，第2章，第5章，第6章，第9章，第10章，終章（第1節と第2節と第5節）を宮本が執筆し，序章（第1節と第2節と第4節），第3章，第4章，第7章，第8章，第11章，第12章，終章（第3節と第4節）を佐藤が執筆した。ご覧になればわかるとおり，宮本がジョセフ・リーとクラレンス・A.ペリーに関するところを担当し，ジョン・デューイと進歩主義学校に関するところを佐藤が担当した。しかしながら，本書をまとめる際にはお互いに意見を交換しつつ，それぞれの責任で大幅に書き換えた。とくに，序章と終章は，二人の共同作業の所産と言ってもよいくらいである。

本書は，2023年度早稲田大学学術研究出版制度に応募し，採択されて公刊されるに至った。審査にあたって下さった先生方からは，貴重なコメントやご意見を賜わり，かなり改善できたと思っている。厚く御礼申し上げます。もちろん，不十分な点は筆者の責任であり，今後の研究でお答えできるように努力したいと思います。

佐藤 隆之

---

3) Robert N. Bellah, Richard Madsen, William M. Sullivan, Ann Swidler and Steven M. Tipton, *Habits of the Heart: Individualism and Commitment in American Life* (Berkeley: University of California Press, 1985), pp.200-203. ロバート・N.ベラー他（島薗進・中村圭志訳）『心の習慣：アメリカ個人主義のゆくえ』（みすず書房，1991年），241-245頁。

contents

まえがき …………………… i

序　章▶アメリカ革新主義期における
　　　　「よい市民」形成の思想と実態 …………………………… 001
　第1節　「よい市民」の理念と教育 ………………… 001
　第2節　愛国心の教育と多様性の保障
　　　　　──考察の方法と範囲 ………………… 007
　第3節　進歩主義教育運動とナショナリズムの展開
　　　　　──国民意識の形成と生活様式の画一化 ………………… 016
　第4節　本書の構成と概要 ………………… 025

第Ⅰ部　「よい市民」とはなにか
　思想・理念の解明　　　　　　　　　　031

第1章▶ジョセフ・リーにおける慈善と
　　　　リクリエーションの思想
　　　　アメリカ遊び場協会での仕事を中心に ……………………… 032
　はじめに ………………… 032
　第1節　子ども救済運動──マサチューセッツ公民連盟 ………………… 033
　第2節　アメリカ遊び場協会の継承と変質 ………………… 038
　第3節　地域奉仕活動の推進 ………………… 044
　おわりに ………………… 051

第2章▶ジョセフ・リーにおける
　　　　「よい市民」形成の論理 ……………………………………… 054
　はじめに ………………… 054
　第1節　建設的慈善の思想 ………………… 054
　第2節　リーの発達観──本能の解放 ………………… 061

contents

第3節 「よい市民」の形成
　　──家庭・学校・国家への忠誠心 ························ 068
おわりに──アメリカ的精神としての市民性 ················ 074

第3章▶デューイにおける「よい市民」の理念
　　読解「教育の根底にある倫理的原理」(1897) ············· 077

はじめに──デューイの原点 ·················· 077
第1節 デューイの市民性教育論を問う意義と課題 ·················· 078
第2節 「子どもとしての市民」
　　──家族・仕事・コミュニティ ·················· 084
第3節 アメリカにおける「よい市民」(1)
　　──アメリカの民主主義 ·················· 090
第4節 アメリカにおける「よい市民」(2)
　　──ケアする市民，ケアされる市民 ·················· 094
第5節 社会を理解する市民
　　──「社会的想像力と概念作用の習慣形成」 ·················· 098
おわりに──〈倫理的原理〉が示唆する「よい市民」 ·················· 101

第4章▶デューイにおける「よい市民」の探求
　　「よさの多様性」 ·················· 104

はじめに──20世紀初頭から1920年代半ばまでの展開 ·················· 104
第1節 「社会センターとしての学校」論における市民性 ·················· 108
第2節 労働者としての市民 ·················· 121
第3節 民主主義と教育における民主的市民 ·················· 125
第4節 市民性論議のなかのデューイ ·················· 131
おわりに──デューイの「よい市民」の展開と多様性 ·················· 137

第Ⅱ部 学校は「よい市民」を形成する場となりうるか
学校になにを期待するか　143

第5章▶アメリカにおける遊び場運動の起源と展開

　子ども救済からリクリエーションへ ································· 144

はじめに ·············· 144

第1節　遊び場運動の起源──慈善活動への公的支援 ·············· 146

第2節　遊び場への公的支援の形態──三つの型 ·············· 149

第3節　アメリカ遊び場協会の結成と方針転換 ·············· 159

おわりに ·············· 167

第6章▶社会センターとしての学校の実験と挫折

　校舎開放からコミュニティ・センターへ ···························· 168

はじめに──問題の所在 ·············· 168

第1節　社会センターの思想的起源 ·············· 171

第2節　ニューヨーク州ロチェスターの社会センター ·············· 173

第3節　社会センターからコミュニティ・センターへ

　　　──運動の広がりと変質 ·············· 180

おわりに ·············· 189

第7章▶デューイの社会センターとしての

　学校における市民形成

　福祉＝幸福（welfare）概念に注目して ·············· 191

はじめに ·············· 191

第1節　デューイの社会センターとしての学校論への再注目 ·············· 193

第2節　二つの社会センターとしての学校と身体的福祉＝幸福 ·············· 194

第3節　「意欲的で責任ある市民」の形成──自由と規律 ·············· 199

第4節　交差する身体的福祉＝幸福と社会的福祉＝幸福 ·············· 202

contents

おわりに──社会センターとしての学校の示唆と課題 ……………… 204

第8章▶社会センターとしての学校における
市民性教育の実際
ニューヨーク市におけるゲーリー・プランの実験 ………… 206

はじめに ……………… 206

第1節　ゲーリー・プランの実際
──ニューヨーク市での導入 ……………… 206

第2節　身体的福祉＝幸福に基づく市民性教育の実際 ……………… 213

第3節　ゲーリー・プランに対するデューイの期待とその解釈 ……………… 221

第4節　ゲーリー・プランの適応可能性 ……………… 225

おわりに──学校における「よい市民」形成の可能性 ……………… 230

第Ⅲ部　愛国心・忠誠心の教育が
「よい市民」の形成になるか
コミュニティ・儀式・授業　　　　235

第9章▶学校によるコミュニティ形成と国民形成
コミュニティ・センターから近隣住区論へ ……………… 236

はじめに──公教育におけるローカリズムとナショナリズム ……………… 236

第1節　コミュニティ形成論
──社会センター運動の目的と実際 ……………… 237

第2節　国民形成論
──コミュニティ・センター運動の広がり ……………… 244

第3節　アメリカ的コミュニティの探究
──家庭から国家，国家から世界へ ……………… 251

おわりに──コミュニティ・センター運動と市民形成 ……………… 263

第10章▶アメリカの公立学校における 国旗掲揚運動の起源と機能転換
統合から排除へ …………………………………………………………………… 268

はじめに …………………… 268
第1節　南北戦争の遺産
　　　　──戦争と愛国のシンボルとしての国旗 …………………… 269
第2節　国旗掲揚運動と国旗忠誠の誓い ………………… 271
第3節　国旗敬意法と国旗記念日の制定──多様性の否定 …………………… 283
おわりに ………………… 290

第11章▶市民性プロジェクトの授業とアメリカ化
帰化プロジェクトの実際 …………………………………………………… 292

はじめに …………………… 292
第1節　帰化プロジェクトの目的 ………………… 294
第2節　授業の「導入」部
　　　　──「要の問い」と『帰化法令集』 ………………… 296
第3節　授業の「展開」部──法的手続きに関する学習 ………………… 305
第4節　アメリカ化とプロジェクトの交差 ………………… 313
おわりに ………………… 316

第12章▶帰化プロジェクトにおける 忠誠心の教育と課題 …………………………………………………… 317

はじめに──帰化プロジェクトの授業の終末 ………………… 317
第1節　帰化プロジェクト第5ステップの構成
　　　　──移民の忠誠宣誓を助ける責任 ………………… 318
第2節　移民に対する共感の学習
　　　　──文学作品を用いた市民性教育 ………………… 320
第3節　移民とは誰か──移民の歴史と現在 ………………… 322
第4節　移民をめぐる時事問題のディベート ………………… 323
第5節　帰化プロジェクトにおける忠誠宣誓と責任の一解釈 ………………… 325

contents

第6節　市民性プロジェクトにおける多様性と愛国心 ‥‥‥‥‥‥‥‥‥ 327
おわりに ‥‥‥‥‥‥‥ 333

終　章▶「よい市民」形成の実態と論理 ‥‥‥‥‥‥‥‥‥‥‥‥‥‥‥ 339

第1節　ジョセフ・リーの思想と活動
　　　　──子ども救済から「よい市民」の形成へ ‥‥‥‥‥‥‥ 339
第2節　クラレンス・A.ペリーの思想と活動
　　　　──「アメリカ的生活様式」のための環境整備 ‥‥‥‥‥‥ 341
第3節　デューイの思想と進歩主義学校における実践 ‥‥‥‥‥‥ 343
第4節　愛国心と多様性の交差 ‥‥‥‥‥‥‥ 349
第5節　残された課題 ‥‥‥‥‥‥ 358

あとがき ‥‥‥‥‥‥‥ 363
主要参考文献 ‥‥‥‥‥‥‥ 369
事項・書名索引 ‥‥‥‥‥‥‥ 389
人名索引 ‥‥‥‥‥‥‥ 396
英文要旨 ‥‥‥‥‥‥‥ 399

図表一覧

表 0-1 「市民性の基礎概念」 …………………………………… 005

図 1-1 機関誌『遊び場』(1918 年 12 月号) の表紙 ………… 046

表 1-1 ジョセフ・リー年譜 ……………………………………… 052

表 5-1 マサチューセッツ緊急衛生協会による遊び場の設置状況報告
(1885-1900) ……………………………………………… 148

図 5-1 ゲーリー・スクールの全景 …………………………… 152

表 5-2 シカゴの公園とゲーリーの公立学校との比較 ……… 152

表 5-3 管理された遊び場が初めて設置された都市の数 …… 161

表 5-4 通年で開放している遊び場がある都市の数 ………… 161

図 6-1 次世代市民クラブのエンブレム ……………………… 175

図 6-2 日曜日の午後に開催された女性クラブ ……………… 176

図 6-3 社会センターの開校時間を示す掲示 ………………… 176

図 6-4 市民クラブの理念 ……………………………………… 176

表 6-1 社会センターにおける活動の分類 …………………… 186

表 6-2 社会センターの利用者数 ……………………………… 187

表 6-3 1 週間あたりのスクール・センター開催回数が増えている … 188

表 6-4 教育委員会が管理するスクール・センターが増えている … 188

表 6-5 スクール・センターの財源 …………………………… 188

表 6-6 スクール・センターの事業内容 ……………………… 189

図 7-1 「裁縫教室で自分たちの衣服を作る (インディアナ州ゲーリー市)」
……………………………………………………………… 195

図 7-2 エマソン・スクール ……………………………………… 196

図 7-3 「保育園から高等学校までのあいだ, 子どもは同じ校舎で過ごす
(インディアナ州ゲーリー市)」 ……………………… 203

図 8-1 フレーベル校の断面図 ………………………………… 208

表 8-1 第 45 公立学校の日課 …………………………………… 210

表 8-2 第 45 公立学校 8 年 B 組男子の日課 ………………… 212

表 9-1 学校施設の利用拡大によって, どのような地域改善が可能になるか
……………………………………………………………… 239

表 9-2 ラッセル・セイジ財団のリクリエーション部門パンフレット一覧

contents

⋯⋯⋯⋯⋯⋯⋯⋯⋯⋯⋯⋯⋯⋯⋯⋯⋯⋯⋯⋯⋯⋯⋯⋯⋯⋯	250
図 9-1　共同住宅地の近隣住区 ⋯⋯⋯⋯⋯⋯⋯⋯⋯⋯⋯⋯⋯	259
図 9-2　近隣住区として計画された落ち着いた住宅地の土地利用 ⋯	260
図 10-1　多民族の集合 ⋯⋯⋯⋯⋯⋯⋯⋯⋯⋯⋯⋯⋯⋯⋯	270
図 10-2　勇者を讃えよ ⋯⋯⋯⋯⋯⋯⋯⋯⋯⋯⋯⋯⋯⋯⋯	270
図 10-3　われらの旗 ⋯⋯⋯⋯⋯⋯⋯⋯⋯⋯⋯⋯⋯⋯⋯⋯	272
表 10-1　コロンビア特別区における国旗関連年表 ⋯⋯⋯⋯⋯	286
図 10-4　新聞記事 *The Evening Star*, June 11, 1908 ⋯⋯⋯	287
図 10-5　新聞記事 *The Evening Star*, June 14, 1917 ⋯⋯⋯	287
図 11-1　ニューヨーク市パークロウの郵便局（1906 年）⋯⋯⋯	300
図 11-2　ウールワースビル ⋯⋯⋯⋯⋯⋯⋯⋯⋯⋯⋯⋯⋯	302
図 11-3　郵便局と市庁舎 ⋯⋯⋯⋯⋯⋯⋯⋯⋯⋯⋯⋯⋯⋯	303
図 11-4　ニューヨーク市マンハッタンと帰化プロジェクト ⋯⋯	304
図 11-5　第 1 書類（意思申請書）⋯⋯⋯⋯⋯⋯⋯⋯⋯⋯⋯	307
表 12-1　授業外の読書 ⋯⋯⋯⋯⋯⋯⋯⋯⋯⋯⋯⋯⋯⋯⋯	321
表 12-2　ハズバンド『選ばれたアメリカ人—異国の地に生まれた偉大な市民の伝記』（1920）で取り上げられている元移民 ⋯⋯⋯	323
図 12-1　政府の比較 ⋯⋯⋯⋯⋯⋯⋯⋯⋯⋯⋯⋯⋯⋯⋯⋯	329

序 章

アメリカ革新主義期における 「よい市民」形成の思想と実態

第1節 「よい市民」の理念と教育

1 本書の目的

　本書の目的は，19世紀末ころから1920年代ころにかけてのアメリカ合衆国（以下，基本的には「アメリカ」と表記）における市民形成の思想や実態を，市民（性）という概念・用語に注目し，その歴史的経緯を探りながら解明することにある。アメリカは，超歴史的，超民族的な理念に則る「理念の共和国」として，多様性を重んじる伝統を有する。他方，アメリカがひとつの国家であるという意識を強化する，愛国心の教育にも力を注いできた。その対照的ともいえる二つの立場や，両者の関係性について，筆者二人の専門である教育学（教育史，教育思想）の観点から解釈し，その当時求められた市民像をさす「よい市民」[1]の理念と教育について理解を深めることをめざす。

　具体的には，三つの問いを立てて論じる。第一は，「よい市民」とはなにかである（「よい市民」の思想・理念）。1890年代から1910年代までの約30年間を中心とするいわゆる「革新主義期（Progressive Era）」にはこの問いが，「よい人間（good person）」とはなにかという問いと重ね合わせて深められた。「よい市民」の理念は，アメリカの伝統的な共和主義に科学主義・合理主義を加味した複雑な構成体であったが，この時期には過去最大の市民参加が認められたとされる。その議論を，その後に出現する市民観の源泉として確認する。

　第二は，学校は「よい市民」を形成する場となったかである（学校における

1）　"good citizen" あるいは "good citizenship" の "good" の訳語や表記は，「良い」，「善い」，二つ合わせて「善良」などがあるが，それらの総称として，基本的には「よい」と訳す。

「よい市民」形成の可能性）。革新主義期には，漸く実現しつつあった公教育制度に社会改造の一拠点として期待をかける動きが顕著であったが，その一方で，社会改革よりも社会の現状に学校を合わせることをねらいとする学校改革も存在した。「社会センターとしての学校」という試みには，この二つの方向性があったことを論証する。

　第三は，学校における愛国心の教育が「よい市民」の形成になったかである（愛国心教育の実態）。「よい市民」の核とされた愛国心，あるいはアメリカという国や政府に対する忠誠心の教育の実態に迫る。そのために，「社会センターとしての学校」の後身であり，国民形成を目的に推進されたコミュニティ・センター運動と，学校における儀式と授業という具体的な取り組みに注目する。儀式については，アメリカ化を背景に広く普及した国旗掲揚儀式を取り上げる。授業については，アメリカ化の影響を受けながら，市民の形成をめざした進歩主義学校における，国家に対する忠誠心を主題とするプロジェクト学習を取り上げる。コミュニティ・センター運動や国旗掲揚は，どのようにして愛国心の涵養と結びつき，共和主義の多様性の理念を変質させることになったのか。学習者の興味・関心や主体性を重んじて多様性に配慮したプロジェクトは，「よいアメリカ国民」形成に回収されてしまわなかったのか。そのような観点から，学校における愛国心の教育実践を取り上げて，いかなる意味での「よい市民」形成であったのかを明らかにする。

2　「よい市民」とはなにか：二つの先行研究

　革新主義期の「よい市民」についての先行研究では，二つの研究が参考となる。ひとつがジョエル・ウェストハイマー（Joel Westheimer）の研究であり，もうひとつが，デイヴィッド・リッチ（David Ricci）の研究である。本書ではこの二つを「市民性」を分析するための枠組みとしたので，それぞれの要点を確認しておく。

a　「考え，関与する市民」：ジョエル・ウェストハイマー

　市民性教育を専門とするウェストハイマーは，ニューヨーク市に生まれ，同市の公立学校教師を務めた後，アメリカのスタンフォード大学で博士号を取得

し，現在はカナダのオタワ大学教授である。彼は革新主義期の市民性をモデルとして，現在望まれる市民を提起している。そのために，市民性教育史をふまえて，市民性概念を次のように類型化する。

第一は「個人的責任を果たす市民」である。それは，自分が属するコミュニティにおいてひとりひとりが，税金，清掃，リサイクル，献血といった責任を果たせる市民である。望ましい徳目を習得することで，自分が生活しているコミュニティに貢献できる個人としての市民をめざす。

第二は「参加的市民」である。これは，「市民の関心事や，ローカル・州・国のレベルにおけるコミュニティの社会生活に，積極的に参加する」市民である。アメリカの助け合い運動のひとつである「フード・ドライブ」（企業，学校，教会などがスポンサーとなり，コミュニティに食料の寄付を募り，低所得層に配給する慈善活動）のような活動を行う市民をめざす。

第三は「社会正義志向の市民」である。「コミュニティの生活や問題に関わる集団的な活動」を通して，内外のコミュニティが抱える課題に改善策を提起して行動できる市民である。そのために，問題の構造を，社会・政治・経済といった側面から，批判的かつ多面的に見極め，「根本的な原因」を理解できる市民をめざす。

以上の三つの市民性概念をもとにウェストハイマーは，革新主義期に提起されたジョン・デューイ（John Dewey, 1859-1952）のコミュニティとしての学校論と，デューイの理論を実践につなげる方法論の開発に取り組んだウィリアム・H・キルパトリック（William H. Kilpatrick, 1871-1965）のプロジェクト・メソッドを組み合わせて，「考え，関与する市民（thinking, engaged citizens）」を，第四の市民性概念として提起している[2]。

「考え，関与する市民」は，「個人的責任を果たす市民」を前提に，「参加的市民」と「社会正義志向の市民」を両立させる市民を意味する。それは，社会問題の原因について考え，その解決に関与することで，コミュニティに実質的

---

[2]　Joel Westheimer, *What Kind of Citizen?: Educating Our Children for the Common Good*（New York: Teachers College Press, 2015），pp.35-83. 佐藤隆之「コミュニティとプロジェクトに基づく市民性教育の原理―『コミュニティとしての学校』の再構築」『教育学研究』（日本教育学会）第 87 巻，第 4 号（2020 年 12 月），521-532 頁。

な貢献をもたらしうる市民である。逆に言えば，ただ参加するだけにとどまったり，社会問題の批判的分析に終始して行動できなかったりすることがない市民である。「個人的責任を果たす市民」，「参加的市民」，「社会正義志向の市民」の三つを統合し，それぞれの限界を超えるのが「考え，関与する市民」である。その市民のモデルは，デューイとキルパトリックらが活躍した，革新主義期に求められている。

　本書は，ウェストハイマーに倣い，革新主義期における「よい市民」に注目することで，「考え，関与する市民」という新たな市民観について理解を深めるための基礎としたい。

b 「よい人間」としての「よい市民」：デイヴィッド・リッチ

　政治学者のリッチは『アメリカにおけるよい市民性』において，革新主義期を「よい市民性への挑戦（The Challenge to Good Citizenship）」の時代と位置づけている。同書はアメリカ市民を導く原理や価値に関わる政治哲学史研究である[3]。リッチによると，革新主義期には，「よい市民」を越える「よい人間」の形成が論じられ，「挑戦」の核心となった。リッチは，人間形成という教育学的な課題にふれており，本書で考察する「よい市民性」の分析枠組みとなる点で重要である。

　リッチは，「アメリカにおけるよい市民性」を，主に公的文書—独立宣言，ブラウン判決など—の分析に基づき，三つに類型化している[4]。それにより，革新主義期には，「よい人間」とはなにかという，より根本的な観点から，「よい市民」が論じられたとしている。

　市民性Ⅰは，自分が所属する国が定める法律に従う市民をさす。この場合の

---

3) リッチは，アメリカにおける「よい市民性」を，アメリカという国の一員としての身分（membership）や，それに付帯する義務に関わる市民の理念と定義し，建国以前から現代に至るまでの変遷をたどっている。それによると，市民の理念は，市民の一部の者に徳のある政治的行動を求めた建国当初の共和主義から，その要求をより多くの人に拡張した民主主義へと推移し，第二次世界大戦後には，消費者の願望や満足が重視される消費主義へと移行した。その後さらに，環境問題の深刻化を受け，公共政策による消費主義の規制を政府に求める「経済的良心」が「よい市民性」の条件となった。David M. Ricci, *Good Citizenship in America* (Cambridge, U.K.: Cambridge University Press, 2004), p.i.

4) 以下の市民性Ⅰ・Ⅱ・Ⅲの考察に関する出典は，*Ibid.*, pp.7-9.

「よい市民性」とは主に，「地域住民を敵から守り，保護する国の法律に従うということを意味する」。たとえば，赤信号で停まる，陪審員を務める，従軍する，税金を払うといった義務を果たせる，といったことである。

　市民性Ⅱは，「公益に関することについての意思決定に参加する権利が認められている」市民をさす。とりわけ重要になるのが，法に問題があったり，現行法では対応できなかったりする場合などには，立法の過程に関与できるということである。この場合の「よい市民性」とは，「自国の法律に従うとともに立法に手を貸す」（下線部の原文はイタリック体）ことを意味する。帰属意識が高く，能動的に政治に参加できる市民といってよい。

　それに対して市民性Ⅲは，遵法や立法を越えて，「徳のある行動（virtuous behavior）」や，「政治的手段や技能を駆使して適切に参加する義務」を果たせる市民をさす。この場合の「よい市民」は，そのような「行動」や「義務」に適う，「よい人間」を意味する。

　以上の市民性Ⅰ・Ⅱ・Ⅲを一覧にしたのが表0−1である。そこに示されるように，市民性Ⅰ・Ⅱの「よい市民」と，市民性Ⅲの「よい人間」の相違が顕著である。市民性Ⅰ・Ⅱは，基準を「国家」においている。市民性Ⅰは，特定の時代の国—たとえば現代の日本—に属すことで与えられる，「人の法的な地位」に関わるとされる。今自分が生きている国の法を遵守できるのが，市民性Ⅰである。市民性Ⅱには，それに参加と立法がくわわる。このような市民性Ⅰ・Ⅱは，自国に限定されており，それ以外との交流はないか，あっても乏しい。

表0−1「市民性の基礎概念」

	市民性	役割	基準
国家	Ⅰ	よい市民	法に従う
	Ⅱ	よい市民	参加する
社会	Ⅲ	よい人間	徳を実践する

出典：David M. Ricci, *Good Citizenship in America* (Cambridge, U.K.: Cambridge University Press, 2004), p.28.

　それに対して市民性Ⅲの基準となるのは「国家」ではなく，「社会」である。

ここでいう「社会」は，個々の「国家」を超えた広がりをもつ。「社会」に生きる市民は，自らが生きる「国家」を超えて，人間に求められる徳を考え，実践しようとする。市民性Ⅲは，徳の実践者という意味での「よい人間」という観点から，定義されることになる。

　その「よい人間」としての「よい市民」とは，市民性Ⅱの立法や参加を，さらに高い水準で実践する有徳の市民である。すなわち，無条件に服従したり，定められた手続きに従ったりするだけの政治参加を超えて，「政治的な資源と技能を駆使して，よく参加する」ことができる，能動的な市民といえる。

　「よい人間」としての「よい市民」は，「国家」が示す目的や手続きに閉ざされた立法や参加では，「社会」に悪い結果をもたらす場合があるという反省に基づく。「悪い結果」の例としては，ナチスの幹部であり，ユダヤ人集団殺害の責任者のひとりであるアイヒマンによる「合法化されたジェノサイド」があげられている。そのような事態を回避するために，徳の実践を重視し，「よい市民」に「よい人間」であることを求める。「よい市民」とは徳の実践者として，「適正な国家（decent state）」をつくることに寄与する。

　以上のような市民性概念の分析枠組みからリッチは，革新主義期を，「よい人間」をめざす「よい市民性への挑戦」の時代とみなしている。革新主義期には，それ以前に普及していたアメリカ独自の民主的共和主義に基づく「よい市民性」が通用しなくなり，再構築を迫られていた。民主的共和主義は，第7代大統領アンドリュー・ジャクソン（Andrew Jackson, 1767-1845）による「ジャクソニアン・デモクラシー」の時代に端緒が開かれ，建国期の共和制を支持し，人種，性別，年齢といった観点から市民性の対象を拡張しようとする理念である。それは，「共和主義的な市民性であると同時に，民主的尺度に基づく市民性でもあるような市民性の混成体」であり，「アメリカ市民のほとんどは徳がある」という信念に基づいて，かつてないほど多くの市民に参加を認めた[5]。

　この共和主義的で民主的な「よい市民性」という理念は，革新主義期に大きな転換点を迎えた。金権政治（いわゆる「マシーン政治体制」）を打破すべく，

---

5)　*Ibid.*, pp.96-97.

市民主体の「徳あるコミュニティ」をつくることがめざされた。革新主義者は市民に，ポピュリスト同様，市民性Ⅱの権利に基づく参加—住民投票，無記名投票，リコール，予備選挙，シティ・マネージャー（市議会が選任した行政の専門家に市政の権限を委ねて効率化を図る，アメリカ特有の市政執行機関），女性投票権など—を認めた。と同時に，「より徳あるコミュニティをつくる新しい法律を支持する」という意味での市民性Ⅲも求めた。そのような市民は，国家の枠には収まりきらない「よい人間」でもある。革新主義期は，「よい人間」というレベルでの「よい市民性」への「挑戦」が試みられた時代であった[6]。

　このような「よい人間」としての「よい市民」は，先にみたウェストハイマーがいう「考え，関与する市民」と重なる。「個人的責任を果たす市民」は，市民性Ⅰ・Ⅱの遵法と参加を，ひとりひとりが果たす市民に相当する。「参加的市民」は，市民性Ⅱと重なる。「社会正義志向の市民」は，「社会」を基準とし，よりよい参加を意味する点で市民性Ⅲと重なる。ウェストハイマーは「参加的市民」と「社会正義志向の市民」は対立することがあると指摘して，それを超える市民性概念として，「考え，関与する市民」を提起していた。それを基に，コミュニティに基づく学校で，学校外にまで視野を広げて思考する市民性教育を説いていた。そこでいう思考の範囲は，「ローカル，国家，グローバル・コミュニティ」を包括している[7]。「考え，関与する市民」は，リッチが注目する「社会」という基準を視野に収めている。

　では，革新主義期特有のこの「よい人間」としての「よい市民」とは，どのような市民か。「国家」を対象とする「よい国民」と，「社会」を対象とする「よい人間」の形成に矛盾はなかったのか。本書では，そのような観点から「よい市民」の理念と教育についての理解を深めていきたい。

第2節　愛国心の教育と多様性の保障——考察の方法と範囲

1　革新主義期の愛国心と多様性

アメリカ革新主義期の「よい市民」は，その概念や形成において，複雑な様

---

6)　*Ibid.*, pp.127-128.
7)　Westheimer, *What Kind of Citizen?*, p.80.

相を呈していることが，これまでの研究から明らかにされてきた。論点は，愛国心と多様性の二項の関係であった。いくつか見ておきたい。

教育史家ジェフリー・E. ミレル（Jeffery E. Mirel）は，「多からなる一（e pluribus unum）」を国璽（国家の表象）としてきたアメリカでは，アメリカ化推進者と移民の相互作用によって，アメリカ化にはコスモポリタン的で民主的な側面があったとする。それを「愛国的多元主義（patriotic pluralism）」と呼ぶ[8]。アメリカ市民性教育のカリキュラム史に詳しいキャスリン・L. ウェグナー（Kathryn L. Wegner）は，当時の市民性教育は連邦政府主導で移民対策や戦争準備の一環として推進され，愛国的な側面が強かったとする。しかし，それは自由主義者や平和主義者からも立場を超えて支持され，「より民主的で参加的であり，進歩的な市民性教育の種をまいた」とする[9]。愛国的でありながら，異なる立場にある者の参加も許容されたという指摘は，ミレルの「愛国的多元主義」に通底している。

同様の見解は教育史家デイヴィッド・タイヤック（David Tyack）にも見られる。タイヤックは，「多様性の社会（diverse society）」における「共通の土台（common ground）」の追求という観点から，アメリカ公教育史を再構築し，本書で注目する革新主義期の公民教育（civic education）は，多様性から統一性―あるいは差異性から同一性―へと軸足を移したとみる。たとえば，国旗掲揚のような「愛国的な実践」が顕著であったからである[10]。

その一方で，アメリカが多様性に本格的に向き合い始めたのが革新主義期であったとする研究もある。歴史家のオリヴィエ・ザンズ（Oliver Zuns）は，社会科学やテクノロジーが，多様性を民主主義社会の成立要件としうるという発想がこの時期に生まれたとしている。アメリカの伝統的な共和主義に基づく文

---

8) Jeffery E. Mirel, *Patriotic Pluralism: Americanization Education and European Immigrants* (Cambridge, Massachusetts: Harvard University Press, 2010).

9) Kathryn L. Wegner, "Progressive Reformers and the Democratic Origins of Citizenship Education in the United States during the First World War," *History of Education*, Vol.42, No.6 (2013), pp.713-715.

10) David Tyack, *Seeking Common Ground: Public Schools in a Diverse Society* (Cambridge, Massachusetts: Harvard University Press, 2003), pp.26-29.；デイヴィッド・タイヤック（黒崎勲・清田夏代訳）『共通の土台を求めて：多元化社会の公教育』（日日教育文庫，2005 年），34-37 頁。

化的多元主義（cultural pluralism）と，アメリカ化による統一性は，科学の力で両立しうるとすると考えたのである[11]。

南川文里は，2001 年の同時多発テロや 2016 年のイギリスの EU 離脱などが示すとおり，近年，逆風にさらされている多文化主義について検討した書で，次のように指摘している。

> アメリカ合衆国は，ヨーロッパから到来する移民，さまざまな歴史的背景を持つ植民地，地域経済の根幹にあった奴隷制度，そして先住民部族との緊張関係を抱えた建国期から，その内部の多様性を意識せざるをえない状況にあった。それゆえ，建国当初から，それが内に抱える多様性を，いかに 1 つの国家的枠組のなかで扱うのかを国家的な課題としてきた。しかし，アメリカ社会が，その多様性を「アメリカ人」の一部として，そのアイデンティティの模索を始めたのは，19 世紀後半から 20 世紀転換期にかけての時代であった。[12]（傍点引用者）

ここに指摘されているとおり，多様性という理念を，国レベルで課題として追求し始めたのが，革新主義期であった。愛国心という言葉こそ使われていないが，そのころ，愛国心と多様性の関係が，「国家的な課題として」本格的に問われたことが示唆されている。革新主義期において移民排斥やアングロ・サクソン系文化への同化主義が優勢になるなか，「多様性」の「意識」が，「多様性自体に積極的な価値を置き，個々の文化の尊重や共存を謳う思想」として芽生えていた。しかし，「20 世紀初頭に姿を現した多元主義的な社会体制は，人種主義の境界線を前提としており，それを越える多様性を認める社会を構想するには至っていなかった」ともされる[13]。

---

11) Oliver Zuns, *Why the American Century* (Chicago: The University of Chicago Press, 1998), p.129.；オリヴィエ・ザンズ（有賀貞・西崎文子訳）『アメリカの世紀―それはいかにして創られたか？』（刀江書院，2005 年）「第 6 章　自発主義から多元主義へ」，152-180 頁。

12) 南川文里『未完の多文化主義：アメリカにおける人種，国家，多様性』（東京大学出版会，2021 年），45 頁。

13) 同上書，46-47 頁。

以上のような先行研究からすれば，革新主義期における「よい市民」の背景
には，愛国的な市民と並んで，アメリカという一つの国や文化を越えて多様性
に価値を認める市民を形成することが，課題として浮上していたことがわかる。
基本的には，「愛国心の教育」が優勢であったが，アメリカという国の存立を
支えてきた「多様性の保障」に力を入れる動きもなかったわけではない。二つ
の課題への対応（とその失敗）が，アメリカ革新主義期における「よい市民」
の理念と教育を検討するうえでの鍵を握っている。

革新主義期においては，そのような「愛国心の教育」に基づく「よい市民」
と「多様性の保障」に基づく「よい市民」の二つが，時に対立し，時に重なり
あいながら，学校内外で市民が「形成」された。本書でその実相に迫っていき
たい。

2 リーとペリー，デューイ

そのような知見をふまえて本書では，愛国心を重視するパターンと多様性を
重視するパターンの二つに注目して考察を進める。

愛国心を重視するパターンとは，アメリカ化運動のように統一性や同一性を
重んじ，愛国心があることを「よさ」の基準として，市民を形成しようとした
タイプである。20世紀初頭における道徳教育の方法として知られる人格教育
では，教えるべき徳のひとつに「愛国心」が取り上げられている。そこにおい
ては，「愛国心とは，自分の国を愛することであり，その国の政府への従順さ
と忠誠を駆り立てるものである」とされた。愛国心は，自国や政府に対する忠
誠心を引き出す源泉とみなされた[14]。往々にしてそれは，反移民やアメリカ
第一を生じた。

このパターンの典型としてここでは，19世紀末から子ども救済に関わり，
1930年代まで遊び場運動の中心となったジョセフ・リー（Joseph Lee, 1862-
1937)，および社会センター運動に積極的に関与しつづけたクラレンス・A. ペ

---

14) Nel Noddings and Laurie Brooks, *Teaching Controversial Issues: The Case for
Critical Thinking and Moral Commitment in the Classroom* (New York: Teachers
College Press, 2016), p.9.；ネル・ノディングズ，ローリー・ブルックス（山辺恵理子監
訳，木下慎・田中智輝・村松灯訳）『批判的思考と道徳性を育む教室：「論争問題」がひ
らく共生への対話』(学文社，2023年)，16-17頁。

リー（Clarence A. Perry, 1872-1944）を取り上げる。リーとペリーは，ナショナリズムに軸足をおき，愛国心の教育に力を入れ，「よいアメリカ国民」を形成しようとした。

それに対して多様性を重視するパターンは，出自の異なる移民の差異性を尊重し，建国以来の共和主義やそれを継承する文化的多元主義を信奉する市民を「よい市民」とする。革新主義期においてこの立場は，国を挙げてのアメリカ化運動を前にしながら，多様性を保障しようとした。

その典型として注目するのは，アメリカの代表的な思想家デューイである。デューイはプラグマティズムの立場から，哲学，政治，芸術，宗教，文化，心理，論理学などを幅広く論じた。教育に関しては，人間と環境の相互作用とされる「経験」に基づく教育を説き，19世紀末ころから世界各国で推進された新教育運動の理論的基礎を築いた。シカゴ大学在籍時代（1894-1904）には，同大学の付属学校でそれを実験に移した。経験主義的な教育（個性教育，総合的な学習の時間，学びの共同体，アクティブ・ラーニング，協働学習，探究的活動など）が提唱される度に，デューイの思想と実験は繰り返し脚光を浴び，今日に至っている。当時の「よい市民」というと，デューイが説く多様性を尊重する民主的で参加的な「よい市民」の方が知られているであろう。

このように「よい市民」を二つに類型化して論じる本書は，三部構成をとり，各部において，まずリーとペリーを論じ，その後でデューイを論じる。それにより，アメリカ革新主義期における「よい市民」の教育の光と影，表と裏の両面を，合わせ鏡のようにして対比させることで，それぞれの主張や実践について理解を深められるようにする。そうして二つの異同に注目すると，大量の移民の流入，第一次世界大戦，アメリカ化運動というアメリカ史においても特筆すべき出来事が続いたその当時，愛国心を重視するパターンが現実には優勢であったことが改めて確認できる。多様性を重視するパターンは，それへの対抗策として機能した。愛国心の教育を無条件に是とする立場に疑義を呈し，多様性に意義を認め，保障しようとする立場が改善を迫るという構図を描くことができる。

二つを比較すると，共通点も見えてくる。対立や相違がありながらも，総じて「よい市民」を学校で教育するということに対しては，両者とも早くから懐

疑的なまなざしを向けていた。公教育制度が普及する途上の段階であったことを差し引いたとしても，学校に対する市民性教育への期待は大きいとはいえなかった。19世紀までの従来型の学校では不十分であり，大幅な学校改革と，学校の内と外をつなぐ市民の教育をめざす点では，両者の立場は一致していた。

　もちろん，リー，ペリー，デューイで，アメリカ革新主義期の「よい市民」の形成すべてを論じ尽くせるわけではない。上記の方法による考察の範囲を明確にしておくと，まず実態の解明について対象としたのは，リー，ペリー，デューイに関わる実践として確認できたものに限定されている。また，彼らと同じ白人中産階級と，彼らが主に論じた都市部の移民教育が中心である。それ以外，たとえば，アフリカ系アメリカ人知識人やジェンダー論に基づく新たな市民教育，共産主義や帝国主義の影響などについては，それぞれが重要な研究テーマとなりうるものであるが，本書で取り上げることができなかった。著者の力不足を残念に思うとともに，今後の課題として引き継ぎたいと思っている。

3　二つの「よい市民」を超える：両義性を指摘する先行研究

　本書の意図は，二つの「よい市民」の相違をとらえることだけにあるわけではない。先にふれたように，両者には共通点もあった。理論や実践における重なりをとらえることにも重点をおく。愛国心の教育がただちに多様性を無視した教育であったと速断してはならない。交通や通信の技術が発達し，国境を越えた人や物の動きがますます活発になる20世紀初頭のアメリカでは，愛国心と多様性の両面を見据える必要性が高まっていた。狂信的で偏狭な愛国主義者もいたが，世界市民の信奉者がいなかったわけでもない。多様性を支持する根拠の一つとして，コスモポリタニズムが言及されてもいる。20世紀後半以降の多文化主義をめぐる議論においては，「基本的にはナショナルなレベルにおける多様性の包摂を想定している」とされる。多様性とナショナリズムは，密接に結びつけられることがある[15]。

　革新主義期の市民（性）は，対立的であると同時に両義的であったことを強調しているのが，教育史家ジュリー・A. ルーベン（Julie A. Reuben）である。彼女は論文「政治を越えて──コミュニティ・シヴィックス[16]と革新主義期の市民性の再定義」において，コミュニティ・シヴィックスの特徴に注目し，革

新主義期に市民性概念は，法的定義から文化的定義へと変容したと主張する。
それにより，非政治性を特徴とする，つまりは「政治を超えた」，民主的で包
括的な市民性概念が確立したとする。民主的で包括的な市民性概念は，従来の
市民性概念とは異なり，古典的共和主義に基づく物質的経済的な自立ではなく，
平等主義に基づく主体的に思考し判断できる自立を条件としていた。それは，
「……一部のエリートではなく多くの者が，よい市民に必要とされる知的で道
徳的な発達の基礎的なレベルに達することができる」という信念に基づいてい
た。ここでいう「多くの者」には，女性や黒人などのマイノリティと並んで，
子どもも包括された。小学生であれ，「知的で道徳的な発達の基礎的なレベル
に達することができる」とされ，「よい市民」の対象となった[17]。

　このように脱政治化された「よい市民」概念には，相対立する二つの側面が
あった。ひとつは，進歩主義教育と整合的な側面である。コミュニティ・シヴ
ィックスのような新しい公民科は，「児童生徒が教材に積極的に取り組める
様々なテクニック」，具体的には，オープンエンドのディスカッション，警察
や消防署の訪問，フィールドトリップ，地方の諸機関の学習，市民活動への参
加，新聞の読解，スクラップブックの作成，生徒会などを取り入れた[18]。進
歩主義教育の影響がたしかに認められる。

　いまひとつは，国家主義的で効率主義的な側面である。「市民性教育が年齢
の低い子どもを対象にするようになると，教育者は服従や依存という言葉を，

---

15)　南川『未完の多文化主義』，8頁。アメリカで愛国心という言葉が重要になるのは，
　　アメリカ独立戦争（1775 ～ 1783 年）の時期とされる。このころ，愛国心は，「イギリ
　　スの権威に反対する革命的行動や自由を意味していた」。石生義人『アメリカ人と愛国
　　心：白人キリスト教徒の愛国心形成に関する社会学的研究』（彩流社，2011 年），11頁。
　　元来，アメリカにおける愛国心は，権威から人々を解放し，ひとりひとりに自由を承認
　　する多様性の理念と結びついていた。
16)　コミュニティ・シヴィックスは，20 世紀初頭における社会科教育改革のなかで提起
　　された。それまでの政治学を中心とする公民科を，「政治的市民性に限定せず，社会の
　　一員としての資質の育成を直接的な目標とし，内容を政治・経済・社会，すなわち，広
　　義の社会へと拡大した」ところに特徴がある。森分孝治『アメリカ社会科教育成立史研
　　究』（風間書房，1994 年），499頁。
17)　Julie A. Reuben, "Beyond Politics: Community Civics and the Redefinition of
　　Citizenship in the Progressive Era," *History of Educational Quarterly*, Vol.37, No.4
　　（Winter, 1997), pp.410-411.
18)　Ibid., p.404.

知らず知らずのうちに使うようになる場合が多かった」とされる[19]。「知らず知らずのうちに」という言い回しが示唆するように，一方的に強制するわけではないにせよ，親，教師，法律，コミュニティと政府，専門家などに対する「服従や依存」が求められた。

　以上の二面性が，「よい市民性」を両義的なものにした，とルーベンは解釈する。すなわち，「よい市民性」は，政府や個人の権利に関する知識ではなく，社会的発達とみなされ，「なすことを学ぶ」という理念に基づいて教えることが強調された。この点で進歩主義教育の理念に即している。その一方で，「よい市民性」の教育は，実際には，「特定の態度や行動」の習得を前提としていたから，「教条的（dogmatic）」ではなかったが，「教訓的（didactic）」であった。「よい市民」は相変わらず，「特定の態度や行動」をその「よさ」の基準としていた。この点で国家主義的な側面もある[20]。

　また，歴史学者クリストファー・J. サイファース（Christopher J. Cyphers）は，実業家，労働組合，政界・学界・法曹界などの指導者が政策改革団体として1900年に設立した全国市民連盟（National Civic Federation）の活動に注目して，革新主義期のアメリカにおける社会や政治の変革について論じた書で，「新しいリベラリズム」の出現に言及している。革新主義者は，産業化が進む社会に適合するように古典的リベラリズムに修正を迫り，個人の権利を，政府の介入によって追求する「新しいリベラリズム」を提唱した。全国市民連盟は，そのような理念に則り，経済的・社会的に大きく変動した時代を生きる市民の生活や待遇を，とりわけ労働者の立場から改善しようとした。

　このような改革には，本書の関心に引き寄せていうなら，愛国心と多様性の交わりが認められる。サイファースはデューイを，「新しいリベラリズム」に，

---

19)　Ibid., p.412.
20)　谷口和也と斉藤仁一朗は，このルーベンが指摘する革新主義期の市民性概念を参照して，「……生活主義的な教育が，必ずしも個人の権利の伸長や素朴な民主主義的意識の形成にあったのではなく，むしろ連邦政府重視の同化的な側面も持ち合わせていた」とする。アメリカ進歩主義教育における市民性教育は，個人の生活と権利に適う民主的な側面を示しつつ，同化的な色合いが強かったことが指摘されている。谷口和也・斉藤仁一朗「社会的・歴史的文脈をふまえた社会科成立の再解釈―社会の二層性とAHA七人委員会の歴史教育論―」『社会科研究』（全国社会科教育学会）第74号（2011年），28頁。

「社会的協力（social cooperation）」を軸とする「新しい多元的なパラダイム（new pluralist paradigm）」という理論的基礎を提供したひとりとみなしている。そのような理論は，アメリカ民主主義に反するとされる社会主義を，「新しいナショナリズム」と命名することで，やんわりと取り入れようとするものであった。その「新しいナショナリズム」は，アメリカ建国期に初代財務長官を務め，強力な中央集権政府の必要性を説いたアレクサンダー・ハミルトン（Alexander Hamilton, 1757-1804）の思想に基づき，愛国心でもって，資本家と労働者を調停しようとする[21]。全国市民連盟が信奉する「新しいリベラリズム」は，愛国心に媒介された「新しいナショナリズム」を支柱とする，多元主義を特徴とすることになる。その理念には，愛国心と多様性の分かちがたい結びつきがみてとれよう。

　ちなみにサイファースは，移民の視点から「新しいリベラリズム」を論じるなかで，全国市民連盟に対する厳しい批判者として，リーに言及している。全国市民連盟は，移民の増加は，国際社会におけるアメリカの重要性の高まりを表しているとした。移民はアメリカの理念の体現者であり，アメリカの成長の基礎であるとみなし，親移民の立場をとった。リーはそれを真っ向から批判し，反移民の立場をとった[22]。デューイとリーの対立がとらえられている。

　以上のような先行研究からすると，愛国心と多様性を軸とする二つの「よい市民」の思想と実態は，二項対立ではとらえきれない。その重なり，つまり国を愛することと，多様な人々や文化に寛容であることが結びつくような側面も重要になる[23]。

　では，当時の「よい市民」の思想と実態においては，愛国心と多様性がどう交わっていたのか。注目したいのは，それぞれの主張の異同であり，両者の関係性であり，それに基づく学校内外における実践である。

---

21)　Christopher J. Cyphers, *The National Civic Federation and the Making of a New Liberalism, 1900-1915* (Santa Barbara, CA: Praeger, 2002), p.35.; クリストファー・J. サイファース（伊藤健市訳）『全国市民連盟の研究：アメリカ革新主義期における活動』（関西大学出版部，2016年），50頁。
22)　*Ibid.*, p.103.; 同上訳書，147頁。

第3節 進歩主義教育運動とナショナリズムの展開
——国民意識の形成と生活様式の画一化

　本書は，19世紀末から20世紀初頭における進歩主義教育の思想と実践に焦点を当てて，「よい市民」とはなにか（「よい市民」の思想と理念），学校は「よい市民」を形成する場となったか（学校における「よい市民」形成の可能性），そして，愛国心の教育が「よい市民」の形成になったか（愛国心教育の実態）という三つの課題を立てた。

　これらの課題に応えるまえに，本節では，まず，進歩主義教育の意義を明確にする。アメリカ史の研究ではプログレッシビズムを革新主義と表現するのが通例であるが，子ども中心の理念と教育実践に着目する教育史では，進歩主義とするのが普通である。進歩主義は，革新主義とは異なる概念を含んでいることを明確にする。つぎに，進歩主義教育の社会史的背景を確認する。「よい市民」という表現は，20世紀の初頭に，学校教育の現場だけでなく，日常生活のなかでも，広く使われるようになっていた。「よい市民」という理念は，どのような社会状況のなかから生まれたのか。学校教育と関連の深いいくつかの事象をとりあげて，概観してみる。

1　進歩主義教育運動の意義

　アメリカの進歩主義教育史の本格的な研究は，ローレンス・A.クレミン（Lawrence A. Cremin）による『学校の変貌：アメリカ教育における進歩主義，1876—1957』（1961）から始まった。クレミンによると，「19世紀の後半に，

---

23)　「よい市民」を主題とするが，「わるい市民」を想定しているわけではないことにも付言しておきたい。これもやはり二項対立的に対置できるわけではない。注目すべきは，「よい」の多義性であり，それを踏まえた実践である。リーにとっては，国を愛することがまず「よさ」の基準となり，その前には家庭の一員，その後には国際社会の一員であることが条件とされていた。デューイの場合，家庭，地域コミュニティ，国，国外という異なるレベルでの「よさ」を想定しつつ，なにが「よい」かを，社会や時代の変化とともに探求し続けた。本書では，子ども中心と教師中心，知識と発達，民主主義とナショナリズム，個性と同化，善と悪といった二項を超えた市民の形成を，革新主義期の「よい市民」の特質として明らかにしていきたい。

文明が都市化され，工業化された結果としてもたらされた社会の混乱に対して，人間中心の立場から，アメリカ的生活が約束しているもの（人民の，人民による，人民のための政府という理想）を実現させようとする努力の一部として，進歩主義教育が始まった。……つまり，大文字で書かれているアメリカの進歩主義（American Progressivism）の一側面が進歩主義教育である。要するに，……個人の生活を改善するために学校を利用しようとする多方面の努力であった」[24]。具体的には，①学校教育のプログラムと機能を拡充して，健康，職業，家庭やコミュニティに関心を向けること，②心理学や社会諸科学における科学的研究に基づく教授学原理を教室の授業に応用すること，③あらたに学校教育を受けるようになった様々な種類の子どもひとりひとりにふさわしい教育をすること，④文化は卑俗化されることなく，民主主義化されうるという信念，以上の4点が進歩主義教育の核心をなすものとクレミンは見た[25]。

　クレミンの研究は，進歩主義教育運動をアメリカ社会の変貌のなかでとらえたことで，その後の進歩主義教育史研究の領域を大きく広げた。多くの教育史研究では，進歩主義教育の起源を子ども中心の思想に見いだし，J.-J. ルソー，J. H. ペスタロッチ，F. フレーベル，R・W. エマソン，フランシス・W. パーカー，ジョン・デューイ，ウィリアム・H. キルパトリックらの思想的系譜を重視する[26]。また，その一方で，具体的な学校教育実践の改革に着目して，1919年に結成された進歩主義教育協会（1919-1955）を中心とした教育改革を進歩主義教育とみなす研究も少なくない[27]。これらに対して，クレミンは，子ども中心の思想や学校の授業改革に狭く限定して進歩主義教育をとらえるの

24）　Lawrence A. Cremin, *The Transformation of the School: Progressivism in American Education, 1876-1957* (New York: Alfred A. Knopf, 1961), p.viii.
25）　*Ibid.*, pp.viii-ix.
26）　William J. Reese, "Progressive Education," John L. Rury & Eileen H. Tamura eds., *The Oxford Handbook of History of Education* (New York: Oxford University Press, 2019), pp.459-474.
27）　Patricia A. Graham, *Progressive Education From Arcady to Academe: A History of Progressive Education Association, 1919-1955* (New York: Teachers College Press, 1967). Harold O. Rugg, *American Life and the School Curriculum: Next Step toward Schools of Living* (Boston: Ginn & Co. 1936.); ハロルド・ラッグ（渡部竜也他訳）『アメリカ人の生活と学校カリキュラム：生活に根差した学校に向けての次のステップ』（春風社，2018年）。宮本健市郎『アメリカ進歩主義教授理論の形成過程：教育における個性尊重は何を意味してきたか』（東信堂，2005年）。

ではなく，学校を取り巻く社会の変貌に関連させて学校改革をとらえようとしたのである。クレミンの図書は二部構成で，第一部が「教育における進歩主義の衝動，1876—1917」，第二部が「教育における進歩主義の時代，1917—1957」となっており，社会変貌のなかで学校の変貌をとらえようとするその意図は明確であった。

本書で使用する進歩主義教育（progressive education）という用語は，クレミンに倣い，19世紀後半から20世紀前半にわたって，民主主義の理念の実現をめざし，子ども中心の理念を掲げて，学校教育の領域を拡大し，ひとりひとりの子どものニーズに配慮して，学校教育のプログラムを改革しようとした運動をさす。本書は，社会の変化のなかで学校の変貌をとらえるクレミンの視点を継承し，学校改革を社会改革の一環として，その実態と機能を解明することをねらいとする。

2 革新主義と進歩主義

約1世紀にわたって続いた進歩主義教育運動のなかで，本書が直接に取り上げるのは1890年代から1910年代までの約30年間が中心である。この約30年間は，アメリカ史でいうところの革新主義の時代とほぼ重なる。とくに，セオドア・ローズヴェルト大統領（在職：1901-1909），W. H. タフト大統領（在職：1909-1913），W. ウィルソン大統領（在職：1913-1921）の時期には，アメリカは国際的にはモンロウ主義からの転換，国内政治では，直接民主主義，市政改革，女性参政権などの推進，経済改革としては，独占企業の規制や労働条件の改善など，社会福祉政策としては，児童労働の制限や連邦児童局の設置，移民のアメリカ化（その反面としての移民制限）など，多方面で大きな改革が実施された[28]。

「革新主義」と呼ばれるこれらの改革が「よい市民」の形成とつながりをもっていたことは明らかであるが，それらをすべて取り上げて分析することは，

---

28)　Richard Hofstadter, *The Age of Reform: From Bryan to F.D.R.* (New York: Alfred Knopf, 1955)；R・ホーフスタッター（斎藤眞他訳）『アメリカ現代史：改革の時代』（みすず書房，1967年）。西崎文子『アメリカ外交の歴史的文脈』（岩波書店，2024年）。中野耕太郎『シリーズアメリカ合衆国③20世紀アメリカの夢：世紀転換期から一九七〇年代』（岩波書店，2019年）。

著者の能力を遙かに超えている[29]。本書は，学校を中心とした公教育の思想と制度，および学校教育の実践を具体的に見ていくなかで，どのような「よい市民」像が探求され，どのような方法でその形成がめざされたか，その結果なにが起きたか，これらを確認する。とりわけ，義務教育制度が徐々に普及していくなかで，公教育の概念が拡大し，機能が拡充していったことが重要である。学校のカリキュラムが拡大したこと，そして，学校と学校外の教育機関との協力が強まったことは，公教育の機能拡大とみることができる。本書は，機能を拡大させた公教育および学校に焦点を当てる。

アメリカ革新主義時代の教育改革でありながら，本書であえて進歩主義教育と表記するのは，プログレスという単語の翻訳であるという理由のほかに，もうひとつ重要な理由がある。19世紀末から20世紀前半にかけて世界の各地で生起した子ども中心の教育改革（新教育運動）と，アメリカにおける教育改革との連関を重視しているからである。これらの教育改革は，イギリスでは新教育（New Education），ドイツでは改革教育（Reformpädagogik），フランスでは新教育（éducation nouvelle），日本では大正新教育などと言われることがある。1921年には，フランス生まれだが，主としてイギリスで活躍したベアトリス・エンソア（Beatrice Ensor, 1885-1974）が中心となって，各国におけるこれらの運動が連携して新教育連盟（New Education Fellowship）を結成した。アメリカで1919年に発足した進歩主義教育協会（Progressive Education Association）は，その連盟に参加した[30]。子どもの自己表現や自発性，学校と社会の連携，子どもの個性尊重など，進歩主義教育の理念は，国際的にも共有されていた[31]。ところが，革新主義の一部として進歩主義教育を捉えると，アメリカの教育改革運動の国際性よりも，この時代のアメリカの独自な社会改

---

29) 松本悠子『創られるアメリカ国民と『他者』：「アメリカ化」時代のシティズンシップ』（東京大学出版会，2007年）。中野耕太郎『20世紀アメリカ国民秩序の形成』（名古屋大学出版会，2015年）などの研究がある。

30) 1919年に発足したときは，Association for the Advancement of Progressive Education という名称であったが，1920年に Progressive Education Association に改称された。Graham, *Progressive Education From Arcady to Academe*, pp.20-21.

31) 山﨑洋子『イギリス新教育運動の生起と展開：教師の自律性と専門職化の歴史』（知泉書館，2022年），長尾十三二監修『世界新教育運動選書』全30巻，別巻3巻，（明治図書，1983－1990年）など，参照。

革という側面が強調されることになる。革新主義を抜きにしてアメリカの学校改革はありえなかったとしても，本書の課題は，進歩主義教育の理念が，革新主義改革の影響を受けつつも，どのように実現したのか，変貌したのか，実現しなかったのかを解明することである。それとの関連においてのみ，革新主義にも触れる。

3　国民意識の創造

「よい市民」の概念は，革新主義とよばれる大規模な社会改革のなかでつくり上げられた。19世紀末から20世紀初頭にかけて，「アメリカ人」という意識が次第に芽生えてきたことを示す事象で，学校教育の実践と深いつながりがあるものを三例紹介する。「よい市民」を具体的に描き出すには，このような事例の積み重ねが必要である。本書はそのためのひとつの試みである。

ひとつの事例は，アメリカ合衆国（The United States of America）という用語法である。現代では単数扱いであるが，この用語は，南北戦争以前では，複数形として扱われるのが通常であった。合衆国憲法をみると，第3条第4節，第4条第4節，修正第13条などにみられるように，the United States は，文法どおり，複数形として扱われていた。19世紀前半に多くの学校で使用されていた地理書などでも，the United States は複数扱いであった[32]。この用語は南北戦争以後に，単数として扱われるようになっていた。たとえば，1887年1月1日のアイダホ州の新聞では，G. クリーブランド大統領は the United States are と使っているが，アメリカの人民は，the United States is であることを証明するために30万人の生命を犠牲にしたのだ，という記事がある[33]。1887年12月9日のサウス・ダコタ州の新聞には，"The United States is a nation." と "The United States are a nation." はどちらが正しいか，という文法問題が掲載されている[34]。1901年5月8日のニューヨーク・タイムズの

---

32)　たとえば，Jedidiah Morse, *Geography Made Easy* (Boston: Thomas and Andrews, 1813 ed.), p.87, p.100.; S. G. Goodrich, *A Pictorial Geography of the World* (Boston: C. D. Strong, 1856), p.86.

33)　*The Ketchum Keystone* (Idaho), January 1, 1887.

34)　"Grammatical Questions," *Wessington Springs Herald* (South Dakota), December 9, 1887.

記事では，リンカン大統領の後には，the United States を単数で受けるのが常になったとある[35]。その他いくつかの例をみると，遅くとも，1900 年ころには単数扱いがほぼ定着していた。そのころ，アメリカの人民がアメリカをひとつの国として意識するようになったとみてよいであろう。子どもたちは学校教育のなかで，「正しい」用語法を教えられたのである。これは市民性教育実践のひとつとみることができる。

　もうひとつの事象として，19 世紀末から始まった様々な国家的行事の広がりを紹介する。学校を通して，これらの行事に駆り出された子どもたちには，国民としての意識を強めることが期待されていた。よく知られているものは，1892 年の 10 月 12 日（コロンブス・デイ）に始まった公立学校における忠誠宣言（Pledge of Allegiance）の儀式である。アメリカ発見 400 年を記念して開かれたシカゴ万国博覧会のころ，この儀式が全国に広がった。1893 年には，『うるわしのアメリカ（America, the Beautiful）』，という愛国の歌も広まった。新移民が大量に流入し始めたときであるから，彼らをアメリカ人にすることが，これらの儀式や歌の主要な目的であったと考えられる。詳細は第 10 章で述べる。

　20 世紀になると，合衆国の歴史を記念するいろいろな国民的行事が実施された。たとえば，1901 年から 1921 年にかけて，南北戦争で命を落とした南軍兵士をアーリントン国立墓地に収容し，無名戦没者も葬った。これは，国家のために命を捧げることが価値ある行為であると，全国民が受け入れたことを意味する。その後，独立宣言採択 150 周年記念行事（1926），マサチューセッツ湾植民地 300 周年記念事業（1930），ヨークタウンの戦い 150 周年行事（1931），ジョージ・ワシントンの生誕 200 周年事業（1932），などが開催された。これらの行事は，アメリカ人としての自覚と愛国心を国民に教え込む効果が期待されていたと考えられよう。また，1916 年には連邦政府内に国立公園局が設置された。これは，当初は自然的風景の保存が目的であったが，1933年から歴史的な事柄を含むようになった。公衆に歴史を提示して，愛国心の涵養をめざしたのである[36]。このようにして，19 世紀末から 20 世紀の初頭に

---

35)　"Topics of the Times," *The New York Times*, May 8, 1901.

かけて，移民の大量流入があった時期に，アメリカ人としての意識がつくられ，国家統合の自覚と愛国心が強化されたのであった。

　三つ目の事象として，1924年移民法の制定を確認しておく。すでによく知られていることだが[37]，この法律は，「よい市民」の内容が大きく転換したことを示している。19世紀末から移民排除の動きはあったが，実際には，非アメリカ的文化をもって入国した移民をいかにアメリカ化するかが課題であった。それに対して，この法律は，アングロ・サクソン系以外の移民を，生まれ（血筋）にもとづいて「帰化不能外国人」として特定し，アメリカへの入国を拒否した。その結果，アメリカ国内に「差異の新たな分類と序列によって新しいエスニック・人種的地図」[38]ができることになった。1924年移民法を成立させたネイティヴィズム（排外主義）が，「文化ナショナリズムから人種ナショナリズムへ」[39]変化したのである。1920年代後半以後の「よい市民」は，こうした状況下で論じられることになった。その詳細は第Ⅲ部で論ずる。

4　「アメリカ的生活様式」の出現

　アメリカ革新主義期における「よい市民」の形成の意義と実態を解明するうえでは，「アメリカ的生活様式」が出現しつつあったという現実を確認しておくことが重要である。アメリカには憲法修正第14条（1868年確定）があり，政府がアメリカで生まれた人を差別することはできないはずだが，1920年代には，この平等原則を免れるための人種的理論が発明されていた。公的空間と私的空間を区別し，政府による人種差別は禁ずるが，私人の間では容認すると

36）　John E. Bodner, *Remaking America: Public Memory, Commemoration, and Patriotism in the Twentieth Century* (Princeton, N.J.: Princeton University Press, 1992).；ジョン・ボドナー（野村達朗他訳）『鎮魂と祝祭のアメリカ：歴史の記憶と愛国主義』（青木書店，1997年），256-312頁。

37）　古矢旬「新移民お断り―1924年移民法」有賀夏紀・能登路雅子編『資料で読むアメリカ文化史④アメリカの世紀：1920年代―1950年代』（東京大学出版会，2005年），55-72頁など。

38）　Mae M. Ngai, *Impossible Subjects: Illegal Aliens and the Making of Modern America* (Princeton, N.J.: Princeton University Press. 2004)；メイ・M.ナイ（小田悠生訳）『「移民の国アメリカ」の境界：歴史のなかのシティズンシップ・人種・ナショナリズム』（白水社，2021年），39頁。

39）　同上訳書，69頁。

いう方法である[40]。「アメリカ的生活様式」の出現はこの文脈で理解することができる。20世紀初頭の革新主義の時代に，裕福な中産階級の人々によって進められた社会改革運動のなかから生まれた「アメリカ的生活様式」の出現過程を確認しておこう。

革新主義運動に先行して現れた都市美運動は，「アメリカ的生活様式」の起源のひとつとみなすことができる。19世紀末の都市は，生活環境の悪化に悩まされていた。工場の増加と人口の集中，スラム街の出現や，子どもの遊び場の不足，少年非行や犯罪の増加など，衛生上，治安上の諸問題を抱えていた。このような都市をもっと住みやすく美しいまちにしようとする運動が都市美運動である。混乱した都市に秩序を与え，街路や公園を整備して労働者の健康や快適さに気を配った。たとえば，シカゴでは，建築家であり都市計画家でもあったドワイト・H. パーキンス（Dwight H. Perkins）が活躍した。都市美運動には，居住環境を改善したり，子どもの遊び場を設置したりするなどの福祉的な動機があったが，20世紀になると，効率と公共性をも重視した都市計画へと発展していった。そして，そのなかから，「アメリカ的生活様式」が徐々に出現した[41]。

1920年代ころには，「よい市民」であるためには「アメリカ的生活様式」を身につけることが必要になっていた。松本悠子によると，「アメリカ的生活様式」の重要な要素は，清潔，効率的家事，賢明な消費と家庭経営であった。これらの要素を実現する物理的環境が，1920年代に大都市の郊外に建てられた一戸建ての住宅であった。そこには，バスタブや時計があり，「合理的」消費と家庭経営をするためには銀行との取引が不可欠であった。これらのすべての価値観が「よい市民」には必要であった[42]。

このうち，「清潔」という価値観を例に，それがどのように「よい市民」と

---

40)　同上訳書，47頁。

41)　渡辺俊一『アメリカ都市計画とコミュニティ理念』（技報堂，1977年）第2章1節；長谷川洋・玉置伸伍「都市美運動の起源と意義―アメリカ都市美運動に関する研究（1）―」『福井大学工学部研究報告』第39巻，第2号（1991年9月），171-187頁。；「初期都市美運動における計画実現戦略―アメリカ都市美運動に関する研究（2）―」『福井大学工学部研究報告』第40巻，第1号（1992年3月），219-236頁。

42)　松本『創られるアメリカ国民と「他者」』，45-54頁。；奥出直人『アメリカンホームの文化史：生活・私有・消費のメカニズム』（住まいの図書館出版局，1988年），第4章。

関連していたかをみてみよう。都市美運動や都市計画を推進していた中産階級の人々は，清潔を重視した。大都市でおこった公衆浴場運動がその具体例である。貧困な労働者の住んでいる場所は非衛生的で，体を洗う設備も不十分で，伝染病が広がることがしばしば懸念されていた。彼らの病気を防ぐには，浴場が必要というわけである。ニューヨーク市教育長ウィリアム・H.マックスウェル（William H. Maxwell）は，「公立学校には図書館より浴場が必要だ」[43]と言っている。公教育の一部としても清潔が重視されるようになっていた[44]。

　清潔という価値観は，移民をアメリカ人にするために有効であった。カリフォルニア州の地方教育委員会のなかには，家庭教育担当者を雇って，家庭での「健康，衛生，清潔の法則」などを指導したり，さらに市民権獲得の方法までを忠告したりしたところもある[45]。清潔文化の歴史を研究したスーエレン・ホイ（Suellen M. Hoy）によれば，「1910年には，アメリカナイズする推進者は誰もが，清潔はアメリカ人であることの証明」[46]と考えるようになっていたのである。

　19世紀末に，清潔文化は道徳と結びつき，「よい市民」の要件として重視されるようになった。伝染病の防止という観点から公衆衛生はもっと以前から意識されてはいたが，病気の原因が次第に解明されていくと，ひとりひとりがな

43)　"Bath before Books, is Maxwell's Maxim," *The New York Times*, September 12, 1908.

44)　川端美季『近代日本の公衆浴場運動』（法政大学出版局，2016年）。; David Glassberg, "The Design of Reform: The Public Bath Movement in America," *American Studies*, Vol.20（Fall, 1979）, pp.5-21.; Andrea Renner, "A Nation That Baths Together: New York City's Progressive Era Public Baths," *Journal of the Society of Architectural Historians*, Vol.67, No.4（December, 2008）, pp.504-531.

45)　Suellen Hoy, *Chasing Dirt: The American Pursuit of Cleanliness*（New York: Oxford University Press, 1995）, pp.113-117.; スーエレン・ホイ（椎名美智訳）『清潔文化の誕生』（紀伊国屋書店，1999年），197頁。「よい市民」として社会に受け入れられることを期待して，清潔の徳を強調したのは移民だけではない。解放奴隷の地位向上のために活動していたブッカー・T.ワシントンもそのひとりであった。*Ibid.*, 89-92.; 同上書，154-161頁。「よい市民」の理念は，旧移民，新移民，黒人，ネイティブ・アメリカンなどの間で食い違いがあった可能性があるが，本書では，それぞれを詳細に分析することができなかった。今後の課題としたい。ただ，20世紀の前半に人間工学が発達し，「平均的アメリカ人」という理念が作りあげられていたとするザンズの解釈は示唆に富む。Zuns, *Why the American Century?*, Chapter 3.; ザンズ（有賀・西崎訳）『アメリカの世紀』，第3章。

46)　Hoy, *Chasing Dirt*, p.121.; ホイ（椎名美智訳）『清潔文化の誕生』，208頁。

にに注意すべきかが，明らかになってきた。清潔は，意識して努力すれば達成できるものであり，具体的な道徳の課題として提示しやすかった。1897年にニューヨーク市では青年道路清掃団が結成された。それは，物理的「汚れ」と倫理的「汚れ」の両方をとり除くことを目的としており，清潔と倫理が結びついていた。20世紀の初頭には，公立学校で家庭科や保健体育が普及し，教科書のなかで衛生や健康についての記述が大幅に増えた。また，家庭科や保健・衛生を履修する生徒が多くなっていた[47]。こうして，中産階級の間で受け入れられた清潔文化が学校教育を通してさらに広がり，標準的なアメリカ文化になっていった。

清潔文化を実現したのは，大都市の郊外に出現した一戸建て住宅であった。夫は家族のいる住宅から仕事場に通勤し，子どもは学校に行き，家庭に残された専業主婦が掃除，洗濯，育児に取り組む，というのが典型的な生活である。専業主婦の仕事は，清潔を維持すること，能率的な家事をすること，そして，賢明な消費と貯蓄であった。こうして，「アメリカ的生活様式」を実践し，「アメリカ的生活水準」を達成すれば，「よいアメリカ人」が作られると教育改革者も主張するようになったのである[48]。

1930年代ころには，これが理想的な「アメリカ的生活様式」とされ，「よいアメリカ人」となるための条件となっていた。

第4節　本書の構成と概要

本書は三部構成である。第Ⅰ部（第1章から第4章）では「よい市民」の理念と思想を明確にし，第Ⅱ部（第5章から第8章）で，学校を「よい市民」形成のための場所にしようとした教育実践の意義を考察し，第Ⅲ部（第9章から第12章）で，愛国心の教育が「よい市民」形成につながったかを問う。

第Ⅰ部は，第1章と第2章で，「アメリカ遊び場運動の父」と呼ばれるジョ

---

47)　*Ibid.* p.128.; 同上訳書，220頁。
48)　松本『創られるアメリカ国民と「他者」』，86頁。ドロレス・ハイデン（野口美智子・藤原典子他訳）『家事大革命：アメリカの住宅，近隣，都市におけるフェミニスト・デザインの歴史』（勁草書房，1985年），30-35頁。

セフ・リーに注目して，子どものための遊び場を設置するという福祉的な改革が，のちには，「よい市民」を形成するための教育へと変容したことを明らかにする。第3章と第4章で，デューイが説く市民あるいは市民性概念について論じる。リーの主張は当時のアメリカ化の趨勢に合致するものであったが，デューイは，それとは異なる「よい市民」論を提示していた。その論理を解明する。

第1章では，19世紀末から20世紀30年代までのリーの活動をたどる。リーは，1910年にアメリカ遊び場協会の会長に就任すると，協会の目標を，公立学校と連携して子どもの遊びを指導することから，若者の道徳を高め，「市民性」を形成することに変更した。その結果，協会と学校との連携が失われ，リクリエーション[49]による道徳性と市民性の形成が理念となった。その過程を追う。

第2章では，リーが構想した「よい市民」形成の論理を考察する。彼は，リクリエーション活動に取り組むことで人間の本能を解放し，家庭，学校，国家への忠誠心を形成しようとした。それにより「アメリカ的精神」をもつ「よい市民」，すなわち「愛国者」が形成されると考えた。そのような愛国心に軸足をおいた市民形成は，地域と国家を中心とし，学校に重きをおかない市民形成であった。それはまた，「アメリカ的精神」の有無で人々を選別する点で，排他的であったことを論じる。

第3章では，デューイが市民（性）やその教育について論じた原点ともされる「教育の根底にある倫理的原理」（1897）における「よい市民」の理念について考察する。デューイは，子どもの生活経験を市民の基礎に据えた。それを基に，アメリカという国家にふさわしい民主的市民を論じた。さらには，とらえどころがなく，しかも絶えず変動している社会という対象を，科学と想像力

---

49) リーもペリーも，リクリエーション活動をとおしての人間形成を重視した。ここでいう "recreation" は，文字どおり「再創造」であり，たんなる暇つぶしや息抜きの遊びではない。そこで本書では，「レクリエーション」ではなく，「リクリエーション」と記す。この意味での「リクリエーション」や，遊び，余暇による教育は，デューイが説く身体をとおしての教育に通底するところがある。リーとペリー，デューイは相違点がありながらも，学校教育の限界に目を向けるなど共通点もあったことは，本論で詳しく論じる。

を生かして理解し，改善に努める市民を提起した。この三つを「よい市民」の暫定的な原理として打ち出したことを明らかにする。

第4章では，20世紀に入ってから1920年代半ばまでを対象に，デューイによる「よい市民」をめぐる探求を跡づけた。「よさの多様性」を重んじ，「よい市民」の意味を，時代の変化や要請に応じて再構築し続けたことを論じる。19世紀後半から，コミュニティ，移民，女性，労働者，民主主義，市民の資格，市民性テストといった観点から，アメリカ市民とはなにかが問われていた。その問いをデューイも追求し続けた。そこで提起された，その時々の市民観や市民性概念を解明する。

第Ⅱ部では，「よい市民」を学校でどのようにして形成しようとし，いかなる結果になったかを論じる。注目するのは，学校を社会の中心に位置づけ，学校と社会のどちらをも改善することをめざした「社会センターとしての学校」である。

第5章では，学校における「よい市民」形成を考察するための基礎作業として，遊び場運動と学校教育との関係を具体的に解明する。ゲーリー市，ニューヨーク市，ボルティモア市，シカゴ市などを，公立学校と連携して子どもに遊び場を提供する典型的なパターンとして取り上げ，その実態と相違を明らかにする。リーはこのパターンを転換させ，遊び場運動と公立学校との連携をなくし，遊び場運動を青少年へのリクリエーションに変え，最終的には，中産階級の青年や大人向けのリクリエーションに重点をおくようになった。すなわち，学校の外で愛国心を教え込むことで「よい市民」の形成をめざしたことを明らかにする。

第6章では，ニューヨーク州ロチェスターに端を発し，学校による社会改革として注目を集めた社会センター運動について考察する。それは公立学校の校舎を起点として，住民参加の民主主義を実現し，住民が主体的に市民を形成することをめざしていた。ロチェスターで社会センターを開始したエドワード・J. ウォード（Edward J. Ward）や，それを実態調査に基づいて理論的に支えたクラレンス・A. ペリーに注目して，その市民形成の理論と実践を論じる。この運動においても学校との連携が途絶えていったこと，また，古きよきアメリカを再現しようとし，参加した市民が富裕層にかぎられたことなどの問題を指

摘する。

　第7章では，社会センターとしての学校について，それに先鞭を付けたデューイを取り上げる。デューイの社会センターとしての学校論や，実践されていた社会センターとしての学校に対するデューイの解釈や評価に注目して，個人と社会（あるいは国家）の相互関係に基づく「よい市民」形成の論理を明らかにする。デューイが説く社会センターとしての学校の原理は，「リクリエーションによる道徳性と市民性」（リー），「アメリカ的生活様式」（ペリー）のような特定の目標に向かって「よい市民」を形成するのとは対照的なアプローチをとった。貧困や人種などの理由でハンディを負った子どもたちも主体的に協力して学びうる，多様性を重んじた学校論を展開したことを考察する。

　第8章では，ゲーリー・プランをニューヨーク市に導入した実験を再検討する。ゲーリー・プランは，インディアナ州ゲーリー市でウィリアム・A. ワート（William A. Wirt）によって創始され，デューイと娘エヴリン（Evelyn Dewey）の共著『明日の学校』（1915）のなかで，社会センターとしての学校と評価された。本章では，学校の内外で，身体を使い，知識や技能を応用し，共に学び合うことを基礎とする「よい市民」を形成する学校の実際について考察する。また，学校とコミュニティを結びつけようとしたが，抵抗したコミュニティもあったことや，当時普及していた「アメリカ的生活様式」が，教育の到達目標となっていたといった課題も指摘する。

　第Ⅲ部では，「よい市民」の中心におかれた愛国心・忠誠心を涵養する学校教育の実態に迫る。対象とするのは，愛国心を重視するパターンとしては，コミュニティ・センター運動と，愛国心教育の典型とされる国旗掲揚儀式である。多様性を重視するパターンとしては，デューイの影響を受けた進歩主義学校における，移民の帰化を支援するプロジェクトの授業に注目する。

　第9章では，ペリーが指導したコミュニティ・センター運動を取り上げる。その前身である社会センター運動は，公立学校を中心に据え，そこでの活動を通して，市民を形成しようとした。これに対して，コミュニティ・センター運動は，ナショナルな観点から，「アメリカ市民」を形成することをめざした。ペリーはいずれの運動にも深く関与し，ローカルな「社会センター運動」を，ナショナルな「コミュニティ・センター運動」に転換させた。彼は，コミュニ

ティの親密性と同質性を「アメリカ的生活様式」に求め，「質のよい家庭」や「質のよい環境」で生活することを，「よい市民」になるための条件とみなした。また，リクリエーションを重視し，学校を含めた都市計画にも力を入れた。そのようなコミュニティ・センターにおける「アメリカ的」な「よさ」を軸とする排他的な市民形成の理論と実態を解明する。

　第10章では，公立学校で国旗掲揚の儀式が始まり，普及する過程をたどる。アメリカでは，南北戦争を経て，国旗は国家統合の象徴となり，19世紀末には，どこの公立学校でも国旗掲揚と国旗への忠誠宣言の儀式が行われるようになった。それは典型的な愛国心の教育であり，同時に，国旗に忠誠を誓わない人々を排除する根拠ともなった。国旗掲揚の儀式が徹底され普及する過程において，市民の多様性が否定されていった経緯を明らかにする。

　第11章では，進歩主義学校において，プロジェクト学習のひとつとして実践された，帰化プロジェクトの授業に注目する。帰化プロジェクトとは，たとえば，あるイタリア人の帰化を支援するためになにができるかを，生徒が中心となって探究するプロジェクトであった。忠誠心とはなにかを考え，実践する責任を果たすことを目標として，その学校があったマンハッタンというコミュニティでの体験的な学びを取り入れながら，帰化に関する法規や手続きに関する知識を学ぶ授業であった。愛国心の教育と多様性の保障を併存させるような授業であったことを明らかにする。

　第12章では，帰化プロジェクトの最終目標に設定された忠誠心をめぐる責任に関する授業に絞り込んで考察する。この段階では，元移民が書いた詩，自分たちの祖先や偉大な移民に関する調べ学習，移民の数を制限する1924年移民法の是非をめぐるディベートなどの探究的な活動が行われた。そこにみる忠誠心は基本的に，移民に限らずすべての生徒が共にアメリカという国の維持・発展に貢献しようとする態度や行動をさす。それは，国旗掲揚や忠誠宣言の儀式を一部に取り入れながらも，理念的にはそれに抗うような市民形成の試みであったことを明らかにする。ただし，既にアメリカ人となっている生徒たちが，移民と同じ地平に立つことができていたかは定かではないなど，いくつかの課題を抱えていたことも指摘する。

　終章では，各章の考察を整理し，リーとペリー，デューイがアメリカ革新主

義期において「よい市民」をどのようにとらえ，いかにして身につけられるよ
うにしたのかを総括する。それをふまえて，愛国心の教育と多様性の保障はど
のように相違し，また重なるところがあるのかを，「よい市民」の理念と，学
校における「よい市民」形成の可能性という観点から，明らかにする。最後に，
本書の考察から導き出せる革新主義期の「よい市民」形成の意義と残された課
題を示す。

第 I 部

「よい市民」とはなにか
思想・理念の解明

第1章

ジョセフ・リーにおける慈善と
リクリエーションの思想
アメリカ遊び場協会での仕事を中心に

はじめに

19世紀末から1920年ころまでアメリカで盛り上がった遊び場運動は，わが国では主として幼児教育の分野でしばしば言及されている。この運動が，子どもが自由に遊ぶための環境を普及させたことや，幼稚園の砂場の起源であること，また倉橋惣三を通して1926年の幼稚園令に影響を与えたことなどはよく知られている[1]。これらの解釈は誤りとは言えないが，日本における幼児教育の改善をめざす教育関係者の願望から導かれたものであり，アメリカ社会史の文脈で遊び場運動が果たした機能を見ていない。

これに対して，アメリカ教育史または社会福祉史の分野での近年の研究では，遊び場運動が子どもにルールや道徳を教えることがねらいであったことを強調したものが少なくない[2]。この観点に立てば，遊び場運動は，アメリカにおけ

---

[1] 橋川喜美代「幼稚園令に盛り込まれたアメリカ・プレイグラウンド運動の影響」『鳴門教育大学研究紀要』（教育科学編）17巻（2002年），105-113頁。；一村小百合「子どもの遊び場について考える—アメリカでのプレイグラウンド運動がもたらした効果とは」『関西福祉科学大学紀要』12号（2008年），91-100頁。；笠間浩之『〈砂場〉と子ども』（東洋出版社，2001年）。

[2] Lawrence A. Finfer, "Leisure as Social Work in the Urban Community: The Progressive Recreation Movement, 1890-1920," (Ph.D. dissertation, Michigan State University, 1974); Dominick Cavallo, *Muscles and Morals: Organized Playgrounds and Urban Reform, 1880-1920* (New York: University of Pennsylvania Press, 1981); Joe L. Frost, *A History of Children's Play and Play Environments: Towards a Contemporary Child-saving Movement* (New York: Routledge, 2010); 菅野文彦「アメリカ革新主義期における都市公立学校の機能拡大に関する考察— welfare-oriented progressives による民間事業からの影響に着目して—」『日本の教育史学』（教育史学会）第29集（1986年），150-168頁。

る市民性教育のひとつの起源として捉えることができる。実際に，20世紀初頭のアメリカ革新主義の時代には，「よい市民」の形成をめざす教育が急速に広がりつつあり，遊び場運動はその中の重要な一部であった。

　本章では，市民性教育の歴史という観点から，アメリカ遊び場運動の思想とその変質の過程に着目し，この変質を導いた重要な指導者のひとりとして，ジョセフ・リー（Joseph Lee, 1862-1937）を取り上げる。彼の活動は，遊び場運動に限られてはいない。彼は，1890年代にボストンで非行児童の調査と子ども救済のための活動に取り組み，1897年にマサチューセッツ公民連盟（Massachusetts Civic League）を結成した。1906年のアメリカ遊び場協会（Playground Association of America，以下PAA）結成の際にはPAA副会長に就任し，1910年から1937年に亡くなるまで，会長を務めた[3]。彼の活動の軌跡をたどり，子ども救済と慈善の思想がリクリエーション運動へと展開したこと，そして，その運動の中から「よい市民」形成の思想が現れたことを示したい[4]。

第1節　子ども救済運動——マサチューセッツ公民連盟

1　ボストンでの子ども救済運動

ジョセフ・リーは，1862年にボストン近郊のマサチューセッツ州ブルック

---

[3]　PAAは，1911年にPlayground and Recreation of America, 1930年にNational Recreation Associationに名称を変更した。章末に資料としてリーの年譜（表1-1）をつけた。

[4]　リーに関する伝記的事項の多くは，彼の没後15年の時点でまとめられたSaporaの博士論文およびその40年後に彼が再び書いた論文による。Allen V. Sapora, "The Contributions of Joseph Lee to the Modern Recreation Movement and Related Social Movements in the United States," (Ph. D. dissertation, University of Michigan, 1952); idem "Joseph Lee," in *Pioneers in Leisure and Recreation*, ed. by Hilmi Ibrahim (Reston, VA: American Alliance for Health, Physical Education, Recreation, and Dance, 1989), pp.65-78. Mobilyは，リーがアメリカにおける移民制限運動を強力に推進するとともに，遊び場運動を通して移民のアメリカ化を推進したところに，リーのレイシズムや優生学の影響を見いだしている。リーの思想の特質を解明しているが，リーがめざした「よい市民（アメリカ人）」，および愛国心形成の論理を解明することを意図していない。Kenneth E. Mobily, "Immigration Restriction, 'Americanization' and the Playground Movement," *Annals of Leisure Research*, Vol. 24, No. 2 (2021), pp.228-248.

ラインで生まれた。両親は植民地時代にボストンに渡ってきたピューリタンの子孫であった。リーの父は，ボストンの裕福な実業家であった。リーはハーバード大学でジョサイヤ・ロイス（Josiah Royce）やウィリアム・ジェイムズなどに哲学や心理学を学んで，1883年に卒業した。後年のリーの思想を見るとき，「忠誠心」を重んじたロイスの哲学からとくに強い影響を受けたと思われる。その後，1889年に同大学の法科大学院を修了し，法律の専門家として身を立てることも考えたようだが，法曹界には入らず，自らの進路を決めかねて，欧州を旅し，トルストイに会ったりした[5]。

　自らの進路を考えるなかで，リーは，子どもの遊び場に関心をもつようになった。そのきっかけは，大学を卒業するまえの1882年に，ボストン家族福祉協会が実施した子どもの遊び場に関する調査に参加したことであった。そのとき彼は，路上で遊んでいることが理由で子どもが逮捕されている現実を目にし，「子どもたちは，生きているせいで逮捕されているようなものだ」と疑問を感じたのである。この疑問が，彼が子ども救済と社会福祉に関心を向けるきっかけであった[6]。当時のアメリカでは，ニューヨーク市やシカゴやボストンなど，急速に大都市が発展しつつあった。都市は混雑し，子どもの遊び場は少なくなり，道路での子どもの遊びは危険を伴うものとなっていた。路上で遊んだことを理由に子どもが逮捕されることは大都市では珍しいことではなかったのである[7]。

2　非行対策と犯罪防止

　リーが取り組んだのは，都市における非行の調査であった。彼は，1889年から約10年をかけて，法律違反者，とくに子どもの実態を調査した。この調査では，雪玉を人に投げつけたとか，貨車の上にこっそり乗ったとか，路上で野球をしたとか，リンゴを盗んだとか軽度の違法行為は少年の間で増えているが，重大な犯罪は増えておらず，心配するほどのことはないという結論に達し

---

5)　Sapora (1989), "Joseph Lee," pp.67-68.
6)　"Joseph Lee, Expert in Recreation, Dies," *The New York Times*, July 29, 1937.; George D. Butler, *Pioneers in Public Recreation* (Minneapolis: Burgess Publishing Co., 1965), p.2.
7)　Frost, *A History of Children's Play*, p.85 は，ニューヨーク市の例を挙げている。

た。

　このような報告は他にもあったが，リーが新たに発見したのは，次のような
ことだった。逮捕の場所をみると，子どもの遊び場があるところでは，逮捕者
が大幅に少なくなる。国籍をみると，ユダヤ人の少年は逮捕される例が少ない。
季節をみると，4月から10月の間に逮捕者が多く出る。とくにこれは男子の
場合にあてはまる。市営浴場や少年クラブがあるところでは，少年非行が少な
い[8]。このような実態に目を向けたところに，リーの真骨頂があった。この調
査結果が，リーが子どもの遊び場の拡充を計画し始めるきっかけになったので
ある。

　この調査に取り組んでいたころ，リーは，類似のもうひとつの仕事を手掛け
た。それは，1893年にシカゴで開催される万国博覧会での展示の準備であっ
た。マサチューセッツ州は博覧会での展示を担当する州博覧会運営委員会を結
成し，そのなかに，慈善矯正部門小委員会を置いていた。小委員会の委員長が
死去したために，急遽1892年6月17日に，リーが小委員会の委員長に抜擢
されたのである。リーは，州内の慈善団体の詳細なリストを作成し，ひとつひ
とつの施設を紹介した，さらに，州内の慈善矯正の状況を概観できるような地
図や統計も展示した。とくに強調したのは，施設外での子ども救済や，里子に
出すことなどの実態であった。事実をできるだけ正確に提示することをもっと
も重視した[9]。このような彼の展示は，博覧会運営委員会から高い評価を得て，
リーはソーシャル・ワーカーとして広くみとめられるようになった[10]。

3　マサチューセッツ公民連盟の結成

　万国博覧会で成功をおさめたのち，リーは，マサチューセッツ州内における
児童の慈善矯正事業に積極的に取り組んだ。当時，州でその業務に当たってい
たのは，精神障害・慈善局（State Board of Lunacy and Charity）の管轄する学
校であったが，必ずしも管理が行き届いておらず，非行少年，障害者，扶養者

---

[8]　Joseph Lee, "Juvenile Law-breakers in Boston," *American Statistical Association Publication*, Vol.VIII（September, 1903）, pp.409-413.

[9]　*Report of the Massachusetts Board of World's Fair Managers*（Boston: Wright & Potter Printing Co., State Printers, 1894）, pp.137-141.

[10]　Sapora（1952）, "The Contributions of Joseph Lee," p.88.

のない子どもの区別もしていなかった。この状況を改善するためには，州児童局（State Children's Bureau）を創設することが必要とリーは考えた。子どもへの慈善や矯正を取り扱う公的機関や，私的な慈善団体が州内に相当数あることは十分に知っていたので，これらの諸機関や諸団体が協力できる新しい組織を作ろうとしたのである。1890年代にリーは児童局設置協会を結成して，その実現にむけて様々な努力をしたが，州児童局の設置には至らなかった[11]。

しかしながら，彼の活動は州民の慈善矯正への関心を高め，1897年にマサチューセッツ公民連盟（Massachusetts Civic League，以下MCL）が結成された。リーはその副代表[12]，のちには代表に就任した。この協会の憲章は次のとおりであった。

> 第一条　本協会の名称は，マサチューセッツ公民連盟とする。
> 第二条　本連盟の目標は，慈善矯正に関心をもつ人や団体の状況を民衆に広め，民衆の意見を組織すること，そして，社会改善の手段についての研究，注意深い枠組みづくり，組織的な運動を促進することである。
> （第三条以下略，第七条まである）[13]

この憲章から，MCLが，慈善矯正のための組織であること，そして，最終的には社会改善をめざしているということを読み取ることができる。

MCLが取り組んだことは，二つに分類できる。ひとつは，地域の具体的な課題への提言や宣伝である。例えば，少年の非行を防止するために，モデルとなる遊び場を設置した。また，運動場のない学校建築に反対したり，フランクリン地区に高速道路を通すことに反対したり，第九地区に3エーカーの遊び場の設置を援助したりもした。1904年には，建築家のオルムステッド（Frederic Law Olmsted, Jr.）の協力を得て，マサチューセッツ州町村地区改善会議（Massachusetts Conference for Town and Village Betterment）を設けた[14]。

---

11)　Ibid., pp.92-97.
12)　代表はユニテリアンの牧師 Edward Cummings（1861-1926）であった。
13)　*Annual Report of the Massachusetts Civic League, for the Year ending November 30, 1903*, p.4.

1898	＊州精神障害者委員会の設置
1900	＊精神障害者保護法（精神障害者を市町村の救貧院から救い出す法律）
1900	ボストン市児童施設管理委員会の廃止を阻止
1901	フランクリン地区の高速道路建設を阻止
1901	ワシントン校の建設計画に運動場を含むように要望
1902	＊新聞配達少年の資格認定の権限を市議会から学校委員会に移譲
1903	＊掲示板法（公園や緑地道路にある掲示板を制限する法律）
1903	ボストンの第九地区に，3エーカーの遊び場を確保
1906	＊公立学校生徒の医学的検査に関する法律
1908	＊州遊び場法

　もうひとつは，慈善矯正と地域改善のための法律の整備である。リー自身が法律の専門家でもあったので，とくに彼は積極的に関与した。MCLの初期の成果と言えるものをいくつか挙げると，上の表になる。星印をつけたものが立法化されたものである[15]。

　遊び場運動の発展に大きな影響を与えたのは，1908年に制定された州遊び場法であった。MCLの遊び場委員会の議長を務めていたリーが，遊び場を公的な制度として維持するための法律の制定に力を尽くしたことで実現したものである。この法律は，人口が1万を超える市は，遊び場を設置するかどうかの住民投票を実施しなければならないと定めた。その結果，23の都市のうち21の都市が，税金で維持される遊び場を設けることを決めたのである[16]。

　以上のように，ジョセフ・リーの活動は児童の慈善矯正の調査から始まったが，20世紀になると，それにとどまらず，マサチューセッツ公民連盟を通して，子どもの非行防止，身体の健康，そして，子どもの遊び場の保障と整備・拡充へと，その活動範囲を拡大していった。それらの活動は，子ども救済のた

14）　Edward Cummings, Joseph Lee, and Edward T. Hartman, "Massachusetts Civic League: Its Work and Object," *The Federation Bulletin*, Vol.II, No.2（November, 1904）, pp.37-39.

15）　Edward Cummings, Joseph Lee, and Edward T. Hartman, *Massachusetts Civic League, Its Legislative Function*（Boston, 1905?）; Lee, "Medical Inspection in the Public Schools," *The Federation Bulletin*, Vol.III, No.6（March, 1906）pp.320-322.

16）　Butler, *Pioneers in Public Recreation*, p.15; Lee, "How to Start and Organize Playgrounds," *The Playground*, Vol.III, No.9（February, 1920）, pp.1-11.

めの慈善活動と見ることができる。

第2節　アメリカ遊び場協会の継承と変質

　20世紀になると，ジョセフ・リーは，マサチューセッツ公民連盟だけでなく，様々な全国規模の団体で主導的な役割を担うようになった。本章では，彼が深くかかわったアメリカ遊び場協会の憲章の変化を手掛かりとして，リーの思想を見ていこう。

1　アメリカ遊び場協会の成立

　リーが子どもに遊び場を提供しようとする運動に取り組んでいたころ，ニューヨーク市では，ルーサー・ギューリック（Luther Halsey Gulick, 1865-1918）が子どもに遊び場を提供する運動を進めていた。コロンビア特別区ではヘンリー・S. カーティス（Henry S. Curtis, 1870-1954）も同じような運動に取り組んでいた。大都市の環境悪化と子どもの遊び場の減少は全国的な問題となっており，子どもに遊び場を提供しようとする運動は，全国に広がっていた。そこで，1906年4月に，各地の遊び場設置運動をまとめる組織として，アメリカ遊び場協会（Playground Association of America, 以下PAA）が結成された。セオドア・ローズヴェルト大統領を名誉会長とし，ギューリックが代表に就いた[17]。第一副会長はヘンリー・マックファーランド（Henry B. F. MacFarland），第二副会長はジェーン・アダムズ（Jane Addams），第三副会長がリー，事務局長がカーティスであった。

　PAAの機関誌『遊び場』の創刊号（1907年4月）の冒頭をみると，まず，PAA設立の経緯が簡潔に説明され，その次にカーティスがPAAの目的を「事務局長序文」（以下カーティス序文と記す）として述べている。それによると目的は四つあった。第一に，遊び場の建設計画と運営についての研究，第二に，遊び場についての研究文献，雑誌，写真，地図など，あらゆる資料を収集すること，第三に，収集した情報を公開し，普及させること，第四に，訓練を受け

　17）　詳細は，第Ⅱ部第5章で述べる。

た遊び場指導員の登録と管理であった[18]。PAA は，遊び場についての情報収集だけでなく，その普及，および，遊び場指導員の養成を重要な目的としていたことに注意しておきたい。

これをもとに，正式に PAA の憲章が作成された。以下のとおりである。

第一条（名称）本組織の名称は，「アメリカ遊び場協会」とする。

第二条（目的）本協会の目的は，全国の遊び場についての情報を集めて普及させ，遊び場への関心を高めることである。本協会は，すべての地域に遊び場と運動競技場を普及させ，学校と連携して遊びを指導することに努める。本協会は，予算が可能であるかぎり速やかにワシントンまたはニューヨークに国立遊び場博物館および図書館を設立する。それは，モデルとなるようなあらゆる形の遊び場や遊具，遊びに関する図書や文献，世界中の遊び場やゲームの写真や絵，遊びについてのあらゆる側面について，講演や写真や文献あるいは助言をあたえるような図書部門をもつ[19]。

（以下，補則まで含めて 36 条あるが，省略）

この憲章は，「カーティス序文」にある四つの目的のうち，第四の遊び場指導の専門員養成を除く三つが書きこまれており，カーティスの影響は確実である。ただ，PAA にとって重要であるはずの遊び場指導専門員の養成が含まれていない。その理由はわからないが，専門員の養成をどのようにするかについて，PAA の方針が不明確であったことは否めない。

実は，リーは，PAA に参加することに積極的ではなかった。PAA の関係者から副会長就任を打診されたが，一旦は断り，PAA 創設の会議にも参加しなかった。逆に，リーは，ギューリックらに，アメリカ公共空間協会（American Civic Association, 以下 ACA）への参加を提案した[20]。ACA は都市環境の改善

---

18) Curtis, "Foreword by the Secretary," *The Playground*, Vol.1, No.1（April, 1907），pp.9-10. 各項目には詳しい説明がついているが，省略した。

19) "Constitution of the Playground Association of America," *The Playground*, Vol.1, No.3（June, 1907），p.13.

をねらいとして，1904年にセントルイスで結成された団体であった。15の部会があったがそのうちのひとつが，リーが代表を務める公共リクリエーション部会（Public Recreation）であった。これは，子どもに遊び場を提供しようとした点で，PAAと共通するねらいを含んでいたが，ACAにとって，遊び場の設置は手段であり，都市問題の解決が最終的なねらいであった。

　これに対して，PAAは，遊び場の設置と普及が最大のねらいであり，そのための専門家の養成までをめざしていた。カーティスの推測では，PAAの会員の約半数が医学や生理学の専門家や運動トレーナー，4割が学校関係者，5パーセントが公共空間協会のメンバーであった[21]。実際，ギューリックは医師であり，ニューヨーク市の教育委員会で学校に体育を普及させることに実績をあげていた。カーティスはクラーク大学のG.スタンレー・ホールのもとで子どもの遊びについて研究し，ドイツの遊び場の実情の研究などに取り組んでいた[22]。憲章の中に「学校と連携して」という文言があることからもわかるように，ギューリックもカーティスも，遊び場を学校教育との関連でとらえようとしていた点で共通していた。これらのことを考え合わせると，PAAは，学校教育と強いつながりをもった遊び場指導の専門家団体として発展することをめざしていたとみることができる。PAA機関誌の創刊号の「カーティス序文」にあるPAAの目的には，その意図が現れていた。このようなPAAの方向性に対して，社会や環境の改善をめざすリーは，幾分かの違和感を持っていたものと思われる。

2　アメリカ遊び場協会会長への就任と憲章の改正

　PAAは，創設の翌年の1907年6月にシカゴで第1回大会を開催した。1908年9月にニューヨーク市で第2回大会，1909年5月にピッツバーグで

20）　Lee's letter to Mr. Woodruff, dated on March 5, 1906, in the National Recreation Records, Box 128, in Social Welfare Archives in University of Minnesota; David Benjamin Jones, "Playground Association of America: A Thwarted Attempt at the Professionalization of Play Leaders," Ed. D. dissertation, University of Oregon, 1989, pp.178-201.; Butler, *Pioneers in Public Recreation*, p.3.

21）　Jones, "Playground Association of America," p.183.

22）　Carleton Yoshioka, "Henry Stoddard Curtis, 1870-1952," in Ibrahim ed., *Pioneers in Leisure and Recreation*, pp.103-113.

第3回大会，1910年6月にロチェスター（ニューヨーク州）で第4回大会，1911年5月にワシントン, D.C. で第5回大会と回数を重ねた。遊び場をもつ都市の数は順調に増加し，機関誌『遊び場』は全国の遊び場の実態を示すよき情報源となっていった。

　だが，この短期間に，PAA の組織には大きな変更があった。1909年6月に，カーティスが事務局長を退き，ジェーン・アダムズも副会長を退いた。1910年7月に，ギューリックが会長を退き，リーが新会長に就任した。さらに，1911年6月に，協会の名称が，アメリカ遊び場リクリエーション協会（Playground and Recreation Association of America，以下 PRAA）に変更になった。

　これらの変更は，PAA の基本方針の大きな変更を伴っていた。その変化をよく示しているのは，PAA の憲章の変化である。1910年2月に発行された機関誌『遊び場』には，憲章の改正提案が掲載されている。執筆者はジョセフ・リーである。このとき，彼は憲章改正委員会の委員であった。その内容は，以下のとおりである。

> （名称）本組織の名称は，……遊び場協会とする。
> （目標）本協会の目標は，町の遊び場への関心を高め，家庭と学校と遊び場の間の共感と協力をいっそう親密なものにすることである。
> （メンバー構成）　以下略[23]。

　リーの提案では，具体的な遊び場の設置も，専門員の養成も目標にはなく，遊び場への関心を高めることや，共感や協力といった精神的な態度が重視されていた。

　1910年6月にリーが会長に就任したとき，協会は正式に新しい憲章を公表した。附則を除くと，全部で四条の簡潔なものである。その内容を見てみる。

> 第一条（名称）本協会の名称は，アメリカ遊び場協会とする。

23）　Joseph Lee, "Suggestion for a Constitution for a Playground Association," *The Playground*, Vol.III, No.9（February, 1910）, p.11.

> 第二条（目的）本協会の目的は，正常で健全な遊びと公共のリクリエーションを促進することである。
>
> 第三条（会議）会議の開催は，附則に定める。
>
> 第四条（修正）本憲章は，出席した全会員の過半数の投票があればいつでも修正することができる。その会議の招集状は，修正案を明細に記したものでなければならない。少なくとも10人のメンバーによって提案されていない限り，会議の招集状のなかに修正案が含まれることはない[24]。

　第二条（目的）の部分は，リーが先に提案していたものよりもさらに簡略になっている。とくに注目したいのは，リクリエーションという用語が採用されていることである。この用語が目新しいわけではないが，これ以後，遊び場という具体的な空間を示すものよりも，リクリエーションという人間の活動そのものを示す用語が頻繁に使用されるようになったことが重要である。第二条は，1910年7月以後，数年にわたって，機関誌『遊び場』の表紙タイトルの下（または目次の上）に記載されて，周知が図られた。

　以上の憲章の変更過程をみると，リーがPAAのなかで，地位を確立するにつれて，遊び場協会の目的が変容したことがわかる。PAAは，遊び場を設置し，普及させるという当初の具体的な活動よりも，リクリエーションへの意識を高めることを重視するようになったのである。

3　遊び場協会の基本方針の確立

　それにしても1910年の憲章はあまりにシンプルであり，具体的になにをめざすのか，明確ではない。そこで，協会は憲章を改訂したのと同時に，「建設的綱領」を1910年6月発行の機関誌で公表した。それは次の12項目であった。アンダーラインをつけたところは原文ではイタリック体であり，とくに強調されていたとみることができる。

---

24) Playground Association of America, *Constitution and By-Laws*, revised June 7, 1910, National Recreation Association records in Minnesota, Box 1, File of Constitution & By-Laws, Social Welfare History Archives, University of Minnesota Libraries.

1. 依存状態にある人は，生活の糧を与えられることで，減っていく。
2. 非行は，若者のエネルギーを健全に解放することで，減っていく。
3. 結核は，活発な戸外生活を通して強い体質を作り上げることで，減っていく。
4. 健康の全般的な水準は，楽しい身体活動をすることで，向上する。
5. 産業の能率は，才能と適性を開発する遊びをひとりひとりが生活の中で体験することで，上がる。
6. 現代の産業主義には個性を壊してしまう傾向がある。ひとりひとりが，仕事の時間には開発できない個人の資質を，余暇の時間に開発する機会をもつようになることで，この傾向を防ぐことができる。
7. 望ましくない形のリクリエーションに代わるものを用意することで，道徳の水準を高めることができる。
8. よい市民性は，遊びのなかで協力の習慣をつくることで，促進される。いっしょに遊ぶ人たちは，いっしょに生きることがいっそう容易であることを知っている。健全で幸福な遊びの生活をしている人は，有能かつ忠誠心をもった市民である。
9. もっと幅広く，完全で，かつ生き生きとした人生は，遊びによって可能になる。
10. 家族の一体感は，家族の構成員が余暇に一緒に遊ぶ習慣をもったときに，もっとも容易に確保される。
11. コミュニティ精神は，コミュニティの構成員の全員が参加する遊びの中で，非常に容易に形成される。
12. 最高形態の精神生活が可能になるのは，強い遊び精神が開発されているときのみである。社会の進歩は，人々がどの程度の遊び精神をもっているかによって，決まる[25]。

1910年の憲章と「建設的綱領」を，1907年の「カーティス序文」と比べ

---

25) "Constructive Creed," *The Playground*, Vol.IV, No.3 (June, 1910), p.73. アンダーラインは，原文ではイタリック体である。

ると，PAAの理念が大きく変化したことがよくわかる。その変化をいくつか列挙してみよう。

第一に，遊び場の設置，遊び指導員の養成という具体的な課題が消失している。遊び場運動が盛り上がったのは，遊び場のない子どもに遊び環境を提供することが動機であった。ところが，その課題はもはや目標として掲げられなくなったのである。第二に，協会は，「遊び場」ではなく，「遊び」または「リクリエーション」の効用を強調するようになった。第三に，「遊び」は，依存状態にある人（1項）や，非行少年（2項）や，結核などを減らし（3項），個人の健康（4項）や個性を保護する（6項）と見なされた。「遊び」は身体と精神の健康のための手段となった。第四に，「遊び」は産業の能率を上げるため（5項），あるいは社会発展のための手段と見なされた（12項）。第五に，最も注目すべきことだが，「遊び」は，「道徳」（7項）や「よい市民性」（8項）を開発するために有効とされ，「家族の一体感」や「地域精神」を開発するための手段とも見なされた。

ここにおいて，遊び場協会のめざすところが，遊び場の設置ではなく，ひとりひとりの青少年の道徳教育に向かったとみることができる。この方向転換が，リーによって主導されていたことはこれまでの経緯から明らかである。1911年に会の名称がPAAからPRAAに変更になったのは，遊び場よりもリクリエーションを重視しようとする傾向の現れであったといえる。

第3節　地域奉仕活動の推進

リーが会長に就任してからも，遊び場運動は順調に発展した。公的な支援を受けた遊び場の数は，1905年に24の都市で87か所，1911年に257の都市で1,543か所，1917年には481の都市で3,940か所であった[26]。ところが，遊び場協会の全国大会は，1916年10月にグランド・ラピッズ（ミシガン州）で開催されたのち，1922年10月まで，開催されなかった。リーの指導下にあったPRAAは，この間，遊び場全国大会を開かず，駐屯兵地域奉仕会社

---

26)　Cavallo, *Muscles and Morals*, p.45.

（War Camp Community Service, Inc. 以下WCCS）を組織して，駐屯兵を歓待するためのリクリエーション活動を積極的に推進していたのである。本節では，WCCSの活動を通して，遊び場運動の性格がさらに大きく変わったことを確認しよう。

1 駐屯兵地域奉仕会社の結成

　1917年にアメリカがドイツとの戦争に突入すると，連邦政府は，兵士を海外に送るために，国内の各地に軍隊駐屯地を設けた。このとき，W.ウィルソン大統領や陸軍長官は，これから海外に行く兵士の慰問，激励，歓待などを民間の慈善団体がしてくれることを期待した。これに積極的に応えたのがPRAAであった。リーは駐屯兵活動審議会の委員に就任しただけでなく，WCCSの代表となり，PRAAは組織をあげて，兵士のためのリクリエーション活動に取り組んだ。6年間にわたって全国リクリエーション会議が開けなかったのは，PRAAの活動がWCCSに集中していたからである。この間の詳しい経緯は省略し[27]，リーが中心になって作成したWCCSの理念に関する文書をみてみよう。以下はWCCSの憲章である。

> 第一条（名称）本会の名称は，駐屯兵地域奉仕会社とする。
> 第二条（目標）本会の目標は，合衆国陸海軍の部隊の駐屯地近隣の地域が，地域の社会的およびリクリエーションのための諸資源を，将校や兵隊にとって最大の価値あるものとなるように，開発し，組織し，必要に応じてこれらの資源を補充し，さらに，これらの目的に役立つ活動を促進し，実行することを，援助し，奨励することである[28]。
> （以下省略。第十一条まである）

　WCCSのねらいは，地域が駐屯兵を歓待するように，地域ぐるみのリクリ

27）　Richard F. Knapp and Charles E. Hartsoe, *Play for America* (Arlington, VA: National Recreation and Park Association, 1979), chap.4.

28）　Constitution of War Camp Service, Inc., dated November 1, 1918, in Massachusetts Historical Society, Joseph Lee Papers, Carton 17.

図1-1 機関誌『遊び場』(1918年12月号)の表紙

エーション活動を援助することであった。これまで10年以上にわたって，子どもの遊びとリクリエーション活動の普及に尽力してきたPRAAにとっては，その経験を最大限に生かす機会であった。

全国大会を開催しなかった間も，PRAAの機関誌『遊び場』は途切れることなく発行されたが，PRAAの活動がWCCSに集中したことは一目瞭然であった。1917年10月号以後，機関誌の表紙に，WCCSに関する情報が，ほぼ毎号掲載されたのである。たとえば，1917年10月号には，戦争リクリエーション奉仕活動というタイトルのもとに「駐屯兵活動審議会の要請により，PRAAは，訓練中の兵隊の駐屯地近くの地域住民が，将校や兵士がもっとも有益と感ずるような方法で，その社会にあるリクリエーションの資源を組織し，開発するように，働きかけ，援助することにたいして責任をもつ」との文章が掲載された。これは，WCCSの憲章からとった文言であり，駐屯兵活動審議会での決議の一部であった。同年11月号の表紙には「アメリカから出発していく兵士が気概をもち，ヨーロッパでの戦闘で戦果が挙げられるかは，国内での軍隊訓練地を取り巻く環境の性質に大きく影響を受ける」というウィルソン大統領の手紙を載せた。同年12月号には，文書ではなく，奉仕活動の写真を掲載した（図1-1）。WCCSのエンブレムを掲載したりすることもあった。1918年4月号には，表紙の次の頁に，アメリカの子どもに対して戦争のためのローンに協力するように呼び掛けるリーのメッセージを掲載した。その文言の一部は，「私たちの友人が，私たちのために命を棄てようとしていると

きには，私たちは，自分のもっているすべてのものを差し出すことが求められているのです。…… あなた方はチームの一員であり，あなたが演じているのはあなたの命がかかったゲームです」[29] というものであった。WCCS と PRAA の活動は，一体化し，子どもの遊びよりも，兵隊への慰問と歓待が中心になっていたのである。

2　地域奉仕会社：道徳教育と市民性教育

戦争が終結したのち，WCCS の必要性はなくなった。しかし，WCCS は戦争中に，資金集めにも地域の協力にも大きな成果をあげており，リーは，その経験をこれからの PRAA の活動につなげようとしていた。そこでリーが 1919 年の初めに立ち上げたのが，地域奉仕会社（Community Service, Inc. 以下 CS）であった [30]。その憲章を見てみよう。

第一条（名称）本会社の名称は，地域奉仕会社とする。
第二条（目標）本会社設立の特定の目標は，アメリカのすべての地域で，公的および私的な諸機関をとおして，適切な方法で，道徳と産業の状況を改善し，健康と福祉，遊びとリクリエーション，適切な地域や近隣での高度で適切な表現活動，そしてよりよい社会生活を開発することである [31]。
（以下省略。補則を含めて十一条ある）

リクリエーション活動をとおして，地域社会の道徳的改善と生活を改善することが目標である。リーの意図をよく示しているのは，CS の従事者にむけてリーが発した文書である。その一部を見てみよう。

　新しい年（1920 年…筆者）の初めは，私たちが自分の仕事を思い出すのに

29）　*The Playground* Vol.XI, No.7（October, 1917），Vol.XI, No.8（November, 1917），Vol. XI, No.10（January, 1918），Vol.XII, No.1（April, 1918）など。
30）　この間の経緯は，Knap and Hartsoe, *Play for America*, pp.72-73.
31）　"Constitution of Community Service（Incorporated），n.d,（1920?）in Massachusetts Historical Society, Joseph Lee Papers, Carton 18.

適切な時期です。私たちの目的は，民衆と地域の中にある表現のエネルギーを解放することです。私たちがしようとしていることは，アメリカの成人男女や子どもが自分自身の声を見つけるのを助けることです。つまり，演劇や芸術や音楽やその他の多くの表現形態を使って，彼らがみな言おうとしていたことだが，日々の生活の中では限界があって表現できなかったもの，そのようなものを表に出すことを私たちは助けようとしてきたのです。(中略)

資源は，純金の鉱脈のように，私たちの手許にあります。それらは，音楽や芸術の趣向，美への愛好，隣人としての付き合い，そして，よりよい市民になりたいという渇望として，いまにも現れつつあるのです[32]。

資源とは，WCCS の推進をするなかで蓄積したリクリエーション活動の経験をさす。その経験を，これからの CS の活動に生かそうとしていたのである。リーにとっては，CS は，民衆がもっているエネルギーの解放が目的であった。そして，そのエネルギーの中に，「よりよい市民性 (better citizenship)」への渇望が想定されていた。

CS を通して，よりよい市民性を形成しようとするリーの意図は，PRAA の会員の間にも浸透しつつあった。機関誌の 1920 年 4 月号を見ると，「地域奉仕とはなにか」と題する記事がある。読者から CS の定義を募集して公表したものである。投稿者の氏名はないが，全部で十の定義が紹介されている。そのうちの四つが「よい市民性」という語を含んでいた。いくつか例をあげよう。

・CS の目的は，すべての地域の住民が余暇を利用して，リクリエーションとよい市民性をもっとも効果的に生かすように援助することである。
・CS の目標とするものは，よい市民性であり，すべての市民と地域住民全体が深く豊かで円満な生活ができることである。
・CS のねらいは，地域のすべての人が余暇の諸活動に参加することを通して，可能なかぎり最善の市民性を獲得するように促すことである。

---

32) Joseph Lee, "The Purpose of Community Service," dated on December 19, 1919, Massachusetts Historical Society, Joseph Lee Papers, Carton 17.

・CS は，地域にあるが使われていない資源を余暇と結びつけ，よりよい市民性にむけて機能させることである[33]。

これらの定義をみると，「よい市民性」の形成をねらいとする CS の活動は，PRAA の会員の間にも広く受け入れられていたといえるであろう。

3　遊び場リクリエーション協会の変質

1922 年 10 月に，PRAA は，CS と共催で，第 9 回リクリエーション全国大会をアトランティック・シティ（ニュージャージー州）で開催した。「遊び場会議」ではなく，「リクリエーション会議」であった。6 年ぶりに開催された全国大会の統一テーマは，「市民性への形成（Building for Citizenship）」であった。その発表内容の多くは地域のリクリエーション活動に関するものであり，地域のリクリエーションを活発にすることが市民性の形成につながるという前提に立っていた[34]。

大会後の 12 月に，CS は PRAA に吸収された[35]。それに伴い，PRAA は，CS がもっていた機能と特質を受け継いで，二つの点で大きな変質を遂げた。ひとつは，地域のリクリエーションを活発にすることが PRAA の中心的な課題になったこと，もうひとつは，リクリエーションの内容が，大人向けになったことである。この変質は，リーが会長に就任してから，徐々に進んでいたが，WCCS および CS の経験を経て，いよいよ明確になった。1930 年に，PRAA がその名称から「遊び場」を外して，全国リクリエーション協会（National Recreation Association，以下 NRA）に改称したのは，当然の流れであった。

1931 年 4 月 12 日に，リーはホワイトハウスに招かれた。この日は，アメリカ遊び場協会がホワイトハウスで結成されてからちょうど 25 年の記念にあたる日であった。その日を前に，リーは次のように語った。

---

[33]　"What is Community Service," *The Playground*, Vol.14, No.1（April, 1920），p.11-12.

[34]　Pamphlet for the 9th Recreation Congress, Atlantic City, New Jersey, October 9-12, 1922, Social Welfare History Archives, University of Minnesota Libraries, National Recreation Association Records, Box 12.

[35]　Knapp and Hartsoe, *Play for America*, p.77.

遊び場は，当初は，混雑した地区にいる子どもへの慈善と見なされていたが，いまでは，すべての子どもの健康，安全そして教育に対する公衆の関心事である。その運動は，さらに広がって，大人が余暇に取り組むスポーツ，音楽，演劇や芸術活動も含むようになった。公衆のための公園は，かつては飾りのようなものだったが，今では，いろいろな種類のピクニックやゲームやリクリエーションのために，開放されている[36]。

遊び場運動が，子どもの救済や慈善というより，大人のリクリエーションを推進する運動になったことを，自ら認めたのである。大不況の最中に，このようなリクリエーションの機会を有効に活用できるのが，経済的に富裕な階層の人々であったことは容易に推測できる。

最後に，NRAの理念を確認しておこう。リーは1934年10月に，「NRAの仕事の底流にある基本的前提」と題する宣言を『遊び場』で公表している。やや長いので要点のみを紹介する。

1. 人生は全身全霊を打ち込んだ行動によって成長できる。
2. 労働者は，余暇の時間に冒険的で独創的な精神を発散させなければならない。
3. 精神衛生と人格の統合のためには，参加と創造的なエネルギーの発散が必要である。
4. 遊びは，それ自体が興味と満足をもたらすものである。
5. 道徳性は，目的と選択と計画を含んでいる。それらは余暇に含まれる自由の特徴である。
6. これらの価値を実現するには，代替的な経験よりも参加が重要である。
7. 集団活動への参加が，市民性の訓練になる。
8. 物事の真価を知るのは，参加したときである。
9. リーダーシップは，とくに重要である。

---

36) "White House to Greet Playground Leaders," *The New York Times*, April 5, 1931.

10. リクリエーションのための地域プログラムは，潜在的な興味や才能などの発見を含まなければならない。
11. 政府には，余暇を促進し管理する責任がある。すべての市民の経験を豊かにすることが，民主主義的な社会への忠誠心を開発する[37]。

NRAが，道徳や市民性の教育を重視していることは明らかであった。

おわりに

1937年7月29日のニューヨーク・タイムズに掲載されたリーの死亡記事によると，リーは自らが「アメリカ遊び場運動の父」と呼ばれることを拒否し，「ただのソーシャル・ワーカー」と語っていた[38]。記事はこれを謙遜と紹介しているが，実は，リーの思想の特質を示しているように思われる。リーの活動の原点は，子ども救済であり，慈善であった。後年のリーが積極的に推進した地域リクリエーションの促進事業も，リーにとっては，ソーシャル・ワークの一環だった。そして一貫して彼が追求し続けたのが，ソーシャル・ワークを通しての道徳と市民性の訓練であった。「遊び場」は付随的なものでしかなかったのである。

---

37) "Certain Basic Assumptions Underlying the Work of the National Recreation Association," *Recreation*, Vol.28, No.7 (October, 1934), p.313.
38) "Joseph Lee, Expert in Recreation, Dies," *The New York Times*, July 29, 1937.

表1-1 ジョセフ・リー年譜

日時	事項
1862-03-08	ボストンの裕福な家庭に生まれる。
1878	ハーバード大学に入学。
1882	ボストンの家庭福祉協会が実施した遊び場調査に参加する。
1883	ハーバード大学を卒業。政治学と哲学を専攻。ジョサイヤ・ロイスに忠誠の哲学を学ぶ。
1884-fall	ハーバード大学法科大学院に入学。
1888	ハーバード法科大学院で学位取得。
1892	ボストンの学校で、毎日、医学的検査が実施されはじめる。
1892-06-17	1893年のシカゴ万国博覧会での慈善矯正展覧会準備委員会の委員長に指名される。
1895	移民制限連盟に参加。理事に就任。
1897	マサチューセッツ公民連盟を設立し、副代表に就任する。
1898	リーが、コロンブス通りにモデル遊び場を設置するのに協力する。
1900	マサチューセッツ公民連盟の遊び場委員会の書記長に就任。
1902	*Constructive and Preventive Philanthropy* を出版。
1904	アメリカ公共空間協会のリクリエーション部門主事になる。
1906	リーの尽力により、マサチューセッツ州で、公立学校医学検査と健康増進法が成立。
1906	ギューリックらがアメリカ遊び場協会を設立。ギューリックが会長、リーが副会長に就任。
1908	マサチューセッツ州遊び場法（人口1万以上の町では、市民が要望すれば遊び場を設置すること）が成立。
1908	アメリカ遊び場協会の州法委員会の議長に就任。
1908	ボストン市の教育委員に選出される。その後9年間務める。
1910	ギューリックに代わって、アメリカ遊び場協会代表に就任。
1911-06	PAAが、アメリカ遊び場リクリーション協会 (PRAA) に名称変更。リーが代表。
1915	*Play in Education* 出版。
1915	マサチューセッツ公民連盟の代表になる。
1917	戦場兵士のためのリクリエーション委員会を組織、指導。戦後、戦争部から、特別貢献メダルを授与される。
1917-12-05	PRAAの理事会で、War Camp Community Service の名称が決定。
1919-03-12	War Camp Community Service が廃止され、代わって Community Service, Inc. が設立される。

1920-02	Community Service of Boston が設立される。リーはその代表となる。
1922-12-01	Community Service, Inc. のスタッフおよび運営が，PRAA の一部門となる。
1925	移民制限連盟が解散。1925 年の移民割り当て法が成立して，目標を達成していた。
1929	ボストン移民制限連盟を再結成。リーが代表となる。メキシコや中南米の移民を監視するため。
1930	アメリカ遊び場リクリエーション協会が，全米リクリエーション協会に名称変更。代表はリー。
1937-07-28	マサチューセッツ州の自宅で死去。

註：本書で参照した文献を総合して，筆者が作成した。

第2章

ジョセフ・リーにおける
「よい市民」形成の論理

はじめに

　前章では，ジョセフ・リーが，慈善とリクリエーション普及の活動を続けるなかで，「道徳」と「市民性」を形成しようとする思想を展開させたことを確認した。本章では，二つの課題を設定する。ひとつは，リーの活動が，遊び場運動から市民性教育へと展開した思想的根拠を解明することである。リーは，19世紀末にボストンで子どものための遊び場を設置する運動の推進者として活動を始めたが，20世紀になると青年・大人のための市民性の教育に主眼を置くようになった。その思想展開の過程を見る。もうひとつは，リーが形成しようとした「よい市民」の内容を解明することである。

第1節　建設的慈善の思想

　リーは1862年にボストンの裕福な実業家の家に生まれ，ハーバード大学で政治学と哲学を学び，1888年に同ロースクールで法律学の学位を取得した。1890年ころから，非行少年の実態調査，子どものための遊び場の設置，子どもの健康問題の改善などに積極的に取り組み，1897年にマサチューセッツ公民連盟（Massachusetts Civic League, 以下MCL）を設立し，副代表に就任し，20世紀初頭には慈善家として活躍し始めていた。では，彼の考えた慈善の意味を確認してみよう。

1 アメリカ人の共通理念

ジョセフ・リーの慈善の思想は，1902年に出版した『建設的および予防的慈善』からその骨子を読み取ることができる[1]。リーは同書第1章で慈善の概念を説明している。それによると，慈善には予防的なものと建設的なものがあるという。予防的慈善は，法律等によって，邪悪な心を直接に抑圧したり，人間の道徳や身体に悪い影響を与えるものを取り除いたりすることをさす。これまでの慈善にその例は多い。これに対して，現代の慈善家がめざしているのは建設的慈善である。それは，「具体的で明確な成果を挙げるように勇気づけ，促進することによって，精神生活（spiritual life）を開発することを直接の目標」とする。建設的慈善は，予防的慈善を含むが，それをさらに拡大するものであった。たとえば，健康の増進は病気を予防するためであるが，精神を開発することまで含めば，建設的といえる。また，優生学に基づいて，悪い遺伝子を受け継いでいる人の断種も，精神的な要素を健全化することであるから，建設的といえる。「個人のなかにも，コミュニティのなかにもある精神的な要素（the spiritual element）を保持し，陶冶すること」[2]（傍点筆者）こそが，建設的慈善の核心であった。

本書は，市民性や学校教育については直接には取り上げていない。リーは，慈善とは私的なものであり，すでに確立している学校制度や社会福祉制度は建設的ではあるが，慈善ではないとしているからである。したがって，この書物で論ずるのは，制度としてまだ確立していない新しいものが中心である。リーは，制度として出来上がった学校に限定されることなく，市民を形成する方法を考察しようとしていたのである[3]。

建設的慈善が精神の開発でなければならないというのは，彼のそれまでの慈善の実践の中から導かれたことであった。リーは1890年ころから少年非行の対策と犯罪の防止に積極的に取り組んでいた。また，彼が主導していたマサチューセッツ公民連盟（MCL）は1904年に町村改善運動会議を設置したが，そ

---

1) Joseph Lee, *Constructive and Preventive Philanthropy* (New York: The Macmillan Co.,1902).
2) *Ibid.*, p.2.
3) *Ibid.*, pp.5-6.

のねらいは、「市民としての精神」[4] の形成であった。MCLが資金集めのため
に作成したパンフレットには、「MCLがしていることは、州全体にみなぎる道
徳的な目的を、具体的な法律にしていくことである。本連盟は、この道徳的な
目的を、一つの焦点に向けるための凸レンズとして働いている」[5] というリー
の言葉が掲載されていた。これらは、建設的慈善のねらいが、個人の「精神」
の改善であったことを示している。

　リーは、同書の第2章で南北戦争前のアメリカの状況を例に挙げ、建設的慈
善はアメリカの伝統として定着していたという。その典型的なものとして公共
図書館とライシウム運動をあげている。スウェーデンのオペラ歌手ジェニー・
リンド（Jenny Lind, 1820-1887）がアメリカで開催したコンサートの収益を地
元の図書館に寄付し、慈善活動をしたこと、熱心なフランス人がボストン公立
図書館に寄付金を出したことなどを紹介したうえで、実は、ほとんどの場合は、
地元の人たちが自分たちで力を合わせて公共図書館の設置と維持に当たってき
たことに着目する。しかも、裕福な人たちだけがお金を出すのではなく、貧し
い教師や牧師が数ドルずつを出し合うことも少なくなかった。私邸を公共の図
書館として開放する場合もあった。こうして各地で起こった公共図書館設置運
動を受け継いだのが、1820年代の初期に始まり、1850年ころに全盛期を迎
えたライシウム運動であった。この運動は、図書館や公共の建物を活用して講
演会を開催して、科学の知識を普及させたり、民衆の道徳を啓蒙したりするこ
とをねらいとしており、文学者のエマソン（Ralph Waldo Emerson, 1803-
1882）や、アルコール中毒症を克服して禁酒主義者になったジョン・B. グー
(John B. Gough, 1817-1886) なども、その講師として活躍していた[6]。それは
図書館活動や講演会を含む民衆による娯楽と教育のための事業であった[7]。

---

4) Lee, "Public Spirit in Town and Village," *General Federation Bulletin*, Vol.I, No.2
　(December, 1903) pp.35-36; E. Cummings, J. Lee and E. T. Hartman, "Massachusetts
　Civic League: Its Work and Object," *General Federation Bulletin*, Vol.II, No.2
　(November, 1904) pp.37-39.

5) Massachusetts Civic League, fund-raising brochure, 1928, in Harvard University,
　Harvard Art Museums.

6) Lee, *Constructive and Preventive Philanthropy*, pp.11-17; 亀井俊介は当時の講演運動
　は、教育と娯楽が混じった「知的サーカス」であったと表現している。亀井俊介「さす
　らいの教師たち：にぎやかな講演運動」『サーカスが来た！：アメリカ大衆文化覚書』
　（文春文庫, 1980年), 107頁。

リーは，このような自発的な教育事業によって，アメリカ人としての国民性が形成されたと考えた。「公共図書館は，たぶん慈善事業がアメリカ人の生活にもたらした最も価値ある貢献として，現在も続いている。……公共図書館がはたす重要な機能は，大金持ちも農民の娘も共有できる国民的な願いを表現する手段を民衆に提供することによって，……その願いを具体的な統治の理念へと発展させていくことである。……（そうすることで公共図書館は…筆者）理想的な慈善，すなわち，金持ちが貧しい人のために働くのではなく，市民が市民のために働く制度」に近づく，とリーはいう[8]。公共図書館やライシウム運動を紹介する際に，リーがあえてリンドやグーのような外国人を紹介したのは，外国人もアメリカ人らしく道徳的に振舞ったことを称賛するとともに，慈善がアメリカの特徴であることを強調するためであったと思われる。これらの運動は，アメリカ人としての「共通の国民的理念（a common national ideal）を表現したもの」であり[9]，まさにこの時期に「アメリカに住む人々が，他国とは違うアメリカ国民としての特徴をもつひとつの国民であると自覚した」[10] のである。リーにとって，建設的慈善は，アメリカ人がアメリカ国民としての精神を形成する手段であった。

2 移民の排除

リーはアメリカ国民が南北戦争前につくりあげた建設的慈善を称揚したが，同時に，それが危機に晒されているという現代の問題を提起した。リーはその危機をもたらした元凶は，19世紀末に大量にアメリカに流入した新移民であるとみた。アメリカは，「他国で抑圧されていた人々を大量に受け入れたし，強力で慈善的な社会制度を事実上は持ちえない人々を大量に受け入れてしまった」[11] という。そのため，19世紀にアメリカ人がつくりあげた建設的慈善の習慣が崩壊の危機にあるとリーは感じていた[12]。

---

7) リー自身も参加していたショトーカ運動（ニューヨーク州ショトーカで始まった成人教育運動）も，このような社会教育事業の延長とみなすことができる。
8) Lee, *Constructive and Preventive Philanthropy*, p.17.
9) *Ibid.*, p.234.
10) *Ibid.*, p.233.
11) *Ibid.*, p.234.

この危機に対して，リーが，まず取り組んだのは，移民を制限することであった。リーは，1890年代から移民の流入を制限する運動に取り組み，その後，生涯にわたって積極的に関与し続けた。アメリカ人がこれまでにつくり上げた建設的慈善の思想や制度が，移民によって壊されると考えていたからである。1894年にハーバード大学の卒業生が中心となって，移民制限連盟（Immigration Restriction League）を結成したときから，彼は主要メンバーとして活動した。結成時にリーは欧州にいたが，結成に際して資金協力をしただけでなく，帰国後の1895年に連盟の理事に就任し，財務担当として，自ら相当の資金提供を続け，その後も長く移民制限運動を主導した[13]。連盟の目的は，連盟憲章の第2条につぎのように記されている。「本連盟の目的は，移民をもっと厳しく法律で制限し，取り締まることを支援し，そのために働くこと，移民についての資料やチラシを発行したり，集会を開催したりすること，市民としては望ましくなく，また国民の性格に害を与える要素はさらに厳しく排除することが必要であるという公衆の意見を喚起することである。本連盟は，市民になるのにふさわしい性格や基準をもっている労働者やその他の移民の排除を支援することはめざしていない」（傍点筆者）[14]。この条文から，「よい市民」になれそうな移民なら受け入れてもよいが，「よい市民」になる見込みのない移民は排除しようとする姿勢を読み取ることができる。

　リーは，1906年に全国慈善矯正会議（National Conference of Charities and Correction）に提出した報告書のなかで，移民がアメリカにもたらす危険性を，次のように述べている。「アメリカの制度は，人民の不変の性格をそのままに反映する。もしも人民の半分が中国人，あるいは半分が南欧州人，あるいは半分がアルプス人かアイルランド人になったとすると，私たちの政治も学校も，すべてのアメリカの制度は，その変化を反映したものになることは避けられな

---

12)　*Ibid.*, p.8.

13)　Allen V. H. Sapora, "The Contributions of Joseph Lee to the Modern Recreation Movement and Related Social Movements in the United States," (Ph. D. dissertation, University of Michigan, 1952), pp.135-142. 連盟は1924年に移民制限法が成立したことで目的を達成したのちに解散した。ところが，リーは，1929年に中南米移民の監視等を目的としてボストン移民制限連盟を新たに結成して，その代表を務めた。

14)　"Constitution of the Immigration Restriction League," in Joseph Lee Papers, Carton 1 (1905ca), Massachusetts Historical Society.

い。このことは，どの州であれ，地域であれ，同じことである。移民が最終的
にどのような結末をもたらすかは，私たちがいま持っているアメリカの制度が，
移民を含むようになった人民にどのような影響を与えるかということで決まる
のではない。よい方向であれ悪い方向であれ，修正されてしまったアメリカの
制度が人民にどのような影響を与えるかということによって結末は決まってく
る。言い換えると，私たちが入国を認めた民族や階層の人々の生まれつきの性
格と素質によって，移民がもたらす最終的な結末が決まるのである」[15]。つま
り，リーは，新しく流入した移民が生まれつき持っている性格と素質が，アメ
リカ人そのものの性格を変えてしまうことを深く憂慮していたのである。

　連盟がとくに力を入れたのは，望ましくない移民の流入を防ぐための識字テ
ストの実施を立法化することであった。リーは，様々な機会をとらえて，繰り
返し，識字テストの有効性を主張した。リーによると，識字テスト法は，「貧
困者，犯罪者，無政府主義者，あるいは知的障害者」を完全に排除することは
できないにしても，アメリカの労働者の生活や賃金水準を守るうえで，効果が
ある[16]。また，「識字テストは，あらゆる点を考慮すると，遅れていて，民主
主義にとっては都合の悪い要素である旧世界の人々を排除する」[17]と主張し，
旧世界から来た移民が民主主義を受け入れていないことを指弾した。識字テス
ト移民制限法は1917年2月に成立した[18]。それはリーが意図したとおり，識
字テストによってアメリカ社会に適応できない移民を排除することによって，
アメリカ社会の現状を維持しようとするものであった。

　リーが提起した建設的慈善はアメリカ的精神を形成することであったが，そ
れは同時に，非アメリカ的移民を排除する根拠にもなったのである。

---

15)　Lee, "Immigration," *The Proceedings of the National Conference of Charities and Correction*, Vol.33 (1906), pp.283-284.

16)　Lee, "The Literacy Test," *The Survey*, Vol.XXV (March 11, 1911), p.985.

17)　Lee, "Democracy and the Illiteracy Test," *The Survey*, Vol. XXIX(January 18, 1913), p.498.

18)　識字テストについては，中野耕太郎『20世紀アメリカ国民秩序の形成』（名古屋大学出版会，2015年），77-82頁。

3 家庭と企業

次に，建設的慈善としてリーがめざしたのは，個人の精神の形成であった。リーは，貧困者に対する援助として，金品を与えることは良くないとする。援助の対象者は，自助の精神をもっている人でなければならず，貧困者が公的救済の窓口をよく知るようになるべきでないという[19]。たとえば，路上に物乞いがいた場合でも，施しをするのは意味がない。市民がすべきことは，売られている商品に毒物が入らないように法律をつくったり，住環境の改善や，学校での医学検査の実施を推進したりすることである[20]。個人を直接に救済することは，怠け者を増やすことになるから，できるだけ控えることが肝要であった。慈善として個人を救済することは精神の形成にはならないという。この発想は，友愛訪問員（friendly visitors）の活動をしていた慈善組織協会（Charity Organization Society：COS）など，19世紀末から英国に始まり，アメリカにも広がった民間の救貧思想と共通していた[21]。

リーが，建設的慈善の手段として，とくに重視したのは家庭と企業であった。『建設的慈善と予防的慈善』（全16章）の前半の大部分は，家庭生活の改善に当てられていた。当時の書評では，同書が「家庭が魅力的で安全になるための方法を述べた」ことや，「家庭を援助することが子どもの援助である」というリーの原則が注目されていた[22]。同書の内容をみると，第1章と第2章は建設的慈善の概念と歴史，第3章から7章までは家庭生活の改善提案であった。第3章では，預金の仕組みや，貸付の活用法を詳しく説明し，倹約と貯金の習慣をつくる必要を説く。具体的には，お金を浪費しがちな家庭を毎月訪問して，定額の預金をするように促す方法を紹介したり，郵便貯金，学校貯金，また貯蓄貸付組合の仕組み，株主に対する貸付の方法，抵当と貸付の関係などを，かなり詳細に解説したりしている。リーの育った家庭は裕福な実業家であったの

---

19)　Lee, *Public Relief and How the Private Citizen Can Help, Massachusetts Civic League Leaflets*, No.6 (1905), pp.3-6.

20)　Lee, "Legislative Work of the Massachusetts Civic League," *General Federation Bulletin*, Vol. III, No.1 (January, 1906) pp.201-202.

21)　倉石一郎『アメリカ教育福祉社会史序説：ビジティング・ティーチャーとその時代』（春風社，2014年）参照。

22)　"Up-to-Date Charity," *The New York Times*, August 8, 1903.; "Book and Men," *The New York Times*, December 6, 1902.

で，彼も企業経営についてよく理解していたものと思われる。第4章では，家庭生活の健康と安全を維持するための法整備が進みつつあることを紹介している。例えば，州健康局の設置，健康条例，建築条例などである。第5章は，モデル住宅の実例や，その建築にあたった会社を紹介する。第6章は，それぞれの家庭や地域の住環境を改善するために，住宅会社が地域に学校や教会やリクリエーション施設などを提供している例を挙げ，企業の役割が重要であることを説いている。「経営者が提供するものは，雇用者のためだけでなく，町全体にたいしてなされるべきものだ。というのは，そうすることで，雇用者と労働者が，よい市民性という共通の地点に立つことになるからである。……アメリカの企業がこの方法を採用している例は非常に多い」[23] という。つまり，アメリカの企業は，雇用者と労働者が「よい市民」になるように教育している，とリーは考えていた。建設的慈善の主体は家庭と企業であった。

　以上を要約すれば，リーのいう建設的慈善の特徴として，つぎの三点を指摘することができる。第一に，それは，アメリカ的精神を形成するために，精神を開発することであった。第二に，個人の救済ではなく，非アメリカ人の排除を伴っていたこと。第三に，精神を開発する主体が家庭と企業であったということである。

第2節　リーの発達観——本能の解放

　リーが1915年に発表した『教育における遊び』は，彼の思想の全体像を示す重要な著作である。この書のねらいは，遊びについての実践的な方法を導こうとするものではなく，「子どもの本当の姿を描き出す」[24] ことであった。主としてこれによって，建設的慈善の思想の根拠となったリーの発達観を確かめてみよう。

1　子どもの成長段階

　『教育における遊び』は，下記のとおり，5部で構成されている。

---

23)　Lee, *Constructive and Preventive Philanthropy*, p.106.
24)　Lee, *Play in Education* (New York: The Macmillan Co., 1915), p.vii.

序章

第1部　遊びは成長

第2部　幼児期（1歳から3歳）

第3部　演劇期（3歳から6歳）

第4部　大インディアン期（6歳から11歳）

第5部　忠誠心の時期（11歳から14歳）

エピローグ

　以上の構成は，フレーベルの『人間の教育』を思い起させる。用語法は同じではないが，リー自身，子どもの発達段階における大インディアン期まではフレーベルの段階説に従ったと述べている[25]。

　しかし，フレーベルと大きく異なっている二つの点を指摘しておきたい。第一は，フレーベルの言う神性を本能で置き換えていることである。児童研究の父G.スタンレー・ホールの反復説の影響は明白であり，それによって，神性に頼らずに，子どもの成長を本能によって根拠づけた。第二は，フレーベルが主として幼児期に焦点をあてていたのに対して，リーは青年期に焦点をあてていたことである。フレーベルの書では青年期は論じられていないが，本書は第5部で青年期が詳細に論じられている。青年期という用語は使っていないものの，ホールの反復説と青年期研究の影響を強く受けていたことは間違いない。しかも，第5部は本書の最重要箇所であり，そこで，リーは，児童研究の科学性を根拠としながら，独自の発達観に基づいて，最終的には忠誠心の教育を示そうとした。順にみてみよう。

　序章は，遊びが子どもの本能の解放であるという本書の根本原理を提示している。「遊びは子どもそのものである。遊びのなかで子どもは自分自身を爆発させる。遊びとは，自分の中にある何物かを発散させることであり，子どもが自分のもっている力を積極的に前面に出すことであり，子どもがなるべきものになることである」[26]。リーがとくに強調したのは，子どもの遊びが，大人の仕事とつながっているということであった。「子どもの遊びと，大人が生活のなかで立派に表現していることとは，実は同じものである。私はかつて遊び場

25）　Lee, *Play in Education*, p.xii.

26）　*Ibid.*, p.viii.

をもたない少年は仕事をもたない大人になると言ったことがある。事実はそれにとどまらない。遊び場をもたない少年は，現実に，仕事のない人間である。彼は喪失感を味わっている。……遊びは，自分の本性を可能な限り完全に表現したものであり，さらに成長するための効果的な手段である」（下線部の原文はイタリック体）[27]。すなわち，子どもであれ大人であれ，自分の内部にあるものを発散させることが，人間が人間であるために必要であるということである。

　人間の内部にあるものとは本能である。人間には理性や良心もあるが，それらは本能を満足させる方法であり，本能に奉仕している。「どのような種類のものであれ，つねに一定の影響をもたらしているものは，明らかに本能の性質をもっている」[28]という。つまり，リーは，本能を解放することが，理性や良心のはたらきを引きおこすと考えたのである。

　第1部は，子どもは遊びを通して成長すること，そして，遊びが大人のすべき仕事へとつながっていくことを述べている。子どもは遊びに夢中になるもので，とくにチームに所属するときには，真剣である。子どもは遊びを通して性格を形成する。「遊びを通しての成長は，予め定められた活動を通しての成長であって，その活動の中には自然の目的の本質的な一部分が織り込まれている」[29]ので，「遊びは，人間や高等動物のなかに，第二の自然をつくりあげる」[30]。人間のような高等動物では，衝動と現実の行動との齟齬があるが，その両者を調整する機能をもっているものが遊びの本能である[31]。したがって，「本当の仕事とは，遊びの最高の形である。最も重要なのは，つねに仕事のなかにある遊びの要素」であり，仕事から遊びの要素がなくなれば，仕事の価値がなくなる[32]。そして「仕事」とは，リーの定義によれば，「社会の構成員の一人として人が義務を果たすように，意識的に方向づけられている活動」[33]で

27）　*Ibid.*, p.viii.
28）　*Ibid.*, p.xii.
29）　*Ibid.*, p.6.
30）　*Ibid.*, p.25.
31）　*Ibid.*, p.32.
32）　*Ibid.*, p.52, 55.
33）　*Ibid.*, p.xiii. リーは，別の論文で，成人のリクリエーションや仕事，たとえば政治を，子どもの遊びの延長であるとみている。Lee, "The Boy Goes to Work," *Educational Review*, Vol.38（November, 1909），pp.325-343.

あった。

第2部から第5部は，子どもの成長を幼児期，演劇期，大インディアン期，忠誠心の時期の四段階に分け，この四つの段階を経て，子どもの本能が次第に社会的なものとなり，忠誠心へと発展していくプロセスを詳述している。

幼児期には，子どもは手を使った操作や遊びやものつくりなどをすることで，創造的本能を発揮する。たとえば，「子どもが砂の家を造るのに没頭しているときは，本能に従っている」[34] のである。

演劇期には，子どもは自分の本能的な興味にもとづいて，ものまねなどをしながら自分の世界をつくる。そして，親や町やコミュニティに服従することを学ぶ。「木や風や消防車や，父親や母親や医者や，犬や猫など，子どもが多くのものの真似をする理由は，すべての世界が子どもには生きているように見えているからである。したがって，すべての演劇的遊びはある意味では社会的である。子どもたちは世界のなかの本当の市民となり，子どもが興味をもっているあらゆるものは子どもの友達であり遊び仲間なのである」[35]。このようにして，子どもは社会的な関係を徐々に作っていく。そして，「家庭のなかで最初に育ってくる社会的な人間関係が，私たちの生活のなかで大きな道徳的な影響力をもち，義務と自己犠牲の源となる。あらゆる道徳の目印になるのは服従である。自分自身よりも偉大なものに服従することが，精神的な生き方の本質である。……人間の健康にとってもっとも必要なのは服従であり，それが社会的な人間関係である。子どもは親，町，そしてコミュニティの支配を受けなければならない」[36]。こうして，演劇期に子どもは本能的な興味を発展させつつ，親や地域に服従する道徳を学ぶ。

大インディアン期（The Big Injun Age）[37] は，子どもが空想から目覚めて現実を求め始める時期である。青年が本当の経験を求めて，石を投げてみたり，叫び声を上げてみたり，喧嘩をしたり，いろいろな悪事とみえるようなことをやってみたりすることがある。また，あらゆることに疑いをもって真実かどう

---

34) Lee, *Play in Education*, p.101.
35) *Ibid.*, p.132.
36) *Ibid.*, pp.133-135.
37) Injun は現代の辞書では，しばしば軽蔑的な意味があるとされている。当時においても，成人に達していないというような否定的意味を含めていたと思われる。

かを確かめようとする。リーは，「子どもは，確固とした基礎に支えられた自分の世界を再びつくり上げるまで，冷徹で批判的な懐疑と幻滅の時期を経なければならない。カントになるまえにヒュームにならなければならないのである」[38]と表現している。

　忠誠心の時期に，子どもはいよいよ「よい市民」になる。その内容を見る前に，これまで述べた彼の発達論と本能論の特質をあらためて分析しておこう。

2　闘争本能とチーム精神

　リーは多くの論文や講演のなかでしばしば本能について論じている。リーの定義によれば，本能（instinct）とは「ある特別の種類の意識的な行為，または特別の目的を達成しようとする生まれつきの傾向」である。この本能を呼び起こすものは「衝動（impulse）」[39]である。『教育における遊び』のなかで具体的に詳述しているものは，遊びの本能（play instincts）のほか，闘争本能（fighting instinct），帰属本能（belonging instinct），リズム本能，逃走追跡本能，創造本能，母親本能などである。リーは，誰もが生まれつき持っているこれらの本能を十分に発揮させることを教育のねらいとしていた[40]。

　これらの多くの本能のなかで，リーの「よい市民」の概念を知るうえで重要なのは，闘争本能と帰属本能である。まず，闘争本能についてみてみよう。リーは1911年に「文明への解毒剤としての遊び」という論文を発表している。アメリカ遊び場リクリエーション協会の会長に就任して間もないころの演説をもとにしたものである。それによると，若者が喧嘩をしたり，法を犯したりするのは自然なことである。ところが，社会が文明化したために，若者は遊ぶ機会や競争や喧嘩の機会がなくなっており，そのために本能の解放ができなくなっている[41]。本能の解放のために必要なのは戦争や決闘であるが，それらを行うのは現実的ではない。そこで，競争がそれらの代替として重要な意味をもつ。「他人を打ち負かすという要素を維持することによって，私たちは競争の

---

38)　Lee, *Play in Education*, p.185.
39)　*Ibid.*, p.xiii.
40)　*Ibid.*, Chapters 25 and 26.
41)　Lee, "Play as an Antidote to Civilization," *The Playground*, Vol.V, No. 4（July, 1911）, pp.110-126.

精神のはけ口を用意したり，誰もが自分の人生を自力で切り開き，他人の指図は受けたくないという希望をもったりする」[42] という。

　このような競争は「ギャング精神」の発露であるが，大インディアン期にはゲームという具体的な形をとる。それらは，最初はいろいろな形をとりながら，徐々に現れるが，次第にひとつのゲームに集約されていく。ひとつに集約されるのは，子どもがもつ模倣本能のせいでもあるが，それ以上に闘争本能によるところが大きい。リーの説明を借りれば，大インディアン期の子どもは，もはやドラゴンや奇妙なモンスターをやっつける騎士に興味はもたない。「子どもは他の誰も参加していないゲームで優れた成果を挙げようとはしない。彼の魂は，誰もが参加しているゲームのなかで勝利を上げること，あるいは自分自身の立場を獲得することによってのみ，満足が得られる」[43]。こうして闘争本能はゲームのなかで保障される。言い換えると，同等者との闘争のなかでなければ，満足が得られないのである。

　リーの想定するゲームはひとりひとりの戦いではない。チーム・ゲームである。「私達は根本から，組織の一員である。ゲームは，それがチーム・ゲームにならない限り，根本的なところに到達したとは言えない。人間は，社会全体のなかのひとりの構成員として自分の役割を果たさない限り，その人の人生は本物ではない」[44] とリーはいう。ひとりひとりに内在する闘争本能が，同時に社会の一員であることの自覚と直結していた。

3　帰属本能と道徳

　さきに引用したリーの言葉は，闘争本能が帰属本能と強いつながりがあることを示したものである。大インディアン期に闘争本能が帰属本能へと発展することを，リーは次のように説明する。「10代の典型的な少年（あるいは少なくとも青年という身体的な年齢に到達した少年）の中では，ギャングまたはチーム衝動が支配的であり，浸透している」[45] ので，個人別の闘争心は集団への献身，

---

42) Lee, "Play as an Antidote to Civilization," pp.121-122.
43) Lee, *Play in Education*, pp.197-199.
44) Lee, "Play as an Antidote to Civilization," p.122.
45) Lee, "The Boy Who Goes to Work," *Educational Review*, (November, 1909) p.327.
　なお（　）内は原文どおり。

すなわち帰属本能に発展する。

大インディアン期の闘争本能と帰属本能は，大人になってする仕事にも当てはまる。仕事の本当の価値は，食料等を得ることにあるのではなく，人間の本能，すなわち闘争本能を満足させるところにある。闘争本能を集団全体の勤勉さへと発展させることを，リーは「社会主義」と呼ぶ。社会主義とは，「仕事を自分のものにするということ，言い換えると，自分が金で雇われているのではなくて主体的に参加しているということ，工場の商標を自分の旗にすること，そして，工場の製品が売れたところはどこであっても自分の人格を表現すること」[46] を意味していた。こうして，闘争本能が集団への帰属だけでなく，工場への帰属と忠誠心にもつながるのである。

さらに重要なのは，リーが帰属本能を道徳と結びつけたことである。「この年代（大インディアン期…筆者）の少年は帰属本能の保護のもとにある」から，「明らかにギャング活動は個人のうえにも基準を課す」ことになる。つまり，「ギャング本能は放縦に向かうことはなく，自己修養と服従に向かう」[47] のである。「ギャングが設定した基準，すなわち，その決まりが，個々の構成員の事情に与える影響は，若者に適用される最も強力な道徳的な効力を持っている」[48] と，リーは言う。

忠誠心の時期を過ぎると，帰属本能は一層明確に道徳の意味を強くもつようになる。リーは14歳を過ぎた時期を徒弟期と呼んでいるが，その時期に「帰属本能の新しい支配」が始まる[49]。徒弟は，つねにチーム精神（帰属本能）の表現である仕事につく。つまり，社会の一員として，自分の専門的な役割を引き受ける。「仕事は帰属本能を十分に発揮させることである。……仕事が人類を救うのは，帰属するということが偉大な道徳化の本能であるからだ」[50] という。ひとりひとりに自分の持ち場があり，仕事場あるいは工場に帰属意識をもつことが，道徳であった。

このような子どもの成長段階をたどると，ジョセフ・リーが構想した「よい

---

46) Lee, "Play the Life Saver," *The Playground*, Vol.III, (March, 1915) pp.418-419.
47) Lee, "The Boy Who Goes to Work," pp.328-329.
48) Lee, *Play in Education*, p.371.
49) *Ibid.*, p.427.
50) *Ibid.*, p.429.

市民」がなにかはおよそ見えてくる。「よい市民」とは，本能が解放されたときに自然に現れてくるもので，アメリカ的精神に忠誠を誓う道徳的な人間ということになるであろう。建設的慈善はそのような「よい市民」を形成するための手段であった。『教育における遊び』の第5部は，「忠誠心の時期」となっており，成人は忠誠心をもっているということを意味している。とくに，子ども期の最終段階にあたる14歳から21歳までは徒弟期とされ，この時期に，遊び本能は実を結び，忠誠心と市民性が形成され，そのうえに道徳が成り立つことを述べている。本能が，忠誠心，道徳へと発展していくことが，「よい市民」になる道筋として設定されていたのである。

第3節 「よい市民」の形成——家庭・学校・国家への忠誠心

では，遊びの本能が，忠誠心，道徳，「よい市民」へと，どのようにして発展するのか。そのプロセスを見てみよう。

1 本能解放の場としての家族：アメリカ的精神の源

リーは，子どもの成長における家族の重要性を強調した。家族は，父と母と子を中心とする最小の社会的単位である。それらの間の強いつながりがあって初めて，子どもの強さや生命が維持される。「家族でとる食事は，宗教的な儀式であり，最も神聖なもののひとつ」である。それによって，家族のつながりができ，子どもは家族の構成員としての自覚をもつ。だから，子どもに食事を提供することは家庭がすべきことであって，学校がすべきことではない。「家族は人間よりも古く，人間を作ったのは家族である。人類が出現する幼児期という現象を可能にしたのは家族である。……民族や個人を作ったものとして，私たちが受け継いできたもののなかに，家族がある」[51] とリーはとらえた。このように，血縁でつながっている家庭は，子どもが本能に従って，生き，遊ぶための場所として重要な意味を持っていた。

家族は，個人の生育において重要であるだけでなく，もっと大きな形の社会

---

51) Lee, "The Integrity of the Family a Vital Issue," *Educational Briefs*, No.29 (January, 1910), pp.21-28.

をつくり上げる基礎でもあった。「それは国家の最初の形であり、すべての民族を生み出す親でもあり、さらに、すべての民族を構成するひとつの細胞でもある。魚が大洋の子であり、鳥が空の子であるのと同様に、我々は家族関係の子ども」[52]であった。

　ところが、リーによると、現代の家庭は子どもが本能を発揮する場所、すなわち遊びの場所になっておらず、それこそが現代文明の危機であった。遊ぶことは子どもの本能の発揮であるのに、その機会が奪われているというのである。そこで、子どもの本能を発揮させるための遊びを家庭に取り入れる必要があった。たとえば、歌や、ゲームや、手作業、音楽、ダンス、さらに、子どもの誕生日パーティーなどである。「よい市民」は、家庭でこのような経験をすることで、形成されると考えたのである[53]。

　20世紀初頭のアメリカで、このような環境を確保できる家庭は、上流および中産階級の家庭に限定されていた。慈善の思想のところで紹介したとおり、『建設的慈善と予防的慈善』のなかで、リーが取り上げたテーマは、貯蓄とローン、住宅建築基準、モデル住宅、住宅会社の役割などであった。リーは、家庭での生活改善を通して、子どもの精神を形成することを想定していた。どのような家庭も立派な住宅や十分な貯蓄を持てるとは限らないのに、そのような家庭で生きることが、「よい市民」になるための条件であり、アメリカ的精神の源であった。

　このように、「よい市民」であるには、アメリカ的生活様式を受け入れることと、そのための経済的基礎が必要であった。しかし、移民や貧しい労働者などの大多数が、「よい市民」を形成する機会を持ちえないことは明らかであった。家族の重要性を強調することは、同時に、非アメリカ的家族と、アメリカ的家族とを区別する根拠にもなったのである[54]。

---

52)　Lee, "The Integrity of the Family," p.28.
53)　Lee, "Play for Home," *The Playground*, Vol.VI, No.5（August, 1912）, pp.146-158.
54)　松本悠子『創られるアメリカ国民と「他者」』（東京大学出版会、2007年）とくに第四章参照。

2　チーム・ゲーム：忠誠心と市民性

　リーは，1910年代から，リクリエーションや地域奉仕を掲げながら，市民性の教育を強調するようになった。そのことを具体的に示しているのが，彼がアメリカ遊び場協会（PAA）の会長に就任したとき，協会が発表した1910年の「建設的綱領」[55]である。「建設的綱領」という文書名は，リーがよく使っていた「建設的慈善」，すなわち，アメリカ国民としての精神の形成を具体化したものとみてよいであろう。この綱領の項目のひとつに，「<u>よい市民性</u>は，遊びのなかで協力の習慣をつくることで，促進される。いっしょに遊ぶ人たちは，いっしょに生きることがいっそう容易であることを知っている。健全で幸福な遊びの生活をしている人は，有能かつ忠誠心をもった市民である」（下線部の原文はイタリック体，傍点は筆者）という項目がある。忠誠心をもった「よい市民性」を育成することがPAAの目的になったのである。

　先の文言が示しているように，リーにおいては，「市民性」と「忠誠心」は同義であった。「市民性は，そのひとが喜んで命を捧げるような理念に同化することを課題としている」[56]とリーは表現する。市民性とは，集団の理念を受け入れ，集団に忠誠を誓うこと，集団の理念に命を捧げることであった。いうまでもなく，その理念とはアメリカ的精神であった。

　子どもがこのような市民性すなわち忠誠心を形成するのは，11歳から14歳である。この時期に，青年は集団で行うゲームに参加することをとおして，市民性を学習する。集団ゲームは，個人をひとつの共通の目的に服従させる。「集団ゲームは，私の意見では，市民性に関する最高の学校である。……フットボールをしている少年にとっては，個人の目的を共通の目的に服従させること，言い換えると，自分自身をチーム意識の中に埋没させてしまうことは，自己犠牲ではなく，自己実現である」[57]。集団ゲームに参加することで，子どもは仲間に共通する目標を自覚し，チームに貢献することで，市民性を獲得していく[58]。ここでも，市民性と忠誠心は同義であった。

---

55)　第1章第2節3項参照（本書43頁）。

56)　Lee, "Athletics and Patriotism," *Outlook*, Vol.112 (March 1, 1916), p.526.

57)　Lee, "A Boy Learns Citizenship in Group Games," in E. B. Mero, ed., *American Playgrounds, Their Construction, Equipment, Maintenance and Utility* (Boston: American Gymnasia Co., 1980), p.264.

公立学校で実施されるチーム・ゲームは，市民性を形成するために，とくに有効な場であった。チームを愛する心情が，学校を愛する心情へと拡大するからである。学校を代表するチームがお互いに戦ったとき，「表彰状はチームに与えられるのではなく（もちろんひとりひとりの選手にでもなく），学校に与えられる。それによって，指導者も教師も，チームへの愛情を，学校への愛情へと拡大させる方法を学習する」[59]。そのとき，生徒の帰属意識は，小さなチームに対するものではなく，学校というもっと大きな組織に向かう。それが愛校心である。

大人になってから地域で実施されるスポーツやリクリエーションは，チーム・ゲームの発展であり，市民性を学ぶ機会となる。リーが，青年や大人向けのリクリエーションに熱心に取り組むようになったのは，大人が市民性を学ぶ機会として，その有効性を認めていたからである。大人が取り組む政治は，チーム・ゲームの延長であり，スポーツであった[60]。「政治は，成熟した人間にとっては，もっとも自然な形のスポーツである。リクリエーション制度は，特定の分野の政治に入り込むことはできないけれども，それでも，リクリエーション制度があれば，ソーシャル・センターは市民性形成の場となるのである。なぜなら，市民性はゲームの不可欠の一部だからである」[61]。リーの関心は，もはや子どもや青年に限定されていない。子どもの遊びであれ，一般成人向けのリクリエーションであれ，チーム・ゲームへの参加と帰属が，市民性の形成につながるとみていたのである。

すでに示唆されているように，市民性は服従の思想を含んでいた。青年はゲームに参加すると，チームのなかでの自分の役割を認識し，自分のなかに組み込まれている能力を生かして，チームに貢献しようとする。「偉大なチーム・ゲームは，市民を育てる最良の学校である。それは，自然のあゆみの中で，帰属本能が外に現れてくる最終段階である。チーム・ゲームをするということは

---

58) Lee, "Play as a School of the Citizen," *Charities and the Commons*, Vol.18（August 3, 1907）, pp.16-21.

59) Lee, "The Playground as a Part of the Public School," *Proceedings of the National Conference of Charities and Correction at the 31st Annual Session*, June 1904, p.470.

60) Lee, "The Boy Who Goes to Work," p.340.

61) Lee, "Looking Ahead Five Years," *The Playground*, Vol.IX, No.1（April, 1915）, p.12.

市民性を形式的に経験することではない。……少年は，現実にそして習慣的に，いっそう大きな世界の中で自分自身の個性を滅却するのである。それは市民性について学ぶのではなく，市民性を経験すること」[62] であるという。個性を棄てて，チームのために尽くすことが，市民性であった。「チーム・ゲームを通してこそ，いっそう大きな人格という観点からものを考え，感じる能力が，私たちの血や骨に定着する。この能力が，愛国者，すなわち忠誠心をもった社会人を作り出す」[63] という。つまり，市民性の形成と忠誠心の獲得のためには，個性を否定する必要があった。そうすることが，愛国者の形成にもつながるとリーは考えたのである。

　このように，市民性は忠誠心を含むとともに，服従の思想を含んでいたことを見逃すことができない。

3　国家への忠誠と服従：民主主義社会における市民性

　リーは，1907年に子どもの遊びの重要性を訴えた演説のなかで，「子どもが育っていく初期に，国家に先立って，市民感覚（civic sense）を育てる源となるものは二つある。家族と民主主義社会である」（傍点筆者）[64] と述べた。民主主義社会とは，対等な人々の集団を指している。この演説は，集団相互の競争や協力のなかで愛校心や忠誠心が育つことを強調したものであったが，家族や集団は，市民としての感覚を形成する前段階であり，最終的には国家こそが，市民意識を形成すると解釈することができる。リーは，この演説の最後で，「忠誠の哲学」を提唱したことで知られていたジョサイヤ・ロイス（Josiah Royce, 1855-1916）[65] の言葉から，「本当の忠誠心の核心をなすものは，目の前にあるものだけに対する忠誠心ではない。他人が持っている忠誠心に対する忠誠心をも含んでいる。つまり，どこであれ，忠誠心という精神そのものに対

---

62)　Lee, *Play in Education*, p.336.
63)　*Ibid.*, p.346.
64)　Lee, "Play as a School of the Citizen," p.17.
65)　リーは，ハーバード大学に在学中に，哲学の教授であったジョサイヤ・ロイスの影響を強く受けた。ロイスは，「人間は服従の生き物である」と説いていた。著書に *The Philosophy of Loyalty*（1908）がある。Lee, "The Integrity of the Family Life a Vital Issue," p.19.

して忠誠心を持つことが，本当の忠誠心である」[66]を引用している。忠誠心は，身近なものから，はるか彼方にあるものにまで拡大されている。そしてその先にあるのは，国家であった。

忠誠心が愛国心にまでつながるのは必然であったが，リーは，愛国者こそが，普遍的な市民性を持てると主張した。「愛国心が強いと，幅広い市民性を持とうとする人の存在を否定することになるとは思わない。むしろ，逆で，愛国心の強さこそが（市民性を持つための…筆者）前提条件なのだ。世界の本当の市民となるのは，祖国を持たない人ではない。真実はその逆であると信ずる。すなわち，もっともよい市民をつくるのは，家族のなかにいるよい父親である。もっともよい愛国者は自分の住む町に対して忠誠心を持っている人である。そして，普遍的な市民性を獲得する能力を持っているのは，熱烈な愛国者だけである」[67]という。愛国者であることは，「よい市民」であるための前提条件であった。身近な忠誠心が，もっと大きな社会への忠誠心へと発展していくのである。リーは，身近な家族への忠誠心と，町への忠誠心と，国家への忠誠心（愛国心）を，すべて連続したものとしてとらえた。したがって，この連続性から排除された移民がアメリカに来ることには，強く反対したのである。

リーにおいては，アメリカ人であることの自覚と愛国心は，矛盾なく併存していた。もちろん，当時のアメリカで，彼の思想が特異というわけではない。第一次世界大戦に直面していたアメリカでは，アメリカ的精神を鼓舞する運動が盛り上がっていた[68]。ジョセフ・リーはまさにその運動を支える中心にいたひとりであった。リーは，アメリカ遊び場リクリエーション協会会長としての演説のなかで，愛国心について次のように話した。「最も根本的な問いは，あなたがなにを信ずるか，とか，なにに興味を持っているか，ということではないし，あなたがなにをするか，ということでさえもない。根本的なのは，あなたが何者であるか，あるいは，すくなくとも，自分を何者とみなしているか，なのである。というのは，それこそが，愛国心がなんたるかを示しているから

66) Lee, "Play as a School of the Citizen," p.21.
67) Lee, "Assimilation and Nationality," *Charities and the Commons*, Vol. 19, (January, 1908), pp.1453-54.
68) 中野耕太郎『20世紀アメリカ国民秩序の形成』および中野耕太郎『戦争のるつぼ：第一次世界大戦とアメリカニズム』（人文書院，2013年）参照。

である。愛国心とは，何と言おうが，実際には，帰属なのである。愛国心とは，あなたを包み込んでいる国に<u>なる</u>ということである。……『私はアメリカに帰属している』というより，『私はアメリカ人である』ということである。アメリカは，私の肉体のなかの肉体であり，骨の中の骨であり，私自身のあらゆる部分を作っている」[69]（下線部の原文はイタリック体）。アメリカ人であることと，愛国心をもつこととは完全に一体化していた。

　だが，リーが信奉していた「忠誠心の哲学」は，彼が称えた民主主義の思想と両立が可能であったのだろうか。リーが民主主義を産業民主主義として捉えていたことがそれを可能にしていた[70]。リーは，すべての人が生活できるようにすることが，民主主義の課題であるという。そのうえで，「現在までに民主主義が達成した成果は，政治的なものである。その本質は，圧政からの解放ではなくて，法律や政府の改善でもなくて，政治的な機構を共有することによって，チーム意識を表現できるようになったことにある。次の段階は，産業民主主義を確立することでチーム意識をいっそう表現することである」[71]という。産業民主主義は，第一次世界大戦のころよく使われた言葉であり，工場労働者が，集団として工場のために勤勉に働くことを意味していた[72]。リーが民主主義として重視したのは，工場の生産能率を上げるための，労働者のチーム意識であった。圧政からの解放や法律・政府の改善は，リーの念頭にはなかった。しかも，忠誠心は国家に対するものに限定されず，企業にも向かっていたのである。

おわりに──アメリカ的精神としての市民性

　ジョセフ・リーの思想の根底にあったのは，人間の本能の解放であった。も

---

69)　Lee, "Football in the War," *The Playground*, Vol.X, No.9 (December, 1916), pp.322-323.

70)　本章で見たとおり，リーは「社会主義」という用語で，闘争本能が工場への帰属意識を育むことを述べていた。リーの「社会主義」は「産業民主主義」とほぼ同じ意味をもっていたと思われる。

71)　Lee, "Play the Life-saver," *The Playground*, Vol.VIII (March, 1915), p.421.

72)　中野『20世紀アメリカ国民秩序の形成』「第5章　産業民主主義の夢」参照。

う一度，彼の年譜を見てみよう（表1-1）。彼が取り組んだ活動は，子ども救済，遊び場運動，地域奉仕活動，リクリエーション運動と多岐に亘っている。これらすべてが，人間の本能，とくに闘争本能と帰属本能の解放をめざしたものであった。本能は19世紀末の児童研究のなかで頻繁に取り上げらえたテーマであり，彼もその影響下にあった。

　リーの特微は，児童研究が子どもの身体の発達を重視していたのに対して，精神の開発をいっそう重視したことであった。リーは，遊び場運動に深く関与していたが，次第にそれをリクリエーション運動へと転換した。その過程で，彼は人間の精神の開発に力点を移動させ，道徳と市民性の形成に関心を集中するようになった。そして，その対象は，子どもから，青年，成人へと広がっていた。アメリカ遊び場協会の綱領の変化は，この動向を明確に反映していた。リクリエーション運動は，「よい市民」像をその綱領のなかに提示していたのである[73]。

　リーは，人間が闘争本能と帰属本能を十分に発揮したとき，「よい市民」が自然に現れると考えた。少年期に闘争を経験することで仲間意識ができ，学校や地域への帰属意識が形成され，国家への帰属意識につながっていく。国家への帰属意識をもち，国家に忠誠を誓う人が「よい市民」になる。「忠誠心の時期」が子どもの成長段階の最後であることは，子どもの成長は，「忠誠心」へと方向づけられていたことを意味している。忠誠心への教育こそが市民性教育であった。

　このようなリーの思想が孕んでいた問題を二点，指摘することができる。第一は，リーの提起したアメリカ的精神としての「市民性」が排除の思想を伴っていたことである。排除は，二つの面で現れた。ひとつは移民排斥であった。リーは，生涯にわたって，移民の流入に強く反対し続けた。移民がアメリカに持ち込んでいる性格や素質が，アメリカ人がこれまでにつくり上げてきたアメリカ的精神を，その本質から変質させるという強い懸念を持っていたのである。アメリカ国民の形成と移民の排除は表裏一体であった。もうひとつは，アメリカ国内にいる人々が，アメリカ的精神を基準として，区別されるということで

---

73)　1934年のNRAの綱領は，前章で紹介した。

あった。リー自身には，この点についての自覚はほとんどない。リーが推進したリクリエーション運動は，裕福な中産階級を対象にしていたことを忘れてはならない。アメリカ的精神を強調すればするほど，一部のアメリカ国民のなかに自意識や愛国心は高まるであろうが，マイノリティはますます排除される。リーはそれを正当化したのである。

　第二は，リーが擁護したアメリカ的精神としての民主主義が，市民に対して，忠誠心と服従を求めたことである。第一次世界大戦に際して，リーは，闘争本能と帰属本能を根拠として，アメリカの民主主義を擁護するという旗印を掲げ，青少年を積極的に戦争に駆り立てた。また，国家への忠誠心と服従は，企業への忠誠を含む産業民主主義でもあったことを見逃すことができない。アメリカの民主主義の理念そのものの問い直しが必要である。それは，現代のわれわれの課題である[74]。

---

74)　小玉重夫は，ハリー・ボイトが，シティズンシップを奉仕活動としての教育にもとづくものと，組織活動としての教育にもとづくもの，という二つに分類していることを紹介している。「奉仕活動を中心とするシティズンシップ論は，同質的な凝集性を高めることで悪に対抗する共同体という『二元論』的な対立図式を持ち込もうとするもの」という。リーの思想にそのまま当てはまる。小玉重夫『シティズンシップの教育思想』（白澤社，2003年），169頁。

第3章

デューイにおける「よい市民」の理念
読解「教育の根底にある倫理的原理」(1897)

はじめに──デューイの原点

　本章と次章では，第1章と第2章において明らかにした，ジョセフ・リーが説く国家に対する忠誠心や愛国心を軸とする「よい市民」とは異なる，同時代の「よい市民」を提示することを目的とする。リーが説く「よい市民」は，アメリカ生まれの人々に限定された「よいアメリカ国民」を意味した。それは多分に排除的であり，多様性とは対立的であった。それはまた，アメリカという国家に対する忠誠心をもち，服従することを「よい市民」の条件とした。そのような市民こそがアメリカの民主主義を担いうるとみなした。

　それとは対照的な「よい市民」の提唱者として取り上げるのは，ジョン・デューイである。デューイは，リーとは異なり，包摂や多様性を「よい市民」の条件とした。デューイも忠誠心や服従に言及している。しかし，彼は，人種，宗教，国籍，階級，文化などの隔たりをなくすことに重点をおく民主主義を説く。それは，生まれつきのアメリカ人を軸としてつくる民主主義とは相違を顕著にしている。リーと同じく「産業民主主義」にも言及しているが，その意味は対立的である。

　第3章と第4章では，デューイが説くその「よい市民」について，リーが活躍した時期とほぼ重なる19世紀末から1920年代前半までたどり，その意味や特徴を解明する。リーとはまた別の立場に注目することで，革新主義期の「よい市民」の全容に迫るとともに，デューイが説く「よい市民」の独自性や特質を浮き彫りにする。

　本章ではまず，デューイの市民性教育論の原点とされる「教育の根底にある

倫理的原理（Ethical Principles Underlying Education）」（1897）に焦点化して，「よい市民」の定義やその教育の原理について明らかにする。以下，本章においては「教育の底底にある倫理的原理」を〈倫理的原理〉と略記し，引用する場合には「（Dewey 1897: 原書のページ数＝邦訳のページ数）」のように記す。邦訳は，上野正道・村山拓訳「教育の底底にある倫理的原理」（上野正道［訳者代表］『学校と社会, ほか』東京大学出版会，2019年，47-78頁。）を用いた[1]。

〈倫理的原理〉をネル・ノディングズは，デューイが「道徳的市民（moral citizens）」やその教育について考察した論考としている[2]。そこにおけるデューイの市民とその教育論について，まず，その原点を探る意義や，それを考察する際の留意点について検討する（第1節）。続く四つの節では，〈倫理的原理〉から読みとれる「よい市民」を，「子どもとしての市民」（第2節），アメリカ固有の民主主義に合致した市民（第3節，第4節），社会を理解する市民（第5節）という三点に分けて論じる。それをとおしてデューイが説く「よい市民」の理念に迫る。

第1節　デューイの市民性教育論を問う意義と課題

1　市民性教育における継承と発展
市民性教育についてデューイから学ぼうとする論文は少なくないが，デュー

---

1)　第3・4・7・8章でデューイから引用する場合は基本的に，南イリノイ大学出版による下記のデューイ著作集による。

The Collected Works of John Dewey: The Early Works, 1882-1898, Vols.1-5, Southern Illinois Press.
The Collected Works of John Dewey: The Middle Works, 1899-1924, Vols.1-14, Southern Illinois Press.
The Collected Works of John Dewey: The Later Works, 1925-1953, Vols.1-17, Southern Illinois Press.

引用に際しては，*The Early Works* は EW，*The Middle Works* は MW，*The Later Works* は LW と略記して，引用の後に巻数とページ数を記す。また，翻訳がある場合，参照し，適宜訳文を変更した。

2)　Nel Noddings, "Thoughts on John Dewey's "Ethical Principles Underlying Education"," *The Elementary School Journal*, Vol.98, No.5 (1998), pp.479-488.

イの「よい市民」から新たな提案を行っているものとしては，ジョエル・ウェストハイマーが注目に値する。序章でも言及したように，ウェストハイマーは，デューイを援用して，「考え，関与する市民」を独自に提起している。それは，「実践家にとって有意味かつ明瞭で，さまざまな市民性教育の目的の違いを浮き彫りにするとともに，米国のさまざまな市民性教育論とも整合的である」と評価されている[3]。そのよう意義が認められているウェストハイマーの基礎がデューイにあったことを再確認しておきたい。

　デューイが説く原理を継承・発展しようとしているその他の先行研究としては，若者の市民参加について検討したロス・V. ロホルト（Ross V. Roholt）らの論考がある。それによると，若者の市民参加を可能にするために重要になるのは，市民性の定義ではなく，若者の生活（生命，人生）である。市民性は，「市民とはなにか（法的地位），なにをなすべきか（望ましい活動），なにを市民とみなすか（集合的アイデンティティ）」といった観点から定義されてきた。しかし，それをただ教えるだけでは，若者が社会参加に関心をもてないし，将来働きながら社会に貢献できる市民へと導くことは難しい。そこでロホルトらは，市民として若者が生きることを，市民として「<u>なすこと，あること，なること</u>（*doing, being, becoming*）」という三つの側面に分けてとらえる。その三つを，デューイに基づき，「なす」は職業（将来，社会においてどのような仕事をするか），「ある」は習慣（どのような生活を送るか），「なる」は興味（なにに興味をもって生きるか）に相当するとみなす（下線部の原文はイタリック体）[4]。そう考えることで，若者の興味や習慣，つまり個性やライフスタイルを尊重した市民観を提起する。それにより若者は，社会に関心をもち，自分に合った職業を選択して働きながら貢献しやすくなる。このような若者の生活を軸とする市民性教育論は，「デューイは積極的な市民になる過程について，徹底的に考える出発点を提供してくれる」という評価に基づく[5]。

　また，宗教社会学者ロバート・N. ベラー（Robert N. Bellah, 1927-2013）ら

3）　片山勝茂「市民性教育」，教育哲学会編『教育哲学事典』（丸善出版，2023年），227頁。
4）　Ross V. Roholt, R. W. Hildreth, and Michael Baizerman, "The "Citizen" in Youth Civic Engagement," *Child & Youth Services*, Vol.29, No.3-4 (2007), p.112.
5）　Ibid., p.120.

はデューイを，革新主義期における代表的な市民性教育の提唱者とみなし，社会を理解できる市民をめざしたところにその意義を認めている。ベラーらは，「かつて小さな社会が理解のできるものであったように，学校は大きな社会を理解できるものにしなければならない。これは生涯デューイが取り組んだ問題である」と指摘している [6]。ただし，複雑さを増す現代社会はその理解も困難さを増していると述べ，デューイの限界を示唆してもいる [7]。そのような認識のもと，「複雑化した世界における市民性のための教育の構想」のための，「知のパラダイム（paradigm of knowledge）」の再定義を主張する。「認知能力」あるいは「科学的な認知」のみならず，「道徳的感受性」や「想像的な洞察」を視野に入れ，「より十分な人間理解」につながる「知」を身につける。それこそが，社会や世界を理解する市民に必要というのである [8]。ベラーらは，デューイに学びつつ，「知のパラダイム」転換に基づく市民性教育を提起している。

　以上に取り上げた試みは，デューイを継承・発展して，新たな主張を展開している。そこにおいてデューイは，現代における市民性教育論の「原理」に位置づけられている。では，〈倫理的原理〉における「よい市民」の「原理」とはなにか。そこに特化して考察することは，現代の市民性教育の「原理」を再確認し，その理論と実践の足場をたしかなものとすることにつながるだろう。

2　デューイの市民性教育？

　そこに今，デューイの「よい市民」を問い直す意義が認められるが，デューイから市民性教育について学ぶことは，若干の留保を要する。デューイが市民性教育それ自体を，単独で論じる必要性をどこまで認めていたかは，必ずしも明らかではないからである。デューイ自身は，市民や市民性を直接タイトルに掲げる論考を残していないようである。また，反基礎づけ主義ともいわれるデューイが説く「よい市民」を教育する「原理」とはなにかについても，慎重な

---

6)　Robert N. Bellah, Richard Madsen, William M. Sullivan, Ann Swidler and Steven M. Tipton, *The Good Society* (New York: Knopf, 1991), p.152.；ロバート・N.ベラー他（中村圭志訳）『善い社会：道徳的エコロジーの制度論』（みすず書房，2000年），157頁。

7)　*Ibid.*, p.153.；同上訳書，159頁。

8)　*Ibid.*, pp.177-178.；同上訳書，183-184頁。

判断を要する。

　まずデューイと市民性教育からみると，デューイの市民性教育とは単純には
いいがたいところがある。以下に明らかにするように，デューイは学校内と学
校外の生活は同一であるという立場から，市民性について論じている。そのよ
うな前提に立つなら，市民と市民以外の教育に分けることはできないし，分け
るべきでもないだろう。だとすれば，デューイが説く市民とその教育を，彼の
教育思想とは別に論じることは妥当か。そもそもそれは可能か。そのような疑
問があるとするなら，デューイと市民性教育を，ただちに結びつけるわけにも
いかないだろう。

　「グローバル化が進む世界のためのデューイ民主的教育の再構築」と題する
論文では，デューイはたしかに民主的教育に関して論じたかもしれないが，そ
れを民主的市民性教育とくくるべきではないとして，こう指摘されている。

　　　デューイは決して「民主的教育」という語は使わなかった。……デューイ
　　　が『民主主義と教育』で表現しようとした見解は，民主的市民性教育より
　　　もはるかに多くのことを包括している。実際，デューイは，民主的な国家
　　　に忠実な市民を生産することには関心がなかった。……関心があったのは，
　　　人間のコミュニティの繁栄のために，十分に発達した人間を創造すること
　　　であった。[9]

　デューイは「民主的市民性教育」以上のことをめざし，「市民」ではなく
「人間」を論じていたと指摘されている。だから論文のタイトルにも，「市民性
教育」を用いることを避けている。デューイから即座に市民性教育について示
唆をえようとすることに対する警鐘といえよう。

　とりわけデューイの「よい市民」とはなにかを解明することは，「よい市
民」の条件や基準を特定することにつながるおそれがある。ひいては国家に従
順な市民の「生産」を助長し，「コミュニティの繁栄」を担う市民の「創造」
を妨げるかもしれない。デューイは，「よい市民性」の構成要因を，心理学研

---

　9)　Jessica Ching-Sze Wang, "Reconstructing Deweyan Democratic Education for a
　　　Globalizing World," *Educational Theory*, Vol.59, No.4 (2009), p.421.

究や帰化の法的手続きなどにおいて明確にしようとする当時の趨勢からは距離
をおき，具体的に論じることはあえてしなかった。異なる人々の「よさの多様
性」を重んじることに力をいれている。

　このようにデューイは，「よい市民」を超えて「よい人間」の教育を論じよ
うとした。革新主義期においては市民性を，「よい市民」を超えて，「よい人
間」という側面から論じようとしたことを序章で指摘した。デューイはその典
型であり，「よい市民」よりも「よい人間」に関心があったようである。ここ
にもデューイの市民性教育論とは単純にいえない理由がある。

3　〈倫理的原理〉における「原理」

　デューイは，〈倫理的原理〉で説く「よい市民」を教育する「原理」につい
て，それを「原理」と呼ぶことにはいささか懐疑的である。「倫理的原理」が
普遍的・絶対的なものとみなされることを懸念してのことであった。だとする
と，〈倫理的原理〉から市民性教育の「原理」を導き出そうとすることにも，
慎重でなければならないだろう。そのことを，同論考が公表された経緯から確
認しておきたい。

　〈倫理的原理〉は，1897年にまずは「全米ヘルバルト協会第3年報」に公
表された。それをシカゴ大学出版部が1903年から1916年にかけて6度，冊
子として再版した。1909年には改訂をくわえ，『教育における道徳原理』の
第2章「スクール・コミュニティによる道徳の訓練」として収録されてい
る 10)。〈倫理的原理〉は，『教育における道徳原理』公刊後も再版が続けられ，
長年にわたって影響力をもった 11)。

　それはまた，『教育における道徳原理』に収録されたことが示すように，教
育の基礎におかれる「倫理的原理」を問い直すことで，学校における道徳教育
のあり方を根本から論じていた。その意味では〈倫理的原理〉と呼ぶにふさわ
しい論考であったし，まさに「原理」を問う論考であった。

　デューイによると，当時の学校における道徳教育は，学校の生活と学校外の

---

10)　John Dewey, *Moral Principles in Education*, 1909, MW, Vol.4, pp.273-275.
11)　Jo Ann Boydston ed., *The Collected Works of John Dewey: The Early Works*, Vol.5
　　(Carbondale: Southern Illinois Press, 1972), p.cxxxiii.

生活に分けて論じられていた。それゆえに，学校の道徳が，学校という制度に狭く閉ざされていた。しかし，本来，人間の行為（conduct）は，学校の内外を問わずひとつである。それは「行為の一般的で科学的な原理」に基づいている。人間の行為に関しては「科学的」な研究が進み，「一般的原理」が確立されている。そうであるならば，それに基づく倫理の「原理」もひとつであり，学校でもそれに依って立つ道徳教育を行うべきである，とデューイは説く。

　そのように倫理の「原理」の必要性を説いたデューイは，その「原理」を提起することの危うさに言及し，弁明にも似た主張をしている。少し補って概説すると，「原理」がどう現実と関わり，適用されるかは，その時々の条件によって異なる。だから，「原理」がどのような道徳教育の実践となり，いかなる結果をもたらすかも正確にはわからない。そうであるのに〈倫理的原理〉では，「普遍的妥当性や領域（universal validity and scope）」ともいえそうなことについて述べるところから始めている。あたかも必ずうまくいく「原理」を述べているかのようである。学校での道徳教育について「一般的原理」を提起することも同様の誤解を招きかねない。そのような誤解を生じる論じ方となっていることについて私（＝デューイ）は，一切弁解しない。そもそもそのような問題を論じるには紙幅が限られているし，それゆえにある程度教条的で，偏った主張にならざるをえない。しかし，ここで「原理」を持ち出すことは，私の考えでは，決して矛盾でもなければ，教条的でもない。なぜなら，ここで言及されている「原理」はすべて，「純粋に科学的に正当化しうる」からである（Dewey 1897: 54=49）。

　デューイはそう述べて「原理」を論じることを正当化している。ただし，「原理」とはなにかは，少なくともここでは詳しく論じられていない。

　この「原理」問題は，つきつめればデューイの反基礎づけ主義の是非にかかわり，本書の考察の範囲をはるかに超える[12]。ここでは，〈倫理的原理〉で意味する「原理」は一筋縄ではいかず，「よい市民」を教育する「原理」とはな

12）　デューイの反基礎づけ主義に対して，反・反基礎づけ主義からの批判的検討があることについては，たとえば次の論考を参照されたい。生澤繁樹「デューイの教育思想と「反―反基礎づけ主義」」，『共同体による自己形成：教育と政治のプラグマティズムへ』（春風社，2019 年），341-365 頁。

にかをデューイに学ぶことそれ自体が実は課題となることを指摘するにとどめる。以上の諸点を念頭におきつつ，次節からいよいよデューイが説く「よい市民」論について考察を始めたい。

第2節 「子どもとしての市民」──家族・仕 事（オキュベーション）・コミュニティ

1 「ホール・チャイルド」からみた市民

〈倫理的原理〉は，心理的側面と社会的側面から論じられている。心理的側面と社会的側面に分けての考察は，『学校と社会』や『子どもとカリキュラム』などでも用いられているデューイおなじみの手法だが，それがここでも適用されている。それぞれ市民性や「よい市民」に言及があるところを中心に考察する。

〈倫理的原理〉における市民論の出発点は，子どもにある。心理的側面からみた場合の学校の目的についてデューイは，学校が社会に対して果たすべき役割という観点から論じている。デューイによれば，「学校で教育される子どもは，社会のメンバーであり，そのようなメンバーとして教授され，ケアされなければならない」。そこに学校の「道徳的責任」がある。しかし，実際にはその「責任」がきわめて限定的で，形式的にしか果たされていない。「学校の社会的仕事は通常，市民性の訓練に限定されており，市民性は狭い意味で解釈され，知的に投票するとか，法に従うといったことを意味している。そのように学校の倫理的責任を矮小化したり，妨げたりすることは無益である」と批判している。そのうえで，学校で教育を受ける子どもとはどのような存在であり，いかなる生活を送っているのかを検討する（Dewey 1897: 57-60=52-54）。

「社会のメンバー」としての子どもについて，デューイはこう述べている。

> 子どもは，知的，社会的，道徳的，そして身体的に，様々な要素が有機的に結びついたひとつのまとまり（whole）である。したがって，学校の仕事を決定する倫理的目的は，最も包括的で有機的な意図をもって解釈されなければならない。私たちは，子どもを最も広い意味で社会のメンバーとみなし，子どもがすべての社会的関係を認識し，実行できるようにするた

めに必要なことはなんであれ要求すべきである。(Dewey 1897: 58=53)

　子どもは知的に，社会的に，道徳的に，身体的に，総合的で統一的な存在として生活を送っている。投票や遵法は，その生活全体のほんの一部にすぎない。その全体をとらえて知性，社会性，道徳性，身体などについて「教授」し，「ケア」する必要がある（Dewey 1897: 57=52）。市民性についても，子どもを「最も広い意味での社会の一員」という観点から，その意味を広げて理解する必要があると主張されている。

　このようにデューイは市民性を，子どもを「ホール・チャイルド（whole child）」ととらえることを前提として論じている。ここではこれを「子どもとしての市民」と呼んでおく。それは，子どもという存在や子どもの生活から論じられ，子どもを市民とみなすところから立ち上げられた市民論である。

　では，それはどのような市民を想定しているのか。「ホール・チャイルド」の特徴は次の三点にまとめられる。

①子どもは，家族の一員としての責任をもち，未来の子どもたちを育て，教育し，それによって社会の連続性を維持する。

②子どもは，社会に寄与するなんらかの 仕 事（occupation）に従事する労働者になる。それにより，自分の自立と自尊を維持する。

③子どもは，特定の近隣（neighborhood）やコミュニティの一員となり，どこにいようとも生活の価値に貢献し（contribute to the values of life），文明の品格（decencies）と気品（graces）になにごとかを付け加えなければならない。(Dewey 1897: 58=53)

　ここにおいては，子どもの存在や生活を，家庭，仕 事，コミュニティ（自分が生活する近隣コミュニティと，その外縁に位置する，より大きなコミュニティ）の三点において総合的にとらえようとしている。次にそれぞれに注目して，子どもがなるべき「よい市民」について解釈してみたい。

2 家庭人，労働者，コミュニティの一員としての市民

第一は，家庭人としての「よい市民」である。子どもは，家庭で生活しながら，やがて自分の家庭をもち，社会の存続に貢献する。子どもは，現在においては，子どもとして家庭生活を送る。未来においては，大人として，子どもを育てる役割を家庭で果たす。ここから導きだされるのが家庭人としての「よい市民」であり，それは現在と未来の二つの家庭を担う市民である。

第二は，職業生活を送る，労働者としての市民である。子どもは，家庭や学校での生活を経て職をえて，働きながら生きていく。それにより「社会に寄与する」。と同時に，「自立」し，「自尊」感情を高める。ここから導きだされる労働者としての「よい市民」は，社会に貢献する社会形成を通して自己形成できる市民であり，働くことを自他の存立の基礎とできる市民である。この意味での「よい市民」は，当時の職業・産業教育改革と連動して，「労働者としての市民」論へと発展していく。

ここでいう「仕事^{オキュペーション}」はデューイによって理論化され，シカゴ大学附属実験学校（以下，デューイ・スクール）で 1896 年から実践に移されていた。〈倫理的原理〉が公刊されたのは，その翌 1897 年のことである。「仕事^{オキュペーション}」についてここでは，市民性やその教育に関わる限りにおいて言及する。（本節では「仕事^{オキュペーション}」，それ以外は「オキュペーション」と表記する。）

基本的に 仕事^{オキュペーション} は，人間の生活の基礎である衣食住に関わる裁縫・料理・工作などの作業（work）を軸として，その作業の遂行に関連する知識・技能や習慣・態度（勤勉，協調性など）を学習する活動である。仕事^{オキュペーション} は働く（work）ことであり，かつ学ぶことでもある。だから 仕事^{オキュペーション} における学習にはしばしば "work" が用いられる。"work" は学校における教科や道徳の学習であり，社会における作業や労働でもある[13]。それを子どもは現在，学校で実践することで，将来，社会での職業生活に必要な学習をする。そのように 仕事^{オキュペーション} においては，現在と未来，子どもと大人，教科と労働が交わり，ゆくゆくは労働

---

13) 本章では "work" を，基本的には，料理・裁縫・工作のような衣食住に関わる「作業」，社会に出てからの「仕事」，学校における教科を中心とする「学習」と訳し分けている。第 4 章の注 43 で説明しているように，"work" を "trade" や "job" と訳し分けるために「労働」とする場合もある。この他，本章第 4 節では "task" を，義務としてやるべき「仕事」と訳している。

者としての市民になるための基礎となる。家庭人としての市民同様，労働者として市民においても現在と未来が連関している。

第三は，コミュニティ生活を送る，コミュニティの一員としての市民である。子どもは，特定の場所に生まれ育ち，生活を送る。その場所が「近隣」や，それが位置する「コミュニティ」と呼ばれている。「近隣」は自分が実際に住んでいる場所，「コミュニティ」は「近隣」の外延に広がる町や市，州，国を包括しているとおさえられるだろう。後でふれるように，デューイは当時の交通・通信の発達や普及から国や文化を超えた人間の相互関係に言及し，国外も視野に入れている。また，その「コミュニティ」のなかには，就学前の「家庭」や，就学後に通う「学校」という「コミュニティ」も含まれる。ここでは「近隣」とその外延や，各種の目的や機能に応じて形成される集団の総体を「コミュニティ」としておく。「コミュニティの一員」の意味も包括的にとらえる。

コミュニティの一員たる市民として子どもは，コミュニティの維持発展に寄与することが求められる。生まれ育ったコミュニティから別のコミュニティに移住することもあるが，「どこにいようとも」そうできるのが，コミュニティの一員としての市民である。だから，汎用性がある知識，技能，態度などを身につけることが求められる。このコミュニティの一員としての市民は，第4章第1節で論じるように，コミュニティとしての学校論の源流とされる論考「社会センターとしての学校」（1902）において，詳しく考察されている。

コミュニティの一員としての市民についてここで見逃せないのは，「生活の価値に貢献」することにくわえて，「文明の品格と気品」への貢献が言及されていることである。デューイは「よい市民」になるということを，ひとりひとりがつつがなく，今ここで生活を送れるようにするという現実的な問題以上のこととみなした。「文明の品格と気品」に関する説明はないが，少なくともそれは，最新の科学技術を駆使して，今すぐ役立つ効率性のみを追求することではないだろう。そうではなく，過去を振り返り，先人に学びつつ，未来を見据え，今生きることの意味を問い，自他にとってよりよく生きようとすることであり，ひるがえっては，人類が築き上げてきた文明の維持・発展に寄与することを含意する。「文明の品格と気品」への言及は，デューイが想定する市民性

は，社会生活を滞りなく送ることを越えて，よりよい人間の生き方を問う点でも，狭義の市民性を根本から克服しようとしていた。「よい人間」としての「よい市民」観がここからも読み取れる。

以上にみたように，「子どもとしての市民」からすると，投票や遵法に限定された狭義の市民性を，子どもの現在の生活に関わる家庭・仕事^{オキュベーション}・コミュニティを軸に広げてとらえ，それぞれにおいて「よい市民」であることが求められている。総じてその「よい市民」とは，家庭から国外にまで広がるコミュニティにおいて，過去の文化遺産に学びながら，未来に向けて自他の生活，ひいては自己と社会を，仕事^{オキュベーション}をとおしてよりよく改善し続けようとする市民ということになるだろう。

3　市民が身につけるべき能力

科学・芸術・歴史

家庭・労働・コミュニティのよきメンバーとして子どもが生活を送るために求められる能力としては，次の四点があげられている（Dewey 1897: 59=53）。これも引き続き狭義の市民性を乗り越えるという主旨の提言である。

第一は，「科学，芸術，歴史における訓練」である。この三つが重視される理由は，この後すぐ考察するように，デューイは「よい市民」に「社会を理解する」力を求めたことによる。科学・芸術・歴史の三つは，「社会を理解する」ために，とりわけ有力な学問領域であり方法であった。市民が生きる社会は，テクノロジーの進化に支えられている。ゆえに「科学」の知見も求められる。高度に科学化・産業化された社会は複雑な構築物であり，容易な理解を許さない。だから想像力も重要になる。その想像力を鍛える有力な方法となるのが「芸術」である。複雑な社会の成り立ちを理解するうえではまた，「歴史」が有益である。そのような認識のもと，「科学，芸術，歴史」に習熟することが「よい市民」の条件のひとつとされた。

このうち芸術は，市民性に言及した論考に散見されるが，概して詳しい考察はない。市民性と芸術の理論的関係について，市民性を取り上げた論考のみで検討することには限界があるだろう。周知のように，デューイが芸術を主題とする著作『経験としての芸術（*Art as Experience*）』を公刊したのは1934年と，

晩年においてである。想像力については，本章第5節で「社会的想像力」にふれる。また，第4章第3節では，社会階層を打破するための方法として想像力が注目され，それが民主的市民に不可欠とみなされていることを指摘する。さしあたりここでは，想像力と市民は深いつながりがあることをおさえておきたい。

探究・コミュニケーション

　第二にあげられているのは，「探究（inquiry）の基本的な方法と，交渉（intercourse）やコミュニケーションの基本的な手段の運用能力」である。デューイの鍵概念である探究やコミュニケーションを実際に活用する能力が，ここでは指摘されている。「交渉」とは，論文中に"transportation and intercourse"という言い回しもあることからすると（Dewey 1897: 59 = 54），商業や産業上の「通商」も含意する。「通商」は国際的な営みでもあるから，職業や生活における国を超えての交渉能力が含まれる。ここではコミュニケーションの一様式とおさえておく。

身体

　第三は，「訓練された健全な身体（trained and sound body）と，熟達した目と手（skillful eye and hand）」である。第7章で考察するように，身体はデューイ市民性論の根幹に位置する。市民を教育するための学校の原理は，身体的福祉＝幸福（physical welfare）におかれている。「熟達した目と手」を使いながら，「健全な身体」と頭を使って思考し，行動することは仕事<ruby>オキュペーション</ruby>の大前提であり，市民の教育にもかかわる。デューイは先に，「ホール・チャイルド」について，「子どもは，知的，社会的，道徳的，そして身体的に，様々な要素が有機的に結びついたひとつのまとまりである」と述べていた。そのなかでも「身体的」は，市民という観点から，他の要素にも増して重要になる。

社会奉仕

　第四は，「勤勉の習慣，忍耐，とりわけ，社会に奉仕できる習慣（habits of serviceableness）」である。これに関してデューイは，「特定の徳」について教

え，「それに関する情操（sentiment）を植え付ける（instill）」だけでは，見た目だけのよい子にしてしまうと述べている。ここで社会に「奉仕できること（serviceableness）」がなかでも重要とされるのは，徳を暗記するだけでは不十分で，徳を実行に移して社会に奉仕できる市民がめざされているからである。徳の実践者としての市民については，「徹底的に効率的で，奉仕できる社会のメンバー（thoroughly efficient and serviceable member of society）」と言い換えられている（Dewey 1897: 59=53）。市民性教育や進歩主義教育について検討しているファン・デル・プルーフ（Piet van der Ploeg）は，デューイの市民性教育を主題とする論考において，"serviceableness"という概念はデューイが論じる「教育の中核」に位置するとみなしている[14]。"serviceableness"は，行動において，能動的・積極的に社会に関与し，寄与できることを含意している。そのような習慣や態度を身につけることが市民に求められた。

　以上の四つの能力を総括すれば，「よい市民」とは，科学・芸術・歴史を習得し，それを用いて生活における問題や課題を理解して探究したり，国内外で交渉したりコミュニケーションをとったりしようとする市民である。それはまた，身体を使いながら知性をはたらかせて学ぶことをとおして，社会に奉仕できる市民である。

第3節　アメリカにおける「よい市民」（1）──アメリカの民主主義

1　「リーダーシップ」と「従順」

　以上の説明にデューイは，二つ補足している。ひとつは，アメリカという民主的社会における市民であり，いまひとつは，新たに姿を現しつつある，変化の激しい産業社会を生きる市民である。

　前者からみると，「民主的で革新主義的な社会」であるというアメリカの特殊性に注目した場合，そのような社会の担い手となるために子どもは，「従順（obedience）と同時に，リーダーシップに向けて教育されなければならない」

---

14)　Piet van der Ploeg, "Dewey and Citizenship Education: Schooling as Democratic Practice," *The Palgrave Handbook of Citizenship and Education* (London: Palgrave Macmillan, 2019), p.7.

と指摘されている（Dewey 1897: 59=54）。

「リーダーシップ」とは，具体的には，①自己を方向づける力，他者を方向づける力（power of self-direction and power of directing others），②「管理力（power of administration）」，③「責任ある地位を引き受ける能力」の三つからなる。総じて「リーダーシップ」とは，自他に対する主体性，集団・組織の行政を運営・管理する能力，それに必要な責任感や専門的な知識・技能をさす。

ここで注目したいのは，「リーダーシップ」と並んで「従順」が言及されていることである。ここでは詳しい説明はないが，この後にみる「ケア」との関連からして，また市民に関わる他の論考からして重要である。

やはりアメリカという民主的社会における市民性について教育制度という観点から考察した論考でデューイは，「従順」についてここで用いられている"obedience"ではないが"docility"を用い，次のような解釈をくわえている。一般に，"obedience"は規則や命令を遵守する態度を，"docility"は教え導かれる意欲をさす。どちらも「従順」と訳されることがある。アメリカでは，「精神的な従順（mental docility），つまり学ぶ意欲」が重要になる。この意味での「従順」は，「助言に耳を貸す」ということであり，「証拠に基づいて行動する」ということである[15]。人の意見を聞き入れる，行動の根拠を求めるという意味で「学ぶ意欲」があることを，デューイは独自に「従順」と定義している。それは他者を受け入れ，傾聴し，安易に独断で主張・判断をしない思慮深さを意味する。

このように「リーダーシップ」と「従順」は，一見対立的であるが，一体となってアメリカの民主的市民の要件とみなされている。「リーダーシップ」は自他を率先して方向づける主体性，集団・組織を運営・管理するための責任感や知識や技能を意味した。国家のような権威に依存しないアメリカ共和制の理念が，そこには反映されている。他方，「従順」は，人の意見を聞き入れ，行動の根拠を求める「学ぶ意欲」を意味した。それは他者や知識を受け入れることや，「よい市民性」の「よさ」とはなにかの主体的な模索を特徴としている。「リーダーシップ」と「従順」はひとつとなり，能動と受動が結びついている。

15）John Dewey, "Organization in American Education," 1916, MW, Vol.10, p.403. 佐藤隆之『市民を育てる学校：アメリカ進歩主義教育の実験』（勁草書房，2018 年），250 頁。

この条件に関して、「リーダーシップ」を発揮できるようにするためには、生活に及ぼす政治と産業の影響を把握し、またその二つを組み合わせて生活をよりよいものとできるようにする「洞察力と技能」が必要になるとされる (Dewey 1897: 59=54)。人々の生活は政治と産業の影響を受けているから、自他の生活において「リーダーシップ」を発揮するためには、その影響を把握し、利用するための「洞察力と技能」が求められるというのである。この意味でも「リーダーシップ」には、「学ぶ意欲」としての「従順」が不可欠である。

そのような市民観から導き出せる「よい市民」は、他者の意見を聴いたり、合理的な判断に必要な情報を入手したりするという意味での「従順」と、自他の生活の要所において「リーダーシップ」を同時に発揮しようとする市民である。それは、ひとりひとりがアメリカという国に「従順」である愛国心をもちながら、リーダーとしてふるまう多様性を特徴とする、アメリカ型の民主的市民といえる。

2 「忠誠心のある民主的な市民性」と愛国心

愛国心と多様性に支えられた市民に関してデューイは、国家に対する「従順 (obedience)」にふれながら、「忠誠心」という観点から市民観を提起している。「教育と社会の方向性」(1918) では、アメリカで求められるべき「よい市民性」について、ドイツと比較しながら考察するなかで、"loyal" という概念が問い直されている。それによると、アメリカで求められるべきは、ドイツのように国家に対する「従順」を教え込むことで成り立つ「永続的で、よい、忠誠心のある市民性 (permanent good loyal citizenship)」ではなく、「忠誠心のある民主的な市民性 (loyal democratic citizenship)」である[16]。どちらも国家に対する忠誠を求めるが、アメリカの場合はドイツと異なり、「よい市民性」を「永続的」すなわち「普遍的」に設定せず、民主主義の理念に合わせて修正し続ける。国家に対する忠誠のあり方も、より多くの人々にとって好ましいものへと再構築され続けることになる。アメリカでは、そのような条件付で、国家に対する「従順」が求められる。その「従順」は、先にみた「精神的な従順」

---

16) John Dewey, "Education and Social Direction," 1918, MW, Vol.11, p.55.

も参照すれば，国家への一方的な服従ではなく，「よい市民性」の「よい」の意味を，人の意見に耳を貸し，必要な情報を入手して検討し続けるということを意味する。このようにデューイは，国家に対する永続的な忠誠心を重視するドイツ型市民性と対比して，国家に対する民主的な忠誠心を重視するアメリカ型市民性を提起している。

　このアメリカ型市民性についてデューイは，ナショナリズムと愛国心という観点から論じている。それによると，ナショナリズムには，「よさと悪さ」が混じりあっている。それゆえに，愛国心にも二つの意味がある。ナショナリズムは，教区，地域，一族などに狭く閉じられた忠誠心を，国全体に対する忠誠心へと広げた。それにより，各所における被抑圧者を解放する基礎となった。ナショナリズムはまた，他国の支配からの解放の闘い，領土の拡大による統一感，自国の政府への参加などから生じることがある。その場合の忠誠心は人々を，他国に対して，攻撃的にしたり，懐疑的にしたり，嫉妬させたり，恐れさせたり，敵対的にしたりする。そのようなナショナリズムの善悪両面のどちらにねざすかで，愛国心は二つにわかれる。

　一方において，「愛国心という言葉は，狭い利己的な関心とは対立的な，公共心（public spirit）を意味する。それは自分が所属しているコミュニティのよさ（good）に対する強力な忠誠を意味する。」他方，愛国心は，他国への不寛容，自国の優越性，排他主義などを意味することもある[17]。前者の愛国心は，国外にも開かれた「公共心」をもちつつ，自分たちが生活しているコミュニティにとってなにが「よい」かを考えることを意味する。それに対して，後者の意味での愛国心は，国威（National Honor），国益（National Interest），国家主権（National Sovereignty）といった近代国民国家の構造を支える礎と結びつき，狭く一国に閉ざされることで，国民に恐れ，嫉妬，疑いをもたらし，戦争を招くおそれがある[18]。

　デューイがアメリカ型市民性とした「忠誠心のある民主的な市民性」における愛国心と自らが生きるコミュニティへの忠誠は，国内の人々を解放する「よい」ナショナリズムや，国外に開かれた公共心に支えられている。それは，自

---

17)　John Dewey, "The Fruits of Nationalism," 1927, LW, Vol.3, pp.152-154.
18)　Ibid., p.157.

国を愛しながら，他の国やコミュニティを拒否しない「よい市民」を意味した。

ところが，実際には「悪い」愛国心が優勢になることがある。デューイはそれを，第一次世界大戦期に著した「教育の国家化（Nationalizing Education）」(1916)で，戦争を引き起こす「激化した，ナショナルな愛国心」と呼び，本来の「アメリカのナショナリズム」の理念に反すると指摘する。その理念を反映したアメリカの民主主義について，こう主張している。「われわれの民主主義は，すべての人類―アメリカの国境を越えた人々を含めて―に対する友好や善意を意味する。そして，そこにいるすべての人々のための平等の機会を意味する」[19]。このアメリカの民主主義の背景にあるのが，先に述べた「よい」ナショナリズムとそれに基づく愛国心であり，それは「すべての人類・人々」の多様性と結びついていた。デューイが説くアメリカ型の「よい市民」は，そのような愛国心に支えられていた。

第4節　アメリカにおける「よい市民」(2)
――ケアする市民，ケアされる市民

1　市民として生きるための「ケア」

次に後者の，産業社会における「よい市民」をみてみたい。以上のアメリカ社会における市民に加えてもうひとつ補足されているのは，「生の条件（the conditions of life）が絶え間ない変化の渦中にある」ということである（Dewey 1897: 59=54）。市民について，人間の生（生命，人生，生活）の特質に注目し，「ケアする，される」という観点から考察されている。

デューイによると，人間の生は，産業や商業における激しい変化の渦中にあり，予測不能である。だから「将来の市民」を，ひとつの方向に向かって教育することはできない。しかし，方向性が示されないままでは「市民」を変化に追従するだけにしたり，なすべきことを後回しにする怠け者にしたりするおそれがある。そのような自立できない市民になることをデューイは，「自分自身や他者をケアする代わりに，自分がケアされる存在となる」と表現している。

---

19)　John Dewey, "Nationalizing Education," 1916, MW, Vol.10, p.209.

周りから「ケア」されるだけの，受け身の存在となることを問題視する。そうならないためには，真の自由を実現すべく，変化に合わせるのではなく，変化を形成し方向づけるように「自分自身を所有（possession）する者へと子どもを訓練する」必要があるとする（Dewey 1897: 59-60=54）。

　ここでは，子どもが一方的にケアされるだけの受け身の存在にならないようにすることが説かれている。そのために，自分で自分を「所有」する，つまり，自分に対して責任をもち，関心を払って，自分をケアすべきとされる。そうすることで，変化に対応したり，変化を統制したりできる市民になるべきというのである。

　このようにデューイは，「ケア」に言及しながら，アメリカのように国家の権威ではなく，多様性を重んじる民主的社会の担い手として，自分で自分をケアできる市民を主張している。第7章で論じるように，『明日の学校』では，自己の身体のケアが，望ましい市民の教育の基礎となることが主張されている。食事や衛生などに留意して自分の身体をケアできるようにする学校こそが，個人の幸福ならびに社会の繁栄をもたらし，ひいては望ましい市民を形成しうるとされる。

　また，市民について考察した論考のひとつとして後で取り上げる「社会センターとしての学校」（1902）の結論部には，「コミュニティを構成するあらゆる人に対するケアがなされない場合には，コミュニティの生活に欠陥と歪みが生じるという認識が広がりつつある」と指摘されている。ケアは，単なる慈善（charity）ではなく正義（justice）に近いが，正義ともまた異なり，「正義よりも崇高でよりよいなにか，つまりは，発展し成長する生活になくてはならない位相」とされる。さらには，物質的な資源の分配を課題とする社会主義ではなく，「知性や精神の社会主義（socialism of the intelligence and of the sprit）」が必要とし，ケアがコミュニティとそこに生きる人の成長の根幹にかかわるとみなされている[20]。ここにおいては，他者に対する「ケア」が，市民の教育を視野にいれて，「慈善」や「正義」以上の「崇高」なものという高い位置づけ

---

[20]　John Dewey, "The School as Social Centre," 1902, MW, Vol.2, p.93.；ジョン・デューイ（千賀愛・藤井佳世訳）「社会センターとしての学校」上野正道［訳者代表］『学校と社会, ほか』（東京大学出版会，2019年），345頁。

で言及されている。

以上からすると，アメリカ型の民主的社会の担い手としてデューイが想定する「よい市民」に，「ケア」は不可欠の要件といえる。先に「従順」のところで言及した他者の受容や傾聴は，「ケア」と重なるところがあるだろう。また，これも先にふれたように，ノディングズはデューイの〈倫理的原理〉を市民性に関する論考とみなし，ケア倫理でその問題点を克服しようとしている[21]。そのことも，〈倫理的原理〉における市民をケアと結びつけて読解することの妥当性を示していよう。

2　ケアの仕方，され方：働き，消費する市民

実際，ファン・デル・プルーフは，デューイがいう市民の一例として「ケアする人（caregiver）」をあげている。それによると，他者をケアする市民と，他者からケアされる市民が導き出せそうだ。

ファン・デル・プルーフによると，デューイがいう市民とは，「すべての社会的仕事（social task）」という観点からして，「投票者，隣人，家族の一員，親，稼ぎ手，被雇用者，消費者，町の住民など」になれる市民である[22]（下線部の原文はイタリック体）。「投票者」という狭義の市民にくわえて，家庭人・労働者・コミュニティの一員という観点から—第2節で論じたように，この三つをデューイは市民の条件とみなしていた—，広義の市民が果たすべき職務が列挙されている。「家族の一員」と「親」は家庭人としての市民，「稼ぎ手」と「被雇用者」は労働者としての市民，「隣人」と「町の住民」はコミュニティの一員としての市民と重なる。

ファン・デル・プルーフは，これにくわえて「社会的役割」という観点からも，具体的な市民のあり方を列挙している。「家族の一員，親，隣人，被雇用者，消費者，病人，投票者，ケアする人（caregiver）」などである[23]。「社会

---

21)　ノディングズによると，デューイにはどうふるまうべきかの判断規準が不明瞭であるところに問題がある。それを「痛みとケア」に基づいて克服しようとしている。Noddings, "Thoughts on John Dewey's "Ethical Principles Underlying Education"," p.487.

22)　van der Ploeg, "Dewey and Citizenship Education," p.7.

23)　Ibid., p.12.

的仕事」からみた市民と異なるのは，「消費者」，「病人」，「ケアする人」である。それぞれが，ケアが市民の条件となりうることを示している。

まず「病人」と「ケアする人」についてみると，この二つはケアされる・するという両面をそれぞれさしている。「病人」という「役割」は，病気になったときに，病院などで診察してもらい，手当してもらうということである。そのように診察・手当をどう受けるかを学ぶことは，市民として生きていくうえで欠かせない。こちらは「される」側のケアである。

他方，「ケアする人」としての市民は，そのような「病人」をはじめ，困っている人々や，弱い立場にある人々に「ケア」を施すということである。ファン・デル・プルーフは，それをデューイのいう市民の「役割」のひとつとする。

そこから示唆される「よい市民」とは，生きていくためにどう他者をケアし，また自分がケアしてもらうか，つまり，ケアの仕方，され方を心得ている市民である。これを「ケアする市民，ケアされる市民」と呼んでおく。

「消費者」もまた市民の条件となっていたとされる。政治学者デイヴィッド・リッチ（David M. Ricci）は『アメリカにおけるよい市民性』において，「勤勉で節約型で知的教養にあふれる1910年までのよい市民が，1920年代には政治と経済が関連し，生産・消費生活を通して社会的自己を確立するという消費的（Consumerism）な市民性に転換した」と主張している[24]。1920年代のアメリカは好況に沸き返り，大衆消費社会が成立したといわれる。リッチはそのような社会の人々の生き方を「生産・消費生活」とし，生産と消費が一体となった生活をとおして自己を形成し，市民となっていく社会になったとしている。大衆消費社会においては，働いて自動車を購入して生活するというように，労働と消費が急接近することになった。そのような意味においてファン・デル・プルーフは，労働と並んで消費もまた市民の「役割」となり，「仕事」のひとつにまでなったとしたと解釈できる。いかに消費するかということは，いかに働くかということと並んで，市民に求められるひとつの技能となってい

24）谷口和也・斉藤仁一朗「社会的・歴史的文脈をふまえた社会科成立の再解釈―社会の二層性と AHA 七人委員会の歴史教育論―」『社会科研究』（全国社会科教育学会）第74号（2011年），30頁。リッチは Ricci 2004 の第3部「現代経済」でとくに消費主義について論じている。David M. Ricci, *Good Citizenship in America* (Cambridge, U.K.: Cambridge University Press, 2004), pp.137-220.

た。

　その消費はケアとも無関係ではない。たとえば，生活のために消費するだけ
ではなく，趣味のために消費することもある。デューイは市民にリクリエーシ
ョンの享受を，ジョセフ・リーと異なる意味において求めた。リクリエーショ
ンは映画館で映画を見たり，本を買って読んだりするように消費にかかわる。
そのリクリエーションをノディングズは，健康，宗教的経緯，職業とならぶ，
セルフケアのひとつの方法としている[25]。たとえばボウリングのようなリク
リエーションを他の人と一緒に楽しむのなら，そこに社会資本の土壌が築かれ
る可能性もある[26]。だとすればリクリエーションのような形態の消費は，他
者のケアにもつながりうる。リクリエーションにおいては，自分が楽しむこと
で他者も楽しみ，その逆もあるように，ケアをする・されるが一体となってい
るといってよいだろう。

　以上に論じたように，デューイが説くアメリカの民主主義に適合する市民の
条件として，「リーダーシップ」と「従順」や忠誠心と並んで，ケアする・さ
れるということを導き出せる。それは1920年代に出現した大衆消費社会を生
きる市民には，他者のケアの仕方や，自己のケアのされ方の作法を身につける
ことが求められたことと合致している。

第5節　社会を理解する市民──「社会的想像力と概念作用の習慣形成」

1　社会を想像する

　以上が心理的側面からの考察から示唆される「よい市民」であるが，それに
続く社会的側面からの考察のなかでも市民性への言及がある。歴史科に関する
考察においてである。社会という容易な理解を許さない対象を理解し，その理
解をもとに社会に奉仕することができる市民が提起されている。先にベラーら

---

25)　Nel Noddings, *The Challenge to Care in Schools: An Alternative Approach to
　　　Education* (New York: Teachers College Press, 1992), pp.89-90.；ネル・ノディングズ
　　　（佐藤学監訳）『学校におけるケアの挑戦：もう一つの教育を求めて』（ゆみる出版，
　　　2007年），169-172頁。

26)　Robert D. Putnam, *Bowling Alone: The Collapse and Revival of American
　　　Community* (New York: Simon & Schuster, 2000).

が指摘していたように，社会を理解できるようにすることをデューイは，生涯の課題とした。

デューイによれば，「社会的環境」が「高度に複雑化」しているがゆえに，「市民性のための訓練」としては，「なにが社会的状況を構成しているかということや，その状況を修正する働き（agencies）を，観察したり，分析したり，推論したりする能力を発達させる」ことが求められる。歴史科も「社会生活を理解する様式（as a mode of understanding social life）」として，それに資するものでなければならない（Dewey 1897: 72-73=67-68）。このように，社会（状況・生活）を「理解」するための歴史科が，市民性の形成に有用とされる。

『民主主義と教育』でも教育課程における歴史の役割について，「現在を理解するための鍵として過去の知識をとらえることで，歴史の学習を通して直接理解するには複雑すぎる現在の多くの内容を理解することが可能となる」という趣旨の指摘がある[27]。歴史はその意味で，現在の社会を理解するための有力な方法であった。

歴史科によって社会を理解するうえでの要は「社会的想像力と概念作用（conception）の習慣形成」に求められている。「社会的概念作用」とは，経験したことを抽象化・一般化して，概念・観念を形成する知的作用である。これを駆使して，「子どもは，今起こっている固有の出来事や，その出来事がまさに生じている状況を，社会生活全体の観点から解釈する習慣を形成すべき」である。ところが，これとは逆のことが学校では行われている。「信頼や正直の重要性を教え込むために特別に用意された道徳の授業」が行われ，「愛国心にかかわる特定の行為（some particular act of patriotism）がもたらす成果」に期待が寄せられている。社会を理解するのではなく，特定の徳目や愛国心を子どもに教え込む教育が行われている。それでは社会を理解できないばかりか，既存の社会を無批判に前提としているために，社会の理解を妨げている。必要なのは，個人的な経験を超えて複雑化し，ますますとらえがたくなっている社会を，絶えず想像力を駆使して説明できるように試み続ける習慣を身につけることである（Dewey 1897: 72=67-68）。

27）森久佳「16章　地理および歴史の意義」，日本デューイ学会編『民主主義と教育の再創造：デューイ研究の未来へ』（勁草書房，2020年），287頁。

その必要性をデューイはこうも説明している。「現在の産業や政治的状況における諸悪は，倫理的側面についていうなら，個人が歪んでいるからでも，徳を構成しているもの（正直，勤勉，純血など）への無知でもなく，私たちが生きている社会的環境をとらえられていないからである。社会的環境はおそろしく複雑で，混乱している」（Dewey 1897: 72-73=67-68）。なぜ産業や政治において問題が起きているか。それは個人の性格的な欠損でも，個人が正直や勤勉といった態度を身につけていないからでもない。個人が社会を理解できていないからだ。そのような事態を打開するために，歴史科において「社会的な想像力と概念作用の習慣形成」を促進することで，社会を理解できる市民を養うことが提案されている。

2　社会の概念化

では，「社会的な想像力」をはたらかせて社会をどう概念化し，理解するのか。そのために求められているのは，「社会的状況を把握して，それをより単純で，典型的な要素に還元」することで，「その生活の現実」に基づき，「本当に必要とされている行為とはなにかを，批判的かつ建設的に見極める」ことである。「批判的」というのは，「伝統，衝動，特定の集団や階級に益するようにするという要請などに振り回されない」ということとされる（Dewey 1897: 73=67）。

社会を理解するとは，第一に，複雑な構築物を分解して，理解しうる程度に単純な要素に還元することである。その還元のためには，先にみたように，市民が身につけるべき能力とされた科学・芸術・歴史のうち，客観的知識に基づく科学的な理解がとくに重要になるだろう。

第二にそれは，望ましい行動に結びつけられている。その意味で理解は，批判的であると同時に建設的であり，個人や社会に益するべきである。倫理的ともいってよいだろう。

第三に，社会の理解は，「伝統，衝動，特定の集団や階級」から解放され，全体への配慮に基づく。これは民主的な理解と特徴づけられる。

この三つに「想像力」と「習慣形成」が付け加えられていた。社会を理解するうえで想像力が求められ，そのために芸術が重視された。社会は個人の日常

的な生活や経験をはるかに凌駕しており，それを理知的にとらえることには限界があるからであった。また，社会の理解は，社会の絶え間ない変化を考慮すれば，継続されるべきものである。だから習慣形成が肝要となる。

　以上のようにデューイは，「社会的な想像力と概念作用の習慣形成」を基に，社会を理解する力を養う歴史科を軸として，「市民性の訓練」を行うべきとする。そこから示唆される「よい市民」とは，複雑化し錯綜の度合いを増す社会生活を，その環境，状況，関係（社会を構成している要因の相互関係），諸力（社会を動かしている様々な力）といった側面から，社会的想像力をはたかせ，社会に関わる概念を形成しながら，観察・分析・推論して理解できる習慣を身につけた市民である。また，それによって，社会の秩序を維持すると同時に進歩させうる，科学的で，倫理的で，芸術的で，民主的な市民である。

おわりに――〈倫理的原理〉が示唆する「よい市民」

　本章では，デューイの市民性教育の原点ともいわれる「教育の根底にある倫理的原理」（本章では〈倫理的原理〉と略記）を改めて取り上げ，市民性に直接言及している二箇所―心理的側面からの子どもの生活と，社会的側面からの歴史科の分析―に焦点化して，市民（性）の定義や理論について読解した。その成果を整理すると，〈倫理的原理〉から読み取れる市民は，大きくは三点から構成されている。

　第一は，「子どもとしての市民」である。市民の考察の出発点は，子どもの生活の解明にあった。子どもは，社会において，頭や身体を使い，知的に，道徳的に生きている。子どもをそのようなまとまり，すなわち「ホール・チャイルド」としてとらえるという独自の視点から市民が論じられていた。総じて「子どもとしての市民」においては「よい市民」が，ひとりひとりの子どもを軸に据えつつ，様々な角度から立体的にとらえられている。ここでいう「よさ」は，ひとりひとりの子どもにとっての「よさ」を大前提としており，多様である。それにくわえて，時空間（家庭から国外，過去・現在・未来），生活の場（家庭・労働・近隣とその内外に位置するコミュニティ），身につけるべき能力（科学・芸術・歴史，探究とコミュニケーション，生活に生かしうる身をもっての学

び，属している集団に「奉仕できること」）といった観点から，「よい市民」の条件が示されていた。デューイが想定する「よい市民」は，個別性・多様性と総合性を特徴としている。

　第二に，アメリカ固有の民主主義に合致した市民が提起されていた。ここから導き出せる「よい市民」とは，自他の生活の要所において「リーダーシップ」と，他者の声を聞き入れ，合理的な判断に不可欠な情報を受け入れて思考し，判断する「従順」を適宜発揮できる，能動的であると同時に受動的な市民である。それはまた，一国に閉ざされない公共心を特徴とする「よい」ナショナリズムにねざした，愛国心があり，かつ多様性を尊重できる市民である。さらにいえば，生きていくうえでの他者のケアの仕方，自分のケアのされ方を心得ている，ケアし，ケアされる市民である。それは働き，消費する市民ともいえた。

　第三は，社会を科学的な知見と想像力を活かして理解する市民である。産業化や移民の増大などで大きく変化し，ますますつかみどころがなくなっている社会という対象を理解しようとする市民が提起されていた。そこから導き出せる「よい市民」は，複雑化し錯綜の度合いを増す社会生活を，その環境，状況，関係（社会を構成している要因の相互関係），諸力（社会を動かしている様々な力）といった側面から，社会的想像力をはたかせ，社会に関わる概念を形成しながら，観察・分析・推論して理解できる習慣を身につけた市民である。また，それによって，社会の秩序を維持すると同時に進歩させうる，科学的で―科学を社会進歩に有効活用する―，倫理的で―そのように進歩させることに責任を負う―，芸術的で―想像力を働かせてよりよい社会を構想する―，民主的な―集団の構成員全体に配慮する―市民である。

　19世紀末に〈倫理的原理〉において提起されたこのような「よい市民」は，20世紀に入ってからのデューイによる市民をめぐる検討の基礎となる。その意味では「原理」と位置づけられる。ただし，それは普遍的・絶対的な「原理」ではなく，状況に応じて適宜再構築されるべきものであった。市民が身につけるべき四つの能力を示したすぐ後では，「子どもをよい市民にする特定の研究や対応の様式があると仮定すること」が否定されている（Dewey 1897: 59=53）。子どもを「よい市民」にする理論や方法が，ひとつに定められるわ

けではないというのである。

　現実には，第1・2章で論じたリーが示すとおり，デューイの提案とは逆の改革が遂行されていた。次章で考察するように，20世紀にはいると心理学研究を中心に，市民性を尺度化して測定する研究が推進され，それに即した市民性教育が試みられた。デューイが批判した「子どもをよい市民にするための特定の研究や対応の様式」を前提とする市民性教育が行われたのである²⁸⁾。デューイが求めたのはそれとは対照的に，〈倫理的原理〉で提起した「原理」を軸に，ときにその「原理」自体を見直しつつ，社会の変化や時代の要請に合わせて，市民を形成する目的や方法を柔軟に再構築し続けることであった。20世紀初頭から市民性に関わる問題や課題が発生するとみるやこの原点に立ち戻り，望ましい市民性を提起し続けた。ジョセフ・リーとは異なるであろうその足跡をたどるのが，次章の課題である。

---

28)　デューイは社会科の新設に理論的な基礎を与えた。C. Gregg Jorgensen, *John Dewey and the Dawn of Social Studies: Unraveling Conflicting Interpretations of the 1916 Report* (Charlotte, North Carolina: Information Age Publishing, Inc., 2012). しかし，社会科で「よい市民」を育てるという立場をとらなかった。その理由のひとつは，社会科というひとつの「特定の研究や対応の様式」に「よい市民」の形成を限定することをよしとしなかったことがあげられるだろう。

第4章

デューイにおける「よい市民」の探求
「よさの多様性」

はじめに──20世紀初頭から1920年代半ばまでの展開

1 デューイの「よい市民」の多様性

　本章では，前章で明らかにした「よい市民」の「原理」に基づき，社会の状況や要請などに応じてジョン・デューイが提案した市民（性）概念に注目して，その展開を跡づけることを目的とする。そのために，1897年の「教育の根底にある倫理的原理」以降，市民性について考察した主たる論考をいくつか取り上げて検討する。考察の対象とする時期は，ジョセフ・リーに関する第1章・第2章や，デューイの影響を受けた進歩主義学校に関する第11章・第12章との重なりを考慮して，19世紀末ころから1920年代半ばころまでとする。1920年代半ばには，1924年にいわゆる移民制限法が成立してアメリカ化運動が終息するという，大きな節目を迎えていた。

　第一に，20世紀に入ってからの市民性論を，1902年の論考「社会センターとしての学校」を取り上げ，市民性とその教育に焦点化して読解する。人々が日々の生活を送るコミュニティおよび産業社会に求められる労働者という視点から，望まれる市民が論じられていることを明らかにする。第二に，1913年の「現代産業教育の危機」を軸として，当時の産業・職業教育の推進に呼応するかたちで提起された市民性について検討する。働きながら生きる市民が，「労働者としての市民」として再考されていることを論じる。第三に，『民主主義と教育』のなかで論じられている，教育目的としての「よい市民性」の意味を検討する。1914年からの第一次世界大戦という未曾有の出来事を背景として，教育哲学の視点からより明確に論じられている「民主的市民」について考

察する。また，「よい市民」とは誰かという当時の緊要な課題に対する，デューイなりの見解を分析する。

　ここでとくに力をいれるのは，その時々の文脈に位置づけられた「よい市民」観の固有性である。そのために，理論的に「よい市民」とはなにかをつきつめることよりも，史的展開を跡づけることに重点をおく。たとえば，「社会センターとしての学校」論の背景には，人々が生きているコミュニティ─とくに日常生活を送っている「近隣（neighborhood）」という意味での身近なコミュニティ─が，科学の進歩やそれにともなう社会の産業化，新移民の急増などにより，急激に変化しているという事情があった。その当時には，連邦政府が関与してアメリカ化が推進されてもいた。「社会センターとしての学校」論には，その影響の痕跡も認められる。それと連動して，移民の市民性も問われている。少ないながら女性にも言及されている。それらを論じることで，デューイが説く多様な「よい市民」の構成要因を解明する。

　「よい市民」の「よさ」を，その時々の状況において探求するというデューイのプラグマティックなスタンスは，序章や第3章でも言及した，ジョエル・ウェストハイマー（Joel Westheimer），ネル・ノディングズ（Nel Noddings），ロバート・N.ベラー（Robert N. Bellah）らによって，立場を超えて継承されている。ウェストハイマーは，なにが「よい」かは自明とし，リーダーや大義に対する絶対的忠誠を求める「権威的愛国主義」を批判し，なにが「よい」かということをケアし，ひとりひとりの市民の福利を求める「民主的愛国主義」を，ノディングズを引きつつ主張する。その「民主的愛国主義」に基づく「よいアメリカ市民」は，多様性の理念に則り，「コモングッドを探求し続けられる批判的思考」に支えられている[1]。

　ベラーらは『よい社会（*The Good Society*）』（1991）のなかで，「……私たちであれ誰であれ，簡単に見分けられて，人々に同調を求めることができるような，よい社会のパターンなど存在しない。よい社会と私たちがいうとき，その概念の中心にあるのは，社会のすべての構成員が進んで問うべき，開かれた問

---

1)　佐藤隆之「進歩主義学校における『良きアメリカ市民』の育成─コミュニティを基盤とする市民性プロジェクトと『民主的愛国主義』」『アメリカ教育研究』（アメリカ教育学会）第30号（2020年3月），16-19頁。

いだということである。……共通のよさ（common good）とは，共同でよさ
を追求することなのだ」と述べている。それこそがアメリカのような多元主義
に立つ「よい社会」にふさわしい「共通のよさ」である。というのも，「私た
ちの理解では，多元主義はよい社会という概念と矛盾するものではない。なぜ
なら，よい社会とは，幅広い多様性を許容し，その資源を多元的な諸々のコミ
ュニティから引き出すことで，全体のよさに必然的に関わることを見分けてい
こうとするからである」[2]。そのような理解のもと，ベラーらは，「アメリカの
教育の多様性そのものが，知性を性格や市民性に結びつけるためのさまざまな
試みを可能にしている」と指摘している[3]。多様性に基づく「よい市民」の
「よさ」は，「開かれた問い」であり，共同で探求し続けられるべきものである。
それでこそアメリカの社会や教育にふさわしい「よさ」と結びついた市民性を
導き出せる。そのような主張は，市民とはなにかを探求し続けたデューイに基
礎をおいている[4]。

2 多様性を問う視点

「よい市民」の多様性を解明するという方法に関してウェストハイマーは，
現実にコミュニティや学校において求められる市民は，社会的，経済的，政治

---

2)　Robert N. Bellah, Richard Madsen, William M. Sullivan, Ann Swidler and Steven M. Tipton, *The Good Society* (New York: Knopf, 1991), p.9.；ロバート・N. ベラー他（中村圭志訳）『善い社会：道徳的エコロジーの制度論』（みすず書房，2000年），7頁。

3)　*Ibid.*, p.175.；同上訳書，181頁。

4)　教育史家であり，1990年代はじめにはブッシュ政権で連邦教育省の補佐兼助言者を務めたダイアン・ラヴィッチ（Diane Ravitch）は，同じく共通性を重視して市民の教育を論じている。彼女は，基礎技能（basic skills）以上の教育，つまりは，「総合的なリベラル・アーツの教育」を基に，知識や理性を用いて思慮深い議論ができる，「民主主義における市民の責任」を説く。Diane Ravitch, *The Death and Life of the Great American School System: How Testing and Choice are Undermining Education* (New York: Basic Books, 2010), p.226.；ダイアン・ラヴィッチ（本図愛実監訳）『偉大なるアメリカ公立学校の死と生：テストと学校選択がいかに教育をだめにしてきたのか』（協同出版，2013年），258-259頁。ラヴィッチは，教育省在籍時には，ナショナル・スタンダードの策定に尽力し，テストやアカウンタビリティによる教育改革を支持したが，後にそれを批判するようになる。しかし，転向後も，「歴史，文学，地理，理科，公民，数学，美術，外国語といった一般教養や科学および保健や体育」を軸とする「よい教育（good education）」を説いている点では変わりはない。*Ibid*, p.231.；同上書，263頁。そのような教養主義に基づく「よい市民」は，デューイを批判するわけではないが，進歩主義を批判した本質主義にも依拠している。

的な条件や立場などの相違により多様であるとする。そのような「『よい』市民性の多面性」を，「見方の多様性」に注目して理解することが市民性教育について考えるうえでは肝要とする[5]。そのような立場から，「市民性の異なる概念を理解する重要性」を説く[6]。本章の考察は，デューイの視点から，その「『よい』市民性の多面性」や「市民性の異なる概念」を解明する試みである。

　デューイの市民性教育論の展開に同じく注目した試みに，ファン・デル・プルーフの「デューイと市民性教育—民主的実践としての学校教育」がある。同論文では，市民性や市民に言及しながら，学校における民主主義の教えと学びについて論じているデューイの著作を広く取り上げている。対象としている時期は，19世紀末から20世紀半ばまでである。1916年の『民主主義と教育』を軸にすえ，とりわけ市民（性）観の変容を明らかにすることに力をいれている。それによると，『民主主義と教育』以後は，それまでに提起された市民性概念をより民主的なものとすべく，専門家と市民の溝を取り除き，「全ての市民が熟慮と意志決定に関わる」ことが重視されるようになった。「なすことを学ぶ」をその「熟慮と意志決定」の過程に位置づけ直し，より多くの市民が，経験をとおして自ら学ぶことや，そうすることに動機づけられるようにした。それにより，包摂と参加をいっそう重んじる市民性が説かれることになったと解釈されている[7]。オキュペーションが「実践的な生活志向の活動」から，「批判的探究」へと変化したとされる[8]。

---

5) Joel Westheimer, *What Kind of Citizen?: Educating Our Children for the Common Good* (New York: Teachers College Press, 2015), pp.38-41.

6) *Ibid.,* p.63.

7) Piet van der Ploeg, "Dewey and Citizenship Education: Schooling as Democratic Practice," *The Palgrave Handbook of Citizenship and Education* (London: Palgrave Macmillan, 2019), pp.10-11. デューイの『公衆とその問題（*The Public and its Problems*）』（1927年）において，専門家と市民のギャップを埋めるという見解は，より先鋭化される。公衆と市民の相違については，ここで考察の対象とする時期からは外れるので，改めて検討する必要がある。

8) ファン・デル・プルーフはその変化の背景に，デューイの思想における変化をみてとる。1900年当時は，新ヘーゲル主義の観念論からプラグマティズムへと移行し，「なすことを学ぶ」を強調した。それが後の著作では，政治科学や社会科学に対する批判や懐疑から民主主義が軽視される状況に歯止めをかけるべく，「批判的思考という人間の一般的な能力や，学校で批判的思考を実践することを，民主的市民性の準備として強調」するようになっていた。(Ibid., p.11.)

本章では，その考察のねらい，方法，対象などを共有し，かつその変容の解明という目的を同じくしつつ，それとは異なる視点から検討する。相違は主に二つある。

第一に，考察の方法において，デューイが市民性に直接言及した著作に焦点化して，その背景にある理論を視野に入れながら精読する。ファン・デル・プルーフは，後でふれるように，市民性について主題的に考察されてはいない『人間性と行為』（1922）や改訂版『思考の方法』（1933）などをデューイの市民性教育論に位置づけている。しかし，デューイは市民性をタイトルに掲げる著作を残しておらず，どれがデューイの市民性教育に関わる著作かということそれ自体が課題となる。そこでここでは，市民性が直接言及され，その意味が考察されている著作に絞る。

第二に，先述のとおり，デューイが社会の変化・問題・ニーズなどに応じて論じた，その時々の市民性の意味や特徴をとらえることに重点をおく。以下に明らかにするようにデューイは，アメリカ化，社会センターとしての学校運動，女性参政権運動，産業教育や職業教育の振興と改革，第一次世界大戦，市民性を対象とする測定や教育といった緊要な課題に応えるかたちで，市民性の意味を問い続け，世に問うた。それは，市民性をめぐる「探究」と「コミュニケーション」―この二つをデューイは「よい市民」の条件としていた―を地でゆく試みであり，ひとつひとつの市民観に固有性が認められる。そこに注目することで，デューイが説く「よい市民」の意味を多面的にとらえる。

以上の二点から，本章では，第3章で明らかにした「原理」を応用して論じられるいくつかの「よい市民」観を分析する。それにより，「多様性」を特徴とするデューイが説く「よい市民」とはなにかを論じる。また，リーが説く「よい市民」とは異なる「よい市民」概念の史的展開や意味を明らかにし，革新主義期における「よい市民」の思想・理念の全体像に迫りたい。

第1節 「社会センターとしての学校」論における市民性

1 コミュニティの一員としての市民

「教育の根底にある倫理的原理」の公表から5年後に公表された「社会セン

ターとしての学校」（1902）[9] では，市民に関して，コミュニティ生活の理解という観点から論じられている。まず，その名称に含まれる「ソーシャル」がコミュニティの生活に対して有する意味を，「社会（society）」という概念に注目し，「国家（state）」との対比において解説している。「国家」におけるコミュニティ生活は，法律や行政に関わる政府という制度に規定されている。そのような「国家」という観点から行われる学校での「市民性のための準備」は，法律，行政，政府などに関する知識を身につけ，賢明な投票ができることに自ずと狭く限定されている。

それに対して「社会」におけるコミュニティ生活においては，交通・通信手段の発展や技術革新により，以前に比べて人々が，より自由に，より柔軟に，より多様な方法で関わり合っている。これをデューイは「コミュニティ生活が突然目覚めた」と表現している[10]。学校でもそれに見合った「市民性のための準備」が行われるべきと主張する。

この新しい意味での市民性についてデューイは，市民に求められる理解という観点から，大きく五つに分けて検討している。それは前章で論じた「よい市民」の条件のひとつ「社会を理解する市民」の延長線上に位置づけられる。それぞれから次のような市民が想定される[11]。

第一は，コミュニティ生活を，国内の経済の動向や，科学の進歩という観点から理解できる市民である。国全体の経済は，コミュニティ生活にも大きな影響を与えうる。科学の進歩にともなう技術革新も同様である。その影響を，国

9）「社会センターとしての学校」は元々，1902 年 7 月にミネソタ州ミネアポリスで開催された全米教育協議会（National Council of Education）で行った講演である。Jo Ann Boydston ed., *The Collected Works of John Dewey: The Middle Works*, 1899-1924, Vol.2 (Carbondale: Southern Illinois Press), p.80. 全米で社会センターとしての学校が注目される状況で，当時デューイ・スクールを指導していた著名な哲学者であり教育学者であるデューイのもとに講演の依頼があったわけである。その講演が後に『小学校教師』第 3 号と「全米教育協会の会議録と講演」に掲載された。（*The Elementary School Teacher*, Vol.3（1902），pp.73-86.; *Proceedings and Addresses of the National Educational Association*, 1902, pp.373-383.）学校を社会センターとしようとする実験の思想や実態については，第 6 章を参照されたい。

10）John Dewey, "The School as Social Centre," 1902, MW, Vol.2, p.82.；ジョン・デューイ（千賀愛・藤井佳世訳）「社会センターとしての学校」上野正道［訳者代表］『学校と社会，ほか』（東京大学出版会，2019 年），335 頁。

11）以下の第一から第五の出典は，Ibid., pp.82-83.；同上訳書，335 頁。

家という大きな視点から理解しようとすることが求められている。

第二は、「人種問題，多様な種類の言語や慣習の同化という問題」を理解する市民である。市民性という観点から重要だが、「社会センターとしての学校」で詳しく論じられているわけではないので，次項で，デューイが論じる移民の市民性について検討した論考を参照して考察する。

第三は、「産業や商業の変化や適応」を理解できる市民である。これは，前章で論じた「社会を理解する市民」と内容的に重なるのでここでは省略する。

第四は，コミュニティ生活上の問題を解決するうえで必要となる，「共通の感情と共通の理解（common sympathies and a common understanding）」である。コミュニティが抱える問題をわがこととして，「共感」をもって受けとめて「理解」を深め，それを共有する。それにより，その問題解決に協力しようとする市民が提起されている。「教育の根底にある倫理的原理」で重視されていた社会の理解が，共感や共通という観点から補われている。

第五は，生活に関連する事実やその事実間の関係を，科学的に理解できる市民である。この科学的な理解について「社会センターとしての学校」では，社会科学や自然科学が生活に与える影響を，具体例をあげながら論じている。たとえば人々の健康や衛生については，生理学，細菌学，解剖学などの諸科学に基づいて解明が進み，生活の改善に応用されている。新聞もその応用のよい例で，健康や衛生に関する情報を，「科学的」とまではいえないかもしれないが，伝えるメディアとなっているとされる[12]。

そう述べた後でデューイは，コミュニティ生活が，現実にそうした経済，科学，人種，産業，商業などの「多様で生き生きとした力（forces）の複雑な相互作用」に規定されているとする。そのうち政府が関与するものはほんの一部にすぎないということに，私たちは気づき始めている。そのような現実から，「『市民性』という言葉の内容は広がっている（broadening）。つまり，コミュニティのメンバーシップに関わる，あらゆる種類のすべての関係性を意味するようになっている」と総括し，広げられた市民性が学校で形成されるべきとする[13]。

---

12) Ibid., p.88.；同上訳書，340 頁。
13) Ibid., p.83.；同上訳書，335 頁。

第4章　デューイにおける「よい市民」の探求　　111

　このような主張は，「教育の根底にある倫理的原理」と同じく当時の市民性観への批判に根ざしながら，子どもの生活全体ではなく，社会変化によって著しく変容しているコミュニティ生活に焦点化しているところが異なる。「教育の根底にある倫理的原理」で提起された社会の理解について，学校とコミュニティの関係という別の視点から分析しているのである。

　「よい市民」の意味も更新されている。「よい市民」とは，コミュニティ生活を構成している，経済，科学，人種，産業，商業などからなる関係性について理解しようとする市民である。それはまた，社会の理解を，コミュニティ生活における共感と事実関係という両面から深めようとする市民である。

2　移民の市民性

国際的ナショナリズムに基づく人種と同化の解釈

　「社会センターとしての学校」においては，「人種」と「同化」という問題が言及されていた。それもまた，「コミュニティのメンバーシップに関わる，あらゆる種類のすべての関係性」のひとつに位置づけられ，デューイがいうところの市民性概念の「広がり」に包括されている。

　「教育の根底にある倫理的原理」が書かれた19世紀末ころには，新移民の急増を主因として，アメリカ化が運動として推進され，アメリカ市民とはなにかが問い直されることになる。「社会センターとしての学校」には，すぐ後でみるように，「アメリカ化された（Americanized）」という語が見られる。デューイが「人種」と「同化」について言及している理由の一端は，アメリカ化の影響にある。

　アメリカ化は，とくに20世紀初頭から，公教育においては，児童生徒を対象として推進された。その一方で，教育委員会，職場，移民が多く居住する地域で支援活動を行ったセツルメント[14]のような「草の根の組織」においては，成人を対象として推進された。第一次世界大戦を機に，連邦政府が関与をいっそう強める。総じてアメリカ化と呼ばれる運動は，「新しい市民を意図的に形

---

14)　19世紀後半に始まった，スラムのような貧しい地区に住み込み（settle），金品を与えるだけではなく，育児・授産・医療・教育など生活全般にわたって援助することで，住民の自立を促す社会事業や施設。

成する取り組み」であり，「法的，政治的，医療的，公民的（civic），文化的な幅広い取り組みを包括し，移民が新しい環境に適応できるようにするとともに，アメリカ人が移民を受け入れられるようにする」ものであった[15]。「教育の根底にある倫理的原理」や「社会センターとしての学校」における市民論は，アメリカ化の動向に対するデューイの応答とみなすこともできよう。

　移民をどうアメリカ市民とするかという問題は，どのようにして移民をアメリカ社会で必要とされる労働者にするかという問題でもあった。次節で論じるように，デューイは産業・職業教育の改革が推進されるなかで，民主的な社会にふさわしい労働者という観点から，市民性について批判的に検討している。その際の「労働者」には，移民も視野に入れられていた。

　移民という観点から，社会センターとしての学校論ではまず，「民族（nationality），人種，階級，宗派」などにも目を向けるべきことが指摘されている。このうち市民性に関しては，繰り返し確認すれば，「人種」と「同化」が取り上げられていた。これについてデューイは，こう述べている。科学の発展にともなう交通・通信の進化や普及により，「アメリカは世界のあらゆる人々と言葉が出会う場所になった」のであり，相互に「鈍感でいることは物理的に不可能になった」。それにともない「偏狭，不寛容」が問題化している。その問題を，公立学校で，異なる人種を同化することにより解決しようとしている。結果として「子どもたちは，アメリカ化とまではいわないが，あまりにも急速に民族性を奪われている」[16]。「アメリカ化とまではいわない」というものの，この時点で既にデューイは，アメリカ化による同化が孕む危険性を察知していた。社会センターとしての学校は，それへの対抗策でもあった。それぞれの民族や人種の文化，慣習，言語，信仰，産業，歴史に自覚や誇りをもてるようにすべきとし，すぐれた試みとしてハルハウス[17]に言及している。学

---

15)　Noah Pickus, *True Faith and Allegiance: Immigration and American Civic Nationalism* (Princeton: Princeton University Press, 2005), p.206.

16)　Dewey, "The School as Social Centre," pp.84-85.；デューイ（千賀・藤井訳）「社会センターとしての学校」，336-338 頁。

17)　ハルハウスは，アメリカの社会改革者，平和主義運動家であるであるジェーン・アダムズが，1899 年にシカゴのスラム街に設立した，社会事業施設である。とくに貧しい移民の生活改善や教育を推進した。不動産業で成功を収めたチャールズ・J. ハル（Charles J. Hull, 1820-1889）の元邸宅を利用したことからハルハウスと呼ばれた。

校はハルハウスのようなセツルメントとなり，近隣の多様な人々を巻き込みな
がら，文字通り社会センターとなるべきとデューイは説く[18]。

　このような主張は，同化ではなく，個々の人種や民族に基づく国家の構築を
めざしている。それは「国際的ナショナリズム」と呼ばれ，多様性と整合的な
国家の統一原理と解釈されている。移民の市民性に詳しいノア・ピッカス
（Noah Pickus）によれば，デューイは，「すべての市民が，個人として公的な
生活に参加する平等の権利を有するときに，真の意味で民主的」であるとした。
そのような市民は，能動的・参加的であり，かつ，それがひとりひとりに承認
されている点において包括的でもある。デューイは，その意味での市民によっ
て形成されるところに，アメリカの独自性を認めた。アメリカ社会に移民は，
能動的に参加し，その一員に包括されうる。というのも，移民文化とアメリカ
社会の相違は，人種ではなく環境に起因するからである。人種が異なる人々は，
アメリカ社会という新たな環境で固有の技術や能力を発達させることで，アメ
リカ社会に貢献しうる。そう考えるデューイは，人種や民族の多様性を前提と
する国家の維持発展をもくろむ「国際的ナショナリズム」を説いた。それは
「アメリカのシヴィック・ナショナリズム（American civic nationalism）」とも
呼びうる。そうピッカスは指摘し，デューイも援用しているジェーン・アダム
ズ（Jane Adams, 1860-1935）が説く「多元的で民主的なアメリカ化概念」や，
デューイに学んだランドルフ・S・ボーン（Randolph S. Bourne, 1886-1918）の
「トランスナショナル・アメリカ」（1916）[19] を引きつつ，デューイを革新主義
的アメリカ・ナショナリズムの典型と評している[20]。

デューイの人種観に対する評価

　デューイの人種に関する理解や解釈には批判もある。進歩主義教育を人種と
いう観点から検討した論考をいくつか著しているトーマス・フェラッチェ
（Thomas Fallace）は，社会センターとしての学校のひとつとみなされたイン

18）　Ibid., pp.84-86.；同上訳書，336-338頁。
19）　Randolph S. Bourne, "Trans-National America," *The Atlantic Monthly*, 118（July
　　1916），pp.86-97.
20）　Pickus, *True Faith and Allegiance*, pp.73-83.

ディアナポリス第26公立学校に関するデューイの見解には問題点があるとしている。それによると，たとえば『明日の学校』でデューイは，文化を階層的に，つまりは上下関係でみている。それゆえにアフリカ系アメリカ人を，本質的にではないにせよ社会的には欠陥があるという前提で論じている[21]。「社会センターとしての学校」を公表したシカゴ時代のデューイには，そのような前提が顕著である。デューイは，非白人のマイノリティは白人と生物学的には等しいとしながら，文化的には不利な立場にあり，また欠陥があるとみなした。その点で自民族中心主義者であったと断罪されている[22]。このような解釈からすると，人種に関するデューイの市民観には限界があったということになるだろう。

　他方，歴史家ジョン・ハイアム（John Higham）は，本書と考察の対象が重なる1880年代から1920年代までのアメリカにおける移民排斥主義（nativism）を分析した書のなかで，デューイに好意的な解釈をしている。ハイアムはアメリカ化の推進者を，強硬派とリベラル派に大別している。強硬派は，第一次世界大戦下で顕著になった「100％のアメリカニズム」を説き，徹底した同化を求めた。他方，人道的でリベラルなアメリカ化を説いた，「アメリカン・デモクラシーのコスモポリタン的伝統の守護者」もいた。ハイアムは後者をやはり「国際的ナショナリズム」と呼び，デューイをそのひとりに位置づけている。その証左として，「責任を担っている人種や人々が提供すべき最善の，最も特徴的なものを引き出して，調和がとれた全体を生み出すことによる統一」というデューイの文言を引用している。それをハイアムは，「理想的な国際主義」から導かれたコスモポリタン的見解と評している[23]。19世紀末から1920年代のアメリカは，「それ以前とくらべてはるかにコスモポリタン的で，人種において傲慢ではなくなった」のである[24]。デューイのようなリベラル派のアメリカ化は，アメリカ史全体に位置づければ相対的に人道的であ

---

21)　Thomas Fallace and Victoria Fantozzi, "A Century of John and Evelyn Dewey's Schools of To-Morrow: Rousseau, Recorded Knowledge, and Race in the Philosopher's Most Problematic Text," *Educational Studies*, Vol.51, No.2（2015）, pp.129-152.

22)　Thomas Fallace, "Was John Dewey Ethnocentric?: Reevaluating the Philosopher's Early Views on Culture and Race," *Educational Researcher*, Vol.39, Issue 6（August/September 2010）, pp.471-477.

ったとして，一定の功績が認められている。

　デューイが「社会センターとしての学校」のなかで人種と並んで言及していた「同化」について，デイヴィッド・T・ハンセン（David T. Hansen）もやはりコスモポリタン的と解釈している。こちらは『民主主義と教育』から，「異なる人種，対立的な宗教，同一ではない慣習に属している若者が学校で交わることによって，すべての人にとって新しく，より広い環境が創られる」という文言を引用し，デューイにおいて「同化」は，特定の文化や見方の一方的な押しつけではなく，「互恵的で相互に変容する関係」を意味すると高く評価している。その意味での「同化」においては，「個々の多様性が深遠なものであり続ける」。そのような多文化が共生しうる「同化」を実践するためには，学校は社会から孤立してはならず，コスモポリタニズムにねざしていなければならない [25]。このようにハンセンは，学校が社会センターとしての学校であることによって，「異なる人種」がそれぞれの貢献をすることで，「すべての人にとって新しく，より広い環境が創られる」とみなしている。

　デューイが説く人種と同化には賛否両論あり，その解釈は慎重を要する。先にコミュニティの一員の条件のひとつとして指摘した，「人種問題，多様な種類の言語や慣習の同化という問題」を理解する市民の解釈も同様である。それでもデューイに対してハイアムやピッカスが指摘する国際的ナショナリズム，あるいはハイアムやハンセンが指摘するコスモポリタニズムへの評価からすれ

---

23)　John Higham, *Strangers in the Land: Patterns of American Nativism, 1860-1925* (New Brunswick: Rutgers University Press, 1983, originally published in 1955), pp.250-251. デューイからの引用は，John Dewey, "Nationalizing Education," 1916, MW, Vol.10, p.204. なお，ここでは詳しく論じられなかったが，本書でしばしば言及するコスモポリタニズムの立場からも，人種や民族などが多様であるほどアメリカが活性化され，統一性がもたらされることが主張されている。それによると，「人々はもはや，単一の，一貫した，統合され，系統的な文化によって活気づけられることはない。トランスナショナルな移住者の到来が，多くの人々の文化的レパートリーを豊かにし，改変してきた」とされる。また，起源が異なる者が，「多様性が受容され，日常を成り立たせている社会をつくる」ことも主張されている。Steven Vertovec and Robert Cohen, *Conceiving Cosmopolitanism: Theory, Context and Practice* (Oxford: Oxford University Press, 2002), pp.4-5. そのような社会を担う市民は，国境を超えた「世界市民」ともいわれる。*Ibid.*, p.10.

24)　Higham, *Strangers in the Land*, pp.331-332.

25)　David T. Hansen, "Rethinking the Ethical and Political Purposes of the School in the 21st Century," *Bulletin of John Dewey Society of Japan*, Vol.59 (2018), pp.6-8.

ば，移民という観点からみた市民性は，こう解釈できるだろう。その市民性は，人種と同化について，人種の固有性が多様に発揮される程度に応じて，移民の生活が充実すると同時に，貢献の度合いも増して国家全体が繁栄することで統一性が高まる，という理念に支えられている。そのような前提に立つ「よい市民」は，移民にせよアメリカ生まれのアメリカ人にせよ，民族や人種において多様な人々が，それぞれの固有性を維持しつつ，アメリカ社会に貢献できるようにする市民を含意している。

3　女性と市民性
アメリカ市民の教育者としての女性

「社会センターとしての学校」における市民性論には，女性への言及がある。直接市民性と関係づけられているわけではないが，女性をどう市民として位置づけるかという問題意識を読み取ることができる。たとえば，ハルハウスでは，産業化にともない過去のものになった糸紡ぎや機織りなどの技法を伝えることで，自文化や自民族の価値に気づくことができるようにしているという指摘がある。その気づきのなかには「母親」の価値も含まれている[26]。交通・通信の技術革新にともなう相互作用の増大がもたらした社会的規律や管理の弱体化に関連して，「夫と妻」における「家庭の結びつき」が，「永続性や高潔さを失っている」とされる[27]。また労働の産業化や専門化によって職業に就くまでの準備期間が長くなり，ひいては幼児期も延びたという指摘は[28]，育児に関わることが多い母親の生き方に関わるだろう。

　さらにいうと，社会センターとしての学校は，「人々をお互いの真のコミュニケーションから遠ざけている，階層や階級，人種，経験の種類といった障壁を取り除き，人々を結びつける方法」と指摘されている[29]。ここでいう「経験の種類」に女性の「経験」を含めることは，「夫と妻」における「家庭の結びつき」にデューイが言及していることからすれば，あながち的外れではない

---

26)　Dewey, "The School as Social Centre," pp.85-86.；デューイ（千賀・藤井訳）「社会センターとしての学校」，338頁。
27)　Ibid., p.86.；同上訳書，338-339頁。
28)　Ibid., p.89.；同上訳書，341頁。
29)　Ibid., p.91.；同上訳書，343頁。

だろう。だとすれば，社会センターとしての学校は，女性の「経験」について
も「障壁」を取り除き，コミュニティの一員としての地位を正当に認めること
で，女性も先にあげた市民の五つの条件を満たして生きていけるようにする方
法であったともいえる。

　実際，「社会センターとしての学校」においては「国家」ではなく「社会」
におけるコミュニティ生活を説いていた。コミュニティ生活を「国家」から
「社会」へと拡張することは，間接的にではあるにせよ女性の果たす役割を重
視することになるだろう。「アメリカ人であること・アメリカ人にすること―
20世紀初頭の『アメリカ化』運動におけるジェンダー・階級・人種―」とい
う論考で松本悠子は，アメリカ化が女性に与えた影響に言及している。それに
よると，アメリカ化においては，「健康，住環境の整備，適当な賃金，教育な
ど」を具体的な目標に設定して，「アメリカ的生活水準」あるいは「アメリカ
的生活様式」を，移民はもちろんアメリカ生まれの人々を対象に実現しようと
した。女性はその「アメリカ的生活様式」の主たる担い手であった。それゆえ
に女性の教育にも力が入れられた。すなわち，「女性は，個人としての女性を
意味するよりも，アメリカ社会の基本単位である『家庭』の体現者として考え
られており，移民女性（少女から既婚女性まで）の『アメリカ化』は『アメリ
カ的家庭』をつくることと同義であった。母親やこれから母親となる女性を教
育し，『アメリカ的家庭』を実現させることによって，『アメリカ人』を育てる
ことができるのである」[30]。このように，とりわけ移民女性には，家庭におい
てアメリカ市民を育てる役割が期待された。

　コミュニティ生活が，政治や行政以外の様々な要因の相互関係によって変わ
ったとデューイがいうとき，家庭もその関係の編み目に位置づけられて変容し
ていた。ひいてはその「体現者」たる女性も，新たな役割を果たすようになっ
たと推察される。その役割のひとつが，アメリカ市民の教育者であった。その
ような役割を果たせるようにするために，女性を市民とする教育にも力が入れ
られるようになった。それは女性の市民性を議論の俎上に載せることにつなが

30）　松本悠子「アメリカ人であること・アメリカ人にすること―20世紀初頭の『アメリ
　　カ化』運動におけるジェンダー・階級・人種―」『思想』No.884，岩波書店，1998年，
　　64頁。

った[31]。

それに関して，ノディングズがデューイのいう家庭を，学校のカリキュラムの中心に据える提案をしていることは注目に値する。ノディングズはカリキュラムを，人生の段階，とりわけ出生（birth）とはなにか，家庭をつくるとはなにかという問いを軸に組織すべきとした。その際，デューイが地理学を「人類の家庭」としての地球の学習とみなしたことを想起するように促している[32]。ここでノディングズは，デューイと共に，個々の私的領域としての「家庭」を，「人類の家庭」という公的領域に重ね合わせている。デューイが想定する「家庭」とその主たる担い手としての女性は，私的領域を超え出て，市民として位置づけられているとも解釈できそうだ。

アメリカ市民を育てる女性に対して行われた教育は，料理や裁縫などを含むオキュペーションと重なるところがあることにも留意したい。女性への教育としては，英語以外に，「育児，料理，レース作り，洗濯，縫い物など」が行われた[33]。第3章で論じたように，デューイはオキュペーションを重視し，コミュニティ生活—そのなかには家庭も含まれるだろう—を対象とする広義の市民性を説いた。料理・裁縫・手工などの教育を受けた女性は，結果的にではあるが，オキュペーションをとおして市民性を身につけやすい立場にあった。

女性の参政権

デューイは，女性の参政権を積極的に支持してもいる。女性の参政権が認められるのは，1920年8月に憲法修正第19条が発効するのを待たねばならない。

---

31) 建国期から南北戦争以前のアンテベラム期においてすでに女性は，市民の形成に私的領域において関与し始めていたことが指摘されている。当時女性はもっぱら家庭という私的領域に閉じ込められ，政治や経済に参与することはできなかった。しかし，「『家庭』という私的領域での活動のための教育でも，それは『共和国の母』として有徳な市民を育てること，共和国の維持・発展と結びつけて語られた。『家庭性』と『公共性』は相反するものではなく，共存可能なものであった」とされる。（貴堂嘉之「アメリカ合衆国—近代から始まった国として」近藤孝弘編『歴史教育の比較史』（名古屋大学出版会，2020年），262頁。）女性は早くから，私的領域に限定されてはいたが，「有徳な市民」の担い手として公的な役割を果たしていた。

32) Tony W. Johnson and Ronald F. Reed, *Philosophical Documents in Education*, 4th edition (Boston: Parson, 2012), p.209.

33) 松本「アメリカ人であること・アメリカ人にすること」，64頁。

デューイが「社会センターとしての学校」を公表した1902年には女性にはま
だ，狭義の市民性すら認められていなかった。このような状況にあってデュー
イは，1909年に『ニューヨーク・サンデータイムズ』誌で，女性の参政権に
賛意を表明している。そこでは，ある社会学者の主張を批判的に深く掘り下げ，
女性が参政権をもてる環境を整えたうえで，学校教育により，社会や男性に対
する女性の見方を変えることを主張している。社会センターとしての学校に直
接ふれてはいない。しかし，参政権を女性に付与する社会変革を，学校教育に
よる女性の意識変革と結びつけているところは，社会と学校を一体化させたデ
ューイ特有の教育観と通底している。

　デューイが言及しているその社会学者とは，記事のなかでは伏せられている
が，シカゴ大学でデューイの同僚であった社会学者のウィリアム・I.トーマス
(William I. Thomas) である。トーマスは，1906年に「女性の後天的な性格」
という論文34)で，女性は男性に迎合するような性格を知らず知らずのうちに
身につけ，依存的になっていると説く。デューイはその「女性の後天的な性
格」を「第二の性格」とも呼び，そのような結果となっている理由を探ること
で，女性の参政権の必要性を説く。併せて，そのような性格を生じさせないよ
うな環境や教育の必要性を主張する。

　デューイによれば，知性が豊かな女性であっても，女性の参政権に反対する
ことがある。その一因は，投票や立法などは男性が担い，女性は男性をサポー
トすることで間接的な影響を与えればよいという思い込みにある。これまで当
たり前とされてきたことに慣れきってしまい，自分の性格を発達させたり表現
したりすることができないということもその原因となっている。いずれにせよ
肝要なのは，そうした思い込みや慣れを生み出さないような環境を整えること
である。そのためになによりも必要なのが，平等な選挙権だ。それが実現され
るときに，「そうした無知，自己中心性，無責任を打破する教育」が行えるよ
うになる。それにより，「女性の後天的な性格」を改善することが可能になる
だろうとデューイは主張する。

　このようにデューイが女性の選挙権に賛成する理由は，それによって女性が

---

34)　William I. Thomas, "The Adventitious Character of Woman," *American Journal of
Sociology*, Vol.12, No.1（1906), pp.32-44.

手にする権利やそれがもたらすメリットよりも，女性の性格形成やそれに及ぼす教育の影響に向けられている。教育を重視する独自の立場から，女性の参政権を支持していた。

この主張がどこまで「社会センターとしての学校」に反映されていたかは定かではないが，以上に考察してきたように，「社会センターとしての学校」で市民性を論じるときデューイは，社会における女性の位置や役割を意識していた。家庭における母親や妻などとして，コミュニティ生活に不可欠な役割を果たしているとしていた。オキュペーションを重視したことは，間接的ながら家庭生活に，そしてひいては女性に価値を認めることでもあった。デューイ・スクールの流れをくむ「社会センターとしての学校」も，同様の前提に立つと考えられる。だとすれば，市民性が狭く政治に限定されていると批判するときデューイは，女性を政治から排除した市民性にもまた批判的であったと推察される。

ただし，アメリカ進歩主義教育史をジェンダーの視点から検討したキャスリン・ウェイラー（Kathleen Weiler）は，進歩主義教育における市民性と民主的教育についてはまだ十分に検討されていないとする[35]。デューイに関しても，女性の参政権を支持したことについては評価しているが，ジェンダーへの配慮が欠けており，彼に関する研究においても同様の問題があると指摘する[36]。そのような反省のもと，ウェイラー自身は，ティーチャーズ・カレッジの進歩主義教育者が主張した社会改造主義について，ジェンダーと市民性という観点から検討している[37]。女性の教育史に詳しいジョイス・グッドマン（Joyce Goodman）は，そのウェイラーの研究に言及しつつ，デューイの指導のもとで博士号を取得し，コロンビア大学ティーチャーズ・カレッジで教育哲学と教育史を教えた女性研究者ウィルスティーン・グッドセル（Willystine Goodsell,

---

35) Kathleen Weiler, "The Historiography of Gender and Progressive Education in the United States," *Paedagogica Historica*, Vol.42, No.1&2 (2006), p.161.

36) Ibid., pp.167-171.

37) Kathleen Weiler, "No Women Wanted on the Social Frontier: Gender, Citizenship and Progressive Education," in Madeleine Arnot and Jo-Anne Dillabough, eds., *Challenging Democracy: International Perspectives on Gender, Education and Citizenship* (London: Routledge, 2000), pp.122-137.

1870-1962）が説いた女性の教育史と教育哲学について，デューイと比較しながらその特徴を論じている。それによると，グッドセルはジェンダーに基づく権力や女性の実践に踏み込み，公私という領域を超えて女性を論じた。それと比較すると，二元論を克服するデューイの原理は，ジェンダーに起因する関係の取り扱いにおいて曖昧さを残している[38]。そうした研究が示すように，デューイが説く女性の市民性についてはいまだ考察が継続されており，さらなる検討を要する。

第2節　労働者としての市民

1　産業・職業教育における民主主義の危機

　1910年代に入るとデューイは，より明確に産業教育あるいは職業教育という視点から市民を論じるようになる。その成果のひとつが「現代産業教育運動の危険性」（1913）である。産業教育を主題とした背景には，1906年以降の産業教育運動あるいは職業教育運動の興隆があった。産業教育運動は，1906年にマサチューセッツ州で公費による職業教育制度や機関の設立に関する報告書が出されたのをきっかけに各地で推進された。その中心となった同年結成の全国産業教育振興協会（National Society of the Promotion of Industrial Education）は，義務教育を終えた子どもに，産業教育を行うことを提案した。1917年には，連邦政府による初の職業教育補助法であるスミス・ヒューズ法が制定された。同法は中等教育レベルにおける産業教育の推進を目的とし，教員の給料，教員養成費，産業教育の調査研究費などを助成した。

　デューイは，当時推進された産業教育や職業教育（以下ではデューイに準じて基本的には「産業教育」に統一する）が，公立学校制度とは別立てで制度化されていたことに民主主義の危機をみてとる。「二重学制（dual system）」とも呼ばれる産業教育と公教育の分離は，教育の機会均等を損ねる。また，連邦政府

38）　Joyce Goodman, "Willystine Goodsell（1870-1962）and John Dewey（1859-1952）: History, Philosophy and Women's Education," *History of Education*, Vol.48, No.6（2019）, p.852. デューイは『民主主義と教育』の謝辞で，キルパトリックと並んでグッドセルの名前をあげている。

の介入は，地方分権を侵害する。さらにいうと，産業教育運動には，企業内教育が推進されていた関係で企業も関与した。公費で運営される公教育に私企業が関わることは，労資の関係や職業教育の公共性を損ねる。そのようないくつかの理由から，産業教育と公教育を別置することは，民主主義の原理に抵触するおそれがあると考えた[39]。

　そのようにデューイは，当時の産業教育に非民主的な要素を洞察した。1916年には，産業教育による民主主義の再構築を説いた「産業民主主義における産業教育の必要性」を著している。新たに現出した産業社会に適合するように民主主義を再構築し，それに即した産業教育を行うことで「産業民主主義」を確立することを主張する[40]。そのような立場からデューイは，現状には問題があるにせよ，産業教育を一般教育から切り離さず，ひとつの公教育制度でまずは行い，徐々に問題点を改善すべきとする。

　改善の兆しは既にあり，しかもそれは市民性教育に関わるとデューイはみていた。従来の学問的な一般教育は，手工や産業などの社会的活動と結びつくことで，「有用な市民性（useful citizenship）」を養うことに貢献し始めている[41]。ここでいう社会的活動と結びついた手工や産業の教育についてデューイは，オキュペーションに基づく教育を説き，実践していた。「有用な市民性」は，大きくいえば，オキュペーションに基礎をおき，産業教育をとおして養われるとみなされた。

　このように市民が産業・職業教育運動の文脈で論じられることになるが，その背景には移民問題もあった。デューイが移民のアメリカ化という観点から市民性を考察していることは，前節で指摘した。移民はアメリカ社会の重要な労働者であった。「『移民』という言葉は，1916年には『労働者』と同義であり，『アメリカ化』運動は移民を近代的労働者にすることを試みた運動でもあったのである」と指摘されている[42]。だとすれば，労働者としての市民を論じる

---

39)　田中喜美『技術教育の形成と展開：米国技術教育実践史論』（多賀出版，1993年），202-203頁。

40)　John Dewey, "The Need of an Industrial Education in an Industrial Democracy," 1916, MW, Vol.10, pp.137-143.

41)　John Dewey, "Some Dangers in the Present Movement for Industrial Education," 1913, MW, Vol.7, p.100.

第4章　デューイにおける「よい市民」の探求　123

場合，その市民には移民も包括されていたことになる。産業教育の成否は，移民のアメリカ化という観点からも，民主主義の命運を握っていると考えられた。

2　労働者の「よい市民性」

デューイが主張する労働者としての市民論は，二人の人物に依って立つ。ひとりは，イリノイ州シカゴ市で1900年から1909年まで，つまりデューイのシカゴ大学時代と重なる時期に，シカゴ公立学校教育長を務めたエドウィン・G. クーリー（Edwin G. Cooley, 1857-1923）である。もうひとりは，そのクーリーが，ヨーロッパにおける職業教育の調査を行った際に，ドイツで指導を受けた教育学者ゲオルグ・ケルシェンシュタイナー（Georg Kerschensteiner, 1854-1932）である。デューイは，ケルシェンシュタイナーの労働者観を，クーリーの報告書からの引用により示している。以下のようにそのなかでは，産業・職業教育という観点から「よい市民性」が論じられている。[ ] 内は，デューイの引用では省略されているが，ここでの考察においては重要になる。

　　少年が有能な労働者になるべきなら，自分の<u>仕事（work）を，科学，芸術，社会一般との諸関係すべてにおいて理解（comprehend）</u>しなければならない。[仕事において有能であること（efficiency）はひとつひとつの作業（job）における喜びを導き，仕事における喜びはよい市民性を導く。] 若い労働者は，自分の<u>職業（trade）を科学的関係，歴史的関係，経済的関係，社会的関係において理解し，</u>[社会のすべの成員の仕事にあるべき内的なつながりを理解し，] 自分の職業や，市民や社会の一員としての自分の能力や義務について，より高い観点から理解するのである。[43]（下線部の原文はイタリック体）

　引用の出典は，「現代産業教育運動の危険性」が公表される前年に公刊され

42）　松本「アメリカ人であること・アメリカ人にすること」，66頁。
43）　Dewey, "Some Dangers in the Present Movement for Industrial Education," p.101. "work","trade","job" という類似する語が用いられているが，基本的には字義通り，"trade" は自分が就いた職業，"work" はその職業における仕事全般の労働，"job" はその仕事全般を構成するひとつひとつの作業と解釈した。

たばかりの，クーリーの『ヨーロッパにおける職業教育』(1912) である[44]。下線もデューイによる。

デューイが省略している［］内を見ると，この引用においては，「よい市民性」が論じられていることがわかる。この見解からすると，労働者としての市民の条件は次のように整理できる。

①自分の仕事全体について，科学，芸術，社会全体とどう関わっているかを理解している。
②自分の職業について，科学，歴史，経済，社会といった観点から理解している。
③自分の職業について，市民や社会の一員として求められる能力や，なすべき義務という観点から，より深く理解している。
④自分の仕事と他の人の仕事のつながりを理解している。
⑤自分が日々取り組んでいるひとつひとつの仕事において有能であり，そこから喜びを導きだせる。

ケルシェンシュタイナーに基づく，このような労働者としての市民の条件は，第3章で考察した，「教育の根底にある倫理的原理」における「社会を理解する市民」と重なる。とくにデューイが施した強調箇所では，自分の仕事を科学や芸術などと結びつけて理解することや，自分の職業を科学・歴史・経済などと結びつけて理解することが指摘されている。それはデューイが力説していたことであった。

このようにデューイは，ケルシェンシュタイナーに言及することによって，「社会を理解する市民」を，労働者という観点から再解釈している。そこから導き出せる労働者としての「よい市民」とは，①と②にあるように，自分の職業や，自分がやるべき仕事の全体像や具体的な仕事について，科学，芸術，歴史，経済，社会といった観点から理解しようとする市民である。たとえば，どのようなテクノロジーを活かしているか，どのような歴史をたどって今に至っ

---

44) Edwin G. Cooley, *Vocational Education in Europe: Report to the Commercial Club of Chicago* (Chicago: The Commercial Club of Chicago, 1912), pp.99-100.

ているか，自分が経済のどの部分を担い，社会にどのように寄与しているか，といったことを理解しようとする市民である。

　さらにいうと，ここでいう労働者としての市民とは，①と②の理解に基づき，③にあるように，社会の一員として自分に求められている能力や自らが負うべき義務を，社会全体に位置づけて，より深く理解できる市民である。また，④にあるように，自分の仕事と他の仕事の関連性を理解できる市民である。そうして自分の仕事がなくてはならないものであることを知ることは，働くことに対する誇りや責任をもった労働者としての市民の基礎となる。

　それにくわえ，労働者としての市民は，⑤にあるように，職務において有能である必要がある。仕事に関する知識や技術などを身につけていることが当然求められる。と同時に，働くことに意味を見出し，喜びを感じられる市民でもある。この喜びとはなにかは，ケルシェンシュタイナーのいわんとすることも解釈して，さらに考察する必要があろう。この後で考察する『民主主義と教育』における市民性の定義では，芸術のたしなみ，リクリエーション，余暇の享受が言及されている。労働の喜びの意味をとらえるには，経験の美的側面や，リクリエーションや余暇から得られる喜びとの関係やバランスも重要になりそうだ。いずれにしろ，生きがいや，やりがいを実感でき，自他の成長をもたらすような働き方ができる市民をデューイは求めていた。

　以上のように，デューイがケルシェンシュタイナーに同意して説く労働者の「よい市民性」は，自分の仕事や職業について，様々な観点から多面的にとらえ，なおかつ全体における位置づけや関連性をとらえることを前提としている。それにより自他を成長させ，働きながら生きることに喜びを感じられるのが「よい労働者としての市民」であった。そのような市民を育てるための産業教育は，将来の職業に限定された技術的な職業教育ではなく，一般教育に基づく市民性の教育であるべきというのがデューイの一貫した主張であった。

第3節　民主主義と教育における民主的市民

1　教育目的としての「よい市民性」

民主主義の危機を産業・職業教育運動を対象として論じた「現代産業教育の

危険性」から3年後の1916年にデューイは,『民主主義と教育』を公刊した。そこでも引き続き,産業社会で働きながら生きる市民を論じながら,民主的市民の意味を掘り下げている。

『民主主義と教育』のなかで市民性についてまとまった考察があるのは,教育目的に関する章においてである。教育目的のひとつである「社会的有効性(social efficiency)」が市民性とからめて論じられている。民主的な社会に求められる市民が,社会的有効性という教育目的の観点から検討されているわけである。

大きくは,「産業上のコンピテンシー(industrial competency)」[45]と「市民としての有効性(civic efficiency),すなわち,よい市民性(good citizenship)」[46]の二つに分けられている。二つは明確に分けられるわけではないとされるから,どちらも「よい市民性」に関わる。

前者の「産業上のコンピテンシー」は,産業社会において職に就いて働き,生産や消費に関与する「能力(power),すなわち,有効性」を意味する[47]。それは,産業社会でなんらかの職を得て,生産や消費に効果的・効率的に関わる能力をさす。こちらの「能力」には「コンピテンシー」が使われており,職業上の技能という意味合いが強い。

他方,「よい市民性」についての能力は "capacity in good citizenship"[48]とあるとおり,"capacity"が用いられている。"capacity"は潜在的な能力,才能,素質,可能性などを意味する点で,働くために役立つ技能とは異なる。「コンピテンシー」は即時に役立つ実用性に重点をおくが,"capacity"は将来的に見込まれる発達に重点をおき,即時性や実用性よりも潜在性や可能性に注目している。それをふまえて,"capacity in good citizenship" は,「よい市民性の潜在的な能力」としておく。デューイがここで説く「よい市民性」は,「産業上のコンピテンシー」と「よい市民性の潜在的な能力」の二つからなる。どちらも社会を生きていくうえで必要な力だが,すぐに役立つ力か,それとも,

---

45) John Dewey, *Democracy and Education*, 1916, MW, Vol.9, p.125.;ジョン・デューイ(松野安男訳)『民主主義と教育(上)』岩波文庫,1975年,191頁。
46) *Ibid.*, p.127.;同上訳書,193頁。
47) *Ibid.*, pp.125-127.;同上訳書,191-193頁。
48) *Ibid.*, p.127.;同上訳書,193頁。

今はまだ日の目を見ていないが将来的に発揮されうる力かという違いがある[49]。

では，民主的な社会における社会的有効性という観点から，「よい市民性」はどのように定義されているのか。ここでもデューイは，既存の市民性の理解を乗り越えるような考察を行っている。

まずデューイによれば，「よい市民性」は「いくつかの資格（qualifications）」を示している。その「資格」は，「職業上の能力よりも曖昧」で，「人を好感の持てる仲間にするすべてから，政治的な意味での市民権まで」含む。もう少し具体的にいうと，人物や政策に関する判断力，法に従うだけではなく作る能力などである[50]。簡明な「資格」の説明となっているが，あえてそうしたと考えられることはこの後の節で考察する。

そのうえでデューイは，市民性の概念を従来のように狭く考えないように用心すべきと断り，その拡張を説く。その前提として，まずは三点指摘している。第一に，社会進歩を支えてきた「科学（上の発見）」である[51]。科学者は「理論の夢想家」とされて社会的有効性とは無縁とみなされたことがあったが，科学の社会に対する有効性は甚大である。ここまでの考察で明らかにしたように，デューイは科学を市民の重要な条件とみなしていたが，ここでもそれが繰り返されている。

第二は，「経験のやりとり（a give and take of experience）に参加する能力そのもの」である。それは，「自分自身の経験を，他者にとってもより価値あるものとし……他者の価値ある経験に自分がより豊かに参加できる」能力とされる[52]。自分の経験を他者の経験に貢献できるようにすることは，先に市民のひとつの条件として指摘したケアにも関わる。

---

49)　ここでの「よい市民性」の考察においては，"ability" や "power" という，やはり「能力」と訳せる単語が並んでいる。"ability" は「人物や政策について判断する能力」，"power" は何事かを行うための力という意味で用いられている（*Ibid.*, p.127.；同上訳書，193-194頁。）日本語にしてしまうとわかりにくいが，これらの「(能)力」を峻別し，社会的有効性としての市民の意味を的確に理解するためにも，「産業上のコンピテンシー」と「よい市民性における潜在的な能力」を訳し分けてとらえておく必要があろう。

50)　*Ibid.*, p.127.；同上訳書，193-194頁。

51)　*Ibid.*, p.127.；同上訳書，194頁。

52)　*Ibid.*, p.127.；同上訳書，194頁。

第三に，「芸術を生み出し楽しむ能力（ability）」，「リクリエーションの能力（capacity）」，「余暇の有意義な活用」，などが一括りにしてあげられている。芸術のたしなみ，リクリエーション，余暇の享受という三つの「能力」はいずれも，これまでは軽視されがちであったが，市民にとって不可欠であることが強調されている[53]。

2 「精神の社会化」と社会奉仕

さらにデューイは，先の第二の条件「経験のやりとり」を発展させ，民主主義の根幹に位置づけている。「最も広い意味での社会的有効性は，経験を，よりコミュニケーションがとりやすいものとする（making experiences more communicable）ことに積極的な関心がもてる精神（_mind_）の社会化にほかならない」とする。それは，「ひとりひとりを他者の利害に無関心にしてしまう社会階層（social stratification）の障壁を打破すること」に関心がもてることと換言されている（下線部の原文はイタリック体）[54]。「精神の社会化」とは，「社会階層の障壁」を超えて，「経験のやりとり」をすることに関心を寄せることである。「経験のやりとり」の「障壁」としてここでは「社会階層」があげられているが，先に論じた，民族，人種，ジェンダー，貧困などの「障壁」も含められるだろう。それらを改善し，コミュニケーションをとることに関心がもてるようになる「精神」を養うことが「精神の社会化」である。

この意味での広義の社会的有効性は，デューイが説く民主主義の条件からして，最も高度な民主的市民性といえる。『民主主義と教育』において民主主義のひとつの条件とされるのは，「他の形態の集団との相互作用が，どれほど充実し，自由であるか」である[55]。「精神の社会化」は，その点で最も「充実し，自由である」ことを志向している。

では，どうすれば「精神」は「社会化」されうるのか。その条件としてはまず，上辺だけの「社会奉仕（social service）」にとどまらないようにするための「知的共感あるいは善意（intellectual sympathy or good will）」があげられ

---

53) _Ibid._, p.127.；同上訳書，194頁。
54) _Ibid._, p.127.；同上訳書，194頁。
55) _Ibid._, p.89.；同上訳書，136頁。

ている。それは「単なる感情以上のもの」であり，「人間が共有しているもの
に対する洗練された想像力（cultivated imagination）」が必要とされる[56]。

「社会奉仕」については，「教育の根底にある倫理的原理」においても，市民
に求められる能力として，社会に「奉仕できること（serviceableness）」があ
げられていた。ここでもデューイは，名ばかりの「社会奉仕」をする市民にと
どまることに警鐘を鳴らしている。

そうならないためには，「単なる感情以上」の「知的共感あるいは善意」，す
なわち「人間が共有しているものに対する洗練された想像力」が必要とされて
いる。「共感」も「社会センターとしての学校」（1902）のなかで，コミュニ
ティ生活上の問題を解決する方法として，「共通の感情と共通の理解」が言及
されていた。それに「知的」であることと，「善意」をくわえて発展させてい
る。「人間が共有しているもの」としては，異なる人々が文字通り共有してい
るもの，たとえば交通・通信の手段，生きる糧としての物資や文化・言語・歴
史などが想定されるだろう。その所有やそれに対するアクセスが，「社会階
層」の相違によって，不平等を生じていないかを見極めることが求められてい
る。

また，自分とは異なる立場にある人々の境遇に，「共感」し「善意」で対応
しようとする以上のことが必要とされている。「知的共感あるいは善意」とは，
知性をはたらかせて改善策を考案するという，より高いレベルでの「共感」や
「善意」をさす。さらには，その考案が可能になるように，「社会階層」を超え
て，相手の立場からものごとを考えるという高度な「想像力」を養うことも肝
要とされている。社会を理解する市民に必要とされた「社会的想像力」が，こ
こでも求められている。

どうそれを養うかまでは論じられていない。その前段階の「社会階層の障
壁」の打破に関心をどうもてるようにするか，ということについての説明もと
くにない。人々を分断する「社会階層」を超えて—とくに有利な立場にある者
が，身近であれ遠方であれ不利な立場にある者に対して—「関心」を寄せ，
「想像力」を駆使して理解し，しかもそこからその「階層」を取り除くべく行

---

56) *Ibid.*, pp.127-128.；同上訳書，194-195頁。

動するに至るまでには，かなりの距離がある。それは『民主主義と教育』全体で論じられていることであり，また，デューイが後世に残した課題といえるだろう。

そうではあるが，ここでデューイは，「社会階層の障壁を打破する」ことを掲げ，形式的な「社会奉仕」に抵抗することを「よい市民性」の要件として明示している。「他の形態の集団との相互作用」をより「充実」させ，より「自由」にするという民主主義の条件から，民主的市民とはなにかが，より明確に論じられている。

より民主的な市民の提起により，表面的な「よい市民性」にとどまることを拒否していることも注目に値する。とくに「社会奉仕」についてデューイは，先のケアする・される市民に関して，ケアは慈善ではなく正義であるべきと述べていた。別のところでは，慈善事業（philanthropy）ではなくビジネスであるべきと説いている。いずれも単なるお情けの施しとなることを否定している。ここで懸念されている上辺だけの形式的な「社会奉仕」もそれに通じるところがある。言葉のうえだけの「よい市民」になることが批判されている。

3 「よさの多様性」と「社会的有用性」における統一性

以上のように『民主主義と教育』においては，それ以前に論じてきた市民を継承・発展させて，「最も広い意味」での「よい市民性」について考察している。そこにおいては，以前にも増して民主主義を意識し，より民主的な市民が提起されている。

その考察の締めくくりにおいてデューイはさらに，「よい市民性」を個人と社会という関係から論じている。ひとりひとりが尊重され，なおかつ社会が進歩していけるような市民のあり方が追求されている。つけくわえられているのは，次の二点である。ひとつは，「異なる人々に対して人生が与えることのできる，よさの多様性（diversity of goods）の積極的な承認」である。いまひとつは，「ひとりひとりが自分自身の選択を賢明なものにできるように奨励する，社会的有用性（social utility）への信頼」である[57]。この二つにおいては，個

---

57) *Ibid.*, p.128.；同上訳書，195頁。

人と社会全体という二項を組み合わせて，「よい市民性」の条件が論じられている。

前者の「よさの多様性」は，なにをもって「よい（good）」とするかの価値観における相違を承認するということである。基本的には，「異なる人々」ひとりひとりの個人に焦点があてられている。と同時に，そのような承認が人々に共有されるべきとする点においては，全体にも目が向けられている。

他方，「社会的有用性」は，社会全体の方に目を向けている。「ひとりひとりが自分自身の選択」をすることは認めているが，重点がおかれているのは社会への貢献─別のデューイの言葉を借りれば「社会奉仕」─である。それにより社会に秩序をもたらす統一性の要となるのが「社会的有用性」である。国家に統一性をもたらす「よい」ナショナリズムやそれに基づく愛国心の理論的基礎（第3章第3節参照）も，この「社会的有用性」に求められるだろう。

この多様性と統一性を矛盾することなく，同時に達成できることが「よい市民性」の条件となる。その両立の理論は，先に論じた国際的ナショナリズムとも呼ばれるデューイの見解に示される。そこにおいては，アメリカの国璽「多からなる一」になぞらえていえば，「多」と「一」が相互関係におかれ，多様でありながら，もっといえば多様であるからこそ，国家を含む人々が属する様々なコミュニティへの貢献も豊かになるとみなされていた。その貢献が国家の活力の源泉となり，ひいては統一性をもたらすとされる。「よさの多様性」と，アメリカ社会にとっての「有用性」も同様の関係におかれる。それにより，ひとりひとりの「よさ」を発揮しながらアメリカ社会を秩序づけ，改善しうるのが「よい市民」ということになる。

第4節　市民性論議のなかのデューイ

1　市民の「資格」

以上，『民主主義と教育』から読みとれる「よい市民性」について考察してきたが，その背景にはジョセフ・リーのような保守的な「よいアメリカ国民」形成の主張があった。デューイはリーに言及していないが，リーと対照的であることは明白である。デューイからすればリーが説く市民性は，狭い市民性か

ら抜け出ておらず，人々の生活から切り離された理想の押しつけであった。それゆえに，ひとりひとりや社会の成長と統一性を損ねるおそれがあった。

ただし，現実に目を向けると，以下に考察するように，リーに通底する主張はむしろ優勢であった。デューイはそれを横目に見ながら，「よい市民」とはなにかの探求を継続する。そもそもデューイが市民の「資格」を論じた背景にも，それが緊要な課題となっていたことがあった。1906 年には，それまで地方分権で行われていた移民の資格審査を，連邦政府が中心となって管理・統制すべく移民局が立ち上げられた。それ以後，アメリカ市民の「資格」は法的に整備が進められていった。

その「資格」は，アメリカ生まれの人々にとっても，「再確認する，あるいは新たに獲得しなおさなければならないものであった可能性がある」とされる[58]。アメリカ化が推進された時代は，「……積極的な意味でアメリカ人とは何か，「私たち」の仲間に入る，あるいは新来者を入れるにはどのような資格が必要かという議論が，知識人だけではなく草の根レベルでも行われた時期であった」[59]。アメリカ人にまだなっていない者にとっても，既にアメリカ人になっている者にとっても，アメリカ人とは誰かの問い直しが迫られた。それに拍車をかけたアメリカ化は，アメリカ国民とそれ以外の「他者」を「創る」過程であった。「資格」はその基準となった。

アメリカ人たる「資格」があるか否かを判別するために，テストや尺度の開発も推進された。20 世紀初頭には，19 世紀末に移民規制の手段として開発されたリテラシーテストや，公民科の知識に関するテストを発展させた市民性テストが導入されていた[60]。リーは，望ましくない移民の流入を防ぐための識字テスト実施の急先鋒に立った。教育測定運動や第一次世界大戦時の軍隊テストの導入も，市民性を対象とするテストや尺度の開発を後押しした。1916 年には，目標に市民性を掲げる社会科が創設され，市民性を測定・評価する必要性が学校においてもいっそう高まる[61]。革新主義期の「よい市民」形成の趨

---

58) 松本悠子『創られるアメリカ国民と「他者」：「アメリカ化」時代のシティズンシップ』（東京大学出版会，2007 年），85-86 頁。

59) 同上書，313-314 頁。

60) Amitai Etzioni, "Citizenship Tests: A Comparative, Communitarian Perspective," *The Political Quarterly*, Vol.78, No.3 (July-September, 2007), pp.353-363.

勢はこちらにあった。

　他方，デューイは「資格」について，先にもふれたように，多くを語らない。繰り返し確認すれば，条件としてあげられているのは，「人を好感の持てる仲間にするすべてから，政治的な意味での市民権まで」ぐらいである。具体例として，人物や政策に関する判断力，法に従うだけではなく作る能力があげられていた。当時の市民性をめぐる研究や定義に比べて，きわめて簡潔で，抽象的である。「よい市民性」は「職業上の能力よりも曖昧」であることを認めてもいた。

　ただし，「よい市民性」を特定することそれ自体は評価している。その長所として，①「心的能力（mental power）」を漫然と訓練することが避けられる，②能力を行為と関連づけられる，③やるべきことを他者との関係性と結びつけられる，といったことが指摘されている[62]。市民に求められる能力を漠然とではなく，具体的に教えうる。また，実際に行動に移せるようにする。さらには，他者との関わりに位置づけ，道徳と結びつけて「よい市民」を教育する可能性を開いている。そのような諸点に意義が認められている。

　そうではあるが，あくまでもデューイは，市民性を構成する要素を特定し，細かく明示することには批判的であった。大枠の提示にとどめ，「よい市民」とはなにかを探求し，再構築し続けることを重視した。それゆえに，「資格」の明示に固執しなかった。

2　市民性テストをめぐる宗教と科学
：「よい市民」の「一般的な目的」と「明確な目的」

　そのようなデューイのスタンスをよく示しているのが，教育の科学化という文脈において，当時推進されていた「よい市民性」を測定して教育する動きについて論じた「宗教としての教育」（1922）である。そこにおいてデューイは，市民性テストを例にして，教育や学校に対する期待について批判的に分析して

61）　斉藤仁一朗『米国社会科成立期におけるシティズンシップ教育の変容：社会科の誕生をめぐる包摂と排除，両義性』（風間書房，2021年），305-323頁。

62）　Dewey, *Democracy and Education*, p.127.；デューイ（松野訳）『民主主義と教育（上）』，193-194頁。

いる。

「宗教としての教育」では，学校教育の科学化をめぐる二つの信念—これをデューイは「宗教」と呼ぶ—の対立を克服する第三の道が，市民性を例に提案されている。デューイによれば，期待が寄せられている「よい市民」のテストによる測定には，教育や学校に対する二つの対照的な信念がみられる。ひとつは，「教育の可能性を際限なく信じる」という信念である。これは「よい市民性」を解明して教育する可能性に対する期待を示している。いまひとつは，「人格や知性を形成するものとしての教育は偶然の産物である」という信念である。この場合「よい市民性」の教育可能性も，「偶然の産物」とみなされる[63]。かくして「よい市民」のテストには，期待と懐疑という対照的なまなざしが向けられている。どちらも教育における科学にかかわる信仰であることに変わりはない。デューイは，科学に過度の期待を寄せるのでもなく，科学を否定して成り行き任せになるのでもない第三の道を，「宗教としての教育」として，もっぱら科学に依拠して提起する。

このように科学と融合させた「宗教としての教育」とは，なにをどのように教えるかを科学の力を借りて，今よりも明確にしようとする信念（宗教）を意味する。この意味での科学と宗教の調和についてデューイは，教育の理論と実践の関係性に注目して論じている。その二つの間には大きな溝がある。理論においては，「教育は常に包括的であり，その教育には厳格に言明された一般的な目的がある」。「よい市民性」はその「一般的な目的」のひとつである。他方，実践における目的は，分数やラテン語の習得のように，技能や知識に関する「明確な目的」である。往々にしてその二つは安易に結びつけられている。「よい市民性」という「一般的な目的」の場合，「公民科あるいは簿記や手工のような学習」を「明確な目的」として設定し，達成しようとしている。しかし，人間の性向の形成については，解明されていないところも多い。「明確な目的」を達成することで，「一般的な目的」も達成しうるのかは，実は定かではない。公民科，簿記，手工などを学べば「よい市民」になれるのかは，さらなる検討を要する。そこで，「一般的な目的」を「明確な目的」において実現す

---

63) John Dewey, "Education as a Religion," 1922, MW, Vol.13, pp.318-319.

る内容や方法を，科学の力を借りて提案することが期待されている。「よい市民性」についても，その科学的解明に期待を寄せる―つまり，科学を「信仰」する―「宗教としての教育」により，教育可能性を希求すべきとデューイは主張する[64]。

　ここでデューイは，内容的には「よい市民性」について科学に基づいて検討を深めるべきことを，「宗教としての教育」というタイトルで論じるという，少しねじれた主張をしている。そのねじれが示す「よい市民」の提案は，「よい市民性」を科学によってできるだけ明確にし，「よい市民」に求められる知識や技能などを特定して教育できるようにしつつ，かつ，明確にしすぎることは避けるというものである。この提案は，デューイの「よい市民」の理念の解明をめざすここでの考察においては，とくに重要である。

　その提案とは，「よい市民性」という「一般的な目的」（理念）と，「よい市民」が備えるべき知識・技能・態度などを示す「明確な目的」を現実の文脈に位置づけて導き出すという案である。それぞれの学校や子どもなどの条件を考慮して，「よい市民性」の「一般的な目的」を検討し，そこから「明確な目的」を明らかにすることが提案されている。

　その点，市民性テストは，科学のひとつの成果として評価すべきところもあるが，上記のような手続きをふむことなく「明確な目的」のみを対象としていた。「よい市民性」という「一般的な目的」は自明視されている。この批判は，リーが説く「よいアメリカ国民」にも当てはまるだろう。それは「本能の解放」に基づく発達論から導き出された「一般的な目的」であって，そこから「明確な目的」を入念に導き出すという作業を欠いているからである。

　「明確な目的」は必要としても，過度に明確さを求めるべきではない理由は，ここまでの考察からすれば，教える内容を明確にして教え込むだけなら，従来の暗記型市民性教育となんら変わらないということにも求められるだろう。先にみたように，市民性教育の核とみなされた公民科をデューイは批判の対象としていた。1916年には「よい市民性」を目的とする社会科が新設されていた。その社会科を名ざしで批判することこそなかったが，公民科による市民性教育

64）　Ibid., pp.321-322.

からもデューイは距離をおいている。

「よい市民」とはなにかの基準を明確に打ち出すことには，その基準を満たさない者を「よくない市民」として排除し，民主主義に反するという問題もあった。市民性をテストしたり定義したりすることは，包摂と排除の問題をはらんでいた[65]。「よい市民」をあえて簡潔に論じたのは，民主主義の理念を尊重した結果でもあった。先にふれた社会的有効性としての「よい市民性」に関してデューイは，それと分かち難く結びついているとされる「産業上のコンピテンシー」について，親の収入や地位，特権や権威に縛られて特定の職業を目的とすることを批判する。ひとりひとりの成長を妨げ，ひいては社会の損失となる点で民主主義に反するからであった[66]。

そのような問題が生じないように，「よい市民性」の「一般的な目的」と「よい市民」に求められる知識・技能・態度などの「明確な目的」を，その時々の状況に位置づけ，科学の力を借りて再構築することをデューイは説いた。市民性テストもそのような方向性において開発し，活用すべきである。宗教と科学という独自の観点から市民性テストを論じることで，そうデューイは主張している。

3 政治的市民性へ：1920年初め以降の展開

本書が考察の対象とするのは19世紀末から1920年代半ばまでであるが，先に考察した1922年公表の「宗教としての教育」以後の探求についても少しふれておきたい。とりわけ市民性の政治的側面に力がいれられたことが目を引く。

公教育制度の主たる目的について論じた「教育の社会的目的」(1923)においては，「よい政治的市民性 (good political citizenship)」が提起されている[67]。そこでデューイは，「政治機構 (the machinery of government)」，つまりは政治の仕組みに関する知識ではなく，「その機構を動かす力 (power)，すなわち

---

65) 斉藤『米国社会科成立期におけるシティズンシップ教育の変容』。
66) Dewey, *Democracy and Education*, p.126.；デューイ（松野訳）『民主主義と教育（上）』，192-193頁。
67) John Dewey, "Social Purposes in Education," 1923, MW, Vol.15, p.160.

その力の本質や，力がなにに由来するかということ」を理解できるようにすべきとする。政治機構を実際に動かしている「力」の例としては，政府や産業間の利害関係があげられている。とくに大規模な産業は，社会生活のあらゆる側面に影響を及ぼしているから，必然的に政府が対応しなければならない問題を生む。たとえば，政府は，労働者と鉄道会社の経営者や，炭鉱労働者と支配者の対立を調停することが求められる。政府と産業の間に利害の対立もある。そのような政府と産業間の具体的で政治的な実態を理解してこそはじめて，「よい市民」になる準備ができる。それゆえ公立学校では，「政治的問題や計画」に対する「鋭い判断力を育成」すべきである[68]。それによって，民主的社会の担い手にふさわしい「よい政治的市民性」の「実践的な教授」が可能になるという。

　1930年代になると，そのような政治的市民性は，大恐慌に対する反省をふまえ，さらなる展開を示す。「よい市民性における経済的要因の重要性」[69]について新たに論じ，経済の観点から，社会科における政治的市民性の教育を説くようになる[70]。この時期にデューイは，「協調的な政治的活動の必要性」を重視するようになったとされる[71]。このようにデューイがいう市民性の意味は，社会の変化や要請などに応じて新たな相貌を示し続けた。

おわりに——デューイの「よい市民」の展開と多様性

　本章では20世紀初頭から1920年代初めまでのデューイの市民や市民性に関する言及を跡づけた。それを総合すると，デューイにおける「よい市民」の探求の成果は，次のように整理できる。

　第一に，「よい市民」とはなにかは，その時々の文脈に応じて探求を継続し

---

68)　Ibid., pp.163-164.
69)　John Dewey, "Education and Our Present Social Problems," 1933, LW, Vol.9, p.135.
70)　John Dewey, "The Challenge of Education to Democracy," 1937, LW, Vol.11, p.186.; James J. Carpenter, "The Development of a More Intelligent Citizenship: John Dewey and the Social Studies," *Education and Culture*, Vol.22, Issue 2 (2006), pp.31-42.
71)　John Saltmarsh, "Education for Critical Citizenship: John Dewey's Contribution to the Pedagogy of Community Service Learning," *Michigan Journal of Community Service Learning*, Vol.3 (1996), p.19.

て再構築されるべきものである。デューイは市民性そのものをタイトルに掲げ，主題とする論考は残していなかった。社会センターとしての学校論，産業・職業教育，民主的な社会における教育の目的，市民性のテストや測定研究などをテーマとする論考の一部において考察していた。それぞれに位置づけて市民性に言及し，問題点を洞察し，その改善をめざして市民性が論じられていた。その時々の「文脈」とは，次のようなものがあった。全米に普及しようとしていた公教育制度のあり方。新たに現出した産業社会に対応した職業教育。第一次世界大戦という世界規模での未曾有の事態を受けての民主主義の再構築。新移民の急増を背景とする人種・民族や貧困問題。アメリカ化の推進にともなうアメリカ人とは誰かの問い直し。それにともなう，アメリカ市民の判別と，教育の手段としての市民性テストや尺度の開発と普及。女性参政権運動。デューイはこのような一連の諸問題が市民性に関連するとし，探求を継続した。

　第二に，『民主主義と教育』で論じられていた「よさの多様性」が端的に示すように，「よい市民」の「よさ」は普遍的に設定しえず，社会や人間の生活経験の動向に位置づけて暫定的に提起しうるというのがデューイの基本的な認識であった。「よさ」は常に，探求の途上におかれている。

　第三に，普遍的な「よさ」を前提としないものの，前章で明らかにしたデューイが想定する「よい市民」の「原理」は基本的には継承され，その後の市民性論に基礎を与えている。「原理」を問うことを明確に意識して市民性を論じている「教育の根底にある倫理的原理」は，デューイの「よい市民」の基底をなしている。その証左として，たとえば，社会の理解やそのために身につけるべきこととしての科学・芸術・歴史などは，その後も繰り返し言及されている。社会奉仕，共感，想像力なども同様である。それ以後の考察では「教育の根底にある倫理的原理」に暫定的に依拠しながら，「よい市民」観がいくつか提示されていた。

　第四に，「よい市民」の意味は，概して狭くとらえられがちであるという反省に立つ。社会全体や人間，とりわけ将来の市民である子どもの生活全体という包括的な視点から，個々の成長や社会の維持発展を担保するものへと広げてとらえる必要があるとみなされている。デューイの市民性に関する考察で，「拡張（expand）」という言葉が使われることがある。それを借りれば，デュ

ーイの市民性は「拡張的市民性」とも表現できる[72]。先に第一の特徴として指摘したようにデューイは，市民性の探求の継続において，常にその定義の「拡張」に努める。政治や政府の立場からの投票や遵法に限定された市民性を，子どもやコミュニティにおける生活全体からとらえなおして広げていた。女性を政治から排除した市民性に対する批判も読みとれた。特定の職業の知識や技能に限定された市民性を，一般教育で補完して広げてもいる。『民主主義と教育』においては，市民の「資格」とはなにかを明確にすることの重要性を認めつつも，市民の意味を広くとらえるべきことを再度力説し，それまでには軽視されていた芸術・リクリエーション・余暇に焦点を当てていた。名ばかりの「社会奉仕」にとどまらないようにすることにも腐心していた。状況に応じて常に拡張の余地を残している―あるいは，拡張を継続させる―原理を提起しているのがデューイの「よい市民」の特徴といえるだろう。現在もデューイを手がかりに，市民性教育が論じ続けられている。それが可能な理由の一端はそこにある。

　第五に，「よい市民」とはなにかを，その構成要素を細かにあげることには，民主主義の理念からして批判的であった。「よい市民」を科学的に解明し，「一般的な目的」から「明確な目的」に具体化することで，市民性教育を改善する可能性や必要性は認めていた。しかし，子どもを全体的にとらえるという「ホール・チャイルド」の観点からすれば，細分化することはそれに逆行していた。細かく身につけるべきことを項目化しても，それを覚えるだけでは「よい市民」になりえない。また，「よい市民」の構成要因を明確にするということは，それに当てはまらない人を「よい市民」ではないとして排除するおそれがあった。デューイの市民観の特徴が，第一にあげた継続的な探求や，第四にあげた継続的な拡張に認められる一因もそこにあったと推察される。

---

72)　Ross V. Roholt, R. W. Hildreth, and Michael Baizerman, "The "Citizen" in Youth Civic Engagement," *Child & Youth Services*, Vol.29, No.3-4 (2007), p.112. ロバート・B. ウエストブルックは，市民性教育に関するデューイの課題として，「公立学校における公民教育のためのより拡張的市民性（expansive citizenship）を解明する」ことをあげている。（Robert B. Westbrook, *Democratic Hope: Pragmatism and the Politics of Truth* (Ithaca, New York: Cornell University Press, 2005), p.232.）『民主主義と教育』に賛同しつつ，そこで提起されている「拡張的な市民性」のさらなる「拡張」が主張されている。デューイの市民性が「拡張的」であるとの認識に立っている。

第六に，その時々に論じられた「よい市民」は，『民主主義と教育』で表明された「よさの多様性」を反映し，先に指摘した市民を論じる文脈や，それをとらえる論点の固有性にも支えられて多様である。本章で考察したその多様な「よい市民」をそれぞれ要約して示すと次のようになる。

a. コミュニティ生活を構成している，経済，科学，人種，産業，商業などの「あらゆる種類のすべての関係性」について，共感と事実関係という両面から理解しようとする市民。

b. 民族や人種において多様な人々が，それぞれの固有性を維持しつつ，アメリカ社会に貢献し，自他の生活をよりよくすることを支持する市民。（国際的ナショナリズムに基づく市民。）

c. 労働者として，自分の職業や，自分がやるべき仕事の全体像や具体的な仕事について，科学，芸術，歴史，経済，社会といった観点から理解しようとする市民。それにより，自分に求められている職能はもちろん，自らが負うべき義務をより深く理解し，働くことに意味を見出し，喜びを感じられる市民。

d. 自分の経験を他者にとって価値あるものとすると共に，他者の経験を自分にとって価値あるものにしようとする民主的市民。その条件は次の様になる。

d-1. 民族，人種，ジェンダー，貧困などに起因する分断に関心を向け，改善しようとする市民。

d-2. その分断に，知性や想像力をはたらかせ，より深いレベルで「共感」し「善意」を発揮することで，形式的ではなく実質をともなう真の「社会奉仕」を実現しようとする市民。

d-3. 「よさの多様性」を「社会的有用性」（統一性）に資するかたちで承認できる市民。

　このように列挙することは，「よい市民」になるための条件を明示し，それらを満たせば「よい市民」になれるかのように受けとめられるなら，デューイの意に反するだろう。ここで指摘したいのは，デューイが想定する「よい市

民」は，以上のような諸相から構成される複合体であり，多様性に特徴づけられるということである。それが1920年代初めまでの市民性や市民をめぐる，デューイによる探求の成果であった。それ以後も探求は継続され，産業社会における政治の役割に着目した政治的市民性が強化されていた。

　その1920年代半ば以降の展開は，ここでは論じなかった。政治的市民性の考察は大恐慌を経てさらに力が入れられ，社会科を軸とする経済の理解と政治への関与が，いっそう力説されるようになる。その後を論じることで，本章では明らかにできなかった「よい市民」観を付け加えることができるだろう。個々の「よい市民」の関係性の解明も課題となる。また，反基礎づけ主義に立つとされる市民性教育の「原理」とはなにかについての考察も，反―反基礎づけ主義からの批判を参照して検討する必要がある。さらにいえばデューイの「拡張的市民性」に触発されるかのように，デューイ以後も探求が継続されている。デューイの継承・発展を検討することで，デューイが説く「よい市民」の意義や示唆も，現代に位置づけて明らかにしうる。

　総じてデューイが説く「よい市民」の理念は，リーの主張や実践と比較すると，理想的と思われるところがあるだろう。自分が生きる社会を全体的に理解し，分断に目を向けてその解決に取り組むことで，アメリカという国を維持・発展させるようにする。その意味での愛国心をもち，多様性を保障しつつ統一性をもたらす。それがどこまですべての人々に可能であるか。この問題は，終章で述べるように，革新主義期における市民性教育にも当てはまる。その点リーは，アメリカ人の生活やアメリカ社会の現状に即応し，具体策を明確に提示した点で，現実的であったのではないか。

　そのような革新主義期の二つの「よい市民」とその関係をふまえて，第Ⅱ部からは，学校における「よい市民」形成に焦点化して，その実態に迫り，背景にある思想を解明する。その当時から，「よい市民」形成の場と目されていた学校では，どのような教育が行われたのか。そもそも学校にどの程度期待が寄せられ，実践されていたのか。その期待にどこまで応えられたのか。そのような問いを軸に考察を進める。

第 II 部

学校は「よい市民」を
形成する場となりうるか
学校になにを期待するか

第5章

アメリカにおける遊び場運動の起源と展開

子ども救済からリクリエーションへ

はじめに

　第Ⅱ部では，学校教育が「よい市民」の形成にどのように貢献しようとしたのか，その実態を確かめる。

　イギリスからの独立を果たして以来，アメリカ人をつくることは，学校教育の課題であった。19世紀になって，多くの州で普及しつつあったコモンスクールでは，「基礎知識，キリスト教および人格形成」や「礼儀と道徳，賢明な労働と勤勉，正直と時間厳守」などが「成功への唯一確かな道」[1] として教えられていた。

　しかし，19〜20世紀転換期に各国に広がった教育改革運動（新教育）は，従来の学校教育の目的や価値観が転換しつつあったことを示していた。アメリカでは，工業化や都市化，帝国主義段階の国際経済競争，移民の流入などが進行した。農村が衰退し，都会では住環境が悪化し，スラム街があちこちに出現していた。革新主義の時代には，こうした課題に対処するための社会改革が構想されており，教育改革および学校改革はそのなかに含まれていた。第Ⅰ部でみたとおり，「よい市民」の理念についての検討は，このような実際的な課題への対応から始まっていた。

　「よい市民」を形成する方法として，ただちに学校に期待が寄せられたわけではない。大都市では，スラム街が広がり，児童労働が横行し，子どもには遊び場もない状況が生じていた。まずは，子どもを救済することが喫緊の課題であった。19世紀末になって公教育制度が確立していくと，学校が子どもの救済と教育，および「よい市民」の形成に深く関与することになった。福祉政策

と教育政策がここでつながりを持つようになったのである。

　本章で取り上げる遊び場運動は、子どもの福祉と教育の接点であった。遊び場運動は子ども救済を目的として始まった。遊びは本来的に自由なものであるから、公教育制度の一部としてその形態や内容を決定することは難しい。しかし、同時に、生活環境や学習環境が変貌しつつあった都市の中に、子どもの遊び場を設置しようとすれば、公教育制度や都市計画のなかで遊び場を構想しないわけにはいかない。つまり、子どもの自由な遊びを公教育制度のなかで保障することは、矛盾を含んだ困難な課題であった。本章は、アメリカ遊び場協会（Playground Association of America, 以下 PAA）に焦点を当て、その起源と性格を解明することを具体的な課題とする。遊び場運動が1880年代に始まったころ、それは都市化が進むなかで遊び場を失った子どもに遊び場を与えようとする慈善的な活動であった。各地で始まった取り組みは、その後、連携して、全国的な組織である PAA に集約された。この間の遊び場をめぐる議論は、主として PAA を舞台として繰り広げられた。議論の焦点は、遊び場と学校教育とのつながりであった。遊び場運動の主導者の議論と活動をみながら、遊び場が公教育の中に取り込まれていった（あるいは排除されていった）過程をみることで、遊び場運動の性格を明らかにしていきたい。

　遊び場運動の研究は少なくない。遊び場運動が子ども救済事業として始まり、リクリエーションの普及につながったこと[2]、上流社会に生きる人々がスラム街に生きる少年たちに社会の秩序を教えようとしたものであったこと、などは多くの研究に共通する見方である[3]。また、遊び場運動が幼児教育に与えた影

---

1)　William J. Reese, *America's Public Schools: From the Common School to "No Child Left Behind"* (Baltimore, Maryland: Johns Hopkins University Press, 2005)；ウィリアム・J.リース（小川佳万・浅沼茂監訳）『アメリカ公立学校の社会史：コモンスクールから NCLB 法まで』（東信堂，2016年），46頁，54頁。

2)　Joe L. Frost, *A History of Children's Play and Play Environments: Toward a Contemporary Child-Saving Movement* (New York: Routledge, 2010), chapter 4.；一村小百合「子どもの遊び場について考える―アメリカでのプレイグラウンド運動がもたらした効果とは―」『関西福祉科学大学紀要』12巻（2008年），91-100頁。

3)　Dominick Cavallo, *Muscles and Morals: Organized Playgrounds and Urban Reform, 1880-1920* (University of Pennsylvania Press, 1981)；Howard P. Chudacoff, *Children at Play: An American History* (New York: New York University Press, 2007), chapter 4.

響を指摘する研究もある[4]。これらの研究から，遊び場運動の実態はある程度明らかになってきたが，都市計画の進展という社会的背景を十分に考慮していない。それらに対して，都市化や工業化という社会変動のなかで，公立学校の機能拡大の一側面として遊び場をとらえる菅野文彦の研究は示唆的である[5]。だが，公教育の機能が拡大したように見えたのは，一時的ではなかったか。遊び場運動のその後の展開を見ると，むしろ公立学校に吸収されなかったところにこそ，遊び場運動の歴史的意義を見出すことは可能であろう。

　本章では，公教育，とりわけ公立学校の機能拡大という社会史的な背景のなかで，遊び場運動の起源と展開をたどる。遊び場運動は，学校を基盤にした慈善活動として始まった。だが，後に，学校教育とは切り離されたリクリエーション運動へと性格を転換した。その過程と原因を解明する。

第1節　遊び場運動の起源──慈善活動への公的支援

　19世紀末に，遊び場を最も必要としていたのは，大都市のスラム街にいる子どもたちであった。スラム街の悲惨な生活は，ジェイコブ・リース（Jacob Riis, 1849-1914）の著書などを通して，一般市民の関心を集めていた[6]。かれらは，街路，裏通り，溝などを遊び場とし，しばしば警察ともめ事を起こして逮捕されたり，交通事故に遭ったりした[7]。ボストンやニューヨーク市のように，風紀紊乱や危険という理由で，路上での遊びを犯罪として取り締まる都市もあった[8]。このような状況のなかで，いくつかの大都市では子どもに遊び場

---

4) 橋川喜美代「『幼稚園令』に盛り込まれたアメリカ・プレイグラウンド運動の影響」『鳴門教育大学研究紀要（教育科学編）』第17巻（2002年），105-114頁。

5) 菅野文彦「アメリカ革新主義期における都市公立学校の機能拡大に関する考察──welfare-oriented progressives による民間事業からの影響に着目して─」『日本の教育史学』（教育史学会）第29集（1986年），150-168頁。

6) Jacob A. Riis, *How the Other Half Lives: Studies among the Tenements of New York* (New York: Charles Scribner's Sons, 1890); ジェイコブ・リース（千葉喜久枝訳）『向こう半分の人々の暮らし：19世紀末ニューヨークの移民下層社会』（創元社，2018年）

7) Vasil Stoyan Tsanoff, *Educational Value of the Children's Playgrounds: A Novel Plan of Character Building* (Philadelphia: The Author, 1897), pp.11-12.

8) Joe L. Frost, *A History of Children's Play*, pp.84-89; "Honor Paid Joseph Lee: Cities Pay Tribute to His Work in the Interest of Recreation," *The New York Times*, July 24, 1938.

を与えようとする慈善家が登場した。

　ジョセフ・リーが活躍していたボストンの事例をみてみる。アメリカにおける遊び場運動の始まりとされているのが，1886年にマサチューセッツ州ボストンに設置された砂場である[9]。ベルリン生まれの医師マリー・ザクルシェフスカ（Marie Zakrzewska, 1829-1902）が，マサチューセッツ緊急衛生協会（Massachusetts Emergency and Hygiene Association, 以下MEHA）の代表理事に手紙を出したのがきっかけであった。ベルリンの公園では，貧富にかかわらず，子どもが掘ったり，遊んだりする砂場がある。ボストンでも同じような遊び場が必要であると訴えたのである。この手紙を機に，MEHAの管理のもとで1886年に3か所の砂場が設置され，翌年には住宅街の庭などに10か所の砂場，学校の校庭にひとつの砂場が設置された[10]。開放される期間，曜日，時間等が制限された小規模のものだったが，子どもに遊び場を提供した最初の事例であった。その後，ボストンでは，表5－1のとおり，次々に遊び場が設置された[11]。

　ザクルシェフスカが医師であり，多くの医師が参加しているMEHAへの訴えがきっかけであったことからわかるように，遊び場設置の直接の契機は，子どもの健康や衛生への配慮であり，子どもの救済が目的であった。だが同時に，「都会の貧民街から子どもを救い出して，（正直，利己心の放棄，上品なマナーなどの…筆者）価値観を教え込むこと」も目的にしており，上流階級の女性の立場を反映したものでもあった[12]。MEHAは，子どもの救済と，子どもへの価

9）　ニューイングランドの町では，17世紀以来，当初は牧畜のために利用されていた共有地（公園）があり，子どもたちは20世紀に至るまでそこでフットボールをすることはできた。また，1860年代には，例えば，ボストンには10か所の公衆浴場が設置され，住民に広く開放されていた。Joseph Lee, *Constructive and Preventive Philanthropy* (New York: The Macmillan Co., 1913), pp.123-124. しかし，これらは子どものための遊び場ではなかった。本章で見ていく遊び場とは起源が異なる。佐藤昌『欧米公園緑地発達史』（都市計画研究所，1968年）参照。

10）　Lee, *Constructive and Preventive Philanthropy*, p.125.

11）　Clarence E. Rainwater, *The Play Movement in the United States: A Study of Community Recreation* (Chicago: University of Chicago Press, 1922), pp.24-25；笠間浩幸『〈砂場〉と子ども』（東洋館出版社，2001年）。

12）　Jerry G. Dickason, "The Origin of the Playground: The Role of the Boston Women's Clubs, 1885-1890," *Leisure Sciences*, Vol.6, No.1 (1983), p.93; Cavallo, *Muscles and Morals*, pp.23-24.

表5-1 マサチューセッツ緊急衛生協会による遊び場の設置状況報告 (1885-1900)

設置年	遊び場の数	維持費	週あたりの開場時間	開園期間	場所	公的援助	管理	1日当利用者数
1885	2	寄付	3時間，3日間	6週間 (7月と8月)	教会	なし	近所の母親	15人平均／日
1886	3	寄付	3時間，3日間	6週間 (7月と8月)	教会	なし	近所の母親	不明
1887	10	遊具＄9；見守り員雇用費	3時間，3日間	6週間 (7月と8月)	教会	なし	見守り員雇用	不明
1888	10	見守り員雇用費	3時間，4日間	6週間 (7月と8月)	校庭7，裁判所2，空き地1	なし	見守り員雇用	400
1889	11	$928.04	3時間，4日間	6週間 (7月と8月)	上記に1空地追加	＄1,000，およびチャールズバンク男児用屋外体操場設置	見守り員雇用	1,000
1890	17	?	3時間，4日間	6週間 (7月と8月)	ほとんどが校庭	チャールズバンク男児用屋外体操場設置	見守り員雇用	不明
1891	10	?	3時間，4日間	6週間 (7月と8月)	ほとんどが校庭	チャールズバンク男児用および女児用屋外体操場設置	見守り員雇用	不明
1892	10	?	4時間，4日間	36日 (7月と8月)	ほとんどが校庭	チャールズバンク男児用および女児用屋外体操場設置	見守り員雇用	1,210／日 43,560／シーズン
1893	10	$1,407.71	3時間（毎日，日曜日を除く）	36日 (7月と8月)	校庭9，空地1	チャールズバンク男児用および女児用屋外体操場設置	監督者と幼稚園補助員	1,400／日
1894	10	$1,395.00	3時間（毎日，日曜日を除く）	50日 (7月と8月)	全て校庭	チャールズバンク男児用および女児用屋外体操場設置	監督者と幼稚園補助員	1,588／日 79,400／シーズン
1895	10	$1,526.38	3時間（毎日，日曜日を除く）	10週間	全て校庭	ボストン市公園課がフランクリン・フィールドを購入	監督者と補助員22名	1,804／日 128,240／シーズン
1896	10	$1,688.00	3時間（毎日，日曜日を除く）	10週間	全て校庭	ブライトン遊技場を購入	監督者と補助員22名	1,802／日
1897	10	$1,480.32	3時間（毎日，日曜日を除く）	10週間	全て校庭	チャールズバンク，フランクリン・フィールド，ブライトン	監督者と補助員22名	1,827／日
1898	12	$1,849.00	3時間（毎日，日曜日を除く）	10週間	全て校庭	20の遊び場を追加	監督者と補助員22名	2,080／日
1899	21	$4,313.77	3時間（毎日，日曜日を除く）	10週間	全て校庭	＄3,000を市が援助	監督者と補助員66名	4,000／日
1900	21	$4,200.00	3時間（毎日，日曜日を除く）	10週間	全て校庭	＄3,000を市が援助	監督者と補助員64名	4,000／日

出典：Rainwater, *The Play Movement in the United States*, pp. 24-25.

値観の注入という二つの目的をもっていたのである。

19世紀末に同州で遊び場が増えていった状況を示しているのが表5-1である。この表から次の四点を確認することができる。

第一は，遊び場への公的な支援が始まったことである。遊び場設置運動はMEHAが慈善として始めたものであった。だが，1889年に初めて市から1,000ドルの補助金をもらうと，その後は，屋外体操場の設置や監督者確保などのための援助を受け，1899年以後は，毎年相当の財政的援助を受けることになった。

第二は，遊び場の監督者が置かれるようになったことである。最初は近所の親がボランティアで子どもの面倒をみていたが，しだいに，訓練を受けた専門の監督者が担当するようになった。

第三は，遊び場の開場日数が増え，期間が長くなったことである。ただし，通年で毎日開場というのは，1900年時点ではまだない。開場期間が夏期に限定されているのは，夏休みの子どもを対象にしているからである。また，冬は寒いので，子どもは屋内で遊ぶと想定されていた。

第四は，遊び場が学校の庭に付設されるようになったことである。このことは，公教育の施設・設備と子どもの遊び場との関係をどのようにつくるかという課題，言い換えると，公教育のなかに遊びをどのように組み込むかという課題が生じていたことを意味する。

このように，マサチューセッツ州の遊び場は，慈善的な事業から始まったが，その事業は，19世紀の末には，公立学校の施設・設備を利用することが増え，公的な援助を受けるようにもなっていた。すなわち，遊び場運動が公教育の一部として組織され始めていたのである。

第2節　遊び場への公的支援の形態——三つの型

1　学校理念と公園理念

1890年代になると，子どもに遊び場を提供するための公的支援はボストン以外の都市でも始まった。都市の住民のなかから遊び場を設置しようとする動きが出てきたとき，まず問題になったのは，遊び場の管理主体はなにかという

ことであった。具体的には，管理主体が教育委員会である場合と，市の公園局
等である場合という二つがあった。教育委員会が主体となって遊び場を管理す
るならば，遊び場は子どもを教育するための施設であり，公教育の一環と見な
される。市の部局が主体になる場合は，子どもの遊び場も都市計画のなかに含
まれ，また，地域住民への開放が期待される可能性が高い[13]。前者を学校理
念の遊び場，後者を公園理念の遊び場と区別することができる。

　このように，遊び場を学校理念と公園理念という観点から区分したのは，ア
メリカ遊び場協会が設立されたときに事務局長であったヘンリー・S. カーテ
ィス（Henry S. Curtis, 1870-1954）であった。彼は 1900 年代から 1910 年代
を通して，遊び場の理念に関する精力的な研究を続けていた。1907 年のアメ
リカ遊び場協会での演説では，その当時の状況として，学校理念が強まりつつ
ある状況を報告していた[14]。

　1913 年にはイギリスの教育院が『アメリカにおける遊び場運動とその公教
育との関係』と題する報告書を発表している[15]。これは，実地調査やカーテ
ィスの報告書，アメリカ遊び場協会の記事等を参照し，当時アメリカで盛り上
がっていた遊び場運動の概況を調査したものである。その報告書でも，アメリ
カにおける遊び場運動は，社会センターとしての学校建設と，学校から独立し
たリクリエーション・システムの構築という二つの方向へと展開しつつあると
いう状況が紹介されている。前者は学校理念，後者は公園理念に対応する。

　同報告書はこの観点から四つの型を紹介している。学校理念に立っていた例
がインディアナ州ゲーリー市であり，公園理念に立っていた例がシカゴ市であ
った。その中間に，ニューヨーク市，ボルティモア市，ボストン，ピッツバー
クがあった。ニューヨーク市は教育委員会主導であったので学校理念に近く，
他の市は公園理念に近かった。これらの都市に共通しているのは，民間団体が

13）　この二つに加えて，20 世紀になると遊び場の設置や経営に取り組む民間団体も出現
　　した。そのねらいは，慈善のこともあるし，営利をねらうこともあった。PAA はそれ
　　にあたる。

14）　Henry S. Curtis, "Playground Progress and Tendencies of the Year," *Proceedings of
　　the First Annual Congress of the Playground Association of America, held on August
　　3, 1907*, pp.25-29.

15）　Board of Education, U.K., *The Playground Movement in America and Its Relation
　　to Public Education, Education Pamphlets*, No.27（London: HMSO, 1913）.

公的な支援を受けて，遊び場を管理していたことであった[16]。これらは民間
団体型と呼ぶことができよう。本章では，学校理念型，民間団体型，公園理念
型という三つに分類して，それぞれの実態をみてみる。民間団体型は，学校理
念と公園理念の折衷型であるが，学校理念に近い場合と，公園理念に近い場合
とがある。

2　学校理念型：インディアナ州ゲーリー市

　インディアナ州ゲーリー市の公立学校は，学校の運動場や諸施設を広く住民
に開放したことでよく知られていた。ゲーリー市は1906年にUSスティール
の工場ができてから急速に発展し，1910年に16,000人だった人口が，1912
年には26,000人に急増していた。これに対応するために，新しい校舎と校地
が必要であった。ゲーリー市の教育長は，「労働・学習・遊び」（ゲーリー・プ
ラン）という理念を打ち出して，子どもたちが，学校でこの三つの活動ができ
るようにした。学校は，講堂，体育館，プール，手工室，図書室，幼稚園など
の多くの特別教室や設備を備えていただけでなく，校舎の周囲には広い運動場
や学校園や動物を飼育するための設備を確保した。「労働・学習・遊び」とい
う理念にもとづいて，子どもたちは，決まった教室に一日中いるのではなく，
いろいろな場所を移動するので，すべての施設を有効に利用することができる
とともに，多くの子どもを学校に収容することができる。こうすれば，学校建
設にかかる費用は大きくても，その設備を利用する人が多いので，無駄な経費
とは見なされないのである。

　ゲーリー・プランで注目されるのは，次の二点である。ひとつは，働くこと，
学習することと並んで，遊ぶことが，教育課程の柱のひとつになっていたこと
である。そのための場所は，屋内にも，屋外にも十分に確保されていた。もう
ひとつは，子どもだけでなく，地域の大人も学校の諸設備を利用できるという
ことであった。大人のための夜間学校を開いたり，講堂や体育館で住民の会合
を開いたりして，学校の図書室は公共図書館の一部であった。ゲーリー公立学

---

[16]　報告書は，民間団体が運動に参加するにつれて，子どものための遊び場運動が社会
　　人対象のリクリエーションになりつつある現状に，懸念を示していた。Board of
　　Education, U. K., *The Playground Movement in America*, p.22.

図5-1 ゲーリー・スクールの全景

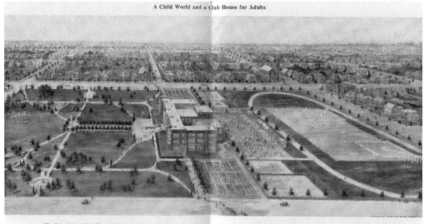

出典：Wirt, *The Great Lockout in America's Citizenship Plants*, p.5.

表5-2 シカゴの公園とゲーリーの公立学校との比較

事項	シカゴの11の公園の合計	ゲーリーのひとつの学校
人口	800,000	20,000
土地代を除く初期費用	$2,000,000.00	$300,000.00
毎年の維持費	$440,000.00	$100,000.00
毎年の利用者数		
屋内体操場	310,000	1,000,000
浴場	1,385,000	500,000
屋外体操場	2,000,000	2,000,000
プール	735,000	300,000
集会場	270,000	1,000,000
読書室	600,000	1,000,000
クラブ・ルーム	70,000	50,000
ランチ・ルーム	520,000	20,000

出典：Burris, *The Public School System of Gary Indiana*, p.28.

校は，「公共図書館，素晴らしい屋内競技場をもつ公園，そして学校が結合したもの」[17] であった。学校は公園と一体化し，社会センターになった（図5-1）[18]。

ゲーリー・プランが全国の注目を集めていたとき，連邦内務省教育局は，ゲーリー市の学校の特徴を全国に紹介した。表5-2は，シカゴ市の11か所の公園と，ゲーリー市にあるゲーリー・プランを実施しているひとつの学校の経費と，利用者数を比較したものである。シカゴ市はよく整備された公園をもっていることで有名であった。ところが，シカゴ市の人口がゲーリー市の40倍であるにもかかわらず，シカゴ市の公園を利用する人数と，ゲーリー市の公立学校の諸設備を利用する人数には，あまり大きな差はなく，むしろ，ゲーリー市の学校施設の方がよく利用されていた[19]。

このように，ゲーリー市の教育委員会は，公立学校を子どもの遊びの場所として地域住民に開放した。公立学校は教育の場であるにとどまらず，社会センターとしての機能をもっていた。

3 民間団体型（1）：ニューヨーク市

ニューヨーク市では1890年ころから，子どもの救済や犯罪防止のために遊び場を設置しようとする民間の組織が結成された。たとえば，セツルメント運動の指導者のひとりであったチャールズ・A. ストーバー（Charles A. Stover），元市長のエイブラム・S. ヒューイット（Abram S. Hewitt），コロンビア大学学長セス・ロウ（Seth Low）が中心となって，1891年にニューヨーク公園遊び場協会（The New York Society for Parks and Playgrounds）を結成した。これは遊び場をなくした子どもの人格形成や犯罪防止を目的とした民間団体であった[20]。1897年には，慈善団体である「よい政府クラブ（Good Government

---

17) William Wirt, *The Great Lockout in America's Citizenship Plants* (Gary, Ind.: Printed by Students of Horace Mann School, 1937), p.6.

18) ゲーリー・プランについては，宮本健市郎「アメリカ進歩主義教育運動におけるコミュニティと学校―1910年代のゲーリースクールの研究―」『東京大学教育学部紀要』第23巻（1983年），275-285頁。

19) William Paxton Burris, *The Public School System of Gary, Ind. United States Bureau of Education, Bulletin*, 1914, No.18, p.28.

Club)」が小公園委員会を設置して，犯罪の防止に役立てようとしていた[21]。

さらに1898年にはストーバーが，屋外リクリエーション連盟（Outdoor Recreation League）も組織して，リクリエーション施設の設置に努力した。その努力の結果，1903年にはシワード公園（Seward Park）にニューヨーク市ではじめての市営の遊び場が設置され，その後の遊び場のモデルとなった[22]。

　民間団体の活動と並行して，州や市も，遊び場の設置に取り組み始めた。ニューヨーク市でも，ボストンと同じように，市営の公園および公立学校のなかに遊び場や運動場を設置することが一般的になった[23]。ニューヨーク州では，1895年に，「今後，ニューヨーク市内に建設される校舎は，付設の屋外運動場（open-air-playground）をもっているか，校舎とつながった運動場をもっていなければならない」という州法が制定された[24]。これを受け，1897年には，ニューヨーク市長は小公園助言委員会（Small Parks Advisory Committee，委員長はヒューイット，書記長はジェイコブ・リース）を指名した。この委員会は，ニューヨーク市に「市営の遊び場も，その名に値する学校運動場もひとつもない」[25]ことを問題視した。

　その後，同市では教育委員会が子どもの遊び場の設置に積極的に取り組んだ。1903年に公立学校運動競技連盟（Public Schools Athletic League）が結成された。目的は，公立学校の男子に，ゲームやスポーツなどいろいろな種類のリクリエーションをする機会を与えることであった。2年後には女子のための部会

---

20)　"For More Playgrounds: An Organized Movement in Behalf of the Children, to Minimize the Necessity for Hospitals and Charity Asylums…" *The New York Times*, December 11, 1890; Official Webpage of the New York City Department of Parks & Recreation, https://www.nycgovparks.org/about/history/playgrounds. 2024年9月3日閲覧。

21)　Lawrence A. Finfer, "Leisure as Social Work in the Urban Community: The Progressive Recreation Movement, 1890-1920," （Ph. D. dissertation, Michigan State University, 1974), pp.118-120.

22)　Cavallo, *Muscles and Morals*, pp.28-29.

23)　本書では，playground を遊び場と訳しているが，学校敷地にある playground だけは運動場と訳すことにする。

24)　Official Website of the New York City Department of Parks and Recreation. "Park Planning for Greater New York（1870-1898)" https://www.nycgovparks.org/about/history/timeline/park-planning-for-greater-ny. 2023年4月3日閲覧。

25)　Joseph Lee, *Constructive and Preventive Philanthropy*, p.127.

第5章　アメリカにおける遊び場運動の起源と展開　155

もできた。連盟の生みの親はルーサー・H. ギューリック（Luther Halsey Gulick, 1865-1918）であり，当時は教育委員会の体育部会主事であった。彼は，1889年にニューヨーク大学の医学部を卒業したあと，『体育評論』の編集長（1900-1902），アメリカ体育協会代表（1903-1906）なども務めており，全国の体育を推進する運動およびその理論の指導者のひとりであった[26]。彼がニューヨーク市教育委員会にいたのは1903年から1907年までの短期間だが，その間に，教育委員会の体育部主事として学校での運動競技の普及に力を尽くした。

　これらの組織は民間団体であり，教育委員会からの直接的な財政援助はなかった。だが，ギューリックは，連盟の活動を広く宣伝して新聞社や出版社等の支援を取り付け，教育委員会の理解と教員の協力を得て，運動競技の普及を図った。ギューリックは子どもの身体と魂を結びつけ，感情を表現する手段として，フォーク・ダンスを重視するなどして，ニューヨーク市の体育の改革に取り組んだ[27]。

　ギューリックらの活動を通して，多くの公立学校も子どもに遊び場を提供するようになった。先に挙げたイギリスの教育院が1913年に公表した報告書によると，ニューヨーク市には，全部で348か所の遊び場があり，公園委員会や地域の遊び場協会などが管理するのは57か所のみで，他の291か所が教育委員会の管理下にあった。ニューヨーク市は土地代が高く，混雑しており，校舎や校地も不足していた。遊び場を確保するには，建物の屋上，庭，川辺など，いろいろな場所を有効に利用する必要があった。なかでも，公立学校の校舎が積極的に利用された。ニューヨーク市の遊び場は，公立学校に集約される傾向があった[28]。

---

26) Phyllis M. Ford, "Luther H. Gulick, 1865-1918," in Hilmi Ibrahim ed., *Pioneers in Leisure and Recreation* (Reston, VA: American Alliance for Health, Physical Education, Recreation & Dance, 1989), pp.79-92.

27) Ethel Josephine Dorgan, *Luther Halsey Gulick, 1865-1918* (New York: Bureau of Publications, Teachers College, 1934), pp.71-92.

28) Board of Education, U. K., *The Playground Movement in America*, p.14.

4 民間団体型 (2)：ボルティモア市

　民間の遊び場協会が主導して遊び場の設置に取り組んだ例は，メリーランド州のボルティモア市である。ボルティモア市の遊び場協会は，1894年に遊び場を開設した。とりあえず，場所は確保したものの，適切な指導者がおらず，管理は不十分であり，遊び場は公園としては十分に利用されず，放置され，少年ギャングのたまり場となってしまった。その結果，近隣の不安を掻き立てる事態になってしまい，遊び場は閉鎖を余儀なくされた。子どもにとっては，街路で遊ぶよりも所定の遊び場で遊んだ方が楽しいとは感じないから，遊び場は公園としてうまく機能しなかったのである。

　この経験を経て，ボルティモア市遊び場協会は1897年に再組織された。今度は，遊び場の管理と，指導者の養成を重視した。遊び場協会は，遊び場指導者養成クラス（Training Class for Playground Directors）を設置した。クラスは，2週間以上の遊び場での実習，および4か月または5か月の講義で構成されていた。講義コースの内容をみると，「遊びの象徴主義」，「青年期の女子」，「男子および女子のための運動」，「図書館仕事と物語の影響」，「遊びと性格形成」などであり，幼児の遊びから青年の運動までを含んでいた。遊び場協会が主体的に，指導員の養成に取り組んだのである[29]。

　その後，ボルティモア市の遊び場の数は増加し，1913年には，遊び場協会が管理していた遊び場は27か所になっていた。そのうち，18か所は校庭にあり，9か所は公園にあった。教育委員会は校庭にあるものについては維持にかかる経費を援助し，その中の12か所では設備の提供もした。市からは，14,000ドルの補助金があった。

　ボルティモア市には，遊び場協会とは別に，公共運動競技連盟（Public Athletic League）もあった。これは主に12歳から18歳の青年を対象にしたリクリエーションを組織した団体である。この団体に対しても市から直接に補助金が3,000〜4,000ドルが支給された。連盟は，夏休みには，野球やバスケットや徒競走のために公園を使い，冬には校舎やセツルメント・ハウスやマーケット・ホールや礼拝堂など，どのようなものであれ，利用できる建物は利用

---

29) *Ibid.*, pp.16-18, p.39.

した。大勢の観客を集めて，野球のリーグ戦を開催するなど，公共運動競技連盟は青年を対象にしたリクリエーションを中心として活動を展開した。

このように，ボルティモア市では，民間団体である遊び場協会や公共運動競技連盟が，公立学校の校庭や公園を利用して，遊び場の設置や管理・運営に主体的にかかわっていた。教育委員会の援助を受ける場合が少なくなかったとはいえ，教育委員会の関与は限定的であり，公園理念に近いとみることができる。

5　公園理念型：シカゴ市

シカゴ市では，市のすべての遊び場が，ひとつまたはいくつかの公園局の管理下に置かれており，教育委員会が公園の管理や運営に関与する余地はなかった。遊び場は公園の中または公園に隣接して設置された。これが公園型である。シカゴ市には，イリノイ州法によって，シカゴ市から独立した北公園局，南公園局，西公園局が設置されていた。また，市の周辺地区の人々にも公園や遊び場を確保することをねらいとして，外部公園審議会が設置されていた[30]。さらに，これらとは別に，シカゴ市が1899年に設置した特別公園審議会もあった，これは私的な会社によって維持されていたものを市が引き継いだものである。シカゴ市は，人口も面積も急速に拡大をしていたので，すべての市民の利害を守るために様々な部局や審議会が設置されていたのである。

公園は子どもだけのものではなく，一般の人々も利用できる。そのために，いろいろな屋内施設を持っていた。たとえば，南公園には，屋内体操場，ダンス・ホール，講堂，劇場，図書館，クラブ・ルーム，遊戯室，手工室，浴場などがあった。各種の社会的なクラブが公園の部屋を拠点に活動した[31]。南公園の屋内競技場と遊び場の監督をしていたE.B.デグルート（E.B. DeGroot）は，「受動的な楽しみよりも能動的なリクリエーション」，「人民の，人民による，人民のための」リクリエーションを理想としていた[32]。

---

30)　シカゴ市の人口は1880年に約50万人，1910年に約218万人，面積は1887年に36,000平方マイル，1910年に191,000平方マイルに急増した。Board of Education, U.K., *The Playground Movement*, p.19.

31)　*Ibid.*, pp.18-20.

32)　Clarence E. Rainwater, *The Play Movement in the United States: A Study of Community Recreation* (Chicago: University of Chicago Press, 1922), p.102.

公園での遊び場指導者を養成するために，シカゴ市は，1911年10月にシカゴ遊び場指導員養成学校を開校した。1年以上のコースを設定し，講義と遊び場での実習で構成されていた。設立趣意書によると，1．世界のフォーク・ダンス，2．子どものゲーム，3．お祭りと野外劇の組織，4．リズム—実践と理論，5．ソーシャル・ダンス，6．身体訓練と体操，7．団体試合と運動，8．応急手当，9．解剖学，生理学，衛生学，10．演劇（児童劇），11．10歳以下の遊びとゲーム，12．冬季の遊びと街路での遊び，13．物語を話すこと，14．人類学（このコースの目的は，原始的生活の実態をよく調べ，それが子どもの生活や子どもの役割と関連を持っていることを示すことである），15．児童研究，16．教育学，17．クラブの組織，が列挙されている[33]。14〜17にみられるように，児童研究とのつながりを強く示すものが多い。14の注意書きは，科目の説明としてついていたものである。反復説に基づいた発達観が明確に現れている[34]。

　以上からわかるように，シカゴ市は，公園内に子どもの遊び場を積極的に設置しようとし，そのための遊び場指導員の養成にも取り組んだ。公園の計画そのもののなかに，遊び場が含まれていたのである。したがって，施設や設備においても，遊びの指導員養成においても，学校教育との関連はほとんどなかった。

　20世紀初頭の遊び場運動を，学校理念型，折衷型（民間団体型），公園理念型という三つに分類したが，1910年代以後の遊び場運動は，民間団体による推進が顕著になってくる。代表的な団体がアメリカ遊び場協会であり，その指導者がジョセフ・リーであった。ジョセフ・リーについては，第1章と第2章で詳細に述べたので省き，ここでは，アメリカ遊び場協会の動きを見ていこう。

---

33)　Board of Education, U. K., *The Playground Movement*, p.34.

34)　E.B. DeGroot, "Suggestions to Instructors in Municipal Playgrounds and Gymnasiums," in Everett Bird Mero ed., *American Playgrounds, Their Construction, Equipment, Maintenance and Utility* (Boston: American Gymnasia Co., 1908), pp.98-107.

第3節 アメリカ遊び場協会の結成と方針転換

1 アメリカ遊び場協会の結成

　20世紀になると遊び場を支援する都市が次々に現れ始めた。1900年に遊び場を支援していた都市は14に過ぎなかったが，1906年にはそれが41になっていた[35]。こうした動きの中から，各地の動きをまとめる全国的な組織，アメリカ遊び場協会（Playground Association of America, PAA）が1906年に誕生した。中心になったのは，ニューヨーク市で体育普及のために活躍していたギューリックと，ワシントンD.C.で遊び場監督官（supervisor of playgrounds）であったカーティス（Henry S. Curtis）であった。カーティスはG.S.ホールのもとで児童研究を学んで学位を取得し（1898），1902年にドイツやイギリスを訪問して，子どもの遊び場の実態を調査してきた。その後ニューヨーク市で，遊び場管理官やイースト・サイドの視学を務めた。ギューリックとの協力関係ができたのはこの時であった。カーティスは1906年にニューヨークを離れたが，二人はアメリカ遊び場協会の設立と発展に協力した[36]。

　PAAの設立を話し合う会議は，1906年4月12日から14日にかけて，ワシントンD.C.のYMCA会館で開かれた。ギューリック，カーティスのほか，各地から遊び場運動を進めていた人々が集まった。その中には，大都市の貧困層の生活を克明に描いて環境改善を訴えていたジャーナリストのジェイコブ・リース，シカゴでセツルメント・ハウス（ハル・ハウス）を経営していたジェーン・アダムズなども含まれており，彼らはホワイトハウスでセオドア・ローズヴェルト大統領に会って歓迎された。

　会議では，類似の活動にすでに取り組んでいたアメリカ公共空間協会（American Civic Association）のような組織と，新しい組織が合流するかが検討されたのち，独立した組織をつくることを決定した。役員は，名誉会長にセ

35）　Carleton Yoshioka, "Henry Stoddard Curtis, 1870-1954," in Hilmi Ibrahim et al., *Pioneers in Leisure and Recreation*（Reston, VA.: 1989）, p.106.

36）　George D. Butler, *Pioneers in Public Recreation*（Minneapolis: Burgess Publishing Co., 1965）, pp.27-28.

オドア・ローズヴェルト大統領，名誉副会長にジェイコブ・リース，会長にギ
ューリック，副会長にヘンリー・マクファーランド（ワシントン.D.C.），ジェ
ーン・アダムズ（シカゴ），ジョセフ・リー（ボストン）の3名，書記長にカー
ティスが決まった[37]。いずれも，当時の著名人であり，PAAが全国的な注目
を集めていたことがわかる。会議は翌年にシカゴで第1回全国大会を開催する
ことを決めて散会となった。

　ローズヴェルト大統領はホワイトハウスで，学校が子どもに遊び場を提供す
べきであると強調した。大統領はジェイコブ・リースとの交流などを通して遊
び場に強い関心をもっており，「子どもは街路で遊ぶことが許されていないが，
他に遊ぶ場所がないのだから，街路で遊ばないわけにはいかない」という状況
をよく理解していた[38]。翌年のシカゴ大会の際にも，ドイツやイギリスでは
ゲームが学校の教育課程に入っていることを指摘して，「すべてのアメリカの
公立学校がリクリエーションのための場所と時間を提供すること」，そして，
われわれが義務就学年限を引き上げて「子どもの就労を許さないのであれば，
子どもの自由になる時間に街路以外のところで過ごせるように，場所を提供し
なければならない」というメッセージを送った[39]。子どもを街路から救い出し，
遊び場を提供することを協会に期待していた大統領にとって，遊び場は学校教
育の補完または延長であった。

　遊び場運動を学校教育の延長としてとらえたのは，会長のギューリックも同
じであった。1907年4月に創刊されたアメリカ遊び場協会の機関誌『遊び
場』創刊号で，ギューリックは，「すべての公教育制度は，どの学校でも遊び
場と仕事場を不可欠の一部とすべきである。子どもの自己活動には，学校の中
で，もっと大きな自由と十分な場所が与えられるべきである」[40]と宣言した。
ギューリックも，子どもの自己活動を強調しながら，遊び場の設置を学校教育

---

37) *Washington Times*, April 12, 14, 1906; *The Evening Star* (Washington, D.C.), April
13, 1906; *The New York Times*, April 13, 1906.

38) *The Evening Star*, April 13, 1906 ; "President Says Get Playgrounds – Wants One
Within Easy Walking Distance of Every Boy and Girl – Necessary as Schools," *The
New York Times*, February 21, 1907.

39) "A Letter From President Roosevelt in Favor of Public Playgrounds," *The
Playground*, No.1 (April, 1907), p.5.

40) Gulick, "The Playground," *The Playground*, No.1 (April, 1907), p.7.

第 5 章　アメリカにおける遊び場運動の起源と展開 161

表5‐3 管理された遊び場が初めて設置された都市の数

設置年	都市数	設置年	都市数
1885	1	1905	4
1889	2	1906	9
1893	1	1907	6
1894	2	1908	13
1896	1	1909	35
1897	2	1910	35
1898	4	1911	43
1899	1	1912	43
1900	7	1913	70
1901	5	1915	116
1902	2	1916	43
1903	2	1917	52
1904	5	Total	504

出典：Rainwater, *The Play Movement in the United States*, p.20.

表5‐4 通年で開放している遊び場がある都市の数

年	都市の数	通年で雇用されている遊び指導員の数	通年の遊び場設備をもつ都市の割合（％）
1909	32	(no data)	12
1910	68	(no data)	37
1911	36	377	14
1912	63	655	22
1913	68	337	20
1914	no data	no data	no data
1915	111	1053	25.7
1916	108	675	29
1917	140	1454	29.3
1918	128	1530	34.3

出典：Rainwater, *The Play Movement in the United States*, p.206.

の発展とみなしていた。

　1907年6月20日から22日まで，第1回PAA全国大会がシカゴで開催された。参加者は30の都市から約200人であった。参加者のなかにはラッセル・セイジ財団関係者がいて，PAAの活動を支援するために2万ドルの支援を申し出た。これによってPAAは財政的な基盤を得，ラッセル・セイジ夫人は協会の名誉会員となった[41]。また，ギューリックは，1907年から1912年までラッセル・セイジ財団の児童衛生部門主事を務めるなど，PAAと財団とのつながりは強固であった。

　PAAが結成されてから，遊び場運動はますます盛り上がり，公的な支援を受けた遊び場が全国に普及していった。1905年に24の都市が87の遊び場を設置していたが，1911年には257の都市が1,543の遊び場を設置し，1917年には，481の都市が3,940の遊び場を設置していた。遊び場指導員の数は，1911年に全米で4,132人，1917年には8,748人であった。しかもその大半は，PAAが実施する試験に合格したことで採用されていた。レインウォーターは，アメリカ遊び場協会が公表したデータに基づいて，よく管理された遊び場を新たに設置した都市の数を調査した。その結果が表5-3である。1908年以後に急増していることがわかる。表5-4は，通年で開放している遊び場を設置している都市の数と，そこで指導員として働いている指導員の数，および通年開放の遊び場を持っている都市の割合を示している。1910年代に徐々に増えていたことがわかる。PAAの最初の10年はまさに「遊び場運動の黄金時代」[42]であった。

2　アメリカ遊び場協会の基本方針

　『遊び場』創刊号（1907年4月）では，冒頭にローズヴェルト大統領の手紙と肖像，つぎにギューリックの簡潔な宣言文があり，そのあとで，事務局のカーティスが協会の目的を詳細に述べている。協会が設置された当初の目的や理念を整理し，かつ，具体的な活動につなげたのはカーティスであった。彼は，アメリカ遊び場協会の目的を以下の四点にまとめている。

---

41)　Carleton Yoshioka, "Henry Stoddard Curtis, 1870-1954," pp.106-107.

42)　Cavallo, *Muscles and Morals*, p.45. 原文では play movement と表記されている。

①遊び場の建設や管理計画について研究し，実現を図ること

②遊び場についての文献を収集すること

③収集した情報を公衆に周知すること

④訓練を受けた遊び場指導者を登録し管理すること [43]

この内容がアメリカ遊び場協会憲章に明文化されている。その冒頭部分を見てみよう。

第1章　本協会の名称は「アメリカ遊び場協会」とする。

第2章　本協会の目的は，全国の遊び場についての情報と関心を集め，広めることである。また，本協会は，すべての地域に遊び場と運動競技場を普及させ，学校と連携して遊びを指導することに努める [44]。（傍点筆者）

憲章では，このあとに，協会が博物館や図書館を所有し，全国の会員に情報提供することなどが書かれている。

しかしながら，アメリカ遊び場協会の憲章は定まったものの，アメリカ遊び場協会がどのような理念と思想に基づいて，どのような形態の遊び場を作ろうとするのか，憲章から読み取ることはできない。学校教育と公園の遊び場との連携をどのように作っていくのか，方向性が定まっていなかったのである。それを象徴しているのが，協会の名称変更である。1906年にアメリカ遊び場協会（PAA）と決定したものの，1911年にアメリカ遊び場リクリエーション協会（PRAA）に変更され，さらに1930年には全米リクリエーション協会（NRA）になった [45]。名称の変更から推測されるのは，遊び場とリクリエーションとの関連について協会の理念の揺れがあったことである。具体的には，遊び場協会は，学校理念に基づくべきか，公園理念に基づくべきか，あるいは民間団体主導に任せるか，という三つの選択肢に直面していたのである。

---

43)　Curtis, "Foreword by the Secretary," *The Playground*, Vol.1, No.1 (April, 1907), pp.9-10.

44)　"Constitution of the Playground Association of America," *The Playground*, No.3 (June, 1907), p.13.

45)　さらに，1965年には，他の三つの協会と合流して，全米リクリーション公園協会（National Recreation and Park Association）となった。

3 基本方針をめぐる葛藤

第一の選択肢は，学校理念に立った遊び場の設置である。学校の中に，遊び場を導入しようとする方向である。ボストンをはじめとして，遊び場設置の運動は慈善事業から始まり，次第に公的な援助を受け，公立学校の設備を使用する形が普及した。遊び場協会や市の公園局などが遊び場の確保や管理になんらかの関与をすることはあるにしても，教育委員会が中心になって子どもの遊び場の管理をしたのである。学校は校舎や敷地をすでにもっており，これを有効に使うことは一般住民の支持を得やすかった。

この方向を明確に進めたのはギューリックとカーティスであり，名誉会長であった大統領もこの方向を支持していた。ギューリックはニューヨーク市の公立学校体育主事であり，体育を教科として発展させた。彼が組織した公立学校競技連盟は教育委員会からの財政援助は受けなかったが，学校教育を通して，子どもの遊び活動の充実をめざしていた。カーティスは，1909年6月までPAAの事務局長をしていたが，事務局長を退いたあと，1910年代にアメリカでの遊び場運動の理論や実践例を紹介する多くの著書を刊行した。彼によると，現代では子どもは学校で長い時間を過ごすのだから，体育や遊びを学校が用意する必要がある。学校のグラウンドを拡充したり，木を植えたり，遊具を備えたりするとよい。遊びは教育の重要な部分であるから，教育委員会が管理すべきであるというのが彼の主張であった[46]。実際，多くの市が，公立学校制度の一環として，遊び場を構想し始めていた[47]。イギリスの報告書（1913）は，PAAが学校教育の拡張の方向で進んでいることを指摘していた。

第二の選択肢は，民間団体が主導して，遊び場運動をリクリエーション運動へと展開させる方向である。この方針はジョセフ・リーによって，進められた。ジョセフ・リーは，ニューヨーク市にあるような，学校によって管理される遊び場ではなくて，もっとインフォーマルで自由な遊び場が理想と考えていた。リーが私財を投じて遊び場を設置，運営したり，自らマサチューセッツ公民連

---

46) Curtis, *School Grounds and Play, Department of the Interior, Bureau of Education, Bulletin, 1921, No.45*（Washington, D.C.: Government Printing Office, 1922), p.25.

47) Curtis, "The Growth, Present Extent and Prospects of the Playground Movement in America," *The Pedagogical Seminary*, Vol.16, No.3 (September, 1909), pp.344-350.

盟を設立したりしたのは，市や公園局や教育委員会からの干渉を排除すること
がねらいであった[48]。遊びは自由でなければならなかったのである。遊びは，
リーからみれば，機械化や都市化が進んでしまった「文明に対する解毒剤」で
あった。若者が機械文明に反発したり，既存の法律を破ったりするのは自然な
ことで，そのような自然の本能を発揮させない限り，若者の発達は行き詰まる。
だからこそ，遊びは，リクリエーション（再生）として，意義があるという[49]。

　第三の選択肢は，公園理念に立った遊び場の設置である。PAA が発足した
翌年の 1907 年 6 月に，第 1 回の遊び場全国大会がシカゴで開催されたことは，
シカゴでの遊び場がすでに全米でも注目を集めていたことを示している。シカ
ゴでは 1899 年に市の特別公園審議会が設置されており，シカゴ市の都市計画
の中に，子どもの遊び場が含まれていた。遊び場についての委員会を取り仕切
っていたのは，ドワイト・H. パーキンスであった。しかし，パーキンスは
PAA の方針に大きな影響を与えることはなかった[50]。

4　アメリカ遊び場リクリエーション協会への名称変更

　PAA が成立した当初，PAA は第一の道，すなわち，学校教育のなかに遊び
の時間や設備を導入する方向で進みつつあったが，この方向は 1909 年に大き
く転換した。そのことを内外に示したのは，協会役員の交替と，協会の名称の
変更であった。1909 年 6 月に，PAA の憲章を作成し，第一の道を進めていた
カーティスが事務局長を退任した。1910 年 7 月には，ギューリックが代表を
退き，ジョセフ・リーが会長に就任した。学校理念を追求していたカーティス
の期待はこのときに，完全に裏切られた。

　詳細にみると，1910 年がアメリカ遊び場協会の大きな転換点であった。ギ

48)　Allen V. Sapora, "Joseph Lee, 1862-1937," in Hilmi Ibrahim ed., *Pioneers in Leisure and Recreation*, Reston, VA: American Alliance for Health, Physical Education, Recreation, and Dance, 1989, pp.70-71.

49)　Joseph Lee, "Play as an Antidote to Civilization," *The Playground*, Vol.V, No.4 (July, 1911), pp.110-126.

50)　Rho Fisk Zeublin, "Playground Movement in Chicago," *The Playground*, Vol.4, No.4 (July, 1907) pp.3-5, 11-13. 宮本健市郎「遊び場運動の消滅と都市計画の出現：クラレンス・A. ペリーとドワイト・H. パーキンス」宮本健市郎編『新教育運動期における都市計画と学校の遊び環境の公共性に関する比較史的研究』2014-2016 年度科研報告書（代表：宮本健市郎，2017 年 3 月）所収，19-35 頁。

ューリックがアメリカ遊び場協会の会長を退いたのと同時に，カーティスは協会の名誉第二副会長という奇妙な名称の地位に就いて，実質的には，協会の主導的な地位を失った。また，協会の憲章が改訂され，協会と学校との連携を記述した部分が削除された。翌1911年に，アメリカ遊び場協会は名称をアメリカ遊び場リクリエーション協会（Playground and Recreation Association of America）に変更した。これらのことから，遊び場協会がリクリエーションを主要なねらいにするようになり，学校教育との連携を自ら絶ったとみることができる。これはカーティスにとっては不本意なことであったに違いない。遊び場運動は学校教育との関連を失い，子どもに遊び場を提供するという福祉的な要素もほとんどなくなった。これ以後，協会はジョセフ・リーの指導のもとで，大人向けのリクリエーション活動の普及を主眼とするようになったのである[51]。

　以上の一連の動きから，PAAが第二の道を選んだことは明白であった。学校教育との連携，学校教育の拡充を志向していたカーティスとギューリックは，1910年代になると協会の活動から距離を置き始めた。カーティスは第一次世界大戦でフランスに行ったのち，ミシガン大学で研究者の道に進んだ。ギューリックは1910年代の初めにアメリカのボーイスカウトやガールスカウト協会の設立に協力したり，世界大戦中はYMCAの戦争に関する業務に携わったりするなどいろいろな分野で活躍したが，PRAAとの関係は弱まり，1918年に死去した。

　こうした状況の中で，ジョセフ・リーは，PRAA代表，1930年からは全米リクリエーション協会（NRA）代表として，1937年に亡くなるまで，リクリエーション運動の振興のために精力的な活躍を続け，「アメリカ遊び場運動の父」[52]と称されるようになっていた。それは，学校教育と遊び場運動との連携が断たれたことを意味していた。

---

51)　PAAの動向については，第I部の1章で詳述した。
52)　George D. Butler, *Pioneers in Public Recreation*, p.1.

おわりに

19世紀末に始まった遊び場運動は，大都会のなかで遊び場をなくした子どもの救済から始まった。その運動は，慈善であり，組織化されていなかった。およそ20年後，全国の大都市で様々な形で起こっていた運動は，1906年にひとつの全国的組織であるアメリカ遊び場協会を結成し，1910年に，アメリカ遊び場リクリエーション協会となり，さらに20年後の1930年には，大人を含む青少年にリクリエーションの普及をめざす運動に変質していた。この変質を，遊び場運動と学校教育との関係という視点から整理すると，次のようにまとめられる。

第一に，多くの都市で，19世紀末から遊び場の設置に対して公的な支援が始まった。公立学校の設備を遊び場として開放することもあれば，公園に遊び場を設置する場合もあったが，いずれにせよ，その展開過程において，アメリカ遊び場協会（PAA）は全国の遊び場運動を集約する組織としての役割を果した。

第二に，PAAは，1910年代に三つの方向に展開する可能性があった。①学校教育の中に遊びを取り入れる方向（学校理念型），②民間団体の主導により，学校教育との関連を弱め，子どもも大人も対象のリクリエーション運動になる方向（民間団体型），③都市計画のなかで，公園を設置し，その中に遊び場を含む方向（公園理念型）である。

第三に，PAAは，上記三つの方向のうち，当初は，第一の道を進んでいたが，1910年以後は，第二の道に方向転換した。遊び場協会は，1930年には全国リクリエーション協会と改称し，慈善活動ではなくなり，公立学校との連携はほとんどなくなった。遊び場運動は，青少年を対象にした民間団体主導のリクリエーション運動へと変貌し，学校教育の改革との関連は失われたのである。

次章では，学校理念に立って，学校と地域の改革に取り組んだもうひとつの実践例であるニューヨーク州ロチェスターでの社会センター運動を取り上げて，学校による地域改革の理念がどのような実践を導いたかを確認しよう。

第6章

社会センターとしての
学校の実験と挫折
校舎開放からコミュニティ・センターへ

はじめに──問題の所在

　アメリカでは，20世紀初頭の革新主義の時代に，公立学校の校舎を住民に
開放して，夜間の成人教育，地域住民向けの講演会，住民集会，英語学習，ス
ポーツクラブや芸術クラブ，住民のリクリエーションなどを実施する動きが，
大都市の一部の学区や，都市周辺の町で広がった。このような事業は，1910
年代から30年代にかけて流行し，社会センター，コミュニティ・センター，
近隣センター，学校センター，あるいは「スクール・社会センター」などと呼
ばれ，それぞれが社会センター運動のように，運動としてとらえられることが
しばしばある[1]。名称がいくつかあることが示唆しているとおり，これらの運
動が明確な理念をもって進められたとは言い難い。また，後述するが，1900
年代から1930年代までの間に，かなり大きな性格の変化があったこともたし
かである[2]。それにしても，公立学校の校舎を住民に開放することを起点にし
ているという点では，ひとつの運動としてとらえることが可能である。本章は，
これら一連の運動の全体を「社会センター運動」ととらえ，その起源から

---

1)　筆者が文献を読んだ限りでは，1910年代前半まではsocial centerが多く，10年代後
　半からcommunity centerが増えてくる。School centerは20年代以後に使われること
　が多い。本書に紹介した引用文献のタイトルからも，ほぼ確認できるであろう。
2)　佐々木豊は，「スクール・ソーシャル・センター」とかっこをつけて表記しているが，
　佐々木が引用している文献にはその用語法はほとんど出てこない。「ソーシャル・セン
　ター」「コミュニティ・センター」「スクール・センター」の方が一般的であった。本稿
　では，用語の違いが運動の性格の変化を示唆している可能性に注意して，論述していく。
　佐々木豊「アメリカ都市『コミュニティ』の再生─革新主義時代における『スクール・
　ソーシャル・センター』運動」『史学』（三田史学会）第61巻（1991年），107-132頁。

1930 年ころまでの思想と活動を取り上げて，この運動がどのような方法で「市民」の形成をめざし，なにを成し遂げたかを解明することを目的とする。

社会センター運動については，公立学校の校舎を利用して住民参加の民主主義を実現することをねらった事業であったが，幻想に終わったという評価が一般的である。スティーブンス（1972）は，ニューヨーク州ロチェスターの社会センター運動を取り上げ，校舎を利用して住民参加の民主主義の実現をめざしたが，失敗したと述べている[3]。フィンファー（1974）は，社会センター運動をリクリエーション運動の一環としてとらえ，レジャーを通して住民によき市民性を教えようとしたが，結局のところビジネスと結びつき，地域とは乖離したと指摘している[4]。佐々木豊（1991）は，「スクール・社会センター」運動を，都市部に同質的コミュニティを再生させようとする都市改革の一環としてとらえたうえで，「市民精神」「市民的紐帯」などを強調した点で，あまりに道徳的であり，楽観的であったと結論づけている。ジョンソン（1992）は，ロチェスターの運動を指導したウォードに焦点をあてて，社会センター運動がリクリエーション運動と合体したことを論証した[5]。マットソン（1998）は，社会センター運動は住民参加の民主主義を実現しようとした運動であったが，第一次世界大戦の時期には地域住民に国家への忠誠や同調を求めたと指摘している[6]。五島敦子（2006）は，ウィスコンシン大学拡張部による地域連携事業の一環であるコミュニティ・インスティテュートを取り上げ，ロチェスターで始まった社会センター運動の理念が，大学と社会との連携に継承されたことを論証している。この点は本章の課題とも接点をもつ視点である[7]。

3） Edward W. Stevens, Jr., "Social Centers, Politics, and Social Efficiency in the Progressive Era," *History of Education Quarterly*, Vol.12, No.1 (Spring, 1972) pp.16-33.

4） Lawrence A. Finfer, "Leisure as Social Work in the Urban Community: The Progressive Recreation Movement, 1890-1920," (Ph. D. dissertation, Michigan State University, 1974).

5） Ronald N. Johnson, "Forgotten Reformer: Edward J. Ward and the Community Center Movement, 1907-1921," *Mid-America: An Historical Review*, Vol.74, No.1, (January, 1992), pp.17-35.

6） Kevin Mattson, *Creating a Democratic Public: The Struggle for Urban Participatory Democracy during the Progressive Era* (University Park, PA: Pennsylvania University Press, 1998).

7） 五島敦子『アメリカの大学開放：ウィスコンシン大学拡張部の生成と展開』（学術出版会，2008 年），第5章。

本章は，これらの諸研究を前提にしつつ，社会センター運動が変貌していった過程を取り上げる。運動が進展するなかで，「市民性」教育がどのように実施され，変貌し，なにを成し遂げたのか。その解明が本章の課題である。先に紹介した諸研究は，革新主義の終焉とともに「社会センター運動（コミュニティ・センター運動）」が終息したという枠組みに基づいており，1920年以後の運動の展開を視野にいれておらず，変貌していった論理と過程，1910年代と1920年代のつながりを明確にしていない。たしかに，1910年代に盛り上がった社会改革（革新主義）が1920年以後に急速に衰退したことは，アメリカ史研究のなかでしばしば指摘されてきた。だが，学校教育に目を向けると，1919年に進歩主義教育協会が結成され，その後，進歩主義教育が公立学校にも広がっていったことはよく知られている[8]。したがって，社会センター運動は革新主義時代の社会改革の一環として始まり，1920年代以後に進歩主義教育が流行する中で変貌していったと考えられる。社会センター運動が失敗した結果を強調するだけでなく，継続し，変貌した内容を解明することで，「市民性」教育の実態をみることができるはずである。

　社会センター運動が始まった1910年ころから，運動の終息期にあたる1930年代まで，中心的な役割を果たし続けたひとりがクラレンス・A.ペリー（Clarence A. Perry, 1872-1944）であった。ペリーは1920年代に近隣住区論を提唱した都市計画家として広く知られているが[9]，遊び場運動や社会センター運動，コミュニティ・センター運動の理論的指導者のひとりとしても長く活動した。その間に，ペリーは，コミュニティ・センター運動から近隣住区論へと活動の力点を移動させていたのである。本章では，この間のペリーの思想と活動を中心に見ていくことで，コミュニティ・センター運動の出現と変質の過程をたどり，その中で市民性教育がどのように構想されていたかを検討してい

---

8)　Lawrence A. Cremin, *The Transformation of the School: Progressivism in American Education, 1876-1957* (New York: Alfred A. Knoph, 1961).
9)　彼が1920年代に提案した近隣住区論は，アメリカの多くの都市で採用され，アメリカ以外の国での都市計画にも大きな影響を与えている。日本では，大阪の千里ニュータウンをはじめとして，近隣住区論にもとづいたコミュニティ計画が進められている例はすくなくない。クラレンス・A.ペリー（倉田和四夫訳）『近隣住区論：新しいコミュニティ計画のために』（鹿島出版会，1975年），渡辺俊一『アメリカ都市計画とコミュニティ理念』（技報堂出版，1977年）。

く。

第1節　社会センターの思想的起源

1　デューイの問題提起：地域の成人教育としての学校

　社会センター運動が始まる契機となった重要な論文が，デューイが『小学校教師』に発表した「社会センターとしての学校」（1902）である。その中で，デューイは，学校が生徒に市民性を教えるための社会センターにならなければならない理由を四つあげている。第一は，現代社会では人間の知的・社会的な交流を進めるために，学校がその場所と機会を提供しなければならないからである。とくに，出身国から離れてやってきた移民は，まだアメリカ社会に馴染んでいないので，学校教育には彼らを市民にすることが期待されていた。第二に，家庭や教会が持っていた教育機能が低下して，社会の規律や統制が緩んでいるので，それに代わる教育が必要であった。そのような教育の仕事は子どもだけを対象にする学校に限定されてはならず，年長者に対しても必要だし，学校以外の方法も必要になっていた。第三に，学問と生活を関連づける必要があったからである。社会科学であれ，自然科学であれ，科学は急速に発展した。一方で，われわれの生活は専門化が進み，労働は分業が進んだ。私たちは科学を生活に応用しているのだから，学問と生活を意識的に関連づけなければならなくなったのである。第四に，経済や学問はいつも変化を続けているので，学校教育を終えたあとも，私たちは継続して学び続けることが必要だったからである。学校は年齢にかかわらず，コミュニティのすべての人に対して継続教育を提供するセンターにならなければならなかった[10]。

　以上の問題認識に基づいて，デューイは社会センターとしての学校が取り組むべき三つの課題を提示した。第一に，人間の相互交流を進めることである。単に形式的な討論が行われるだけでなく，個人の生活が尊重されつついろいろな考え方が身につくように，学校が，カースト制度や階層や民族や諸経験の間

---

10)　John Dewey, "The School as Social Center," *The Elementary School Teacher*, Vol. III, No.2（October, 1902）, pp.73-83. なお，論文タイトル中の "Center" は，デューイ著作集では "Centre" となっている。

にある障壁をなくして，お互いが本当に共生（communion）できるような場所になることを期待した。第二に，学校がリクリエーションの場所になることである。リクリエーションには倫理的な意義がないと考えるのは誤りであって，リクリエーションの中にこそ，道徳的な力があると指摘している。第三に，専門的な知識や技術を学習する機会を，子どもだけでなく大人にも提供することである[11]。

　デューイが構想する社会センターとしての学校が，子どもの教育だけでなく，大人を含む地域住民を対象としていること，そしてリクリエーションも学校教育の使命としてとらえていたことに注目しておこう。

2　公立学校校舎の民衆への開放

　デューイの主張は学校教育の理念や内容の広がりについて述べたものだが，公立学校の校舎使用を生徒に限定せず，成人を含む一般民衆にも開放しようとする動きを促進することになった。

　3年後，デューイが先の論文を発表した雑誌『小学校教師』に，「社会センターとしての公立学校」（1905）という論文が掲載されている。著者のウェストンはデューイと同様に，公立学校は貧富や階層の違いに関係なく，すべてのひとが交流する場所であるので，そこでこそ子どもの社会性が育つと考えた。ウェストンはとくに，校舎を民衆がいつでも有効に利用できるようにすべきであることを強調した。したがって，「それ（アメリカの公立学校）は，午前中は子どもと若者のものであり，午後には母親クラブや地域生活の中心であるべきであり，平日の夜には労働する女性や男性のものであり，時間を調整しながら，<u>本当の近隣センター</u>になるべき」（下線部の原文はイタリック体）[12] であった。そうすれば，「子どもの犯罪を防止する」[13] ことができるという。「繰り返すが，校舎はつねに民衆に奉仕すべきである。親はいろいろな結社を組織し，民衆が一体感をもって生きられるように協力し，子どもの成長する力を自然と引き出

---

11)　Ibid., pp.84-86.
12)　Olive E. Weston, "The Public School as a Social Center," *The Elementary School Teacher*, Vol.6 (October, 1905), p.115.
13)　Ibid., p.115.

してゆくべき」[14] であった。社会センターとしての公立学校とは，校舎を民衆に開放することを意味していた。

前章でみたとおり，公立学校の校庭を子どもの遊び場として利用することは，19世紀末から始まっていた。1906年ころからは，インディアナ州ゲーリー市では公立学校の校舎が地域住民の学習やリクリエーションの場になるようなプランが実施され始めた[15]。教育行政の能率化を求めた改革の一環として，公立学校は住民によって設置維持されているのだから，住民がその校舎を利用することは当然とする考え方は確実に広がりつつあった[16]。

第2節　ニューヨーク州ロチェスターの社会センター

1　校舎開放の開始

学校教育の機能を拡大させようとするデューイの主張は，その後，公立学校の校舎や校庭などを住民の学習やリクリエーションの場にしたり，選挙の際の投票所にしたり，さらには，住民が討論をするための集会所として開放したりするという具体的な事業へと展開していった。本章では，この事業を学校施設開放と呼んでおこう。この事業は，ロチェスター（NY州），ニューヨーク市（NY州），シカゴ（IL州），バッファロー（NY州），ゲーリー市（IN州），ピッツバーグ（PA州）など各地で実施されたが[17]，とくに注目を集めたのがロチェスターの社会センターであった。その事例を見てみよう。

ロチェスターでは，1907年の2月15日に市内の11の民間団体（職業労働中央評議会，子ども遊び場連盟，大学女子クラブ，アメリカ革命の娘たちなど）の代表が会議を開き，校舎開放委員会（School Extension Committee）を結成し

---

14)　Ibid., p.116.

15)　ゲーリー・プランについては，宮本健市郎「アメリカ進歩主義教育運動におけるコミュニティと学校—1910年代のゲーリースクールの研究—」『東京大学教育学部紀要』第23巻（1983年），275-285頁参照。

16)　Raymond E. Callahan, *Education and the Cult of Efficiency: A Study of the Social Forces That Have Shaped the Administration of the Public Schools* (Chicago: University of Chicago Press, 1962).

17)　"School Social Center and the Nation: How Idea is Spreading over Country," *The Detroit Times*, October 23, 1911.

た。この委員会が教育委員会と協議を重ね，公立学校の校舎使用と公費による支援を依頼した。教育委員会委員長のジョージ・M. フォーブズ（George M. Forbes）は事業に理解を示し，1907-08年度に5,000ドル，1908-09年度に1万ドル，1909-10年度に2万ドルの公費による支援を実施した。1907年6月にエドワード・J. ウォード（Edward J. Ward, 1880-1943）がこの事業の監督者に採用されて，中心的な役割を果たし，1910年まで社会センターの事業は順調に進展していった[18]。事業の舞台となった学校は，1年目は第14学校など数校だったが，2年目に16校，3年目に18校が開放された[19]。1909年には，社会センターに参加していた14の団体が，市民クラブ連盟（League of Civic Clubs）を結成して市外からも多くの見学者を招いて事業を紹介した。その中には，著名なジャーナリストであったリンカン・ステフェンスやニューヨーク州知事のヒューズなどもいて，ロチェスターの社会センターは他の都市のモデルとして称賛されるようになっていた[20]。

　市民クラブ連盟が1909年に発行した報告書をみると，1908年と1909年には以下のような事業が展開された。

　1．男子クラブ
　2．女子クラブ
　3．成人クラブ
　4．体操
　5．図書館
　6．住民一般集会

　クラブの中には体操クラブや芸術クラブのようなものもあるが，一般の人たちが自由に参加して討論をするものが多い。例えば，1908年12月から，「次世代市民クラブ（Coming Civic Club）」の集会が第14学校で開かれた。このクラブは政治，宗教，階層などが異なっていても，お互いが知り合いになって，

---

18) The League of Civic Clubs, *Rochester Social Centers and Civic Clubs: Story of the First Two Years*, published by the Civic Clubs, 1909.

19) Edward J. Ward ed., *The Social Center* (New York & London: D. Appleton and Co., 1913), pp.175-206.

20) Blake McKelvey, "Rochester's Public Schools," *Rochester History*, Vol.31, No.2 (April, 1969), p.13.

図6-1 次世代市民クラブのエンブレム

出典：The League of Civic Clubs, *Rochester Social Centers*, p.70.

市全体の観点から話し合いに参加して，「少年と若者に自治の訓練をするための方法」であるところに価値があるとされた[21]。このクラブのエンブレムが図6-1である。市の片隅から出された意見を交流させて，市全体の問題として討論をしようとする意図を読みとることができる。「本クラブの目的はメンバーを共和国の市民にむけて訓練すること」[22]と宣言をしていたのである。図6-2は，日曜日の午後に開催された市民クラブ（女性クラブ）の様子である。

参加者数は，1907年11月から1908年5月までに延べ25,002人，1908年11月から1909年4月まででは延べ55,768人であり，着実に成果をあげつつあった[23]。なお，当時のロチェスターの人口は20万人程度であった。

もちろん，公立学校の校舎は，昼間は子どもが使うので，社会センターとして使用できるのは休日と夜間および夏休みということになる。したがって，図6-3のような掲示が出されていた。

市民クラブは特定の宗派や政党の利害を代弁するのではなくて，できるだけ

---

21) The League of Civic Clubs, *Rochester Social Centers and Civic Clubs*, p.69.
22) *Ibid.*, p.71.
23) *Ibid.*, p.45, 116.

図6-2 日曜日の午後に開催された女性クラブ

出典：The League of Civic Clubs, *Rochester Social Centers*, p.73.

図6-3 社会センターの開校時間を示す掲示

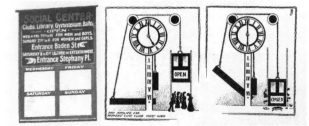

出典：The League of Civic Clubs, *Rochester Social Centers*, p.62, p.75.

図6-4 市民クラブの理念

出典：The League of Civic Clubs, *Rochester Social Centers*, p.86.

異なる考え方の人々が参加して討論することを理想としていた。図6-4はその理念を図で示したものである。民主党，共和党，進歩党，社会党までを含んでおり，ひとりひとりの宗派も異なっていることが読みとれる。

2　社会センターの思想

ロチェスターの社会センターの事業がどのような理念を背景にしていたのか。その特徴を確認しておこう。

まず重要なのは，社会センターの事業が，上からの恩恵ではなく，住民が主体となって進められたことであった。住民の要望から始まって，教育委員会がそれに協力して，市議会で公費支出が認められるという形であった。ゲーリー市やニューヨーク市は，教育委員会が主体となって学校改革を進め，社会センターとして校舎を活用していた。ロチェスター教育委員会の委員長であったフォーブズは，社会センターが上からの恩恵（paternal）として作られてはならず，民衆の友愛から（fraternal）作られることが肝要と主張した。彼は，「コミュニティ住民自らが奉仕する制度として，社会センターが基本的，友愛的，かつ協力的でなければならないという考え方を，非常に明確に打ちだした」[24]のである。

ウォードは，住民が主体的に政治に参加することが民主主義の基礎であると考えた。だから，「よい市民とは，たんに従順ということではない。民主主義社会においては，よい市民は，政府に従うだけではなく，統治者に<u>なる</u>ことに参加する責任があると自覚している。校舎を市民センターとして利用すること，すなわち，市民参加の会議場，法律を制定する集会場，および最高裁判所法廷として校舎を使うことによってのみ，この住民共有の制度が，民主主義を明確に意識することを啓発していくというアメリカ人の偉大なる要望に応えることになる」（下線部の原文はイタリック体）[25] と述べている。

第二に，宗派や政治的立場が異なる人々が交流し，討論する機会を提供することで，校舎を，市民性を訓練するための場所にしようとしたことである。フ

---

24)　Ward, ed., *The Social Center*, p.181.
25)　Edward J. Ward, "The Schoolhouse as the Civic and Social Center of the Community," *Addresses and Proceedings of the NEA, 1912*, p.440.

ォーブズは公立学校の校舎で政治討論をするのは自由であるべきで，そうして
こそ子どものための教育の場所になると主張した。「この運動（社会センター運
動）はもっと大きな教育理念に従ったものだ。それは市民性訓練の手段として
の学校を論理的に拡張したものといえる。……市民が自分たちの建物のなかで
なにを話そうが，だれもそれを規制する権利は持っていない」[26] のである。し
たがって，社会センターの実際の記録をみると，立場の異なる人の間でいろい
ろな議論が戦わされた。たとえば，1908 年の大統領選挙の前には，10 月 1 日
は「なぜタフトに投票するか」，10 月 8 日は「なぜチャフィンに投票するか」，
10 月 15 日は「なぜデブスに投票するか」，10 月 22 日は「なぜブライアンに
投票するか」，などがテーマとなっていた。その他，女性参政権，労働組合，
映画の社会的価値なども取り上げられていた [27]。こうして，いろいろな人が
集まり，近隣の人たちが校舎を「家庭のように感ずる」[28] のである。

　第三に，社会センターは「小さな赤い校舎を取り戻す」ことをめざしていた
ことである。ウォードは「公立学校社会センターの本当の原型は，社会的セツ
ルメントではなくて，かつてあった小さな赤い校舎であって，それは夕方には
近隣の人たちが集まる場所だった」[29] という。「小さな赤い校舎」は，アメリ
カの民主主義が生まれたところの象徴である。1907 年に教育委員会と校舎開
放委員会の会議が持たれた際には，ウォードは次のようにのべていた。

　　社会センターはなんらかのすでにある制度に代わるものではない。貧しい
　　人たちに奉仕するための慈善機関となるべきでもない。……それは，あら
　　ゆる制度のなかで最もアメリカ的なもの，すなわち公立学校センターを社
　　会生活のなかで本当の位置に回復させることに過ぎない。そのねらいは，
　　校舎を広く利用することによって，現代の複雑な生活の中に，私たちが都

---

26)　Clarence A. Perry, *Wider Use of the School Plant* (New York: Charities Publication
　　Committee, 1910), p.274.

27)　The League of Civic Clubs, *Rochester Social Centers*, p.87.

28)　Ward, "The Schoolhouse as the Civic and Social Center of the Community," *1912*,
　　p.436.

29)　Edward J. Ward, "Little Red School House," *The Survey*, Vol.XXI, No.19 (August 7,
　　1909), p.640.

会で生活するようになる前に知っていたコミュニティにたいする関心，近隣精神，そして民主主義を発展させることである[30]。

ウォードは，校舎がかつて民主主義を実現するための場所であったという前提に立って，そこを，民主主義を学ぶための場所に戻すことをねらいとしていたのである。

以上をまとめれば，ロチェスターの社会センター運動は，民衆が自発的に始めたこと，自由な討論のなかでの主体的市民の訓練がねらいであったこと，そして，かつてアメリカに存在していたはずのよきコミュニティの復活が目的であったといえる。

3 社会センター運動の挫折

1909年まで順調に発展してきたロチェスターの社会センター運動は，ニューヨーク州知事から称賛され，全米の注目も集めていたにもかかわらず，1910年で打ち切りになった。その経緯は次のとおりである。1909年に市民クラブ連盟が結成されたとき，ウォードの思惑とは異なり，市長が連盟の代表に就かなかった。そのため，その後，共和党の政治家が市民クラブ連盟の事業にも介入するようになり，市議会で社会センターのための予算が大幅に削減された。1910年には無給で事業を続けた期間もあったが，結局，事業の継続は断念せざる得なくなった。1910年にウォードはロチェスターを去り，1911年に教育長が辞任し，1912年にフォーブズは教育委員会委員長を解任された[31]。ロチェスターの社会センターはここで終わった。

以上の経緯から，社会センターの事業が打ち切られたのは，現実の政治との葛藤にあったとみることができる。共和党の大物政治家で，ロチェスターではボスと呼ばれていたジョージ・W. アルドリッジ（George W. Aldridge）は社会センター事業に熱心な教育委員をやめさせている[32]。公立学校で政治討論を

---

30) Perry, *Wider Use of the School Plant*, pp.272-273.
31) McKelvey, "Rochester's Public Schools," pp.12-13; "In Memoriam: George Mather Forbes," *Rochester Alumni Review*, Vol.XIII, No.2（Dec.1934-Jan.1935），p.49.
32) McKelvey, "Rochester's Public Schools," p.13.

180

するということが，政治家や民衆の間にも強い反発を生んでいたと考えられる。政治的な抗争のなかで，社会センターの事業は切り捨てられたのである。

第3節　社会センターからコミュニティ・センターへ
——運動の広がりと変質

1　市民社会センター全国会議の開催

　ウォードは1910年の秋に，失意のうちにロチェスターを去ったが，社会センター運動は「燎原の火の如く」[33] 各地に広がりつつあった。ウォードはすぐにウィスコンシン大学拡張部に設置された社会センター開発局主事に着任し，新たな活躍の場を得ていた。ウォードからみると，「民主主義の充実した内容はロチェスターの人にとっては消化しきれないほどのものだったけれども，ウィスコンシンやその他の進歩的な州では，健康的な食事のようなものになり始めていた」[34]。

　社会センター運動の全国的な広がりを具体的に示したのは，1911年10月25日からウィスコンシン大学マディソン校で開催された市民社会センター開発全国会議（The First National Conference on Civic and Social Center Development）であった。この会議で，フォーブズ（ロチェスター教育委員会委員長，ロチェスター大学教育学教授，ニューヨーク州教員協会代表）が演壇に立ち，ロチェスターでの経験を語った。彼は，「ロチェスターでの校舎開放運動は，ヒューズ（ニューヨーク州）知事が言っているとおり，民主主義の基盤を強化することを，はじめから意識して，慎重に，計画を立てた」と語ったあと，ロチェスターでの社会センター運動からの教訓を15点にわたって紹介した。要点をまとめると，第一に，社会センター運動が民主主義の基礎であること，第二に，ロチェスターではコミュニティの倫理的精神を開発していること，第三に，いろいろな考え方の大人が話し合って，議論をすることが重要であること，

33）　"School Social Center and the Nation; How Idea is Spreading over Country, Fully 100 Communities Have Caught the Spirit of it Now and More Are Getting it Every-Day — Spreading to Country Schools in Texas," *The Detroit Times*, October, 23, 1911.
34）　Ward, ed., *The Social Center*, p.203.

第四に，近隣の人々の自発的な結社が重要であること，第五に，健全なリクリエーションが発達し，少年非行の防止などに貢献できること，などであった。これらは，「ロチェスターの最大の目的は，コミュニティ全体の倫理的精神を目覚めさせ，開発すること」[35] であったということばに集約することができる。

　フォーブズの演説の前日に，社会センター運動を強力に援護する講演をしたのが，ウッドロウ・ウィルソン（Woodrow Wilson ニュージャージー州知事，1913年に大統領就任）であった。彼は，地域の人間が相互に交流することで共通感覚を育て，為政者に頼ることなく，住民が下から地域づくりに参加することを期待した。公立学校の校舎は地域住民のものなので，それを地域住民が自由に利用するのは当然であり，民主主義の柱になると考えた。したがって，ウィルソンは，校舎を基盤にしたロチェスターの社会センター運動を高く評価した。「このような運動の中で私が見出すことができるのは，アメリカ人民の建設的で創造的な天才が回復していることである。どこであれ，これらの校舎は，国民が多額の経費をかけたから存在しているもので，いつの日か，自由の木の大きな根となって，すべての人類の維持と保護のために広がっていくにちがいない」[36] と述べた。

　この会議の大きな成果が，アメリカ社会センター協会（Social Center Association of America, SCAA）の結成であった。ウォードはその事務局長（executive secretary）に就任し，全国的な指導者として，いろいろな雑誌に社会センター関連の記事を書き続けた。協会の綱領の第一条は以下のとおりであった。

　　社会センターは，利害関心を共有しているすべての人たちを代表する。それは話し合いの場所であって，市民性と近隣精神を習得するための恒久的な本部である。そこで，人々はお互いをよく知るようになり，自らの統治

---

35)　George Mather Forbes, "Lessons Learned in Rochester with Reference to Civic and Social Center Development," *Bulletin of the University of Wisconsin, Extension Division*, Serial No.464, General Series, No.301, November, 1911.

36)　Woodrow Wilson, "The Need of Citizenship Organization: A Lucid Analysis of the Civic and Social Center Movement – How it is Helping to Solve the Fundamental Problem of Modern Society," *American City*, Vol.5 (November, 1911), p.268.

の方法を学ぶ。今や，公立学校の校舎は，その一部である。現状では校舎のサービスは恩恵的である。社会センターは校舎を友愛的なものとしても機能させる。校舎を住民にどのように開放するかの詳細は地域が必要とするものによって異なるが，その精神はリンカンの精神である[37]。

ウォードのまとめによると，「公立学校の校舎を地域住民が使用することをとおして知性的で公共的な精神の開発を促すこと，すなわち，公衆が疑問に思うことを自由に討議し，あらゆる健全で，公民らしく，教育的で，そしてリクリエーションの意味もある活動ができるようにすること」（下線部の原文はイタリック体）がこの団体のねらいであった[38]。

学校を社会センターにしようとする運動は，住民が話し合いをする場所として校舎を開放し，そこを市民性教育の場所として確立しようとするところから始まった。20世紀初頭のアメリカでは，革新主義運動が高揚し，政治や経済の不正を糾弾したり，住民の福祉をもとめたりする動きが盛り上がりつつあった。校舎開放の運動は，直接民主主義をめざす政治改革の一環とみることができる[39]。理想とする民主主義は，かつてアメリカに存在した「小さな赤い校舎」が象徴するような近隣の人々が自由に交流できる場所であり，親密な人間関係があるところであった。

2 アメリカ遊び場運動とのつながり：カーティスの挫折

社会センター運動を積極的に支援した組織として，アメリカ遊び場協会（PAA）があった。その事務局長であったヘンリー・S. カーティス（Henry S. Curtis）にとって，社会センターは「民主主義の希望であり，孤立を癒すもの」であった。当時の大都会では民衆が話し合う機会が少なくなったことで，民主主義が危機に直面していた。これに対処するためには，公立学校の校舎や

---

37) "The Neighborhood Spirit and Training for Citizenship," *The Twin Falls Times* (Idaho), December 1, 1911.

38) Ward, ed., *The Social Center*, p.206.

39) Mattson, *Creating a Democratic Public* (1998), William J. Reese, *Power and the Promise of School Reform: Grassroot Movements during the Progressive Era* (Boston: Routledge & Kegan Paul, 1986).

校庭を民衆に開放し，同時に「コミュニティまたは地区の民主主義的な統制を確保すること」が必要であると主張した。したがって，運動場や図書館を，地域住民に開放し，日曜日や夏休みに，一般の人が利用できるようにしようとした。そうすることが，学校とコミュニティのつながりを強化することになると考えたのである[40]。社会センター運動の目標は，「人々がお互いに話し合い，よく考え，討論し，公共の福祉を組織できるように，集会場（アゴラ），公共広場（フォーラム），市場，あるいは総合施設を，人民に提供すること」[41]であった。

　カーティスは，コミュニティの中心にある学校が，民衆の道徳を形成すると考えた。かつてのニューイングランドでは，教会とタウン・ホールがコミュニティの中心であり，近隣住民をまとめる機能があったが，都市化が進んだ当時では，その中心としての機能が失われつつあった。それに代わるものとして，公立学校の役割が重要になっているという。「学校はすでに，地理的にコミュニティの中心部にあり，近隣住民の関心の多くをひきつける中心でもある。学校の周囲にほかの公共施設を集中的に配置することで，学校を本当の中心にしようではないか」[42]と呼びかけた。他の公共施設とは，図書館，市営の浴場や体育館，公衆が利用する劇場，運動場，小規模な公園などである。こうしてつくられた「近隣センターは『都市の混乱』を克服して，ひとりひとりの行動を道徳的なものにする」[43]のである。かつてアメリカに存在していたコミュニティの理念を思い起し，校舎を住民に開放することで，それを再生させようとしている点で，ウォードの思想との共通点を確認することができる。カーティスがウォードの推進している社会センター運動に大きな期待を寄せたのは当然のことであった。

　カーティスの主張がウォードと異なる点は，学校教育の独自の役割を重視し

---

40)　Henry S. Curtis, "The School Center," *The Survey*, Vol.30 (April 19, 1913), pp.89-91.

41)　Henry S. Curtis, *Play and Recreation for the Open Country* (Boston: Ginn and Company, 1914), p.198.

42)　Henry S. Curtis, "The Neighborhood Center: The School is Already the Geographical Center of the Community, and the Center of Much of the Neighborhood's Interest," *American City*, Vol.VII (July, 1912) p.14.

43)　Henry S. Curtis, "The Neighborhood Center: The Proper Relationship of the Public School to Playground and Small Park," *American City*, Vol.VII (August, 1912) p.137.

ていたところにあった。カーティスは，遊び場に二つの理念があると指摘する。ひとつは，公園理念である。これは子どもにも大人にも娯楽を提供するための場所としての遊び場であった。裕福な大人や老人が利用し，芸術的な趣向を楽しんだりすることもある。そこに指導者は必要ではない。もうひとつが学校理念である。教育のための遊び場であって，指導者がいなければならない。カーティスによると，当時のアメリカにおける遊び場運動をみると，明らかに学校理念が普及しつつあり，その結果，教育委員会が管理する遊び場が増えていた。「遊びがすべての子どもに必要とされ，子どもの社会的，道徳的な訓練のための主要な方法である限り，遊びを学習するコースは学校制度の一部になる」[44]という見通しを示し，遊び場の管理が，いずれは公立学校制度に組み込まれることを期待した。

　それでは，学校が遊び場を含むいろいろな事業を管轄することができるだろうか。「学校児童の遊びは，学校の扱うべき課題であって，市のどのような部署もそれを満足のいく形で取扱うことはできない」[45]のだから，これらの公共の施設の管理を，学校の校長先生が教育の一環として引き受けなければならない。校長にその能力があるかを懸念する声には，次のように答えている。「今のところ，平均的な校長はこの新しい場面までを管理する能力が十分でないのは確かだが，新しい責任を果たすことができるようになるのが普通だし，そうでなければあらたな校長がとって代わることになるだろう」[46]という。このように，遊び場を中心とした社会センター運動を推進していたカーティスは，遊び場と学校を一体のものとしてとらえただけでなく，学校教育が主導すべきものと考えていたのである。

　ところが，カーティスの期待は完全に裏切られた。1910年がアメリカ遊び場協会の大きな転換点であった。この年に，ギューリックがアメリカ遊び場協会の会長を退き，ジョセフ・リーが会長に就任した。同時に，カーティスは協会の名誉第二副会長という名称の地位に就いたが，実質的には，協会の主導的

44)　Henry S. Curtis, "Playground Progress and Tendencies of the Year," *Proceedings of the First Annual Congress of Playground Association of America, held on August 3, 1907*, p.29.

45)　Henry S. Curtis, *Education through Play* (New York: Macmillan Co., 1915), p. viii.

46)　Curtis, "The School Center," p.91.

な地位を失った。同年に協会の憲章が改訂され，協会と学校との連携を記述した部分が削除された。1911年に，アメリカ遊び場協会は名称をアメリカ遊び場リクリエーション協会に変更した。つまり，遊び場協会がリクリエーションを主要なねらいにするようになり，学校教育との連携を自ら絶ったのである。遊び場運動は学校教育との関連を失い，子どもに遊び場を提供するという福祉的な要素もほとんどなくなった。カーティスにとっては不本意なことであったに違いない。これ以後，協会はリーの指導のもとで，大人向けのリクリエーション活動の普及を主眼とするようになった[47]。

3 社会センターの実態：リクリエーション活動の普及

社会センター運動は1910年代の半ばに最盛期を迎えた。その時期に運動の中心にいたのは，ウォードとペリーであった。1910年にロチェスターを去ったウォードは，ウィスコンシン大学の大学拡張部にいて，社会センター普及のための活動を続けたのち，1916年に連邦教育局のコミュニティ組織部門（Division of Community Organization）主任に着任した。ペリーはラッセル・セイジ財団で様々な調査や研究を続け，社会センターが普及しつつあった状況を報告書として発表していた。

「社会センター」という用語はロチェスターでの事業が始まったころからよく使われており，その内容は都市によって異なっていたものの，公立学校の施設を地域住民に開放することではほぼ一致していた。この事業が全国に広がりつつあったときから，その詳細な調査を行っていたのがペリーであった。彼はその事業の内容を四つに分類している[48]。1914-15の状況を示したものが表6-1である。

　①文化的効果（夜間学校，講座，コンサートなど）
　②市民的効果（諸団体の会議，市民行事，大衆会議，公開討論）
　③リクリエーションの効果（運動競技，体操，クラブ活動，集団活動，読書会，
　　学習会）

47）　PAAの動向については，第2章，第5章で詳述した。
48）　Clarence A. Perry, *Significant School Extension Records: How to Secure Them*, U. S. *Bureau of Education, Bulletin*, 1915, No.41.

186

表6-1 社会センターにおける活動の分類

略号	活動の種類	顕著な効果
NS	夜間学校	文化的
L	講座	
E	娯楽（コンサートなど）	
SM	諸団体の会議（大人による）	市民的
CM	市民行事，大衆会議，公開討論	
A	運動競技，体操，水泳，活動的なゲーム，フォークダンス	リクリエーション
C	クラブ（社交的，運動を伴うもの，その他）または集団活動（音楽，工芸，その他）	
R	静かにできるゲーム，読書，または学習のための教室	
D	社交ダンス	社交的
S	社交的行事（会合，宴会，など）	

出典：Perry, *The Significant School Extension Records*, p.14.

④社交的効果（ダンス，パーティ，宴会など）

以上の四種類の活動のなかで，②が住民の政治参加を促す活動であり，市民性形成の中心となると考えられる。

社会センターを実際に利用していた人数を示したのが表6-2である[49]。講義や大人向けの会合もあったが，運動競技，クラブ活動，ダンスが圧倒的に多かったことがわかる。すなわち，1914年ころにおいては，リクリエーションが社会センターの活動の大部分だったのである。ウォードが期待していたような民主主義的な討論がなかったとは言えないが，その機会は非常に限られていたとみなければならない。

1920年代になってからの事業についても，いくつかの調査報告がある。社会センターという表現に代わって，しばしば学校センターという用語が使われることが増えてきているが，校舎を地域に開放しようとする動きは，1920年代にも続いていた。学校センターの数は，ペリーが実施した1919-20年調査では人口5,000以上の107の都市に667であった。1923-24年の同規模の都

---

49) Clarence A. Perry, *The Extension of Public Education, U. S. Bureau of Education, Bulletin*, 1915, No.28.

表6-2 社会センターの利用者数

45市において集団行事16,492回に参加した推計人数（1914年3月時点）

活動	集団行事の回数	1回あたりの推計参加者数	参加者延べ人数	顕著な効果
運動競技，体操，水泳，活動的ゲーム，フォークダンス	5,504	35	192,640	リクリエーション
社交ダンス	999	150	149,850	社交的
講座	784	150	117,600	文化的
娯楽（コンサートなど）	539	200	107,800	文化的
クラブ（社交的，運動を伴うもの，その他）または集団活動（音楽，工芸，その他）	4,516	20	90,320	リクリエーション
静かにできるゲーム，読書，学習のための教室	3,165	25	79,125	リクリエーション
社交的行事（会合，宴会，その他）	217	250	54,250	社交的
市民行事，大衆会議，公開討論	233	150	34,950	市民的
諸団体の会議（大人による）	535	40	21,400	市民的
合計	16,492	1,020	847,935	

出典：Perry, *The Extension of Public Education*, p.47をもとに作成

市調査では，240の都市に1,031のセンターがあった。都市数で2倍以上，センター数で55％増加していた[50]。1週間に開かれるスクール・センターの回数は，1923-24年の方が増えていた（表6-3）。また，スクール・センターは教育委員会が管理する傾向が強まり，1923-24年では8割以上であった（表6-4）。維持費も公費によることが多かった（表6-5）。ニューヨーク市では，1902年に市教育委員会が校舎を夜間リクリエーションセンターとして開放した事業は1930年でもスクール・センターとして継続していた[51]。

しかしながら，この間に，社会センター（学校センター）事業の内容が大きく変質したことを見逃すことができない。その事業の多くが，地域住民のため

---

50) Eleanor T. Glueck, *Extended Use of School Buildings, U. S. Bureau of Education, Bulletin*, 1927, No.5, p.9. この時の調査では学校センターという用語で，ソーシャル・センターもコミュニティ・センターも含めている。

51) Perry and Marguerita P. Williams, *New York School Centers and Their Community Policy*（New York: Russell Sage Foundation, 1931）.

表6−3 1週間あたりのスクール・センター開催回数が増えている

人口5,000以上の56都市でスクール・センターが1週間に開かれている日数は，1919-20年と1923-24年を比較すると，大幅に増えている。

	スクール・センターが開かれている1週間あたりの回数						
	1回	2回	3回	4回	5回	6回	7回
1919-20年	11%	30%	23%	17%	14%	5%	0%
1923-24年	10%	22%	20%	18%	23%	6%	1%

出典：Glueck, *Extended Use of School Buildings*, p.11.

表6−4 教育委員会が管理するスクール・センターが増えている

人口5000人以上の56都市におけるスクール・センターを管理の管理主体は何か。1919-20年と1923-24年を比較して，その割合を示す。

管理者	1919-20年	1923-24年
教育委員会またはその他の都市部局	55%	80%
教育委員会と私的団体	34%	13%
私的団体	11%	7%

出典：Glueck, *Extended Use of School Buildings*, p.11.

表6−5 スクール・センターの財源

1923-24年における1,286カ所のスクール・センターの財源

財源	センターの数	%
公費（市）	569	44.2
市と使用料	311	24.1
市と寄付金	105	8.2
市と使用料と寄付金	31	2.4
使用料	138	10.8
寄付金	90	7
使用料と寄付金	42	3.3
合計	1,286	100

出典：Glueck, *Extended Use of School Buildings*, p.5.

表6-6 スクール・センターの事業内容

1923-24年のスクール・センターの1,569カ所の事業のタイプ

	センターの数	%
運動競技	1,107	70
クラブと集団活動	795	50
娯楽	706	45
諸団体の会議	704	44
講座	438	27
社会的行事	436	27
市民行事	367	23
ダンス	338	21
夜間学校	285	18
共同的活動	214	13
静かにできるゲームと学習のための教室	202	12
公共図書館分室	168	10
	1,569	100

出典：Glueck, *Extended Use of School Buildings*, p.8.

のリクリエーションであった。表6-6をみればわかるとおり，運動競技，クラブと集団活動，娯楽等が圧倒的に多かった[52]。その反面で，市民の自主的な学習や話し合いは多いとはいえず，学校施設を開放することでコミュニティを作ろうとする意図は見えにくくなっていた。教育委員会が関与した事業であっても，コミュニティ・センター運動は，事実上，リクリエーション運動と一体化しつつあったのである。

おわりに

ウォードとペリーが活躍の舞台としたアメリカ社会センター協会は，1916年に全国コミュニティ・センター協会（National Community Center Association）に名称を変更した[53]。この名称変更は，協会の方針の大きな転

52）　ひとつの事業所が一種類だけの活動をしているとは限らないので，表6-6最下段の数値は，その上にある数値の合計にはならない。

換を意味していた。社会センター運動は，公立学校を基盤にして，住民主体の
社会をつくろうという理念を掲げて始まったが，実際には，事業内容はリクリ
エーションが中心となり，理念が消えつつあった。名称の変更は，まさにその
動きを表現したものであったように見える。

　ロチェスターでの社会センターの実験は頓挫したが，1916年時点ではウォ
ードはなおアメリカ社会センター協会の中で指導的地位にあった。ウォードは
このような状況の変化にどのように対応しようとしたのか。そして，ウォード
に代わって，指導的地位になったペリーは，学校中心の市民形成をどのように
構想したのか。第9章で検討する。

---

53)　名称が変更になった背景には，学校教育のカリキュラムにコミュニティ・シヴィッ
　クスのような教科が出現していたことが考えられる。斉藤仁一朗『米国社会科成立期に
　おけるシティズンシップ教育の変容：社会科の誕生をめぐる包摂と排除，両義性』（風
　間書房，2021年），第三章。また，社会主義政党がつくられていて，ソーシャルという
　表現が大衆から忌避される傾向が生じていたと指摘する研究もある。Johnson,
　"Forgotten Reformer," p.28.

第7章

デューイの社会センターとしての 学校における市民形成

福祉＝幸福（welfare）概念に注目して

はじめに

　本章では，第6章で論じた社会センターとしての学校の先駆を開いたとされるジョン・デューイに注目する。第6章第2節で考察したように，デューイの「社会センターとしての学校」（1902）は，その思想的起源とされる。同論考は，デューイが説く市民を形成するための学校を分析するうえでも重要な位置を占めている。そのなかでは，市民性とはなにかを論じたうえで，学校を社会センターとすべき理由と，そこで行うべき教育について検討している。社会センターとしての学校は，第3・4章で明らかにしたデューイが想定する「よい市民」を形成する学校の提案となっているのである。では，社会センターとしての学校において，どのように市民を形成しようとしたのか。本章ではこの問いについて考察する。

　そのためにここで注目したいのは，社会センターとしての学校論の理論的基礎とされる "physical welfare" という概念である。それは「身体的福祉」とひとまずは訳せそうである。しかし，社会センターとしての学校について論じている『明日の学校』の訳書で "welfare" は，「福祉」と「幸福」に訳し分けられている。

　たとえば，この後でも言及するように，警察署や消防署といった制度・組織が果たす "welfare" は「福祉」と訳されている[1]。それに対して，「民主的な社会」は，「社会全体の繁栄（prosperity）と welfare のための科学の応用に依拠している」という箇所では，「幸福」と訳されている[2]。科学の応用は，社会の「繁栄」までをも視野に入れているからであろう。このように "welfare"

は，「幸福」と訳した方がしっくりくるところもある。したがって"physical welfare"は「身体的幸福」とも訳せる。

"physical welfare"はまた，後ほど考察するように，"social welfare"と密接に結びつけられている。さらにいうとそれは，健康と社会の繁栄・成功の二つを意味する"health"や，日常生活を送るための基本的な学びと判断力・思考力のような応用的な学びといった二項の相関から論じられている。

"physical welfare"は，デューイ哲学の特徴を反映し，「身体的福祉」とは訳しきれない包括的な概念といえる。"welfare"が「福祉」とも「幸福」ともとれるのは，それが元々両義的であることにくわえて，デューイ特有の事情にも起因する。

そこでここでは，基本的に，"physical welfare"を「身体的福祉＝幸福」と表記しておく。それに合わせて"social welfare"は「社会的福祉＝幸福」，"welfare"は「福祉＝幸福」とする。

本章では，市民を形成する学校のあり方を示す社会センターとしての学校の理論と実際について，身体的でありかつ社会的でもある福祉＝幸福（welfare）概念に注目して検討する。福祉＝幸福の包括的な意味と，それに基づく学校教育という視点から，デューイから示唆される市民性教育の理論と実践について理解を深めたい。

デューイの社会センターとしての学校に関しては，教育と福祉の関係[3]，社会関係資本の格差を是正する方法（社会福祉事業を提供するコミュニティ・スクール）[4]，ジェーン・アダムズのセツルメントとの理論的関係[5]などが考察されてきた。そうした先行研究をふまえつつここでは，既に考察が深められてい

---

1) 増田美奈・杉山二季・佐藤知条・千賀愛・齋藤智哉訳「明日の学校」上野正道［訳者代表］『明日の学校，ほか』（東京大学出版会，2019年），192頁。; John Dewey and Evelyn Dewey, *Schools of To-Morrow*, 1915, MW, Vol.8, p.320. 以下，引用する場合は，*Schools of To-Morrow* と略記し，その後にページ数を記す。

2) 同上訳書，189頁。; *Schools of To-Morrow*, p.317.

3) 宮地さつき「子どもの生活の場としての教育と福祉のinterface ― J.デューイの『社会センターとしての学校』論より ―」『学校ソーシャルワーク研究』第3号（2008年），54-65頁。

4) Robert D. Putnam, *Our Kids: The American Dream in Crisis* (New York: Simon & Schuster, 2015), pp.253-254.; ロバート・D.パットナム（柴内康文訳）『われらの子ども：米国における機会格差の拡大』（創元社，2017年），283-284頁。

るセツルメントとの理論的関係ではなく，福祉＝幸福という概念の意味に焦点化する。

第1節　デューイの社会センターとしての学校論への再注目

　考察に入る前に，そのような観点からデューイの社会センターとしての学校論を検討する意義について少し補足しておきたい。アメリカ・デューイ学会刊の『デューイ研究』2020年秋特集号「パンデミックと警官の暴力の時代における創造的民主主義」[6]では，コロナ禍で，身体・健康をめぐりコミュニティが複雑に分断したことが指摘されている。多極化─政府の施策・要請は科学的であるから陰謀論まで─と，二極化─たとえば，マスク着用は民主党，着用に対する抵抗は共和党─という異なる二つの分断が，コミュニティ内で同時進行している。この二つは，前者は組織内の分裂，派閥・分派，後者は過度の党派性ともみなされ，コミュニティ内外に亀裂を生じさせた。その一例が，アメリカ疾病予防管理センター（Centers for Disease Control and Prevention）による全米のコミュニティにおけるコロナ感染対策に対する，意見の乱立・対立とされる[7]。同特集号は，このような現状を打開する方向性を，デューイから学ぶことを目的としている。

　そのなかでとりわけ注目を集めているのは，デューイの社会センターとしての学校論である。ブルッキングス研究所報告書（2021年2月）によると，コロナ禍が「生徒の学習と福利（well-being）」やコミュニティを損ねた結果，十分な教育を受けられなかった「低所得の生徒，有色人種の生徒，ネイティブ・ア

---

5)　米澤正雄「ジェーン・アダムズのセツルメント事業に対するデューイの評価─『社会センター』としての学校論における教師論的視点の欠落─」『教育研究集録』（筑波大学大学院・教育思想研究会）第3集（1980年），5-14頁。千賀愛『デューイ教育学と特別な教育的配慮のパラダイム：実験学校と子どもの多様な困難・ニーズへの教育実践』（風間書房，2009年）。

6)　John Dewey Society, *Dewey Studies* (an online publication of the John Dewey Society), Special Issues: *Creative Democracy in the Age of Pandemic and Police Violence*, Vol.4, No.1, 2020.

7)　Dwayne Tunstall, "Believing in Deweyan Democracy in Troubled Times," John Dewey Society, *Dewey Studies*, Special Issues: *Creative Democracy in the Age of Pandemic and Police Violence*, pp.197-203.

メリカン」などがとくに被害を受け，教育の不平等に拍車がかかった。対抗策としてコミュニティ・スクールが，「学校保健（school and health）」，「社会福祉（social welfare）」などの観点から推進されている。そのコミュニティ・スクールの起源とみなされているのが，デューイの社会センターとしての学校である[8]。それはコロナ禍で顕著になった身体・健康に関わる「福祉」に重点をおいたコミュニティ・スクールの起源として注目されている。

　福祉は近年の市民性教育でも争点のひとつとなっている。21世紀になって市民性教育が再度脚光を浴びた理由のひとつとして，「シティズンシップの権利と恩恵（welfare entitlement）をめぐる議論」が指摘されている[9]。そこにおいては，教育と福祉をまたいで市民性教育を再構築することが課題となっている。

　本章は，そのように近年，不利な立場に置かれている者への対応や，少数派も含めた市民の教育という観点から再度脚光を浴びているデューイの社会センターとしての学校について，福祉＝幸福概念という観点から再考する。それにより，「よい市民」を学校でどのように教育しようとしたのかを明らかにする。

第2節　二つの社会センターとしての学校と身体的福祉＝幸福

　デューイが説く社会センターとしての学校とは，「校舎を，十分に，また適切に，社会福祉事業の中心に据える」学校である[10]。『明日の学校』ではその社会センターとしての学校について，二つの章に分けて論じられている。第7

---

8)　Task Force on Next Generation Community Schools, Center for Universal Education at Brookings, *Addressing Education Inequality with a Next Generation of Community Schools: A Blueprint for Mayors, States, and the Federal Government*, February 2021, pp.14-15.（https://www.brookings.edu/wp-content/uploads/2021/02/Next-generation-community-schools-task-force-report-FINAL.pdf，2022年9月1日閲覧。）

9)　Walter C. Parker, "Citizenship Education in the United States: Regime Type, Foundational Questions, and Classroom Practice," in Larry Nucci, Tobias Krettenauer, Darcia Narvaez, eds., *Handbook of Moral and Character Education*, 2nd ed.（New York: Routledge, 2014), p.349.

10)　John Dewey, "School as Social Centre," 1902, MW, Vol.2, p.80.；ジョン・デューイ（千賀愛・藤井佳世訳）「社会センターとしての学校」上野正道［訳者代表］『学校と社会，ほか』（東京大学出版会，2019年），333頁。

図7-1「裁縫教室で自分たちの衣服を作る
（インディアナ州ゲーリー市）」

出典：John Dewey and Evelyn Dewey, *Schools of To-Morrow*, 1915, MW, Vol.8, p.386.；デューイ（増田ほか訳）「明日の学校」，254頁。

章「コミュニティに対する学校の関係」を中心に紹介されているゲーリー・スクールと，第8章「社会的セツルメントとしての学校」を中心に紹介されているインディアナポリス第26公立学校である。これにしたがえば，社会センターとしての学校は大きくは二つのタイプに分けられる。

1 萌芽的コミュニティ型

ゲーリー・スクールは，「裁縫教室で自分たちの衣服を作る」と題する写真（図7-1）が示すとおり，デューイ・スクールのオキュペーションに類する衣食住に関わる能動的で協同的な学習を中心として，学校を「萌芽的コミュニティ」にしようとする[11]。このタイプの社会センターとしての学校を「萌芽的コミュニティ型」と呼んでおく。

このゲーリー・スクールについて少し説明を補足しておきたい。まず『明日の学校』でゲーリー・スクールとして取り上げられている学校名は，図7-2の「エマソン・スクール（Emerson School）」である[12]。1910年前後にゲー

---

11) *Schools of To-Morrow*, p.319.；デューイ（増田ほか訳）「明日の学校」，191頁。
12) *Ibid.*, p.335.；同上訳書，205頁。

図7-2 エマソン・スクール

出典：Randolph S. Bourne, *The Gary Schools* (Boston: Houghton Mifflin, 1916), p.14.

リー・プランを導入した学校は9校あった[13]。エマソン・スクールはそのうちのひとつであった。同校は1年生から12年生で構成され，小学校から高校までがひとつの校舎で学んだ[14]。「保育園から高等学校まで」という言及もあり[15]，本文中にも「幼稚園」[16]とあるから幼稚園・保育園も併設される場合があったと推察される。

エマソン・スクールは，ゲーリー市のミシガン湖畔にあったU.S.スティール工場のすぐ南に位置した通称「ノースサイド」に，1909年に開校された。1914-1915年度の在籍者数は895人，教員数は31名であった。教師一人あたりの児童生徒数は平均して27.56人であった[17]。

もうひとつ補足しておきたいのは，「萌芽的コミュニティ」としての学校と

---

13) 宮本健市郎「アメリカ進歩主義教育運動におけるコミュニティと学校—1910年代のゲーリースクールの研究—」『東京大学教育学部紀要』第23巻（1983年），277頁。
14) *Schools of To-Morrow*, pp.324-325.；デューイ（増田ほか訳）「明日の学校」，195-197頁。
15) *Ibid.*, p.321.；同上訳書，194頁。
16) *Ibid.*, p.328.；同上訳書，199頁。
17) Randolph S. Bourne, *The Gary Schools* (Boston: Houghton Mifflin, 1916), p.181.

はなにかということである。『学校と社会』（1899）では，学校と社会の関係を問い直しながら望まれる学校教育が論じられている。その学校教育を実現するひとつの提案が，これもよく知られているように，学校を「萌芽的コミュニティ」とするということであった。「教育の根底にある倫理的原理」においても，「学校が萌芽的（embryonic）でしかも典型的なコミュニティ生活にならない限り，道徳的訓練の一部は，病的で，形式的なものにならざるをえない」と指摘されている[18]。

「萌芽的コミュニティ」としての学校は，市民性を形成する学校でもあった。1897年公表の「教育の基底にある倫理的原理」は，十数年後の1909年に，『教育における道徳原理』の第2章「スクール・コミュニティによる道徳の訓練」として再録されている[19]。この「スクール・コミュニティ」は，コミュニティとの相互関係を強化した「コミュニティとしての学校」の一様式とされる[20]。その別称が，社会センターとしての学校であり，「萌芽的コミュニティ」としての学校であった。そのような学校における「道徳教育」で「よい市民」は養いうるとデューイは主張する。

このようにデューイは早くから市民を形成する学校の条件として，「萌芽的コミュニティ」を掲げていた。デューイの市民性教育論を論じたファン・デル・プルーフは，1900年以前のデューイの市民性教育の特徴を，「『萌芽的社会』としての学校」に認めている[21]。

2 社会的セツルメント型

インディアナポリス第26公立学校は，「貧困問題」や「人種問題」がより深刻なコミュニティにあり，最低限の生活を営めるようにすることに重点をおいた「社会的セツルメント」としての学校とされる[22]。こちらの社会センタ

---

18) John Dewey, *Ethical Principles Underlying Education*, 1897, EW, Vol.5, p.62.
19) John Dewey, *Moral Principles in Education*, 1909, MW, Vol.4, pp.273-275.
20) Gail Furman, ed., *School as Community: From Promise to Practice* (Albany, NY: State University of New York Press, 2002), p.1,4.
21) Piet A. Van der Ploeg, "Dewey and Citizenship Education: Schooling as Democratic Practice," *The Palgrave Handbook of Citizenship and Education* (London: Palgrave Macmillan, 2019), pp.5-9.
22) *Schools of To-Morrow*, p.340.；デューイ（増田ほか訳）「明日の学校」，210頁。

ーとしての学校は「社会的セツルメント型」と呼んでおく。「萌芽的コミュニティ型」が「仕事の教育的価値を見出すための公立学校の取り組み」を重視したのに対して，「社会的セツルメント型」は「学校［を…筆者］セツルメントとして再建していく公立学校の試み」[23] であり，対立している側面がある。

　ただし，この二つは明確に分けられるわけではなく類似点がある。そもそも『明日の学校』では，様々な進歩主義学校を取り上げ，その相違や特徴に応じて分類しつつ，それらを貫く原理が洞察されている。複数の進歩主義学校が，「自然的発達・成長」，「遊び」，「フリーダム」と「規律」，「産業」といったキーワードで章ごとに論じられている。そのうえで最終章の第11章「民主主義と教育」では，その章題が示すとおり，民主的な学校が共通点として抽出される。

　その第11章で，各学校を貫く中核のひとつとされるのが，身体的福祉＝幸福であった[24]。そこにおいては，『明日の学校』で取り上げられている学校の類似点として，「子どもの身体を健康なものにする際に使われている子どもの活動を，一般的な教育のために用いること」が指摘され，こう補足されている。「本書で記述されたすべての学校は，生徒の身体的活動を用いており，判断力と正しい思考力を訓練するための道具として，身体的発達という手段を用いている。すなわち，生徒たちは，なすことによって学んでいるのである。……［それは］子どもの身体的福祉＝幸福の重要性を理解することの論理的帰結」である，と[25]。身体的福祉＝幸福に基づく教育とは，ひとりひとりが心身の健康状態を保障され，身体を自由に使いながら知性をはたらかせて判断力や思考力を養う教育だというのである。

　かくして身体的福祉＝幸福は，民主的な教育の基盤に位置づけられている。身体的な（physical）教育の重要性は，『明日の学校』の第1章で，発達・成長を重視する教育の基礎として力説されている。『明日の学校』は，第1章の身体教育に始まり第11章の民主主義の教育で締めくくられる。その構造も，身体的福祉＝幸福が当時の進歩主義学校を貫く教育原理であることを示している。

---

23)　宮地「子どもの生活の場としての教育と福祉の interface」，60-62頁。
24)　*Schools of To-morrow*, p.389.；デューイ（増田ほか訳）「明日の学校」，256頁。
25)　*Ibid.*, p.390.；同上訳書，257頁。

社会センターとしての学校もその原理に基づくわけだが，学校における身体的福祉＝幸福にはどのような特徴があるのか。

第3節 「意欲的で責任ある市民」の形成——自由と規律

　二つのタイプの社会センターとしての学校は，それぞれの福祉＝幸福の実践をとおして，「よい市民」を形成することを共にめざしている。ここでいう福祉＝幸福においては，身体的福祉＝幸福に，社会的福祉＝幸福が重ね合わせられている。

　萌芽的コミュニティ型における福祉＝幸福については，コミュニティが，「学校が全体の福祉＝幸福のなかで，警察署や消防署と同じような役割を果たすと認識している」と指摘されている[26]。萌芽的コミュニティ型における福祉＝幸福とはつまり，警察署や消防署といった制度・組織が果たす福祉＝幸福—たとえば安全や防火—を，学校が教育に関して果たす貢献を意味する。それは衣服をつくるようなオキュペーションによって，個人とコミュニティの生活に共に資するような福祉＝幸福であり，縫う，紡ぐ，料理する，制作するなどの身体的活動に軸をおく。それができる最低限の身体を保障する身体的福祉＝幸福が重視される。

　その身体的福祉＝幸福は，社会的福祉＝幸福を見据えている。先の引用のすぐ後では，コミュニティ全体の福祉＝幸福に関心をもって貢献できる市民を，子どもの生来的な能力を生かしながら形成することが言及されている。「コミュニティの若い人々」を，既存のコミュニティに適合させるのではなく，「そのエネルギーと関心を利用」して，「コミュニティの精神と関心」を養い，「市民」にするということが付言されているのである[27]。

　それをふまえ，社会的セツルメント型の社会センターとしての学校における福祉＝幸福については，慈善事業とビジネスという観点から説明されている。こちらは，よりいっそう社会的福祉＝幸福を重視することで，「よい市民」の形成に力を入れる。

---

26)　*Ibid.*, p.320.；同上訳書，192頁。
27)　*Ibid.*, p.320.；同上訳書，192頁。

慈善事業ではなくビジネスといわれる理由は，社会的セツルメント型は，「それを使用する人々が，支払いを分担する公共施設」であることに求められている。「つまり，セツルメントとの関わりが，慈善事業ではなく，ビジネスとみなされている。そのようなビジネスライクな関係によって，学校が社会的福祉＝幸福とはなにかを実際に教えることができている」[28]。なぜビジネスであることが重要なのか。社会的セツルメント型の学校があるコミュニティは，人種や貧困などを理由に，弱い立場にある者が多い。慈善事業としての社会的福祉は，そのような弱者にサービスを一方的に施す。それでは市民としての自立が難しいばかりか，劣等感や無関心を招きかねない。人々を幸福へと導くことも難しい。

それに対してビジネスとしての社会的福祉＝幸福は，セツルメントの理念に則り，受けるサービスに対して利用者が，通常行われている商売・取引，つまりはビジネスのように，相応の費用を多かれ少なかれ負担する。それにより，コミュニティに対する責任を感じ，自他に必要と思われることを学ぶ[29]。ビジネスとしての社会的福祉＝幸福は，当事者意識や動機をもって社会に関与できるようにすることで，厳しい環境にあるコミュニティであっても「意欲的で責任ある市民」を養い，「コミュニティ全体の福祉＝幸福に対する責任感を喚起」することをめざしている[30]。

ビジネスとしての社会的福祉＝幸福の具体例としては「スープ接待所」が紹介されている。それは貧困者・罹災者などにスープやパンなどの食べ物を，無料あるいは少額で提供する食堂であり，住民に売って利益をあげるというビジネスを展開する。料理と家政科の授業で，料理を大量につくる方法を教わり，献立を考え，買物をし，スープをつくって提供し，一杯３セントで生徒や近隣住民に販売した。帳簿をつけ，学校が資金をえられるようにした。別の例では，靴の修理を習い，うまくできるようになったら，家庭から修理が必要な靴を持参して修理し，手間賃をえられるようにした[31]。それにより，サービスの受

---

28)　*Ibid.,* p.341.；同上訳書，211 頁。
29)　*Ibid.,* p.341.；同上訳書，211 頁。
30)　*Ibid.,* p.349.；同上訳書，217 頁。
31)　*Ibid.,* p.344.；同上訳書，213-214 頁。

け手の意欲や責任を喚起し，自立を促す。第2章で考察したようにリーは「建設的慈善」を説き，金持ちから貧しい人への一方的な慈善を批判した。また，第6章で論じたように社会センターとしての学校についてウォードは，貧しい人たちへの慈善ではなくアメリカの民主主義を復活させることをめざす制度としていた。慈善ではなくビジネスというデューイの主張は，それに一脈通ずるところがある。いずれもセルツメントの理念に支えられていたと推測される。

　ここで「よい市民」として提起されている「意欲的で責任ある市民」は，自立と規律という観点からも説明できる。『明日の学校』第6章では，自由と規律という観点から，コミュニティの一員として規律に従いながらも，自由に生きることが論じられている。自由とは，「個人が社会の一員として自分の福祉＝幸福に逆らって衝動に身を任せる」ことができるように，コミュニティが個人の生活に課す「抑制」をなくすことではない[32]。つまり，自由とは，「自分の福祉＝幸福」にかまうことなく，自暴自棄に振る舞うことではない。また，コミュニティの一員としての責務に無頓着で，思うがままに振る舞うことでもない。自分と社会を視野に入れた，規律と整合的な自由がここでは主張されている。先の「スープ接待所」を例にすれば，ひとりひとりが，「接待」したいという意欲をもち，自由に「スープ接待所」に関与する。その際，協力して料理をつくり，売上を管理する責任を果たす。換言すれば集団の規律に従う。そのように，自ら率先して，自由に，なおかつ，コミュニティの一員として規律に従いつつ行為する。それができるのが「意欲的で責任ある市民」であった。

　このように二つの社会センターとしての学校において提供する身体的および社会的福祉＝幸福は，それぞれの学校がおかれたコミュニティの条件に応じて相違を示しながらも，「よい市民」を形成することを同じ目的としている。その目的を遂行するための基盤はどちらも，身体的福祉＝幸福にある。「スープ接待所」のようなビジネスとしての社会的福祉＝幸福も，料理や手工といったオキュペーションとしての学習に通じる，身をもっての学びを基礎としていた。では，その二つの福祉＝幸福はいかなる理論的関係におかれているのか。

---

32)　*Ibid.*, p.321.；同上訳書，170頁。

第4節　交差する身体的福祉＝幸福と社会的福祉＝幸福

　その理論的関係をよく示しているが，“health”という概念である。身体的福祉＝幸福は，“health”という観点から，二つに分けて説明されている。ひとつは，ひとりひとりに栄養が行き届き，「健康」であるという意味での“health”である。それはひとりひとりの心身の健康状態を意味しており，身体的福祉＝幸福と重なる。いまひとつは，「個人の観点からと同様に，社会の観点からも重要」とされる“health”であり，「コミュニティの成功にいっそう必要」とされる[33]。こちらは社会全体の“health”，すなわち社会の繁栄・成功を含意し，社会的福祉＝幸福と重なる。そこで“health”を仮に，健康＝繁栄としておく。

　健康＝繁栄を共通項として，身体的福祉＝幸福と社会的福祉＝幸福が交差しているわけだが，それがどのような学びとなるかは，ゲーリー・スクールについて論じた『明日の学校』第7章における「身体的に生きることを学ぶ（learn to live physically）」[34]に示されている。ここにおいても身体を軸として，それが社会の繁栄・成功を導き，ひいては「よい市民」を形成することが主張されている。

　「身体的に生きることを学ぶ」ことは，「日常生活を送るための学び」と「判断力・思考力などの学び」の二つからなる。「日常生活を送るための学び」とは，「最も簡単な日常的な行為をする」ための学びであり，①電車の乗り方，危険な場所には行かないといった生活を送るための知識や態度，②衣食住に関わる裁縫・料理・手工などのオキュペーションの学びである。それに加えて，③「見ることのできない人々や出来事であってもかかわりをもち続ける」学びも言及されている。これは日常生活では直接見知ることは難しいが，自分たちに影響を及ぼすことに関する学びである。④「読み方や書き方を知る」ことも含まれる[35]。「日常生活を送るための学び」は，日々の生活を送るための基本

---

33)　*Ibid.,* pp.389-390.；同上訳書，56頁。
34)　*Ibid.,* p.317.；同上訳書，189頁。
35)　*Ibid.,* p.317.；同上訳書，189頁。

的で総合的な知識，技能，態度などをさしている。

他方，「判断力・思考力などの学び」とは，読み書きの学びを活用して判断したり思考したりする学びである。具体的には，①事実をめぐる理解，応用，関連づけがあげられている。たとえば，『明日の学校』が公刊されたのは第一次世界大戦期であったが，戦争に関する報道を理解する，戦争なき世界について検討する，各地での戦争を関連づけて因果関係をとらえる，といった学びが想定される。また，②「思考したり推論したりする力」であり，読書算について学んだことを子どもが判断して行動するための能力を育てる手段として用いることと説明されている[36]。読書算の学びを，思考力，推論力，判断力，行動力などに応用する学びがここでは提起されている。

「日常生活を送るための学び」にせよ「判断力・思考力などの学び」にせよ，そのめざすところは，前節で指摘した社会センターとしての学校の「よい市民」の形成や健康=繁栄概念の二つの意味からすれば，社会の繁栄・成功を見据えている。たとえば図7-3は，ゲーリー・スクールにおけるある学習活動の写真である。手前に人形の赤ちゃんにミルクをあげている女児と，その後ろには赤ちゃんにミルクをあげている女性が写っている。女児の横には男児が遊具で遊び，その後ろでは女性がベッドで子どもを世話しているように見える。

この写真のキャプションは，「保育園から高等学校までのあいだ，子どもは

図7-3「保育園から高等学校までのあいだ，
子どもは同じ校舎で過ごす（インディアナ州ゲーリー市）」

出典：Schools of To-Morrow, p.321.；デューイ（増田ほか訳）「明日の学校」，194頁。

---

36) Ibid., p.318.；同上訳書，190頁。

同じ校舎で過ごす」である。ここに写っている者はゲーリー・スクールの児童・生徒であり，幼児から高校生までが一緒になって育児を実際に体験しているようである[37]。育児という将来社会生活で期待されるであろう仕事を，身をもって学んでいると見受けられる。この写真の活動は「日常生活を送るための学び」になると同時に，乳児を世話するという実際の活動においてそれを活かして「判断力・思考力など」を「学び」，社会で働いたり生活したりできるようにすることをめざしていると推測される。

　総じてその活動は，「身体的に生きることを学ぶ」ことが「よい市民」の形成と関係づけられていることを示している。そこにもまた，身体的福祉＝幸福と社会的福祉＝幸福の交差が確認できる。つまり，ひとりひとりが他の人を世話できるほどに健康でいられるという "health" と，その健康を元手に育児に専心できることで，社会の "health"，すなわち繁栄・成功に寄与することが見込まれているのである。

おわりに──社会センターとしての学校の示唆と課題

　以上の考察からすると，社会センターとしての学校においては，福祉＝幸福に基礎をおいて「よい市民」を形成しようとしていた。社会センターとしての学校は，デューイ・スクールで実践されたオキュペーションの原理をコミュニティとしての学校で活かそうとする萌芽的コミュニティ型と，貧困や人種などの問題がより深刻で，最低限の生活を営める福祉にいっそう力をいれる社会的セツルメント型の二つに大別される。どちらも民主的な社会の担い手の形成をめざして，身体的福祉＝幸福を教育原理としている。

　社会センターとしての学校論では，その身体的福祉＝幸福を，社会的福祉＝幸福と密接に関係づけながら，「よい市民」を形成することをめざしている。萌芽的コミュニティ型においては，個人とコミュニティの生活に共に資するような福祉＝幸福を重視した。それは，縫う，紡ぐ，料理する，制作するなどの身体的活動に軸をおく身体的福祉＝幸福を基礎とする。その身体的活動を通し

---

37)　*Ibid.*, p.321.：同上訳書，194頁。

て，コミュニティに貢献できる市民の形成をめざしていた。それを同様に重視しつつ，社会的セツルメント型においては社会的福祉＝幸福を，サービスを一方的に施される慈善事業ではなく，受けるサービスの対価を多かれ少なかれ負担することで当事者意識をもち，動機づけられるようにするビジネスとして重視した。そのめざすところはやはり市民の形成であった。そこで目的とされる「よい市民」は，自ら望んで，つまり自由に，コミュニティの規律に従って社会奉仕ができる，「意欲的で責任ある市民」であった。

　社会センターとしての学校が想定する「よい市民」の基礎にある身体的福祉＝幸福と社会的福祉＝幸福は，健康＝繁栄と学び概念によって理論的に関係づけられていた。"health" には健康と社会の繁栄・成功の二つの意味がある。個人の健康を意味する "health" を基礎として，「身体的に生きることを学ぶ」。その過程において，読書算のような基礎的な知識や技能を身につけながらそれを応用して判断力や思考力を養い，社会の繁栄・成功に寄与できる能力や態度を養う。それにより民主主義の担い手としての市民を形成する。

　そのような社会センターとしての学校論は，福祉＝幸福という概念からみると，「福祉」と「教育」の関わりを根底から問い直すことで，市民の育て方を提起していた。デューイ特有の一元論的な見解に基づくその学校の理論はそう単純ではない。身体的福祉＝幸福と社会的福祉＝幸福を軸として，オキュペーションとビジネス，自由と規律，健康＝繁栄，二つの学びといった，対立的と思われる二項が相互に関係しつつ社会センターとしての学校論や，そこでの市民形成の理論が論じられている。第6章で考察した，遊び場運動に基づき，校舎開放運動からコミュニティ・センター運動へと転換した社会センターとは異なる理論が構築されている。

　では，デューイが説く社会センターとしての学校では，身体的福祉＝幸福に基づいて，実際にどう「よい市民」を形成しようとしたのか。それについて次章では，デューイによって社会センターとしての学校のひとつとみなされたゲーリー・スクールに注目して検討する。

第8章

社会センターとしての学校における市民性教育の実際

ニューヨーク市におけるゲーリー・プランの実験

はじめに

　本章では，前章で論じた社会センターとしての学校における市民性教育の実際について，ゲーリー・プランの取り組みに注目して，より具体的に検討してみたい。事例として取り上げるのは，ニューヨーク市におけるゲーリー・プラン導入の実験である。この実験にジョン・デューイは賛意を表明した。デューイの後押しを受けた試みに注目することにより，「萌芽的コミュニティ型」と「社会的セツルメント型」の市民性教育が，実際にどのように行われたのかを明らかにする。

　第1節でニューヨーク市のゲーリー・プラン導入校を取り上げ，学校の運営や日課などを考察する。第2節において前章で論じたゲーリー・スクールの理論的基礎であり，その市民性教育論の要に位置づけられた身体的福祉＝幸福の実際について検討する。第3節でニューヨーク市におけるゲーリー・プランの導入に対するデューイの評価とその影響を論じ，デューイの目からみたゲーリー・プランや市民性教育について考察する。最後に第4節でゲーリー・スクールがデューイ・スクールをどこまで適用したものであったかを論じ，そこでの「よい市民」形成の成否を検討する。

第1節　ゲーリー・プランの実際──ニューヨーク市での導入

1　ゲーリー市からニューヨーク市へ

　社会センターとしての学校とみなされたゲーリー・スクールは，身体的福祉

＝幸福を重視しながら社会的福祉＝幸福にも寄与することにより，「よい市民」を形成しようとしていた。ひとりひとりの "health"，つまりは健康を支援し，身をもっての学びを実践しながら，コミュニティの "health"，つまりは社会的な繁栄・成功につなげる教育を行うことがめざされたのである。それはどのような教育であり，いかにして「よい市民」を養おうとしたのか。

ゲーリー・スクールが市民性の形成に力を入れた公立学校であったことは，当時から既に知られていた。アメリカにおけるゲーリー・スクールの普及や実際について論じた『アメリカにおけるプラツーン・スクール』では，『市民性のための訓練』(1924) という著作[1] のなかで，プラツーン・スクール（ゲーリー・スクールの別称）が取り上げられていることが紹介されている[2]。アメリカの公立学校における市民性教育のカリキュラム史について，政治的要因と経済的要因という観点から考察した論考でも，教室内外の授業や週末を利用して市民性教育を行った事例としてゲーリー・スクールが言及されている[3]。

図8-1はゲーリー・プランを早くから取り入れたフレーベル校の断面図である。この図が掲載されたウィリアム・A.ワート（William A. Wirt）の著作のタイトルは，「アメリカの市民性の工場」である。『明日の学校』で言及されているゲーリー・スクールのひとつであったホーレスマン・スクールの生徒が印刷したと記されている[4]。ゲーリー・スクールの教育原理である身体的福祉＝幸福は，産業社会の担い手として，工場での生産・制作活動に耐えうる身体の教育も意味していたと推測される。

図8-1と同じ図は，ワートの「子どもの世界をつくる」という論文にも掲載されている[5]。市民性を養う町づくりの必要性に言及しながら，子どもの育

---

1) John C. Almack, *Education for Citizenship* (New York: Houghton Mifflin, 1924).
2) Roscoe D. Case, *The Platoon School in America* (California: Stanford University Press, 1931), p.198.
3) Lillie, Linda M., "The Political Economy of the Social Studies Curriculum: An Historical Focus on Citizenship Education in Public Schools," (Ph. D. dissertation, Ohio University, 1996), pp.49-50.
4) このような校舎は，「工場モデル校舎」と呼ばれ，「高層式で多くの教室をもった大規模校」であった。宮本健市郎『空間と時間の教育史：アメリカの学校建築と授業時間割からみる』（関西学院大学研究叢書 第196編）（東信堂，2018年），i頁，9頁。
5) William A. Wirt, "Creating a Child World," *The Platoon School*, Vol.1, No.1 (January, 1927), p.6.

図8-1 フレーベル校の断面図

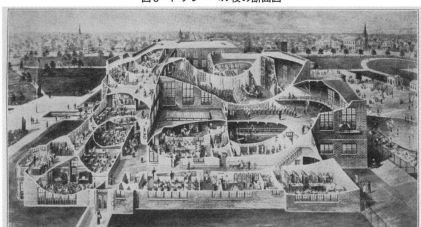

出典：William A. Wirt, *The Great Lockout in America's Citizenship Plant* (Gary, Indiana: Printed by Students of Horace Mann School, 1937), p.5; courtesy of the Calumet Regional Archives at Indiana University.

ちに適した町をつくる必要性が主張されている。図8-1のような大規模校舎は学校を，市民をつくる場にするというねらいもあったと推察される。

このような校舎や施設で行われたゲーリー・プランによる学校教育について，ここでの考察に必要な範囲で概説しておきたい[6]。具体例としては，ニューヨーク市でゲーリー・プランを導入した学校を取り上げる。それをデューイは高く評価した。その当時デューイはニューヨーク市にあるコロンビア大学に在籍しており，その動向を身近に見知ることができた。ニューヨーク市でゲーリー・プランがどのように実践されたかということは，ここまで論じてきたゲーリー・スクールの実際を知るうえでも，そのデューイの評価について理解するうえでも有益だろう。

まずはゲーリー・プランがニューヨーク市に導入された経緯からみると，ニューヨーク市では，就学者数の激増にともない校舎が不足していた。1910年の時点で，ニューヨーク市の全生徒数は62万人以上で，校舎数は574であっ

---

6) ゲーリー・スクールについては，第5章の第2節「2 学校理念型：インディアナ州ゲーリー」も参照されたい。

た。そのうち48の校舎は賃貸しであった。就学者数は毎年2万3千人から3万6千人程度増加していた。増加の理由としては，とくに移民の流入が大きかった。資金不足もあって十分な校舎を提供することは難しく，最寄りの学校が定員オーバーのため，パートタイムでしか授業を受けられない生徒もかなりの数に上った[7]。この問題を打開するために，ひとつの校舎で定員を倍にできる（その方法は後述）ゲーリー・プランの導入を決断し，1915年2月から実験を開始した。最初に導入されたのはニューヨーク市ブロンクス区の第45公立学校と，同市ブルックリン区の第89公立学校の二校であった。

　この試みにデューイは早くから関心を寄せた。「現代産業教育運動の危険性」(1913) においてデューイは，一般教育と産業教育を同じ学校で行うべきとした。「既存の学校を二重（duplicate）に使用すること」は「より進歩主義的な公立学校」で既に行われているとする[8]。この「より進歩主義的な公立学校」の具体名は言及されていないが，そのひとつはゲーリー・スクールであったと推測される。というのも，ゲーリー・スクールの別名が「二重学校(duplicate school)」だったからである。二重学校とは，ひとつの校舎で一般教育と産業教育を行う学校をさしていた[9]。

2　二重学校の実際：運営と日課

　この「二重学校」の実際について，ニューヨーク市で初めてゲーリー・プランを導入した第45公立学校を例に，学校の運営やカリキュラムの構成を中心として概説しよう。

　表8-1は同校の日課である。まず児童生徒を二つに分けてX校とY校とする。このように，ひとつの校舎に同じプログラムの学校が併存することが「二重学校」という名称の由来となっている。ひとつの校舎に二つの学校が存在す

---

7)　C. B. J. Snyder, "Public School Building in the City of New York," in *Modern School Houses: Being a Series of Authoritative Articles on Planning, Sanitation, Heating and Ventilation*（New York: Swetland Publishing Co., 1910), p.45.

8)　John Dewey, "Some Dangers in the Present Movement for Industrial Education," 1913, MW, Vol.7, pp.102-103.

9)　一般教育と職業教育を別々の学校で実施する学校制度が「二重学制（dual system)」である。「二重学校」と「二重学制」は似て非なるもので，逆の学校制度を意味した。第4章第2節参照。

210

表8-1 第45公立学校の日課（1～4はグループをさす）

時限 開始時刻	X校					Y校				
	教室での活動	特別活動				教室での活動	特別活動			
		講堂	遊び	特別学習	教会・家庭・遠足		講堂	遊び	特別学習	教会・家庭・遠足
1限 8:30	算数						1	3	2	4
2限 9:10	言葉						3	1	〃	〃
3限 9:50		1	3	2	4	算数				
4限 10:30		3	1	〃	〃	言葉				
5限 11:10	昼食					読み				
6限 12:10	読み					昼食				
7限 1:10	歴史						2	4	1	3
8限 1:50	地理						4	2	〃	〃
9限 2:30		2	4	1	3	歴史				
10限 3:10		4	2	〃	〃	地理				

出典：Joseph S. Taylor, *Duplicate Schools in the Bronx* (New York: The Board of Education, 1916), p.9. を基に筆者作成

ることで，二倍の定員を収容できた。

　X校とY校のカリキュラムはそれぞれ，「教室での活動」と，「特別活動」から構成されている。「教室での活動」では，主に各教科を学習する。「特別活動」は，「講堂」・「遊び」・「特別学習」・「教会・家庭・遠足」などからなり，主に身体を使った活動を行った。「特別活動」は，身体的福祉＝幸福の教育を実践する時間であり，ここでの考察においてはとくに重要なので，少し詳しくみておきたい。

　「特別活動」は，ゲーリー・スクールに特徴的な時間である。ゲーリー・スクールの教育は，教室で行う通常の授業である「学習（study）」のほか，運動

場や体育館などでの運動を中心とする「遊び（play）」，各種作業室での活動からなる「労働（work）」から構成された。この三つを軸とする教育が行われたことから，ゲーリー・プランは「労働・学習・遊びプラン」とも呼ばれた。

「特別学習」では「労働」を実践し，理科の実験，木工・図画工作・裁縫・染色などの各種作業を行った。そのような様々な活動を行うための各種作業室も用意された。国語関連教室（言語，習字）や算数・数学室などにくわえて，理科関連教室（初等理科，自然地理学，動物学，物理と化学），図画室，体育館（男子用と女子用），木工関連教室（木材の旋盤加工室，木工室），家庭科関連教室（家政，家庭科，染色用洗い場）などが設置された。図8－1の校舎の図面には，そのような各種教室が描かれている。

各教室の収容人数は限られていたから，X校・Y校の全児童生徒は，学年ごとに4つのグループに分けられた。表中の「特別活動」の1〜4という数字はその4グループをさす。「教会・家庭・遠足」については，第7章でふれたように，ゲーリー・スクールでは教会，家庭，地域住民が連携した活動が行われた。

このような工夫をすることで，ゲーリー・スクールでは，通常の運営と比べて二倍の児童生徒が収容可能になった。X校の児童生徒は，Y校の児童生徒が「教室での活動」を教室で学んでいる間，講堂・運動場・各種作業室・校外などで「特別活動」を学ぶ。そうすることで校舎全体の施設や設備をフル活用した。たとえば，8時30分始まりの1時間目では，X校は教室で算数を，Y校は教室以外の場所で「特別活動」を学んでいる。

そのような効率的で経済的な校舎の活用もさることながら，身をもっての学びを可能にする環境が充実していた。身体的な学びの実際は，生徒の一日の動きからも確認できる。表8－2は，最上級学年である8年B組男子の日課である。教室とそれ以外の場所での学習が組み合わされている。生徒は，1〜2限：教科・歴史，地理（412教室）→3限：特別活動：劇の制作（講堂）→4限：特別活動：遊び（運動場）と移動し，昼食をはさんで，6限：教科・読み（304教室）→7限：言葉（304教室），8限・教科・算数（310教室），9・10限：特別学習 10)（作業室，理科室，公園）と移動して学んだ。教科の「学習」と，「特別学習」における「労働」と，運動場などでの「遊び」のような身をもっ

表8-2 第45公立学校8年B組男子の日課

時限　　時間	場所	担当教師	学習活動
1限　8:30-9:10	412教室	Joseph H. Condon	歴史
2限　9:10-9:50	304教室	Julius W. Meyers	地理
3限　9:50-10:30	講堂	Condon（責任者），Meyers（ピアノ），Patrick（歌）	劇の制作
4限　10:30-11:10	運動場	John Molly，Harold N. Lefkowitz	遊び
5限　11:10-12:10　　昼食			
6限　12:10-1:10	304教室	Meyers	読み
7限　1:10-1:50	304教室	Meyers	言葉
8限　1:50-2:30	310教室	Alfred Rado	算数
9・10限　2:30-3:50	作業室，理科室，ブロンクス公園	理科室：William Jansen　工作室：Benjyamin Baumritter	特別学習

出典：Joseph S. Taylor, "A Report of the Gary Experiment in New York City," *Educational Review*, Vol.51 (January-May, 1916), pp.18-20. を基に筆者作成

て学ぶ活動が組み合わされている。

　「特別活動」のひとつである「講堂」も，身体的な学びを実践する環境を提供した。「講堂」の原点は，1909年末ころに，「高校の文芸クラブの生徒二人が……文学に関わる，音楽，暗唱，ディベート，その他のエンターテイメントなどを毎月発表し始めた」ことにあった[11]。教育課程に「講堂の時間」が設けられるようになったのは1911年ころである[12]。その後，「1913年の秋学期開始前から，講堂の時間という重要なプログラムが開始された」[13]。講堂の時間は1913-1914年度から本格的に実施され，ニューヨーク市でも早速取り入れられるところとなった。「講堂」は合唱や演劇などの身体的活動を実践する場となった。

---

10)　「特別活動（special activities）」（Joseph S. Taylor, "A Report of the Gary Experiment in New York City," *Educational Review*, Vol.51 (January-May, 1916), p.20.）と記されているが，実質，特別学習のことである。

11)　Ronald D. Cohen, *Children of the Mill: Schooling and Society in Gary, Indiana, 1906-1960* (New York: Routledge, 2002), p.16.

12)　John G. Rossman, "The Auditorium Period as Operated in Gary, Indiana, Ⅰ・Ⅱ・Ⅲ," *The Journal of Educational Method*, Vol. Ⅳ (1924), p.103.

13)　Cohen, *Children of the Mill*, p.42.

第2節　身体的福祉＝幸福に基づく市民性教育の実際

1　身体的福祉＝幸福の重視

「二重学校」の運営方式やカリキュラムなどを確認したところで，ここから
はインディアナ州ゲーリー市のゲーリー・スクールに戻って，そこにおける身
体的福祉＝幸福に基づく市民性教育の実際について考察を進める。ゲーリー・
スクールが身体的福祉＝幸福を重視した学校であったことは，1927年に結成
され，全米でのゲーリー・プランを推進した「労働・学習・遊び（Work-Study-
Play）連盟」の機関誌『プラツーン・スクール』にある『明日の学校』からの
引用にも示される。同誌第1巻第4号の目次のすぐ後には，以下の引用がある。

> 身体の成長は精神の成長と同一ではないが，両者は時間のうえで一致して
> おり，通常，前者を欠いては，後者は不可能である。もし私たちが子ども
> 期を尊重するならば，私たちの第一の具体的規則は，健全な身体の発達を
> 確実なものにすることである。身体の発達が効率的な活動と幸福の源泉と
> して固有の価値をもつということは別にしても，精神の適切な発達は直接，
> 筋肉や感覚の適切な使用にかかっているのである。働きかけたり，受けと
> ったりする器官は，知識の材料と関係をもつうえで不可欠である。[14]

『明日の学校』「第1章　自然な発達としての教育」からの引用である[15]。
出典として「ジョン・デューイ：明日の学校」と記されている。身体の発達が
「幸福の源泉」とされている。"physical welfare"が身体の「福祉」でありか
つ「幸福」を含意することがここでも確認できる。では，どのようにして身体
の教育を重視し，身体的福祉＝幸福を実践に結びつけたのか。
　第一に，座学のみの授業からの脱却をめざしていた。『明日の学校』におい

14）　National Association for the Study of the Platoon or Work-study-play School
　　Organization, Alice Barrows, ed., *The Platoon School*, Vol.1, No.4 (1927), n.p.

15）　John Dewey and Evelyn Dewey, *Schools of To-Morrow*, 1915, MW, Vol.8, p214.；デ
　　ューイ（増田美奈・杉山二季・佐藤知条・千賀愛・齋藤智哉訳）「明日の学校」上野正
　　道［訳者代表］『明日の学校，ほか』（東京大学出版会，2019），89頁。

ては，「子どもたちは，ほとんどの学校で5時間座っているが，一日中机に座っていることなどできない」のであり[16]，とりわけ，「机に座って勉強することが身体的に適していない生徒」にはそうであると指摘されている[17]。先に述べたように，工作室で身体を使って工作に取り組んだり，教室での各教科と「特別活動」を交互に学んだりしていた。そうして座学のみの授業を回避することは，身体的福祉＝幸福の実践の前提とされた。

第二に，子どもに対する校舎の開放によって，身体的な発達を重視した。二重学校は校舎を有効活用して経済性や効率性を高め，納税者の負担に見合った学校とすることをめざす。その一環として，夜間学校，土曜学校，夏期講習などで，校舎をコミュニティに開放した。それによりゲーリーの利用者は，大人の方が多いほどであった。開放は大人だけでなく，子どもたちも対象とした。校舎には体育館，水泳用プール，運動場が用意された。運動場は，一日に2時間自由に遊べるようにした。体育指導者（physical directors）が常駐し，学校が子どもに開放されている8時間体制で対応し，ひとりひとりが個々のニーズに合った運動を，効果的に行えるようにした。子どもへの学校開放は，校外で窃盗，飲酒，喫煙などの問題行動をとることを回避し，心身の危険から守ることもねらいとしていた[18]。

第三は，医師の診察と，それに応じた個別の治療や学習内容の調整である。「ゲーリーの児童生徒は，身体的に健康になることが期待されている」[19]。この期待に応えるために，医師が子どもひとりひとりを検診し，健康状態が悪い子どもにはそれ相応のプログラムを個別に与えた。たとえば，医師の指導のもとで教室での教科の学習を減らし，運動場や体育館で過ごす時間を増やした。ゲーリー・スクールはそのような福祉的サービスを提供することで，健康上の理由で子どもが排除されないようにしようとした。この後取り上げる健康に関わる「キャンペーン活動」にみるように，医師は教科横断的な様々な学習にも参加している。医師は通常の学校以上に学習活動に関わり，身体的福祉＝幸福

---

16) *Ibid.*, p.323.；同上訳書，194頁。
17) *Ibid.*, p.374.；同上訳書，343頁。
18) *Ibid.*, pp.322-324.；同上訳書，193-195頁。
19) *Ibid.*, p.324.；同上訳書，195頁。

の充実に貢献した。

ゲーリー・スクールでは，このような身体教育の重視を，学校がコミュニティとなっていくための第一歩とした，とデューイは評している。「ゲーリーの子どもたちは，就学期間中に身体的に成長することを期待されている。……学年を通じての子どもの進歩に対して与えられるのと同様の注意が，子どもの身体の成長に対して払われる。それにより学校は，ごく当たり前の自然な生活のためにあらゆる機会を与える小さなコミュニティとなってゆく，長い道のりを歩み始める」と指摘している[20]。個々の子どもの身体に目を向け，実際に身体を動かしながら集団活動を送ることができる健康と秩序を身につけられるようにすることが，コミュニティとしての学校の土台とみなされている。先にみた医師の関与に関しても，それにより学校は，子どもの「身体的成長」を「ケア」し，「学校それ自体を小さなコミュニティとする」と指摘されている[21]。

身体教育の重視は，市民となるための土台でもあった。第7章で指摘したようにデューイは，ゲーリー・スクールでは「萌芽的コミュニティ型」の市民性教育が行われていると評価していた。学校を萌芽的コミュニティとし，裁縫，料理，手工などの身体的な活動を多く取り入れたオキュペーションに取り組めるようにし，それを身体と知性の教育を連動させて市民を育てる基礎としていると考えられたのである。ゲーリー・スクールにおける身体からコミュニティに向かう教育は，まさにそれを体現しているとみなされた。

第四は，その最たる実践例とみなされる「キャンペーン活動」である。「キャンペーン活動」は，健康・衛生・安全・自然保護などをテーマに，クラス・学年・全校生徒を対象とする啓蒙的な学習活動として実施された。多様な取り組みがあり，身体とコミュニティを重ね合わせることで，市民形成の重要な方法であったことから，節を改めて論じる。

2　身体からコミュニティへ：キャンペーン活動

具体例からみると，コミュニティでの日常生活における健康に関わる課題や問題について，学年を超えて全校で取り組む「健康キャンペーン（health

---

20)　*Ibid.*, p.324.；同上訳書，195-196頁。
21)　*Ibid.*, p.324.；同上訳書，196頁。

campaigns)」活動が行われた。生徒は，化学や料理の時間とも関連づけながら，校医から病原菌や生理学について学ぶ。それを生かして，伝染病などにかからずに健康でいるための規則を，自分たちでつくる。それを「講堂の時間」に学年や学校全体で共有したり，英語の時間を使ってポスターを作成して学校印刷所で印刷したりして，健康になるためのキャンペーン活動を行った[22]。

このようなキャンペーン活動は，コミュニティへの貢献も意図していた。コミュニティに対する学校の関与や貢献を身体教育の側面から強化し，健康な市民を形成しようとした。と同時に，子どもとコミュニティの身体に関わるニーズや特性を共に考慮することで，カリキュラムを改善する取り組みでもあった。それは，「カリキュラムをより興味あるものにし，またコミュニティをよくする」ことをめざしていた[23]。身体的・社会的福祉＝幸福を基礎として，コミュニティと学校を相互に改良するという理念が体現されている。

キャンペーンには「清潔な牛乳キャンペーン」や「ハエ撲滅キャンペーン」などもあった。病気の予防や生活環境の向上など，いずれも家庭やコミュニティの改善が視野にいれられている[24]。このような健康や衛生の向上やハエ撲滅は，ゲーリー市で大きな課題となっていて，ワートは，積極的にその課題に取り組んだ。1913年10月には医者を雇い，医師と子どもの個人的な面談に力を入れた。エマソン・スクールには，公衆衛生に関わる実験室を用意した[25]。健康・牛乳・ハエ撲滅といったキャンペーンはいずれも，子どもの身体の発達に関わる内容である。身体教育に力を入れたカリキュラムとし，コミュニティに実際に貢献することで，その担い手にふさわしい健全な市民を形成しようとした。以上が身体的福祉＝幸福に関わる取り組みであった。

3　学校・子ども・コミュニティの福祉＝幸福

社会的福祉＝幸福についてはどうか。以下はワートがめざした公立学校観とされる。福祉＝幸福という観点から，社会センターとしての学校の核心に迫る

---

22)　*Ibid.*, p.327.；同上訳書，198-199 頁。
23)　*Ibid.*, pp.332-333.；同上訳書，203 頁。
24)　*Ibid.*, pp.327-328.；同上訳書，199 頁。
25)　Cohen, *Children of the Mill*, p.39.

第8章　社会センターとしての学校における市民性教育の実際　217

主張なので引用しておく。

　　　公立学校は，そこに通う児童生徒のニーズや質，コミュニティのニーズ，
　　　コミュニティが学校の福祉（schools' welfare）に対して貢献する機会を学
　　　ばねばならない[26]。ここまでみてきたように，子どもの身体的な生活と
　　　コミュニティの繁栄（health）は，カリキュラムをもっと興味深くするた
　　　めに，またコミュニティのために，学校のカリキュラムに活かされている
　　　のである。これと同じ密接な結びつきが，学校の学習（work），コミュニ
　　　ティの他の関心事，日々の生活の諸問題との間にも維持されている。[27]

　この引用でワートは，『明日の学校』のゲーリー・スクールの解説と見まが
うような指摘をしている。ゲーリー・スクールが，社会センターとしての学校
として，コミュニティの支援を受け，「学校の福祉（schools' welfare）」を充実
させながら，「子どもの身体的な生活」，すなわち身体的福祉＝幸福と，「コミ
ュニティの繁栄（health）」，すなわち社会的福祉＝幸福を充実させるカリキュ
ラムを有していたと指摘されている。それにより，学校の学びが，コミュニテ
ィの生活や子どもの日々の生活と結びつけられているという。
　ここにおいては，学校，子ども，コミュニティの三つの"welfare"が言及さ
れている。この三つからすると，ゲーリー・スクールのような社会センターと
しての学校とは，子どもの福祉＝幸福とコミュニティ福祉＝幸福の充実により，
学校の福祉＝幸福を確かなものとして，学校の内外のコミュニティを形成・再
構築する学校と言い直すことができるだろう。
　そのような交わりに位置づけられている学校の福祉＝幸福の実践としては，
簿記やタイプライターの知識や技能を活かして，事務室で事務作業を手伝うこ
とがあげられている。他にも，倉庫の備品の管理や配送をしたり，校舎内を対
象とする郵便局を運営したりした。そのような作業をとおして，「学校がどの

　26）　コミュニティについては「ニーズ」だけであるのに対して，子どもの方には「ニー
　　　ズ」に「質」が付け加えられている。「質」には，健康や衛生を含めた子どもの身体へ
　　　の理解が含まれるであろう。ここにも身体重視への配慮がうかがえる。
　27）　*Schools of To-Morrow*, pp.332-333.；デューイ（増田ほか訳）『明日の学校』，203頁。

ような意味を持っているかを深く理解し，学校の福祉＝幸福に広く目覚めさせられる」という[28]。それによって先にみた「スープ接待所」や，家の靴の修理のような社会的福祉＝幸福を促進する基礎を築いた。それが市民形成にもつながった。

4　公民科とアメリカ化：ゲーリー・スクールの課題

市民性教育に直接関わることとしては，公民科（civics）が取り上げられている。ゲーリー・スクールでは公民科を，教科書ではなく，様々な学習活動をとおして学ぶ。学習活動には，校舎の管理，廊下や運動場のルール作り，公立図書館の利用，講堂でのゲーリー市民の講話，生徒会の模擬選挙，健康キャンペーン，「応用」[29] などがあった。それらが公民科の授業となり，「よい市民であることによって市民性を学んでいる」とされる[30]。

公民科の授業をとおしての市民性教育は，自分たちの生活について，環境，受けられるサービス，抱えている問題といった観点から学ぶことに力を入れていた。ゲーリー・スクールでは，アメリカ政府や市政の仕組み，法律，公衆衛生，利用できる社会的資源などについて教える以外に，「学校は生徒とその親に，アメリカにおける生活の基準を教える」。その一環として，学校では，子どもたちの名前，年齢，住所にくわえて家族の情報を管理する。子どもたちが住んでいる区画の地図を制作する学習があり，子どもたちが住む家，通り，歩道，郵便ポスト，空き地などを記す。それぞれの家の広さや部屋の数などを調べて，平面図も制作した。それにより，治安や衛生を含めた家庭の生活環境を把握する。そうしてできた「近隣や，ひとりひとりの子どもが住む家の完全な地図」を元に教師は，今住んでいる地区や家の条件や環境について授業で取り上げ，劣悪な場合は，よりよい場所に移動することを親に提案した。実際にそれが受け入れられたこともあった。デューイらはこれを，「よい市民性の理論と社会状況を教えるのみならず，現実の事実と状況を子どもたちに伝えること

---

28)　*Ibid.*, pp.334-335.；同上訳書，205 頁。
29)　教科の学習で習得したことを用いて「お店屋さんごっこ」や，校舎内の郵便局を運営して郵便物を届けるといった活動をする時間で，学校をコミュニティと結びつける工夫のひとつとみなされている。*Ibid.*, pp.334-335.；同上訳書，204-205 頁。
30)　*Ibid.*, p.336.；同上訳書，206 頁。

によって，なにが間違っており，どうすればそれをよりよくできるかを理解できるようにする」と評価している[31]。

　このように「学校は生徒とその親に，アメリカにおける生活の基準を教える」ことが，子どもたちひとりひとりの家庭に立ち入って，保護者も含めてかなり徹底して行われていたようである。ここでいう「アメリカにおける生活の基準」とは，政府，法，公衆衛生，自分たちが受けられるサービスなどであり，それが「よい市民性の理論」の基礎にある。それを理論として教えるだけではなく，自分たちが置かれている社会状況や生活状況を事実として学び，劣悪な地区や家に住んでいるのなら，よりよい場所に移るという行動に結びつける。それができるのが，「意識の高い知的な市民（alert and intelligent citizens)」とみなされている[32]。

　このような市民性教育の取り組みは，安全や衛生などにおいて最低限の生活を送れるようにする点において，身体的福祉＝幸福を徹底するものといえるだろう。学習活動全体をとおしての公民科による市民性の授業は，子どもたちを「よい市民」とすることにより，とりわけ外国生まれの自分たちの親を「よい市民」とするものとも評価されている[33]。まずは健康な生活を送れるようにすることで，劣悪な環境におかれていた移民の子どものみならず，その家族も含めて，市民とする教育が行われたというのである。デューイは社会センターとしての学校論において，移民の市民性教育を視野に入れていたことを指摘したが，これはその具体例といえる。

　ただしそれは，「アメリカ的生活様式」にはめ込もうとする，当時のアメリカ化との共通点も見いだせる点で課題も残していたようである。第4章で女性の市民性とからめて少し言及したとおり，アメリカ化においては，「健康，住環境の整備，適当な賃金，教育など」を具体的な目標に設定して，「アメリカ的生活水準」あるいは「アメリカ的生活様式」を，移民はもちろん，アメリカ生まれの人々を対象に教えようとしたとされる。女性はその「生活水準」や「生活様式」の教育の担い手とみなされるようになった。では，移民にとって

---

31)　*Ibid.*, pp.336-337.；同上訳書，206-207頁。
32)　*Ibid.*, p.337.；同上訳書，207頁。
33)　*Ibid.*, p.336.；同上訳書，206頁。

はどうだったか。アメリカの「生活水準」や「生活様式」の押しつけになりはしなかったか。ゲーリー市では，「学校にいる63.4%の子どもたちをアメリカ化する必要性」から改革が導入されたといわれる[34]。少なくない児童生徒が，アメリカ化から大きな影響を受けることになったと推察される。

　先にみたように，「意識の高い知的な市民」を形成しようとしているとデューイらは評価していた。たしかに，自分がおかれた生活環境を漫然と受け入れることなく，知性をはたらかせ，好ましくない状態から抜け出すことは求められている。しかし，社会状況を変えることまでは求められていない。ゲーリー・スクールは，コミュニティを最大限そこでの教育に活かし，よい市民性を養うばかりではなく，「かなりの見返りを直接的な成果として」コミュニティにもたらしていると結論づけられている[35]。しかし，コミュニティを活用した教育に関する言及に比べて，学校を活用した近隣コミュニティの改善についての記述や解釈は少ないといわざるをえない。ゲーリー・スクールの市民形成について，子どもたちの行動を方向づけて「忠誠心のある市民と従順な労働者 (loyal citizens and docile workers)」をつくることをめざしたという指摘もある[36]。既存のコミュニティや国家に対する受動的な忠誠心や，従順を養う結果になったというのである。

　その他にもいくつかの疑問が残る。エマソン・スクールのような大規模な学校で，どこまで家庭に匹敵する個人的な関わりがある学びを実現しえたのか。身体を管理し統制することにならなかったか。そのような大きな学校に対する愛校心はどこまで成立し，共有されたのか。

　他方，ここまでの考察から明らかなように，『明日の学校』においてデューイはゲーリー・スクールを評価し，直接言及こそしていないがデューイ・スクールとの共通性を認めている。ニューヨーク市にゲーリー・プランが導入されるにあたっては賛意を表明した。デューイはなぜ評価したのか。

---

34) Melissa F. Weiner, *Power, Protest and the Public Schools: Jewish and African American Struggles in New York City* (Rutgers University Press, 2012), p.35.

35) *Schools of To-Morrow*, p.337.；デューイ（増田ほか訳）「明日の学校」，207頁。

36) Ronald D. Cohen and Raymond A. Mohl, *The Paradox of Progressive Education: The Gary Plan and Urban Schooling* (Port Washington, N.Y.: Kennikat Press, 1979), p.86.

第3節　ゲーリー・プランに対するデューイの期待とその解釈

1　デューイの評価：バロウズに与えた影響

デューイはニューヨーク市におけるゲーリー・プランの導入について，『ニューヨーク・トリビューン』誌のインタビューに応じている[37]。記事の見出しには，「コロンビア大学のデューイ教授，労働・学習・遊びプランの価値は既に証明されており，他の学校にも広げるべきと発言。子どもたちに対してより豊かな機会を」とある。掲載されたのは1915年12月16日。実験が開始されたのは同年2月からであったから，それから約10ヶ月後のことになる。

この記事は，『ニューヨーク・トリビューン』誌の「ゲーリー・スクールとはなにか」という特集のひとつであった。特集を担当して記事を執筆したのは，ゲーリー・プラン推進派のアリス・バロウズ（Alice Barrows, 1877-1954）である[38]。「バロウズはメディアをフル活用したゲーリー・プランのキャンペーンに着手した」といわれる[39]。『ニューヨーク・トリビューン』誌のこの特集や，デューイへのインタビューもそのひとつであろう。記事のなかでバロウズは，同年に公刊されたばかりの『明日の学校』にも言及している。『明日の学校』におけるゲーリー・スクールへの高い評価を知ってのデューイへの依頼であったと推察される。

デューイの見解をみてみよう。バロウズからデューイへの質問は，二つの学校（ニューヨーク市ブロンクス区の第45公立学校と同市ブルックリン区の第89公立学校）で実施されていたゲーリー・プランをニューヨーク市の他の学校に導入すべきか否かであった。導入間もないということもあり，まずは実施した結果を評価して，慎重に判断すべきという意見もあるが，どうお考えかというの

37）　Alice Barrows（Alice Barrows Fernandez）, "Professor Dewey, of Columbia, Says Value of Work-Study-and-Play Has Already Been Established ─ Should be Extended to Other Schools ─ Richer Opportunities for Children," *New York Tribune*, December 16, 1915; Kenneth S. Volk, "The Gary Plan and Technology Education: What Might Have Been?" *Journal of Technology Studies*, Vol.31, Issue 1 (2005), p.42.

38）　バロウズとニューヨーク市にけるゲーリー・プランの導入については次を参照されたい。宮本『空間と時間の教育史』，89-92頁。

39）　Weiner, *Power, Protest and the Public Schools*, p.36.

が質問の主旨である。それに対するデューイの答えは，評価する必要はない，実施すべき，と明確で力強かった，とバロウズはいう。具体的なデューイの主張は，インタビュー時のデューイの発言をつなぎ合わせて示されている。

デューイが評価するのは，学校の校舎や施設をコミュニティの資源として有効活用できる効率性，教育費の削減のみならず，子どもたちに，より豊かな教育を与えるという意味での経済性，カリキュラムの柔軟性，人口密度が高い都市部での実現性などにおいてである[40]。

そのような高い評価は，本章で注目してきた身体的福祉＝幸福にも関わる。ゲーリー・プランが子どもにとって「より豊かな教育」を提供しうる根拠として，運動場の活動や遊びを，休み時間や体育の時間に限定せず，より多く取り入れられることがあげられている。とくに年少の子どもたちに効果的な手工，理科，音楽，図画といった身体を用いる学習を，コミュニティの力を借りて実施できることもあげられている[41]。

こうしたデューイの支持は，やはり影響力があった。先述のとおり，ゲーリー・プランを推進した労働・学習・遊び（Work-Study-Play）連盟の機関誌『プラツーン・スクール』の冒頭に，『明日の学校』の一節がデューイの文言として掲載されたことはその証左であろう。より直接的な影響は，1917年9月に結成されたゲーリー・プランの擁護団体である公教育委員会（Committee on Public Education）刊の冊子にみてとれる。同冊子ではゲーリー・プランに対する批判を複数取り上げ，ひとつひとつ応えている。その批判のひとつである「批判14　教育者はこの計画を好まない」に対しては，「最も偉大であり民主的である教育者がゲーリー・プランを評価している。以下に著名人の名をあげる。」として，デューイの名を筆頭にあげている[42]。デューイは同委員会のメンバーでもあった[43]。

---

40)　Barrows, "Professor Dewey," December 16, 1915.
41)　Ibid.
42)　Committee on Public Education, *Plain Facts about the Gary Schools* (New York City, 1917), p.14.
43)　Volk, "The Gary Plan and Technology Education," p.43.

2 ゲーリー市とニューヨーク市の異同

　ただし，ここで注意しなければならないのは，ゲーリー・プランの「適応性
（adaptability）」についてふれながら，ニューヨーク市にも適応可能である根
拠は詳しく記事には書かれていない，ということである。デューイの発言とし
て，「私が思うに，労働・学習・遊びプランの最も重要な特徴のひとつは，地
方のニーズや状況への適応性である」という言葉が引用されている[44]。ゲー
リー市以外の場所でも「適応性」があるのが，ゲーリー・プラン最大の長所だ
というのである。

　そう考えられる理由としては，個々の子どもや学区や学校のニーズに応えら
れる柔軟性があげられている。ひとつの校舎に二つの学校が存在することによ
り，施設や設備をフル活用できる。それゆえに，進度が遅い子は，講堂で学ぶ
時間の代わりに，産業に関わる学習を作業室で行うといった柔軟な対応が可能
である。それにより，実際的な学びをとおして，学習の価値を理解しやすくす
るといった調整もきく。「カリキュラムを子どもに合わせるのであり，子ども
をカリキュラムに合わせるのではない」のである。そのような個別化されたカ
リキュラムは，ゲーリー・プランの柔軟性ゆえに，シカゴやニューヨークのよ
うな人口密度が高い都市でも適応可能とデューイは述べている[45]。

　このようなデューイの評価に導かれてバロウズは，「ゲーリー・プランの現
実性（practicability）」を説く。しかし，バロウズもやはり「現実性」の根拠
を示してはいない。運動場のスペースがないし，ゲーリー・スクールで用意さ
れている施設もないから非現実的（impracticable）という反論に対しても，デ
ューイからの次の一文で応えようとする。「現在の学校組織が適切な施設を欠
いていることは，火を見るよりも明らかだ。それが今のままでよいという理由
になるだろうか。今の組織に問題があるのに，その問題を打開するシステムを
採用することを拒否するのは理に適っていない」。校舎や設備，コミュニティ
の状況などを含めた物理的環境が不十分であるのはたしかである。しかし，だ
からといってなにもしなくてよいわけではないというのである。

　このような見解には，革新主義特有の楽観性が見え隠れする。革新主義期に

44）　Barrows, "Professor Dewey," December 16, 1915.
45）　Ibid.

は，都市化や大量の移民の流入により，多様で複雑な問題が噴出した。その問題は，著しい発展を遂げていた科学の力を借りて，人間の努力で改良しうるとみなされた。ゲーリー・プランは，スタンフォード大学のエルウッド・カバリー（Ellwood P. Cubberley, 1868-1941），ティーチャーズ・カレッジのジョージ・ストレイヤー（George D. Strayer, 1876-1962），シカゴ大学のチャールズ・ジャッド（Charles H. Judd, 1873-1946），ハーバード大学のポール・ハナス（Paul H. Hanus, 1855-1941）などによる，当時最新の教育行政に関する科学的知見に依拠していたといわれる[46]。ゲーリー・プランという新たな「テクノロジー」をもってすれば，場所を問わず適応できるという期待は受け入れやすかったのかもしれない。

デューイ特有の社会改良主義（meliorism）がその期待に拍車をかけた可能性も否定できない。デューイはゲーリー・プランによって，1日の授業の一部しか受けられていない子どもが多いという状況をすみやかに改善できると述べたとされる。これを基にバロウズは，「ゲーリー・プランは他の学校に広げられるべきである」と主張する。その際，「市の第一の義務は，そのような子どもを全員フルタイムで学べるようにすることである」ということを，デューイの文言として引用している[47]。まずはこの義務を果たし，機会均等を保障しよう。それがやがてさらなる改善につながる，という期待が垣間見える。

しかし，産業化・工業化が急速に進み，移民が多いという類似性はあるにせよ，ゲーリー市とニューヨーク市の相違は問題にならなかったか。シカゴ市とニューヨーク市という同じ大都市ならいざしらず，ゲーリー市とニューヨーク市には人口密度以外においても，小さくない相違があったはずである。第5章でふれたように，その当時シカゴ市の人口は，ゲーリー市の40倍であった。

とりわけゲーリー市におけるコミュニティと学校の関係の特殊性は見逃せないだろう。ゲーリー市は，U.S. スティール工場が町をつくり，工場をつくり，コミュニティをつくり，そこで働き，生きる人々の子どもたちが通うための学校をつくった。その意味で特殊なコミュニティと学校であった。ゲーリー市では，都市計画と学校制度改革が同時並行で行われることになった。U.S. ステ

46）　Cohen, *Children of the Mill*, p.5.
47）　Barrows, "Professor Dewey." December 16, 1915.

ィール工場の支援を受けてつくられた学校は，コミュニティと学校が始めから，直接に結びつけられていたといえる。その学校は，U.S. スティール工場における産業の担い手の形成を目的としていた。

ニューヨーク市とゲーリー市の条件が，ゲーリー・プランの適応を損ねるほど相違しているわけではない，という主張もある。ニューヨーク市におけるゲーリー・プランの実験を克明に分析したランドルフ・ボーン（Randolph S. Bourne）は，「条件はインディアナ州の町と同じ」と断言している[48]。「外国人が多い産業コミュニティ（industrial community）」[49]としては，同じような環境にあったと括れるかもしれない。いずれにせよ，ゲーリーとニューヨークのコミュニティとしての相違は要検討である。

第4節　ゲーリー・プランの適応可能性

1　ゲーリー・スクールはデューイ・スクールであったか

ゲーリー・スクールとデューイ・スクールの異同についても賛否両論ある。市民を形成する学校という観点から注目したいのは，ロバート・B. ウエストブルック（Robert B. Westbrook）の解釈と，それをさらに深めたいくつかの再解釈である。

ウエストブルックはゲーリー・スクールを，デューイやその支持者によって，「学校ひとつひとつを『自立した子どものコミュニティ（self-sustaining child community）』にする」試みとして評価されたとして賞賛する。手工や調理などのオキュペーションにより学校を「自立した子どものコミュニティ」とし，「民主的共和国」にふさわしい一員を養おうとした意義が認められたという[50]。

その一方でウエストブルックは，教育目的と学校のあり方において，両者には相違があるとする。デューイらは，「参加的民主主義」をめざし，産業教育あるいは職業教育を，一般教育から分離する学校を批判した。学校を，大学に

---

48) "Expert Answers Gary Plan Critic: Randolph S. Bourne Declares System Would Meet N. Y. Problems," *New York Tribune*, October 12, 1915.
49) *Schools of To-Morrow*, p.328.；デューイ（増田ほか訳）「明日の学校」，199頁。
50) Robert B. Westbrook, *John Dewey and American Democracy* (Ithaca: Cornell University Press, 1991), p.180.

進学する者も，職に就く者も共に関わり，学び合うコミュニティにしようとした。それに対してワートは，経費を節約して「子どもたちに労働の倫理を教え込む」ことを重視した。そのために学校を「生徒／労働者の小さな共和国」にしようとした[51]。デューイ・スクールが進路で分け隔てることのない，参加的民主主義を志向する学校であったのに対し，ゲーリー・スクールは産業・職業教育を効率的かつ経済的に行う労働者形成のための学校であった。そのような解釈においては，多様な者が等しく関わり合う民主的コミュニティと，将来の労働を見越して学校に再現された「共和国」には，重なりながらも明確な相違があったとみなされている。

アメリカ文学研究を専門とするチップ・ローズ（Chip Rhodes）は，革新主義期のモダニズム（20世紀初頭に欧米に現れた，伝統的な手法や権威を否定する思想）を論じる一環として，進歩主義教育の言説を取り上げる。そのなかで，ウエストブルックの解釈を継承し，デューイ・スクールとゲーリー・スクールの間に相違が生まれた理由を解明しようとしている。ゲーリー・スクールが，デューイに依拠した「自立した子どものコミュニティ」をめざしながらも，既存の体制に迎合するコミュニティとなったとし，その理由を問うている。

ローズによるとゲーリー・スクールは，「新興の，目に見える成功しか頭にない，俗物のビジネスコミュニティによって擁護され，支持された」。その一方で，「個人の発達や技術に向けての活動」を取り入れたことが示すように，市場の価値のみに基づいているわけでもなかった。結果的にゲーリー・スクールは，ウエストブルックが指摘するように，「学校を『自立した子どものコミュニティ』にする」という，「デューイの根本的な金言を実践した」にもかかわらず，多様な人種，国籍，民族に対応するという現実的な問題ゆえに，国家に対する忠誠心を求める愛国的なコミュニティとなった。既存の体制に順応的であり，デューイが批判した「ビジネスコミュニティ」とむしろ親和的であった[52]。ローズのこの解釈によれば，ゲーリー・スクールはデューイ・スクールの理念を掲げたが，実際には「国家に対する忠誠心を求める愛国的なコミュ

---

51) *Ibid.*, p.181.
52) Chip Rhodes, *Structures of the Jazz Age: Mass Culture, Progressive Education, and Racial Disclosures in American Modernism* (New York: Verso, 1998), pp.145-146.

ニティ」であり，「ビジネスコミュニティ」に近かったことになる。

　ローズと同じアメリカ文学研究者であるトヴァ・クーパー（Tova Cooper）は，そのようなローズの解釈に同意する。クーパーによると，第一次世界大戦ころまでは，「なすことを学ぶ」という方法が，「相対立するナショナル・アイデンティティを新しい市民に教化」するための「柔軟なテクノロジー」として機能した[53]。デューイもリベラルと保守，教育における進歩主義と保守主義を問わず受容された[54]。その結果，ゲーリー・スクールは，デューイにねざしながら，資本主義に適合した労働者を形成したということが，ローズを引用しながら主張される[55]。ゲーリー・スクールは，主義主張を越えて受容されうるデューイ理論の「柔軟」性ゆえに，それとは対立的な市民性教育が行われた事例とみなされている。

　ウエストブルックもやはり，「デューイが支持した教育改革の一部は，デューイが説く，より大きな民主的哲学の文脈から引き離されると，まったく異なる目的に適用可能だった」としている[56]。ゲーリー・スクールは，「……デューイの実験室に由来する革新的な教育方法というものは，デューイが意図していたこととは，まったく異なるかたちで社会的に利用しうる」ことを示しているという[57]。ゲーリー・スクールを例に，デューイ理論が，デューイ自身の思惑を超えて適用される可能性を指摘している。

　このように，デューイの適用可能性は，肯定的に受けとめられることもあれば，否定的に受けとめられることもある。ゲーリー・スクール（プラン）を例にとれば，応用可能性が高いからゲーリー・スクールにも継承されうるとみなされる。その一方で，応用可能性が高いがゆえに，デューイの思惑を超えた文脈で応用されうるともみなされる。その場合ゲーリー・スクールは，デューイ・スクールとは似て非なるものということになる。

　以上のような解釈を総合すると，ゲーリー・スクールをデューイが説く社会

53）　Tova Cooper, *The Autobiography of Citizenship: Assimilation and Resistance in U. S. Education* (New Brunswick, New Jersey: Rutgers University Press, 2015), p.4.

54）　*Ibid.*, p.8.

55）　*Ibid.*, p.9, 208.; Rhodes, *Structures of the Jazz Age*, p.147.

56）　Westbrook, *John Dewey and American Democracy*, p.179.

57）　*Ibid.*, p.182.

センターとしての学校とみなしうるか否かは，一概に断定できない。デューイ自身が『明日の学校』でゲーリー・スクールを社会センターとしての学校とみなしており，オキュペーションを取り入れていると評価していると解釈しうるにせよ，である。はたしてゲーリー・スクールは，デューイ・スクールをモデルにして，学校を「自立した子どものコミュニティ」として民主的市民を形成しえたのか。それとも，学校を国家に対する忠誠心を求める愛国的なコミュニティとし，既存の体制に順応的な市民を形成することになったのか。その判断は慎重を要する[58]。

2 「よい市民」は形成できたか：ある実験の結末

そのことは，ニューヨーク市におけるゲーリー・プランの導入の成否についてもいえる。実験がデューイの期待どおりになったかというと，導入の実験の結末からして，そうともいいがたい。1917年11月の市長選でゲーリー・プラン推進派のミッチェル市長が落選したため，実験は頓挫した[59]。実験が行われていた期間は，実質2年9ヶ月と，三年に満たなかった。ゲーリー・プランの実験が中止されるに至ったことは，教育改革が政争に翻弄された典型的な事例であることもあり，複数の研究者が考察を加えている[60]。実験の成否とは直接関わらない理由で取りやめざるをえなかったところは，デューイ・スクールと同じであった。

---

58) 近年においても比較検討は続けられている。たとえばソーンバーン（Malcolm Thorburn）は，ワートに関するアーカイブが新たに発掘されていることから，デューイとワートの関係性についてはさらなる検討が必要とする。そうではあるが，両者には，理論と実践の両面において一貫性があることを認めている。(Malcolm Thorburn, "John Dewey, William Wirt and the Gary Schools Plan: A Centennial Reappraisal," *Journal of Educational Administration and History*, Vol.49, No.2 (2017), pp.144-156.) デューイ・スクールとゲーリー・スクールの相違を，市民性教育の観点から問題視する論考もある。デューイが『明日の学校』においてゲーリー・スクールを「効率性」において評価したことに着目して，「職業的に自立しデモクラシーを担う市民を育成する学校が，どれ程実態に沿ったものであったか疑問も生じる」と指摘されている。(石田雅樹「ジョン・デューイにおける『デモクラシー』と『効率性』─進歩主義教育，職業教育，ゲーリー・プラン」『宮城教育大学紀要』第55巻（2021年1月），49頁。)ゲーリー・スクールは，ウェストブルックとローズが指摘するように，デューイ・スクールとは異質な「ビジネス・コミュニティ」に基づく市民性教育を行った可能性があることが示唆されている。

59) 宮本『空間と時間の教育史』，92頁。

第8章　社会センターとしての学校における市民性教育の実際　　229

　実験は短命に終わったばかりではなく，反発にもあった。移民や移住者の親
たちが，ゲーリー・スクールは「子どもたちに工場の仕事を強制する方法」で
あるとして抵抗したことが報告されている[61]。とりわけユダヤ人の親たちの
抵抗が激しかったことが，詳細に考察されている[62]。ニューヨーク市長ミッ
チェルとワートは，ドイツ系ユダヤ人だった。ニューヨーク市で初めてゲーリ
ー・プランが導入された二校，ブロンクスの第45公立学校とブルックリンの
第89公立学校はどちらも，ユダヤ人が多いコミュニティにあった[63]。ミッチ
ェルとワートは，同じユダヤ人のコミュニティということで成功を期待したの
かもしれない。その期待は裏切られることになる。「スクール・コミュニテ
ィ」構想が，現実のコミュニティから拒絶されるという事態に，デューイは直
面したといってよいだろう。

　では，この頓挫や抵抗は，デューイの社会センターとしての学校論やゲーリ
ー・スクールに対する評価が誤っていたことを示しているのだろうか。身体的
福祉＝幸福を軸として社会的福祉＝幸福を実現することで市民を形成するデュ
ーイの学校構想に，問題があったのだろうか。

　これまた慎重な判断を要するが，第3・4章で明らかにしたデューイの「よ
い市民」からすれば，まったくの失敗ともいいきれないだろう。『民主主義と
教育』における市民性からすれば，特定のコミュニティの住民からの反発は，

---

60)　たとえば，次のようなものがある。
　　Raymond E. Callahan, "The"Factory System" in Education — The Platoon School, The
　　New York Story," in *Education and the Cult of Efficiency: A Study of the Social
　　Forces That Have Shaped the Administration of the Public Schools* (Chicago:
　　University of Chicago Press, 1962), pp.136-141.
　　R. A. Mohl, "Schools, Politics and Riots: The Gary Plan in New York City, 1914-1917,"
　　Paedagogica Historica, Vol.15 (1972), pp.39-72.
　　Diane Ravitch, "The Solution to New York's Problems," in *The Great School Wars: A
　　History of the New York City Public Schools* (Baltimore: Johns Hopkins
　　University Press, 1974), pp.195-218.
　　Melissa F. Weiner, "Resources, Riots, and Race: The Gary Plan and the Harlem," in
　　Melissa F. Weiner, *Power, Protest, and the Public Schools: Jewish and African
　　American Struggles in New York City* (New Brunswick, New Jersey: Rutgers
　　University Press, 2010), pp.34-71.
61)　Cooper, *The Autobiography of Citizenship*, pp.9-10.
62)　Weiner, *Power, Protest and the Public Schools*, pp.34-96.
63)　*Ibid.* p.36.

広くとれば人種・民族や社会階層の障壁の問題ともみなせる。デューイは，そのような障壁を超えて，それぞれの経験を相互に生かそうとすることを「精神の社会化」と呼び，「よい市民」の条件とした。ゲーリー・プランの拒絶は，障壁が露呈されたということでもある。そうであるなら，ユダヤ人コミュニティからの抵抗は，デューイの「よい市民」の探求からすれば，「よい市民」として成長していく契機ともみなせるのではないか。実験がうまくいかなかったことは，市民性をめぐって新たな問題が発生したということであり，「よい市民」とはなにかを問い直し，「よい市民」へと育ってゆく探求の過程に位置づけられる。その意味では，ニューヨーク市での社会センターとしての学校における市民形成の実験は失敗ともいいきれない。

おわりに——学校における「よい市民」形成の可能性

　本章では，デューイが想定する「よい市民」を形成する学校の提案である，社会センターとしての学校では，どのように市民を形成しようとしたのかを検討した。まず社会センターとしての学校のひとつとされたゲーリー・スクールの実際を，ゲーリー・プランを導入したニューヨーク市第45公立学校を例に概説した。その教育原理は身体的福祉＝幸福におかれていることも明らかにした。

　身体的福祉＝幸福に基づく市民性教育の実際については，デューイらが『明日の学校』で取り上げていたゲーリー・スクールを例に考察した。実践としては，①座学のみの授業からの脱却，②体育館，プール，運動場などを体育指導者の指導のもとで子どもに開放，③医師の診察とそれに応じた個別の治療やカリキュラムの調整，④健康・衛生・安全・自然保護などをテーマとする「キャンペーン活動」などがあげられた。いずれも心身ともに健康な市民を育てることで，コミュニティに貢献することをめざした。なかでも「キャンペーン活動」は，デューイが説くスクール・コミュニティの理念をよく反映している。健康・衛生・安全・自然保護などはコミュニティの課題であり，それについて学び，実現できるようにするということは，コミュニティに資する活動になりえた。「キャンペーン活動」はまた，取り上げたテーマに関して，コミュニテ

ィの出来事やリソースを生かし，教科を超えて総合的に学ぶ活動を学校にもた
らした。

　市民性教育と関連が深い公民科の授業では，自分たちの生活の環境や現状を
学ぶことに力を入れていた。そのために，子どもたちが住んでいる区画の地図
を制作したり，自宅の平面図を作成したり，近隣の治安や衛生を調べたりした。
その過程で近隣コミュニティの問題点を見つけ，どうすればそれを改善できる
かを理解しようとする「意識の高い知的な市民」を形成しようとした。それは，
デューイが早くから説いた「社会を理解する市民」に通底するだろう。そのよ
うな市民になることを移民にも求めた点で，移民の市民性も視野に入れられて
いる。

　ただし，ゲーリー・スクールは，「学校は生徒とその親に，アメリカにおけ
る生活の基準を教える」ことをめざしていた点では，当時推進されていたアメ
リカ化と重なる。子どもひとりひとりの住環境を把握し，劣悪な場合は引っ越
しを親に提案し，受け入れられたこともあったという。そのような家庭に対す
る学校の指導は「意識の高い知的な市民」ではなく，「忠誠心のある市民と従
順な労働者」を形成することにはならなかったか。

　ニューヨーク市に導入されたゲーリー・プランにデューイ自身は，高い期待
を寄せていた。効率性，経済性，柔軟性，実現性などの諸点から導入に賛同し
た。身体の教育の観点からも評価していることから，社会センターとしての学
校における市民形成の原理についても，肯定的であったと推察された。他方，
ゲーリー・プランのニューヨーク市への「適応性」については論じられていな
い。革新主義期やデューイに特有の社会改良主義の楽観性も垣間見える。デュ
ーイのゲーリー・プランに対する評価には，いくつかの問題点が推察された。
教育の科学的研究への傾倒が，ゲーリーとニューヨークの環境の相違に対する
配慮を欠くことにならなかったか。U.S スティールが母体となってつくられた
特異なコミュニティであったゲーリーと，世界有数の大規模なコミュニティで
あったニューヨークとの相違が実験の妨げとなったのではないか。

　ゲーリー・スクールとデューイ・スクールの共通性についても，賛否両論あ
った。デューイの主張の応用可能性が，ひとつの争点となっていた。応用可能
性が高いがゆえに，ゲーリー・スクールに対するデューイ・スクールの影響が

肯定されることもある。その逆に，デューイの思惑を超え，ときにデューイの意に反するかたちで受容されたという指摘もある。

そのような疑問が残るとすると，ゲーリー・スクールにおける市民性教育が，デューイ・スクールに立脚していると無条件にみなすわけにもいかないだろう。社会センターとしての学校で「よい市民」を形成しえたとはいいがたい。実際，実験が成功裏に終わったわけではなかった。ニューヨーク市での導入は，導入推進派だったニューヨーク市長の敗北により頓挫した。ユダヤ人コミュニティからの抵抗にも遭った。

ただし，デューイが提起した「よい市民」が常に探求の途上にあることを想起するなら，頓挫や抵抗は想定内ともいえる。むしろそれは，「よい市民」とはなにかを考え，共に育っていく契機や過程ともみなせるだろう。

そうだとすれば，ニューヨーク市におけるゲーリー・プランの実験は，社会センターとしての学校における市民性教育論のひとつの試金石であり，学校で「よい市民」を育てようとした実践例としての価値を失ってはいない。その導入に際して，この実験の関係者—政治家，教育委員会，校長や教師，ニューヨーク市のブロンクスやブルックリンの住民など—はどう関与したのか。人種や階層などの打破に対する関心を共有できるようにする，「精神の社会化」は試みられたか。それに基づく，実のある「社会奉仕」はどうか。その実態に迫るとき，社会センターとしての学校における市民性教育の実際や成果についての解釈をさらに深められるだろう。

以上で第Ⅱ部の考察を終えるが，総じて学校で「よい市民」を形成することに一様に期待が寄せられたわけではなかった。第5章と第6章で明らかにしたように，そもそも学校に期待しない勢力も強かった。19世紀末に始まる遊び場運動と学校教育との関係は，遊び場運動の変質という観点からみると，当初こそ公立学校内に遊び場を設置しようとしたが（学校理念型），やがて民間団体主導となり，学校教育との関係は弱まり，青少年を対象とするリクリエーション運動になった。第2章で考察したように，遊び場運動は「よい市民」形成を理念としていたが，それを学校で行うという意図は弱い。学校と地域の改革に取り組んだ社会センター運動も同様であった。それは，公立学校を基盤にして

住民主体で社会をつくるという理念を掲げて始まった。しかし，事業内容はリクリエーションが中心となり，その理念は失われてゆく。進歩主義教育運動が推進されるなか，そのような立場もあったことは注目に値する。

　他方，学校を社会センターとし，学校とコミュニティの相互関係を強化することで「よい市民」を形成しようとする立場もあった。第7章で明らかにしたように，身体的福祉＝幸福という教育の原理に基づき，学校が子どもの心身の健康を養いつつ，身をもって考え，協力する活動を重視することで，社会的福祉＝幸福を改善することが主張されていた。第8章で論じたゲーリー・スクールはそれを実践し，「意欲的で責任ある市民」や，「意識の高い知的な市民」を形成しようとしていたと評価されている。ただし，その社会センターとしての学校が，模範としたデューイ・スクールを再現していたともいいきれなかった。

　学校やコミュニティ・スクールで「よい市民」を教育するということは，今となっては当然視されているようにも思える。しかし，革新主義期におけるアメリカの学校での「よい市民」形成をめぐる動向は，それが容易ならざる課題であることを改めて教えてくれる。第Ⅲ部では，引き続き学校における「よい市民」の教育を視野に入れて，「よい市民」の要と目された愛国心や忠誠心の教育という観点から，革新主義期アメリカにおける「よい市民」形成の実態に迫る。

第 Ⅲ 部

愛国心・忠誠心の教育が
「よい市民」の形成になるか
コミュニティ・儀式・授業

第9章
学校によるコミュニティ形成と国民形成
コミュニティ・センターから近隣住区論へ

はじめに——公教育におけるローカリズムとナショナリズム

　第6章では，「コミュニティ」形成の志向（ローカリズム）が強く現れていた事例として社会センター運動を取り上げた。社会センターは，公立学校の校舎を広く住民に開放して，そこを起点として住民の交流や討論への参加をとおして，民主的な地域社会をつくろうとした試みであった。1907年から1910年にかけてニューヨーク州ロチェスターで実施された事業がよく知られている。エドワード・J. ウォードの指導のもとに始まった社会センター運動は，遊び場運動とも連携をとりながら，全国に広がり，1911年にアメリカ社会センター協会（Social Center Association of America）が結成された。同協会は1916年に全国コミュニティ・センター協会（National Community Center Association）に名称を変更し，その後，1920年代まで活動を続けた。名称は変更されたが，「コミュニティ」形成の志向（ローカリズム）は継続していたとみることができる。

　本章では，ローカリズムとナショナリズムの関連を問うことを主題にする。20世紀初頭には，教育を通して「よいアメリカ市民」をつくろうとする動き（ナショナリズム）も顕著であった。社会科や公民科が教科としてこの時期に出現したことはその象徴ともいえる。「よいアメリカ市民」はナショナルなものでなければ意味がない。ローカリズムを具体化した社会センター運動と，ナショナリズムを志向する「よいアメリカ市民」の形成とは両立が可能なのか。両者がどのようにしてつながっていたのか，それを解明することが本章の課題である。

第9章 学校によるコミュニティ形成と国民形成 237

解明のための手掛かりを与えてくれるのは，社会センター運動に長く積極的に関与しつづけた人物，クラレンス・A.ペリー（Clarence A. Perry, 1872-1944）である。社会センター運動の初期の指導者はウォードであったが，彼は1910年代の後半に運動から離れた。代わって運動の指導的地位を引き継いだのがペリーであった。ペリーは，社会センター運動に早くから加わり，『学校施設利用の拡大』（1910）[1] などの調査報告書を次々に発表し，1910年代に，コミュニティ・センター協会の指導者のひとりとなった。1923年に全国コミュニティ・センター協会とアメリカ社会学会の合同会議で近隣住区論を提唱してからは，都市計画家としても顕著な活躍をした。本章はペリーの活動を中心に，コミュニティ・センター運動がもっていたローカルな側面とナショナルな側面の葛藤を見ていき，彼がどのようにしてアメリカ市民の形成をめざしたのか，解明していく。

第1節　コミュニティ形成論──社会センター運動の目的と実際

1　民主主義を学ぶ場所としての校舎

ペリーはアメリカ遊び場協会の代表として活躍していたギューリックの推薦により，1909年5月からラッセル・セイジ財団の研究員として働き始めた。この財団は，1907年にラッセル・セイジ夫人が亡夫の遺産を基金として「合衆国の社会と生活環境を改善するために」ニューヨーク市に設立したもので，福祉や教育や研究を支援していた。財団には子ども救済，慈善事業，児童衛生，リクリエーションなど十以上の部門があり[2]，ペリーは，リクリエーション部門に所属して，各地の公立学校の遊び場や校舎や設備がどのように利用されているかを詳細に調査した。その成果のひとつが『学校施設利用の拡大』（1910）であり，公立学校の校舎や設備が地域住民に開放され，講習会や音楽会の場として利用されるようになりつつあった実態を詳細に紹介したものであった。こ

---

1) Clarence A. Perry, *Wider Use of the School Plant* (New York: Russell Sage Foundation, 1910).

2) John M. Glenn, et al., *Russell Sage Foundation, 1907-1946* (New York: Russell Sage Foundation, 1947), p.11. 同財団に関することは主として同書による。

の書物は，出版当時に「学校施設利用の拡大についての標準的な図書であるだけでなく，唯一の参考図書である」[3] と評され，のちには，「この先駆的な研究が，この後に続くコミュニティ・センター運動を促進する基礎となった」[4] と言われるほど影響力のあるものであった。ペリーは本書によって，ウォードとともに，社会センター運動（のちにコミュニティ・センター運動に名称変更）の指導者のひとりとして広く知られるようになった。

　ペリーは，公立学校の機能は子どもを市民にすることだけでなく，学校が地域社会に対して直接に奉仕するための社会センターになり，民主主義社会をつくることに貢献すべきであると考えた。そのために，大人向けの夜間職業教育，リクリエーション活動，住民や教師への講演会，PTAの会合，さらには，遊び場協会，市民クラブ，少年クラブ，婦人クラブ，などの民間団体の活動のためにも，公立学校の校舎や設備を住民が利用できるようにすることをめざした。その根底には，「社会センターの中心的な目的は，……地域社会への興味と近隣精神，すなわちわれわれが都市に来る前に知っていた民主主義を発展させることである」[5] という理念があった。

　『学校施設利用の拡大』の最後の頁に表9-1が掲載されている[6]。現代社会が直面する諸問題の背景として，Ⅰで経済的・社会的変化を示し，Ⅱで社会の諸側面を具体的に示し，Ⅲで学校施設の利用を広げることがもたらす効果を論じている。本書の大部分は，Ⅲに充てられている。この表では，学校施設を有効利用する方法が五つ，すなわち，①職業教育，②市民性教育，③衛生・保健，④リクリエーション，⑤休暇学校や夜間学校での手工訓練や家政学教室に，分類されている。市民性の教育としては，公衆への講演，市民クラブと公務員の交流，社会センターの活動をとおしての社会性の形成，移民への英語教育やアメリカについての知識の教授，夜間学校や公開講座による継続教育などがあった。

---

3)　John Collier, Book Reviews, *National Municipal Review*, Vol.1, Issue 3（July, 1912），p.527.

4)　Glenn, et al., *Russell Sage Foundation*, p.73.

5)　Clarence A. Perry, "School as a Social Center," *A Cyclopedia of Education* ed. by Paul Monroe, Vol.5（New York: The Macmillan Co., 1913），p.263.

6)　Perry, *Wider Use of School Plant*, p.381.

表9-1 学校施設の利用拡大によって、どのような地域改善が可能になるか

I 経済的・社会的変化			II 社会的諸問題		III 学校施設の利用拡大によって可能になる（地域）改善策
職業の多様化	徒弟制度の廃止 社会の水平的階層化	→	失業問題		夜間学校での職業教育と訓練 休眠学校での手工訓練 社会センターに職業雇用局を設置する
移民	社会の垂直的分断	→	汚職にまみれた政府	堕落・	公開講座を通して市が情報を発信する 市民クラブを通して市民精神を習得し公務員と知り合いになる 社会センターを通して階層の違いを超えた社会性が涵養される 夜間学校と公開講座により移民に英語とアメリカの制度を教える 社会センターに夜間学校、公開講座、図書館を置いて、継続教育を実施する
産業の専門化と拡大 都市化	市制の大きさと複雑さが拡大	→	不健康な生活環境 病気	犯罪・	衛生に事実を知らせる 休眠学校での訓練 遊び場のある保育所での養育
	混雑	→	遊び場の喪失 非行	貧困・浪費	組織された運動競技、ゲーム、フォークダンス、自由遊びを、放課後および休眠に、校庭、体育館、地下室、建物の屋上で実施する。
		→	家庭での実用的訓練の質の低下 教育問題		休眠中および夜間学校で、手工訓練と家政学教室を実施する。家庭や学校での会議で、親を教育する。

この図は、現在の社会問題の目立った具体的な要素を、地域の人たちが校舎を利用することによって改善しようとすることに関連付けて、提示する試みである。経済や心理への影響までを含めて、状況を完全かつ科学的に分析しているわけではない。諸悪を社会変化のひとまとまりにしてしまうことから生ずる誤解もあるかもしれない。なぜなら、当然のことながら、ひとつひとつの問題の背景には、複合的な原因があるからである。例えば、産業の変化の他に、移民と家庭での訓練のどちらも、失業問題に絡んでいるのである。しかし、そのような弱点はあるけれども、（この表に示された）諸要素と諸関係は、目的と枠組みを保障するには十分に基本的なものであると信じてよい。
出典：Perry, Wider Use of the School Plant, p.381.

ペリーによると，それらの事業の意義は，住民が市民性を学習するところにあった。当時のアメリカ社会は，産業の拡大，分業と専門化の進行，また移民の流入などによって，失業問題，環境悪化，社会の分断などが生じており，伝統的な同質的コミュニティを維持することが困難になっていた。そこで，ペリーは，住民が公立学校に集まって活動する機会をもつようにすることで，市民性学習につなげようとした[7]。1911 年 10 月に結成されたアメリカ社会センター協会の綱領第 1 条は，「社会センターは，民衆の話し合いの場であり，市民性と近隣精神のための永続的な本拠地である。そこでは，人々はお互いが知り合いであり，政府による統治の方法を知る。……社会センターは公立学校校舎を友愛的に機能させる。学校施設をどのように開放するかは地域の要求によって異なるが，その精神はリンカンの精神である」[8] となっている。リンカンの精神は民主主義の精神をさすと理解してもよいであろう。綱領は，公立学校の校舎は民主主義を生み出す場所というペリーの思想を表現したものであった。

このようなペリーの思想は，ロチェスターの社会センター運動を指導したウォードとも共通していた[9]。

2 学校施設の能率的利用

しかしながら，ペリーが社会センター運動の指導的地位を占めるようになったのは，公立学校の学校施設を，子どもと民衆が民主主義を学ぶ場所にしようとする主張のみによってではなかった。ペリーにはウォードとは異なり，公立学校の施設を住民が能率的に利用するという観点があった。実はここにこそ，ペリーがその後のコミュニティ・センター運動の指導者になっていった理由を見出すことができる。社会センターの事業には，大人向けの夜間学校や職業教育，公衆への講演，市民クラブの交流やリクリエーションなどが含まれており，

---

7) Clarence A. Perry, "A Survey of the Social-Center Movement," *The Elementary School Teacher*, Vol.13, No.2 (November, 1912), pp.124-133.

8) "The Neighborhood Spirit and Training for Citizenship," *The Twin Falls Times*, December 1, 1911.

9) 社会センターについては，佐々木豊「アメリカ都市『コミュニティ』の再生―革新主義時代における『スクール・ソーシャル・センター』運動」『史学』（三田史学会）第 61 巻（1991 年 12 月），pp.107-132 の研究がある。本章でも参考となった重要な研究であるが，ウォードとペリーの立場の違いには言及していない。

学校は子どもだけが使うのではなく，地域住民も利用したし，学校は学習のためだけでなく，リクリエーションの場所でもあった。つまり，能率的とは，子ども以外の利用者を増やすこと，また従来の学校教育には含まれていなかった事業も含むことを意味していた。

このことを象徴的に示しているのが，学校施設（school plant）という用語である。"School plant"は現代では学校施設を表現する普通の用語法だが，この用語法が一般的になったのはペリーの書物が出版された直後からであった。ペリーが，モンロウ編『教育学百科事典』（*A Cyclopedia of Education*, 1913）にある項目「学校施設利用の拡大」のなかで使用したのは，早い例のひとつと見られる[10]。"Plant"はもともと工場や機械設備をさし，資本主義の発達した20世紀にあっては能率追求を前提としている[11]。学校施設も能率追求の手段としてとらえられるようになったとみることができる。

当時のジャーナリズムに掲載された学校施設利用に関する記事をみると，日曜日や夜間に学校施設を使われないままにしていることが，公共財を無駄にしているという厳しい批判が多数掲載されていた。そのほとんどは，公立学校の施設をできるだけ多くの住民がいろいろな機会に利用できるようにすべきであるという主張であった。たとえば，「アメリカの学校施設は10億ドル以上の価値があるのに，学校教育のためだけにしか使われておらず，時間にすれば約6割が無駄になっている」[12]とか，「学校施設を利用しないままに放置しておくのでなく，住民が利用できるように，開放せよ」[13]，などの記事が頻繁に掲載されていた。それだけでなく，学校施設を投資の対象としてみる意見が掲載

---

10) ペリー以前にも，Charles Eliot, "The Full Utilization of a Public School Plant," *Journal of Proceedings and Addresses of the NEA, 1903*, pp.241-247; David Snedden and William H. Allen, *School Reports and School Efficiency for the New York Committee on Physical Welfare of School Children*（New York: Macmillan, 1908）など，いくつかの例はある。それらも多くは校舎の能率的利用について論じたものである。

11) *Oxford English Dictionary*（OED.com, accessed on May 5, 2023）には，項目 school plant (n.1) のなかに，1927年の例文として「これらのアメリカの投資家にとって，学校は建物，設備，機械類，すなわち school plant を意味していた」という例文が掲載されている。

12) "New Uses for the Schools –Plan to Utilize Some of the 60 per cent Waste Time," *The Sun*（New York, N.Y.）, October 8, 1911.

13) "Get the Most out of the School Plant," *The Pensacola Journal*（Pensacola, Fla.）, November 22, 1911.

されることもあった。「(学校施設に投資したのだから) 配当金を出すべきだ。校舎は10億ドルの価値があるのに, 午後5時で施錠され, それ以降は使用されない。時間にすれば, 61%が無駄になっている」[14] というのである。こうした記事は枚挙に遑がない。

　教育の能率を上げることは, 20世紀初頭の教育改革の中心的な課題のひとつであった。ペリーは学校施設の能率的利用という点で, この動向を具体的に示していた。校舎を子どもの教育のためだけに使用するのではなく, 住民のいろいろな活動のためにも, 利用できるようにすべきであるという声が強かったのである[15]。

3　リクリエーション事業の推進

　それではどのような事業をすれば, 住民の多くが参加するであろうか。ペリーが繰り返し強調したのはリクリエーション活動であった。ペリーはラッセル・セイジ財団のリクリエーション部門で研究に従事しており, ボストン, フィラデルフィア, クリーブランドなどの都市でリクリエーションのために公立学校の校舎を開放している事例を次々に報告書で紹介した。また, いろいろな町で講演を行い, 公立学校で開催される講習会や音楽会など, リクリーション活動の意義を強調した[16]。たとえば, 1911年2月にワシントンD.C.で開かれた校長会の会議では, 親と教師の連携の効果に期待をかけ,「家庭と学校の連携によって開催されるあらゆる行事の基本方針であり, ぜひ必要なことは,

---

14)　"Making Schoolhouse Pay Big Dividends," *The Detroit Times* (Detroit, Michigan), March 7, 1911. なお, 註12-14の新聞記事の引用は要約,（　）内は筆者による補足である。

15)　1910年にロチェスターの社会センター事業が終了したあとも, 校舎の能率的利用という点でとくに注目を集めていたのが, インディアナ州ゲーリー市公立学校で実施されていたゲーリー・プランであった。その創案者であるウィリアム A. ワート教育長も, school plant という用語を使って校舎の能率的利用ということを強調していた。William A. Wirt, *Newer Ideals in Education: The Complete Use of the School Plant*, An Address Delivered before the Public Education Association in the New Century Drawing Room, January 30, 1912 (Compliments of the Public Education Association of Philadelphia, May 1912).

16)　Clarence A. Perry, *Public Lectures in School Buildings; Suggestions for Their Organization and Sources of Speakers and Topics* (New York, N. Y.: Department of Child Hygiene of the Russell Sage Foundation, 1910).

皆が楽しめるということである。そして，行事がそのような性質をもつように，商業的に娯楽を提供する人々は技術を駆使し，主催者は参加者を上手にもてなすべきなのです」17)（下線部の原文はイタリック体）と語った。イリノイ州スプリングフィールド市のリクリエーションについては，ペリーは，ラッセル・セイジ財団リクリエーション部門主事のリー・F. ハンマーと協力して，とくに詳細な調査報告書を提出しており，家庭，学校，公園，街路，図書館，博物館，私的結社（各種の協会，クラブ，同窓会など），商業的娯楽施設（映画，劇場，ダンス・ホール，ビリヤード，サロン，運動競技連盟や祝祭や野外劇など）を紹介している18)。公立学校の学校施設開放は，他の公共の諸施設および民間団体の活動と同様に，リクリエーション事業の一環であった。

ペリーは，学校施設が実際にどのような事業に利用されているかについて，しばしば報告書を出版している。第6章で紹介した表6-2は社会センター事業を利用した人数を示したものだが，これを見ると，運動競技，社交ダンス，エンタテインメント，クラブ活動などが圧倒的に多いことがわかる。この傾向は，1917年の報告書でも大きな変化はない19)。講演会や市民行事などもあるが，実際の事業の大部分はリクリエーションであったことがわかる。

第6章でみたとおり，社会センター運動は，1911年にウォードを中心として全国協会を結成し，全国に広がりを見せていた。ウォードもペリーも，公立学校を基盤にして民主主義社会をつくり上げようと意図していた点ではめざすところは同じであった。しかしながら，ペリーには，学校施設を可能な限り能率的に利用しようとする方向性が明確であったこと，そして，多くの住民が参加しやすいリクリエーション活動を重視していたところに，特徴を見出すことができる。ウォードとペリーの違いは，1910年代の半ばから明らかになっていった。その経緯をたどってみよう。

---

17) Clarence A. Perry, *Recreation the Basis of Association between Parents and Teacher, Health Education Recreation*, No. 87（New York: Russell Sage Foundation, 1911), pp.7-8.

18) Lee F. Hanmer and Perry, *Recreation in Springfield, Illinois*（New York: Russell Sage Foundation, 1914).

19) Perry, *School Extension Statistics for 1915-16, U. S. Bureau of Education, Bulletin*, 1917, No.30.

第2節　国民形成論——コミュニティ・センター運動の広がり

1　国民形成の場としての校舎：ウォードの二つの提案

　ウォードは，公立学校の校舎を，民主主義を生み出す場所にしようとしていた。校舎に市民が集まれば，市民が協力し，熟慮する機会をもつことができ，それが民主主義の基礎になると考えたからである[20]。「近隣の中核として，皆が共有する民主主義社会の要塞として，校舎をかつての地位に戻す」[21] ことが彼のねらいであった。これを実現するには，公共の施設である校舎を，住民が自由に利用できるようにすることが必要であり，同時に，学校施設を適切に管理する公務員が必要であった。

　そこでウォードは具体的には二つの提案をする。ひとつは，学校の管理者である校長を国家公務員にすることであった。「そのような公務員は，地方や都市や州の政府と関連した活動を監督するだけでなく，国家公務員であるべき」[22] で，「ひとりひとりの市民に国民としての現実的な一体感，そして，至高でかつ必然的な世界のメンバーとしての責任を伝えるべき」[23] であるという。もうひとつの提案は，住民が公立学校を無料で使用できるようにすることを法律で義務付けることであった。彼はウィスコンシン大学にいたときに，「非党派的で非セクト的結社，つまり排他的でない結社」であれば市民の要請に応じて，教育委員会が所有する公共の施設を無料で使用させるという趣旨の州法の成立を主導した[24]。コロンビア特別区については同様の法案（Hollis-Johnson Community Forum Bill，本章では学校施設利用法案と呼ぶことにする）[25] が連邦

---

20)　Edward J. Ward, "The Public Schoolhouse for the Public," *Journal of Education*, Vol.75, Issue 25（June 20, 1912), pp.710-711; idem, "Public School Property for Social Uses," *Journal of Education*, Vol.76, Issue 1（June 27, 1912), pp.9-10.

21)　"Use of the Schoolhouse for Social Center Development," *The New York Times*, November 17, 1912.

22)　"Professor Ward Advocate Discussion and Training in Schools," *The New York Times*, December 30, 1915.

23)　Edward J. Ward, "The Community Secretary," *Journal of Education*, Vol.83, No.23（June 8, 1916), p.624.

24)　Edward J. Ward, "Using the School Houses," *The Commoner*, Vol.13, No.13（April 4, 1913), pp.4-5.

議会でも審議され，全国的な議論を巻き起こした[26]。ウォードはその法律の成立に向けて，マーガレット・ウィルソン（大統領の娘）とともに，積極的な運動を展開した[27]。提案者のヘンリー・F. ホリス（Henry F. Hollis）は，ウォードがロチェスターで行った事業や，ペリーが実施した調査報告書や大統領の演説も紹介して，その意義を強調した。そして，「この法案は，（公教育と直接に関連すること以外に公立学校の校舎を使ってはいけないという…筆者）州法を取り消すことがねらいではない。教育委員会が，新たな公費負担をすることなしに，……市民的かつ社会的な活動を引き受けられるような体制にするために，教育委員会の権限を強化することがねらいである。教育委員会は，公立学校の校舎と校地の利用を統轄し，規則通りの適切な使用に限定する権限を保持する」[28]と法案のねらいを説明した。

　ウォードのこのような提案は，公教育制度の拡大と国家の教育介入をめざす試みととらえることができる。公立学校の校舎は子どもだけでなく，市民なら誰でもが自由に利用することができるようにしようとしていた。また，地域住民に支えられるとはいえ，学校は国家の機関としての性格を強めることになる。ウォードは1916年1月から，コミュニティ組織を扱うために連邦内務省教育局に新たに設置されたポストに着任した。このポストは，住民が公立学校の校舎をどれだけ利用しているかを調べることを業務としており，教育にたいして国家が関与する姿勢を示していた。新聞記事では，このポストはこれまでの連邦の慣例からみると通例ではないという評価がされていた[29]。地域から生まれる民主主義を理想としながら，ウォードは国家による教育管理を是認してい

25) *Regulating the Use of Public School Buildings and Grounds in the District of Columbia*, 63rd Congress, 2nd Session, Senate Report No.391, March 30, 1914. 特別区の予算は連邦議会が管理し，法律も連邦議会の承認が必要なので，特別区での議論が全国に与えた影響は少なくないと思われる。提案者のホリスはニューハンプシャー州の上院議員，ジョンソンはケンタッキー州の下院議員である。

26) "Washington Schoolhouses for the People," *The Survey*, Vol.32, No.13（June 27, 1914), p.337. 同記事は，大統領の娘が議会の委員会で法案の支持を訴えたのは初めてのことであろうと述べている。

27) "Forum Right Asked by Commissioners: Communication to Congress Gives Reasons for Desire to Make Use of Schools: Recommends Passage of Bill now Pending," *Evening Star*（Washington, D. C.), April 11, 1916 など。

28) *Regulating the Use of Public School Buildings and Grounds*, p.3.

29) "It's Rather Unusual," *The Day Book*（Chicago, Ill.), November 1, 1915.

たのである。

2　コミュニティ・センターの管理問題：上からの指導か

　公立学校の施設をコミュニティ・センターとして住民に開放しようとする事業は世論の支持を得て，かなり広がりを見せていたものの，ウォードの二つの提案はいずれも大きな論争に発展する契機を含んでいた。第一の提案については，コミュニティ・センターの管理者はだれかという問題であった。公立学校の校長が，地域の教育のすべてに責任を負うことが可能であろうか。また，ウォードのいうように校長を国家組織の末端に位置づけるとすれば，地方の教育委員会の権限は守られるのか。このような諸問題が即座に発生する。第二の提案については，コミュニティ・センター事業が学校教育に限定されず，地域住民すべてを対象にし，しかも事業内容の多くがリクリエーションであるときに，その維持・運営にかかる費用も公費によるべきなのか。これらの問題をめぐって，ウォードは各方面から批判を浴びた。

　ウォードのロチェスターでの実践および彼の社会センターの構想に対する批判を鮮明にしたのは，ニューヨークの民衆大学（People's Institute）で活動していたジョン・コリア（John Collier, 1884-1968）であった。彼はウォードの著書『社会センター』[30] を取り上げて，ロチェスターの社会センターが，無制限の自由を認められて，政治活動やリクリエーションのための場所になっており，「政治と学校教育の区別」がなくなっていることを厳しく批判した。そして，校長が社会センターの管理にあたるべきであるとするウォードの意見を三つの点から批判した。第一に，校長は社会センターの事務を引き受けるのにふさわしくない。なぜなら，校長の仕事は学校の秩序を保つことであり，権威が必要だが，社会センターの事務官に権威は必要ない。地域住民によって雇われているからである。第二に，ウォードは社会センターを，全住民を含んだひとつの組織として構想しているが，実際にはそのようなものではあり得ない。労働組合や政党やクラブやいろいろな協会を含んでいるのが社会センターである。ダンスや映画などリクリエーションに関する事業などは私的な施設で実施する

---

30)　Edward J. Ward, ed., *The Social Center* (New York: D. Appleton and Co., 1913).

第9章　学校によるコミュニティ形成と国民形成　247

ことも可能なはずである。これらすべてを含めて，税金で維持する社会センターとすることは適切ではない。第三に，社会センターが民主的につくられたとしても，無制限の自由を認めれば，少数派の存在を保障することが困難となり，多数派の独裁になる危険がある[31]。コリアは，無制限の自由に潜む危険性を指摘すると同時に，社会センターが公的な統制のもとに置かれることをもできるだけ避けようとしたのである。

　両者の間をとりもつ立場にあったのがペリーであった。コミュニティ・センター経営の望ましい形について，彼は次のように論じた。コミュニティ・センターを完全に公的なものにはすべきでない。もし公的なものにしてしまえば，私的な協会やセクト的な団体や少数派の団体などが排除される可能性がある。住民のあいだから自然に生まれた団体を育てていくことが大切である。しかし，コミュニティ・センターに完全に私的な性格を持たせることは，経営的には無理である。もし参加費を徴収するようになれば，儲けのでない事業は存在しえない。儲かることをめざすなら，事業そのものが民間の娯楽提供者と同様の水準に低下したり，地域のニーズを反映しなくなったりする懸念がある。さらには，特定の業者の間での確執が生ずるかもしれない。そこで，公共施設を利用しつつ，私的な事業を行う方法を考案する必要がある。困難ではあるが，方法はある。きちんとした監督官を置くこと，私的なグループにもセンターの管理に参加させて，その意思を生かすことである。ある程度の費用はかかるが，コミュニティ・センターにはその意義があると提案した[32]。

　ペリーは，上からの指導によってではなく，地域住民の意思が次第にまとまって，協会やクラブとして現れることに期待をかけた。「コミュニティ・センターの仕事は，主として，集団活動を組織し，開発すること」であり，住民の意思をつなぐことと，そのための物理的な環境を整備することであった[33]。

31)　John Collier, "Social Centers," *National Municipal Review*, Vol.II, No.3 (July, 1913), pp.455-460.
32)　Clarence A. Perry, "The Quicksands of Wider Use; A Discussion of Two Extremes in Community-center Administration," An Address Delivered in New York City on July 5, 1916, at a section meeting of the National Education Association, *The Playground*, Vol.10, No.6 (September, 1917), pp.200-208.
33)　Clarence A. Perry, *Community Center Activities* (New York: Russel Sage Foundation, 1916), p.11.

センターの指導者に求められる資質は，そこに住んでいて，住民をよく知っていることであり，いろいろな集団のなかからリーダーとなるべき人を発見できることであった。地域の多様性と自主性を重視しようとするこの発想は，彼が1920年代に提唱した近隣住区論と共通しており，その起源をここに見出すことができる[34]。

3　コミュニティ・センターの経費問題：経済的自立は可能か

ウォードとコリアは，コミュニティ・センターの経済的自立をめぐる議論でも，意見の相違が明らかであった。1916年4月19日から22日までニューヨーク市でコミュニティ・センター全国会議が開催された。この会議では，コミュニティ・センターとして公立学校施設の利用を促進することと，そのための経費を誰が負担するかが中心的な議題であった。さきに触れた学校施設利用法案は，社会センターを運営する経費負担の問題を含んでおり，この会議は全米の関心を集めていた。すなわち，公共資産である校舎を無償で住民に利用させるなら，それにかかる施設維持と運営にかかる経費をだれが負担するかという問題であった。会議の参加者には，ウォード，ジョン・デューイ，ジョセフ・リー（アメリカ遊び場リクリエーション協会会長），マーガレット・ウィルソン（大統領令嬢）などがいた。会議を取り仕切ったのはL.H.ギューリックであった[35]。

社会センターに対する公費援助を強く主張したのはウォードであった[36]。彼は社会センター事業を公教育の一部とみなした。社会センターとして使用さ

---

34) Clarence A. Perry, "Leadership in Neighborhood Centers," *The Playground*, Vol.10, No.11 (February, 1917), pp.462-464. この論文は，アメリカ遊び場リクリエーション協会（PRAA）のハワード・S. ブラウチャー（H. S. Braucher）の主張に対する反論である。ブラウチャーは近隣センターをつくるためには，強力な上からのリーダーシップが必要であることを強調していた。Howard S. Braucher, "Leadership in Neighborhood Centers," *The Playground*, Vol.10, No.11 (February, 1917), pp.464-465.

35) "Community Centre Idea Spreads Over Country: National Conference, to be held This Week in New York, Will Discuss the Organization of Public Work on Voluntary Basis," *The New York Times*, April 16, 1916. ペリーが参加したかは確認できていない。

36) "Want City Control for Public Centres — Miss Margaret Wilson's Ideas Adopted in Main by National Conference. — Ward Leads in the Fight — Collier, Spokesman for Faction Demanding Complete Independence, Makes Concessions." *The New York Times*, April 22, 1916.

第9章　学校によるコミュニティ形成と国民形成　　249

れる校舎は地域の中心であり，民主主義が生まれるところであった。だから，校舎が選挙の投票所となり，校長が事務官としてセンターの業務にあたることも当然のことであった37)。

　これに対して，コリアはコミュニティ・センターの経済的自立を求めた。もちろん，コリアとて，公費援助に反対したわけではない。1913年にニューヨーク市長ミッチェルと会談したときには，運動場や講堂など，公立学校の施設を拡充することを要望したこともあった。だが，住民主体の自由な事業であるためには，利用者の自己負担を原則にしなければならなかった。リクリエーションなどのために，利用者から使用料を徴収することで，公費の負担をできるだけ少なくして，コミュニティ・センターを維持しようとしたのである38)。したがって，校舎とリクリエーション施設を統合すること，リクリエーション施設の近くに校舎を置くこと，校舎のなかに集会所やダンスホールなどを置くことで経費を節約することも提案した39)。

　ペリーがこの会議に参加した記録は見つかっていないが，いくつかの記事のなかで，意見を表明している。ペリーはコリアに近い立場であった。ペリーは，校舎の能率的利用を重視し，学校開放にかかる費用を詳細に調べて様々な報告書を出していた40)。経済的な自立はリクリエーション活動を充実させることで可能になる。これがペリーの考えた方向であった。

　1916年大会での議論の結果は，4月22日の新聞記事によれば，①住民は公的な建物を使用する権利があること，②コミュニティ・センターは公務員が責任をもって管理すべきであること，③コミュニティ・センターの設置と管理は税金によるべきである，ということが決まったとなっている。すなわち，ウォードの意見が採択されたように見えた41)。

---

37)　Edward J. Ward, *The Schoolhouse as the Polling Place*, U.S. *Bureau of Education, Bulletin, 1915, No.13*,; Edward J. Ward ed., *The Social Center* (New York: D. Appleton and Co., 1913).

38)　"City Recreations for Benefit of All; Mr. Collier Gives Plans for Saving Boys and Girls in Answering Mr. Mitchel's Questions," *The New York Times*, April 21, 1913.

39)　John Collier, "City Planning and the Problem of Recreation," *Annals of the American Academy of Political and Social Science*, Vol.51 (January, 1914), pp.208-215.

40)　Clarence A. Perry, *Significant School-Extension Records, U. S. Bureau of Education, Bulletin*, 1915, No.41, Clarence A. Perry, "Essentials of Useful Record Keeping," *The Playground*, Vol.9, No.9 (December, 1915), pp.314-316. など。

表9-2 ラッセル・セイジ財団のリクリエーション部門パンフレット一覧

1910	No. 52	Public lectures in school buildings: Suggestions for their organization and sources of speakers and topics
1910	No. 56	Vacation schools
1910	No. 85	Evening recreation centers
1911	No. 83	The Community-used School
1911	No. 87	Recreation the basis of association between parents and teachers
1911	No. 104	The unused recreational resources of the average community
1912	No. 119	Sources of speakers and topics for public lectures in school buildings
1912	No. 120	Social center features in new elementary school architecture and the plans of sixteen socialized schools
1913	No. 123	A survey of school social centers, season of 1911-12
1913	No. 125	How to start social centers
1913	No. 135	The social centers of 1912-13
1914	No. 137	The real snag in social center extension
1914	No. 138	The high school as a social centre
1914	No. 142	The school as a factor in neighborhood development
1914	No. 143	Recreation in Springfield, Illinois
1916	No. 147	The quicksands of wider use: A discussion of two extremes in community-center administration
1916	No. 148	Community center activities
1917	No. 149	First steps in community center development
1920	No. 150	School center gazette, 1919-1920
1920	No. 152	Contributions to community center progress
1921	No. 154	Ten years of the community center movement

出典：すべて筆者が収集したもの。

第9章 学校によるコミュニティ形成と国民形成 | 251

ところが事態はウォードの期待通りには進まなかった。そのわずか一年後に
シカゴで開催された大会では，コリアが全国コミュニティ・センター協会の代
表に就任し，ウォードは失意のなかで運動から離れた。ペリーは1917年から
1919年まで軍務に就き，コミュニティ・センター運動からはしばらく離れた。
その結果，コリアの路線が確定した。

その後，コミュニティ・センター運動はリクリエーション運動と一体化して
いった[42]。1920年にペリーは運動を振り返って，学校施設が大衆向けのリク
リエーションの場所として利用されるようになったこと，住民相互の交流がで
きるようになったことを，運動の成果として挙げている[43]。1920年代は，ア
メリカが大衆消費社会へ変貌していった時期であった。様々なリクリエーショ
ンが大衆に急速に広がっていくなかで，コミュニティ・センターの事業はその
なかに吸収されたのである。

表9-2は，ラッセル・セイジ財団リクリエーション部門の報告書のうち，
ペリーが中心となってまとめた報告書の一覧表である。タイトルを並べてみる
と，社会センターからコミュニティ・センターへと主題が移行しつつあったこ
とを確認することができる。この変化は，ペリーの活動を反映していたのであ
る。

第3節 アメリカ的コミュニティの探究
——家庭から国家，国家から世界へ

すこし時期を遡るが，国際情勢をみると，1914年に欧州で第一次世界大戦
が勃発し，アメリカでは戦争への関与をめぐって国民の間で激しい議論があっ
た。アメリカは19世紀以来，欧州の政治状況に関与しないことを方針にして
おり，ウィルソン大統領も参戦には否定的で，不戦を公約にして1916年の大

---

41) "City Control for Public Centres," *The New York Times*, April 22, 1916.

42) この間の事情は，Ronald M. Johnson, "Forgotten Reformer: Edward J. Ward and the Community Center Movement, 1907-1924," *Mid-America: An Historical Review*, Vol.74 (January, 1992), pp.19-35 が紹介している。

43) Clarence A. Perry, *Ten Years of the Community Center Movement* (New York: Russell Sage Foundation, 1921).

統領選挙で再選された。ところが，この方針は，大戦中に撤回された。大統領は1917年4月2日の議会で，「我々の［戦争の］目的は，世界の暮らしの中で，利己的で専制的な権力に反対し，平和と正義の原則を確立すること，そして，今後この原則を守り，保証するために，自治を行う真に自由な諸国民の間に，目的と行動の協調関係を樹立することです。……世界は民主主義のために安全にされねばならないのです」[44] という有名な演説をして，アメリカはドイツとの戦争に突入した。反戦を訴えたものはごく少数[45] で，多くの知識人が「民主主義」を守る戦争を支持した。ナショナリズムの昂揚と戦争支持の動きは顕著であった。

このような国際状勢と国内世論の動向がコミュニティ・センター運動の方針にどのような影響を与えたであろうか。

1 戦時下における国民化と国際化

アメリカが戦争に向かうなかで，多くのコミュニティ・センターには移民のアメリカ化と国家への忠誠心を育成することが期待された。ナショナリズムの盛り上がりである。たとえば，かつてウォードが社会センター事業を展開したロチェスターをみると，1915年ころ，公立学校の校舎は移民のための英語教育の場として利用されていた。ロチェスター・システムと呼ばれた方式の内容は，①将来のアメリカ人に英語を話し，読み，書くことを教えること，②移民が快適で安全な生活を送れるように情報を与えること，③アメリカの法律，慣習，理想とわれわれの歴史の基礎をよく教えることによって，知性的で愛国心をもったアメリカ市民になるように準備をすること，以上の三つが中心であった。そして「ハイフンつきの市民は人間にとってのがん細胞と同じように，共和国にとって危険なものである。教育はそのハイフンを切るときに使うナイフである。ロチェスターの公立学校は，そのような手術が実施できるということを証明するための実験室である」[46] という方針を掲げていた。このような事例

---

44) 中野耕太郎『20世紀アメリカの夢』（岩波書店，2019年），63頁。
45) たとえば，ランドルフ・ボーン，ヘレン・ケラーやジェーン・アダムズなどがいる。
46) Gregory Mason, "An Americanization Factory: An Account of What the Public Schools of Rochester Are Doing to Make Americans of Foreigners," *The Outlook*, Vol.112 (February 23, 1916), pp.439-448.

はいくつでも挙げることができる[47]。

1917年に全国コミュニティ・センター協会の会長となったジョン・コリア
は，戦争のための意欲を育てる場所として，公立学校の校舎を利用すべきであ
ると主張した。近隣の人々が集まって組織されることで，愛国心が高まるとこ
ろにコミュニティ・センターの意義を見出した。「戦争のエネルギー，とりわ
け市民のエネルギーを集めるのに適切な場所は校舎である。校舎は民主主義を
象徴しているので，校舎の中で，あるいは校舎をとおして，実施されることは，
いかなることであれ，愛国的な事業から逸れることはない」[48] という。さらに，
コリアは「教育委員会は校舎を戦争推進のために利用することを認める」とい
う声明文まで作成した。連邦政府の国防評議会（Council of National
Defense）は各地にコミュニティ評議会（Community Council）を組織し，公立
学校の校舎をそれぞれの地域本部にした。公的な統制には批判的であったコリ
アだが，この時は，コミュニティ・センター協会の会長として，連邦政府の方
針を積極的に受け入れた[49]。

連邦教育局をみると，ウォードに代わって，ヘンリー・E.ジャクソン（Henry
E. Jackson, 1869-1939）の活躍が目立つようになった。ジャクソンは牧師であ
ったが，1918年から数年間，連邦教育局のコミュニティ組織専門官（special
agent in community organization)[50] を務め，その間に『コミュニティ・セン
ター：それはなにか，そしてどのようにしてそれを組織するのか』(1918) を
はじめとして，数冊の図書を出版した。『コミュニティ・センター』の表紙に
は，「校舎はどれもコミュニティの議事堂であり，どのコミュニティも小さな

---

47) たとえば，デトロイトでも同様のアメリカ化教育が推進されていた。Gregory
Mason, "Americans First: How the People of Detroit Are Making Americans of the
Foreigners in Their City," *The Outlook*, Vol.114 (September 26, 1916), pp.193-201.

48) John Collier, "School Buildings as Coordinating Places for the Civil Energies of the
War," *American City*, Vol.16, No.6 (June 1917), p.588.

49) John Collier, "Community Councils — Democracy Every Day," *The Survey*, Vol.40,
No.22 (August 31, 1918), pp.604-606, Vol.40, No.25 (September 21, 1918), pp.689-691,
Vol.40, No.26 (September 28, 1918), pp.709-711, 725.

50) ウォードも1916年から1921年まで，連邦教育局のコミュニティ組織部門に務めて
いたはずだが，発言等は見つからず，ジャクソンがウォードにかわって影響力をもつよ
うになっていたと考えられる。"Edward J. Ward Services Today," *Evening Star*,
January 7, 1944.

民主主義社会である」という文言を掲げ，コミュニティを組織することで国民を形成する方法を具体的に示した[51]。彼は地方と国家と世界を連続するものとしてとらえ，コミュニティ・センターの目標を「三つのコミュニティ（地方，国家，世界）のすべてにおいて，友情の自由貿易を確立すること」[52]に定めた。さらに，「地方のコミュニティを小さな民主主義社会へと組織していく全国的な運動は，国旗が象徴する理念を維持することをめざしている。……それ（全国的な運動）は市民性の実践を鼓舞することを求める」（下線部の原文はイタリック体）[53]と述べている。ジャクソンの考えでは，全国的な運動がコミュニティを組織する主体になるのであり，コミュニティは国家の下部組織であった。

　ジャクソンはさらに具体的に，自分の住むコロンビア特別区のコミュニティ憲章案を次のように提示した。

　　われわれ，ワシントンD.C.のウィルソン・ノーマル・コミュニティの人
　　民は，組織された自助の利点を確保すること，公衆の意見をさらに啓蒙し，
　　効果的なものにすること，民主主義社会のなかで大人にも若者にも市民性
　　を形成するための教育を促進すること，公立学校の施設をコミュニティ議
　　事堂として利用できるように組織すること，コミュニティがもっと能率的
　　な社会単位になるように近隣精神を促進すること，社会的活動が無駄に繰
　　り返されることがないようにすること，私たちの道徳的，物的な幸福がも
　　たらされるような協力的企画に取り組むこと，そして，国家の良心と知性
　　とがよく調和がとれるように社会秩序をつくり上げること，これらの目的
　　のために，この憲章を定め，確定する。（傍点は筆者。下線部の原文は大文
　　字）[54]

国家のなかのひとつの単位としてコミュニティをとらえ，愛国心を強調するこ

---

51)　Henry E. Jackson, *A Community Center: What It Is and How to Organize It, U. S. Bureau of Education, Bulletin*, 1918, No.11. この図書の増補版が1918年にMacmillanから出版されている。以下の引用はMacmillan版による。

52)　Jackson, *A Community Center*, preface.（　　）内は筆者による補足である。

53)　*Ibid.*, p.144.

54)　*Ibid.*, p.149.

とは，地域の特性を排除することにつながるであろう。

　1920年ころになると，コミュニティ・センター運動の中心的原理は，国民としての道徳と明確なつながりをもつようになった。「コミュニティ生活のなかでは，だれもが自分自身がひとつの要素であると明確に認識し，感じ取り，自分自身のために働きながら，同時に賢明な方法でコミュニティ全体に奉仕できるようにすること，これが道徳の最高の理想であり，平和のための根本条件であり，民主主義の基礎であることは明らかである」[55] という主張が広がっていたのである。

2　コミュニティ・センター運動の再開

　コリアやジャクソンがコミュニティ・センターを愛国心形成に利用しようとしていたとき，ペリーがその動きに同調した様子はない。ペリーは軍務のために30か月間[56]，コミュニティ・センター運動から離れていたが，1919年10月にニューヨーク市に帰還し，ラッセル・セイジ財団での仕事を再開した。このときには，ウォードもコリアもコミュニティ・センターの活動からは手を引き，運動は沈滞していた。ペリーは1920年7月から1922年8月まで，機関誌『コミュニティ・センター』の編集長を務めたり，全米教育協会（NEA）の教育長部会の会議でコミュニティ・センターに関するプログラムを作成したりして，協会の再建に力を尽くした。さらに，1925年1月に，NEAの中にあった学校施設拡張部門を廃止して代わりにコミュニティ関係委員会を設置して，その事務局長に就任した[57]。全国コミュニティ・センター協会の活動は，1925年からは北カロライナ大学が発行する『社会的諸勢力雑誌（*Journal of Social Forces*）』に掲載された。

　こうした活動を続けながら，ペリーの関心はリクリエーションのための環境

---

55)　C. J. Bushnell, "The Community Center Movement as a Moral Force," *International Journal of Ethics*, Vol.30, No. 3（April, 1920），p.330.

56)　ペリーが軍務に就いた経緯は不明である。1917年5月に成立した選抜徴兵法によるものと思われるが，すでに45歳になっていたペリーが徴兵の対象になったとは考えにくい。ただ，選抜徴兵法が国民のナショナリズムを大いに高めたことは間違いない。中野耕太郎『戦争のるつぼ：第一次世界大戦とアメリカニズム』（人文書院，2013年），第2章参照。

57)　Glenn, et al., *Russell Sage Foundation*, pp.321-323.

整備に向かっていった。それは，ナショナリズムに基づく愛国心教育に熱心で
あったコリアやジャクソンとは異なる路線であった。すでにみたとおり，ペリ
ーは，1910年代から公立学校の施設などがリクリエーションのためにどのよ
うに活用されているかを詳細に調査した実績があった。したがって1920年代
にラッセル・セイジ財団がニューヨーク市とその近郊の地域計画策定に取り組
んだとき，ペリーがそれに参加したのは自然な成り行きであった[58]。「住民が
仕事場の近くに住み，近くで遊ぶ機会をもてること」[59] をねらいとして，「公
園と遊び場を設置する」[60] ことから研究が始まった。1924年6月に開催され
た第51回ソーシャル・ワーク全国会議で，学校の校舎と校地を中心において，
その周囲に公共の施設を配置し，快適な居住環境をつくることを提唱し[61]，
これがのちの近隣住区論へと発展した。学校の周囲に遊び場や競技場や公園が
配置されており，居住者のリクリエーションが重視されていたことは図9-1
から明らかであろう。ペリーの近隣住区論は1929年に刊行された図書[62] で
体系的に論じられ，広く知られることになった。

　近隣住区の詳細を見る前に，コミュニティ・センター運動とのつながりを明
確にするために，1920年代のペリーの思想をもうすこし確認しておこう。ペ
リーは，都市全体というよりも，自分の住んでいる近隣に着目した。そのこと
はコミュニティ・センター運動の継承と見ることができる。ペリーはニューヨ
ーク市近郊地域計画に参加してすぐに，「近隣は市民に対してなにをすべき
か」を検討した。1925年に開催されたアメリカ社会学会でその成果を次のよ
うに報告した。

---

58)　*Ibid.*, p.331.
59)　Clarence A. Perry, *Housing for the Machine Age* (New York: Russell Sage Foundation, 1939), p.208.
60)　Clarence A. Perry, "Provisions for Play in the Neighborhood Unit: How the New Regional Plan for New York Would Extend Recreation Facilities," *Playground and Recreation*, Vol.23, No.7 (October, 1929), p.434.
61)　Clarence A. Perry, "The Relation of Neighborhood Forces to the Larger Community: Planning a City Neighborhood from the Social Point of View," *Proceedings of the National Conference of Social Work*, Vol.51 (1924), pp.415-421.
62)　Clarence A. Perry, *The Neighborhood Unit* in *Regional Survey of New York and Its Environs*, Vol.7, published by Committee on Regional Plan of New York and Its Environs, 1929.; クラレンス・A. ペリー（倉田和四夫訳）『近隣住区論：新しいコミュニティ計画のために』（鹿島出版会，1975年）。

近隣は市民に対して，都市全体がやっていることのほかに，なにをしているのか，なにをすべきなのか。われわれの研究と分析は次の結論に達した。都市の近隣に特有の機能，すなわちそれがなければ家族が生活するために満足のいく環境にはならないものは，つぎのものである。(1) 美的な満足感をもたらすこと。つまり，建築物や，灌木，芝生，街路の状況，これらすべてが家庭の近くにあれば喜びを与えてくれるし，なければ嫌悪感をもたらす，(2) 小学校に安全に通学できること，(3) 快適な遊びのための空間を安心して利用できること，(4) なんらかの小規模の百貨店や専門店がすぐ行けるところにあること[63]。(傍点は筆者)

　この引用から，つぎの二点を読みとることができる。ひとつは，都市全体よりも近隣に焦点を当てたこと，すなわちローカルの視点である。大都市や国家といった大きな範囲のものは想定していない。ウォードやジャクソンがしばしば持ちだした国家像は，ペリーでは提出されず，近隣という具体性をもった現実の場所が重視されている。だが，小さな居住空間である近隣はひとつのモデルとして，あらゆる場所に応用される可能性を秘めていた。ローカルな視点はインターナショナルの視点に直結しており，それゆえに，近隣住区論はアメリカ国内にとどまらず，日本をはじめ，世界の各地で応用されたのである。
　そしてもうひとつは，そこで生活する家族の満足を重視していたことであった。それでは，具体的にどのような家族であったか。ペリーは次のように述べる。

　　アメリカの公衆が心から大切にしてきた「美しい家庭（home beautiful）」という理念は，地面や構造という部分をさすのではない。インテリアや家屋敷が満足のいくものであることに加えて，高木や灌木が見渡せる場所が

---

63) Clarence A. Perry, "The Local Community as Unit in the Planning of Urban Residential Areas," in *The Urban Community: Selected Papers from the Proceedings of the American Sociological Society, 1925*, ed. by E. W. Burgess (University of Chicago Press, 1926), p.238.

あること，舗道が清掃されていること，近くに学校があり遊び場が十分に
あること，教会に通いやすいこと，ショッピング・センターがあること，
道路が適切に修繕されていて，街灯があり，警備が行き届いていること，
不快な工場や見苦しい建物がないこと，これらも必要なことである。「質
のよい」家庭のためには，「質のよい」環境が必要なのだ[64]。

　生活の質を豊かにするために，ペリーがとくに重視したのが遊び場とリクリ
エーションの機会を増やすことであった。1920年代にアメリカが好景気を謳
歌していたとき，多くのリクリエーションやスポーツが大衆を引きつけ，映画
やスポーツ観戦などの娯楽が普及した。商業主義に走るリクリエーションに対
する批判が出されることもあったが，それに対して，ペリーは，「リクリエー
ションを愛するすべての人が促進しようとしていることは，もっと自由な自己
表現と，もっと完全な身体表現である。議論の要点は，今日では，リクリエー
ションについての情報がいろいろと提供されるからといって，民衆の生き生き
とした自己活動が妨げられることはなくなったということだ。……いろいろな
適切な方法で，カレッジや学校や運動場で，コミュニティが実施するリクリエ
ーションを後押しして，豊かさを表現するような生活の理想と習慣をひろげよ
うではないか」[65]と答えた。豊かなアメリカ的生活様式を楽しんでいる家族を
想定しての言葉であろう。

3　近隣住区論の提唱

　住民の自主的な参加と住民のニーズを重視するコミュニティを形成し維持す
ることは困難な課題であったが，ペリーはそれを，近隣住区という新しい方法
を開発することで乗り越えようとした。ペリーは，ラッセル・セイジ財団が
1922年から取り組んでいたニューヨーク市圏地域調査と近隣コミュニティ計
画に参加した。この計画の目的は，「住民が仕事場の近くに住み，近くで遊ぶ

---

64)　Clarence A. Perry, "The Rehabilitation of the Local Community," *Social Forces*
　　Vol.4, No.3 (March, 1926), p.559.
65)　Clarence A. Perry, "Is Commercial Recreation an Octopus?" *The Playground*,
　　Vol.21, No.11 (February, 1928), p.606.

図9-1 共同住宅地の近隣住区

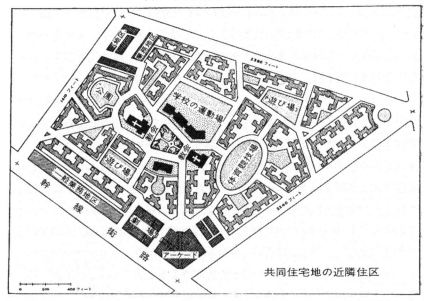

窓からの興味ある景観、より安全な道路、より自由なオープン・スペースと近隣住区の性格をもつ集合住宅地区開発の手法
出典：ペリー（倉田和四生訳）『近隣住区論』35頁

機会も持てる」[66]ようにすることであった。そのためには，リクリエーション設備を，大都市の観点からと同時に，近隣へのサービス範囲という観点からも見なければならなかった。そのとき，彼の念頭にあったのは，①公園と遊び場の配置，②16歳以下の子どもがいる家庭が住む住宅地をどのように分割すれば，遊び場を最大にできるか，③自発的な地域協議会が生まれてくるには，どのくらいの広さが適切か，という問いであった[67]。

7年間の検討のすえに，たどり着いたのが近隣住区論であった。学校を住区の中心に置き，公共のスペースや遊び場を学校の周囲に配置している（図9-1）。その土地利用の状況を示した例が図9-2である。1929年にペリーが発表した『近隣住区論』によると，近隣住区には，①小学校，②小公園と遊び場，

66) Clarence A. Perry, *Housing for the Machine Age*, p.208.
67) *Ibid.*, pp.208-209.

図9-2 近隣住区として計画された落ち着いた住宅地の土地利用

出典：ペリー（倉田和四生訳）『近隣住区論』29頁

③地域の店舗，④居住空間という四つの要素がある。それらは六つの原則に従って配置される。①近隣住区の規模は，小学校が1校必要な大きさである。具体的には160エーカー（もし正方形なら1辺が約800m），人口は5,000人程度である。当時では小学生は800人～1,000人程度になる。②幹線道路は近隣住区の周囲にある。③小公園とリクリーションのためのスペースがなければならない。④公共施設用地は近隣住区の中央部か公共広場の周りに適切にまとめられなければならない。⑤人口に応じた商店街地区を居住区の周辺，できれば交通の接点か隣の近隣住区の同じような場所に配置すべきである。⑥地区内街路体系は，循環交通を促進し，通過交通を防ぐように設計されなければならない[68]。

　ペリーが近隣住区論を構想したとき，根拠としたのは，チャールズ・H. ク

---

68) Perry, *The Neighborhood Unit*; ペリー（倉田訳）『近隣住区論』，1975年，26-28頁。

ーリー（Charles H. Cooley）の一次集団という考え方であった。一次集団とは,「顔を顔とをつきあわせている親しい結びつきと, 協力によって特徴づけられる集団」[69] である。ペリーは一次集団で構成される近隣住区に, すくなくとも二つの機能を見出していた。ひとつは, 近隣住区が民主主義を学ぶ場となることであった。近隣住区は「人々がお互いに接触交流するために時間を費やす状況」[70] にあった。「歩道の補修が必要なとき, 街路が清掃されていないとき, 樹木が動物に脅かされたとき」[71] など, 様々な出来事をとおして, 住民は行政と結びつく。「一般大衆の運動の全プロセスは, 立法府における法案の審議や活動と同様に, 民主的な政治過程の一部」[72] であった。「地域政治に影響を与える社会的運動が起こりうる唯一の場は, 地域の居住区の中」[73] にあり,「社会運動の自然な発展に必要な物理的条件—対面関係—をつくりだすことが公民道徳の基礎」[74] になるのである。社会運動とは住民の政治参加であり, 民主主義が機能するための必須条件であった。

　もうひとつの機能は, 近隣住区が個人の道徳の形成に寄与するということであった。「それ（一次集団…筆者）は個人の社会性と理念の形成にとって基本的」[75] であり,「結びつきのあるコミュニティという環境は道徳性の発達にとって, 欠くことのできないものである」[76] という。このような一次集団を形成するのが, 小学校を中心に公共の施設をその周囲に配置した近隣住区であった。「一学校区の人口住宅事業は, 近隣住区の型を適用することによって, 人間行為の鋳型としてすぐれた効力を発揮することができる」[77] という。こうして, 学校を中心におく近隣住区が, その地区の住民の道徳を形成することを期待した。近隣住区論は学校理念型の遊び環境から導かれたひとつの成果とみることができる。

---

69) チャールズ・H.クーリー（大橋幸・菊池美代志訳）『社会組織論』（青木書店, 1970年）, 24頁。
70) ペリー『近隣住区論』, 184頁。
71) 同上書, 186頁。
72) 同上書, 184頁。
73) 同上書, 185頁。
74) 同上書, 185-186頁。
75) 同上書, 187頁。
76) 同上書, 188頁。
77) 同上書, 190頁。

4　近隣住区論への批判

　しかしながら，ペリーの近隣住区論からは，アメリカ的生活様式から排除された人々に対する配慮はほとんど読みとれない。実は，先の引用のまえで，ペリーは「ローカルなコミュニティとは居住区のことであり，近隣という関係は，特別な関心にもとづくつながりによって完全に無効にされることはない。……合衆国は非常に豊かな国になったので，食べることや住むことを心配する必要はなくなった。いま人々の関心を引いているのは，生活の質なのである」[78] と述べていた。いうまでもなく，アメリカ社会は，人種や経済的地位からみれば多様である。それを認めるなら，アメリカ的生活様式を享受できない人々はどうすればよいのか。ペリーは次のように述べている。

　　コミュニティ生活を損なう最大のものは，異質性である。私が言及した新しい方法は，同質性を作り出す。同類の人たちが近くで生活できるようにして，皆が共通の施設を大事に使うようにすれば，自発的な結社が自然と生まれてくる。……私たちは経済的に豊かになったので，住む場所をつくり変えることができるようになったし，新しい移動手段ができたので，新しい居住形態を受け入れるようになった。現代の都市地図には大きな街路が引かれていて，居住区が島のように区切られて，危険な交通路で周囲を囲まれている。安全性と便利さを維持するためには，島になったひとつひとつの地区の中に，学校，遊び場，その他の近隣サービス施設がなければならない。離れ離れの島が，共同体としての意識をつくり上げるのに役立つのである [79]。

　ペリーにとって，近隣は孤立した島であった。大都市のなかに人種や文化や経済的地位の違いに沿って，いろいろな区画が生じ，それぞれの区画のなかで同質性が確保され，人と人のつながりができる。こうして同質的なコミュニティを追求することは，分離の自由を認めることによって，排他的コミュニティ

---

78)　Clarence A. Perry, "The Rehabilitation of the Local Community," p.559.
79)　Clarence A. Perry, "The Tangible Aspects of Community Organization," *Social Forces*, Vol.8, No.4 (June, 1930), p.563.

を可能にすることでもあった。それが1920年代のアメリカで起こった現実であった[80]。

　近隣住区論に対しては，現代では様々な批判が出されている。都市研究家として著名なルイス・マンフォード（Lewis Mumford）は，近隣住区がひとつの小学校を支える程度の家族でなりたち，人間のつながりの核となることに期待をしつつも，結果的に大都市の郊外に，快適だが孤立した民主的な地域を作り出して，「郊外が今日まで保っているものの多くは，紳士気取り，孤立，地位の追求，政治的無関心」であったと厳しい評価を下している[81]。また，近隣住区は裕福な階層の人々だけが住む排他的な場所であり，学校を人種差別を定着させるメカニズムに組み込んだにすぎないという評価もある[82]。

　ペリーは1910年代に校舎開放運動を推進し，学校を起点として，住民向けの様々なリクリエーション活動を通して，民主主義社会の形成をめざした。だが，1920年代末に彼が提案した近隣区論は，居住地区の物理的な環境に限定されていた。小学校の校舎や遊び場や公共の施設を地区の中心に集めたものの，それらを含む近隣住区自体は大都市の郊外に孤立していた。孤立した環境の近隣住区にいる子どもたちに豊かな経験をあたえる教育がはたして可能だろうか。そこから民主主義社会が生まれるであろうか。それが，あらためて考察すべき課題として出現していたのである[83]。

おわりに——コミュニティ・センター運動と市民形成

　コミュニティ・センター運動は，社会センター運動のなにを継承し，どのように変質させたのか。そして，どのような課題を残しているのか。最後にそれ

---

80)　渡辺俊一『アメリカ都市計画とコミュニティ理念』（技報堂出版，1977年），とくに5章。渡辺はペリーの近隣住区論を「排斥的地域制」と表現している。（同上書，7頁。）

81)　Lewis Mumford, "Neighborhood and the Neighborhood Unit," *The Town Planning Review*, Vol.24, No.4（January, 1954）, pp.256-270; idem, *The City in History*（New York: Charles E. Tuttle Inc., and Harcourt, Brace & World Inc., 1961）；ルイス・マンフォード（生田勉訳）『歴史の都市　明日の都市』（新潮社，1969年），406頁。

82)　たとえば，Ansley T. Erickson and Andrew R. Highsmith, "The Neighborhood Unit: Schools, Segregation, and the Shaping of the Modern Metropolitan Landscape," *Teachers College Record*, Vol.120, No.3（2018）, pp.1-35.

を確認しておこう。

　公立学校の施設を住民に広く開放し，そこで学習，討論，リクリーションなどを実施することで住民相互の交流を深め，民主主義を生み出す場所にしようとしたのが，社会センター運動の始まりであった。この運動は，公共施設をできるだけ能率よく利用するという革新主義時代の思想に支えられ，20世紀の最初の20年間に大きな盛り上がりを見せた。だが，1920年代になると，学校開放が教育界で話題になることは少なくなった。全国コミュニティ・センター協会が刊行していた機関誌は，1922年に刊行を終了した。NEAは1918年から設置していた学校施設開放部会を1924年4月に廃止した。運動はこれで終息したように見える。

　しかし，実際には運動は終息していなかった。もっとも積極的に運動を継承しようとしたのはペリーであった。ペリーが軍務を終えて，1919年10月からラッセル・セイジ財団の仕事に戻ったとき，全国コミュニティ・センター協会は危機的状況にあった。ペリーはその建て直しのために尽力し，同協会の事務局長や機関誌の編集長を務めた。協会は1925年から学術誌である『社会的諸勢力（*Social Forces*）』[84]のなかに「コミュニティと近隣」という欄を確保し，この欄は1935年まで続いた[85]。1925年1月にNEAが，学校施設開放部会廃止の代替として，コミュニティ諸関係委員会（Committee on Community Relations）を設置したとき，ペリーはこの委員会の書記長に就任した[86]。1920年代以後も，運動は継続しており，ペリーはコミュニティ・センター運動を主導していたのである。

---

83)　近隣住区論は，現代の都市計画における重要なテーマである。本書で論ずることはできないが，社会センター運動の延長としてペリーの理論を捉えることができる。Larry Lloyd Lawhon, "Neighborhood Unit: Physical Design or Physical Determination?," *Journal of Planning History*, Vol.8, No.2 (May, 2009), pp.111-132; Howard Gillette, Jr., "The Evolution of Neighborhood Planning: From the Progressive Erat to the 1949 Housing Act," *Journal of Urban History*, Vol.9, No.4 (August, 1983), pp.421-444; William Peterman, *Neighborhood Planning and Community-Based Development: The Potential and Limits of Grassroots Action* (Thousand Oaks, California: Sage Publications, 2000), chapter 2.

84)　*Journal of Social Forces* は1925年に *Social Forces* にタイトルを変更した。

85)　Glenn, et al., *Russell Sage Foundation, 1907-1946*, pp.321-335.

86)　LeRoy Bowman, "Notes and News on Community Interests," *Social Forces*, Vol.4, Issue 2 (December, 1925) pp.360-363.

この間のコミュニティ・センター運動の変質として，三点を指摘することができる。ひとつは，運動がリクリエーション中心になったことである。遊び場運動がリクリエーション運動につながったことは前章で確認した。社会センター運動がコミュニティ・センターになったときには，その傾向が現れていたが，その後の動きは一層顕著であった。ペリー自身が述べているとおり，子ども・青年・大人の間にリクリエーション活動を普及させたことは，運動の成果であった。

第二に，しかしその成果は，住民の交流と民主主義社会の形成という社会センター運動が始まった当初のねらいとは，かけ離れていた。センターの活動の自主的管理と経済的自立性を重視するなかで，活動の内容はリクリエーションに傾斜していた。むろん，リクリエーションが無駄なものであるとは考えられないが，その活動のなかで民主主義を支える市民形成という理念を実現することは困難であった。

第三に，ペリーが提唱した近隣住区論は，コミュニティ・センター運動から生まれた重要な成果のひとつとして認められるが，それは，「よきアメリカ市民」を形成する場所，ここから民主主義社会が形成される場所であるよりも，「アメリカ市民」としての資質のある人々の集合となったとみることができる。

これまでの考察を経て，さらに考察すべき課題を最後に整理しておきたい。第一に，住民参加の民主主義が現実的に可能であるか，という課題である。ウォードやカーティスがめざした民主主義のあり方は，過去のニューイングランドに民主主義が存在していたという幻想に基づいていた。だが同時に，未来に実現をめざす理想でもあった。公立学校の施設の開放が，どのようにすれば，民主主義をつくるためのひとつの手段になりうるのか。ウォードの方法を現代にそのまま当てはめることには無理がある。だが，住民が政治の主体になることをめざしている点は現代でも課題であり，理想であり続けている。地方を，国家を構成するひとつの単位としてみるのではなくて，自治体であり，文化や歴史を受け継いでいる存在としてみることには重要な意味がある。ウォードの思想を直接民主主義の幻想と片付けるのでなく，現代においてもその思想を見直す意味はある[87]。

第二は，住民の交流やつながりを重視したコミュニティをつくることが，同

質性の強化と異質性の排除をもたらす可能性についての解明である。社会セン
ター運動は，多様な人々がつながり，話しあって，社会を形成し改革すること
をめざした。学校はその中心のひとつと想定されていた。しかし，社会センタ
ーがコミュニティ・センターに変わったころには，アメリカへの忠誠を誓う場
所になっていた。コミュニティは国家のなかのひとつの単位であり，地域の
人々がつくり上げ，継承してきた文化や人間関係はほとんど反映されなくなっ
ていた。社会センターの中で認められていた人間の多様性を排除することで，
同質的なコミュニティが作られた。ペリーが1920年代以後に提唱した近隣住
区論は，コミュニティの同質性確保を目的として，新しく作られたものであっ
た。だが，異質なものをコミュニティから排除したとき，コミュニティは特定
の道徳を教えるための道具になっていた。ウォードやカーティスが運動から排
除されたのち，全国コミュニティ・センター協会は道徳教育に熱心になったの
である。コミュニティの多様性をいかに確保するかが，現代に受け継がれてい
る課題である。

　第三に，コミュニティの核としての公立学校の可能性を検討すべきである。
社会センター運動（コミュニティ・センター運動）の大部分は，結果として，リ
クリエーション運動と合体した[88]。その活動は，学校教育とは直接の関連を
もたない民間の事業であることが多く，学校とのつながりはみえにくい。その
関係を解明する必要がある。近年になって注目されるようになったサービス・
ラーニングは，コミュニティと学校とのつながりをつくり直そうとする動きと
みることができる。

　社会センター運動は，20世紀の初頭に変質したとはいえ，学校教育が「市
民」の形成をめざし，民主主義社会をつくる足場になりうるという理念は消え
たわけではない。だが，校舎を地域住民に開くというだけでは難しいというこ

---

87)　ほとんど知られていないが，ウォードは協会を去ったあと，アラスカやワシントン
　　D.C.の小さな町で，校舎をソーシャル・センターにする実験を試みていた。"Most
　　Visited School in U. S.: Park View Organized on Plan of New England Village," *The
　　Washington Herald*, June 13, 1920.
88)　全国リクリエーション協会の歴史については次の図書が参考になった。Charles E.
　　Hartsoe, compiled and edited, *Building Better Communities: The Stories of the
　　National Recreation Association (1906-1965)* (Champaign, Il.: Sagemore Publishing,
　　L.L.C., 2006).

とは1世紀前の経験からあきらかである。公立学校を中心にした市民性形成は，都市計画や地域教育計画のなかで構想しなければならないであろう。

第10章

アメリカの公立学校における
国旗掲揚運動の起源と機能転換
統合から排除へ

はじめに

アメリカ合衆国は，建国以来，多様性とナショナリズムの葛藤が続いてきた。アメリカは様々な人種や文化からなる点で多様性に富む。学校教育に注目すれば，19世紀末までにはほとんどの州で就学が義務付けられ，様々な子どもが学校教育を受けることになった。ほとんどすべての公立学校で，すべての生徒が，毎日，国旗への忠誠を誓う儀式が普及したのは1890年代であった[1]。この儀式は子どもに愛国心を涵養し，ナショナリズムを強化し，アメリカ国民をひとつにまとめる機能を持っていた。多様な生徒に対して，同じ誓いを強制することは，学校現場における多様性とナショナリズムの葛藤の具体的な事例とみることができる。

国旗や忠誠の誓いの成り立ちについてはかなり広く知られているが[2]，子どもと学校教育に焦点を当てた研究は少ない。本章では，公立学校で国旗を掲揚し，国旗と国家への忠誠の誓いの普及を推進した運動（以下，国旗掲揚運動と表記する）の教育史的意義を検討する。具体的には二つの課題を設定する。ひとつは，愛国心の涵養と国旗掲揚運動が結びついていく過程を解明することで

---

1)　現在では以下のようになっている。"I pledge allegiance to the Flag of the United States of America, and to the Republic for which it stands, one Nation under God, indivisible, with liberty and justice for all." 作者は，Rev. Francis Bellamy とされている。

2)　Scot M. Guenter, *The American Flag, 1777-1924: Cultural Shifts from Creation to Codification* (London and Toronto: Associated University Presses, 1990); S.M. グインター（和田光弘他訳）『星条旗：1777―1924』（名古屋大学出版会，1997）；Richard J. Ellis, *To the Flag: The Unlikely History of the Pledge of Allegiance* (Lawrence, Kansas: University Press of Kansas, 2005).

ある。1890年代に，多くの学校は校庭や屋上に国旗を立て，教室には国旗と
ワシントン大統領やリンカン大統領の肖像画を掲げることが始まった。これら
は，アメリカ人の愛国心が高まったことを示す証拠とみることができるが，学
校のカリキュラムに明記されることは少なく，実態をつかみにくい。本稿では，
新聞や雑誌記事等を活用して，その実態を見ていきたい。それぞれは断片的だ
が，全国的な傾向を知るための参考になるはずである[3]。

　もうひとつは，国旗掲揚運動が，教育における多様性を促進したか，否定し
たのかを考えてみたい。国旗掲揚や国旗忠誠の誓いを強要する教育と，多様性
教育を認めることとは両立が可能であろうか。国旗忠誠の誓いの普及を推進し
た人々の行動と思想の分析をとおして，多様性教育の実態を見ていく。

第1節　南北戦争の遺産──戦争と愛国のシンボルとしての国旗

　南北戦争後の再建期に，共和党急進派によって進められた改革は，多様な人
種が混在し，共存できるように多様性を制度として保障することを目指した。
「市民権法」（1866）および憲法修正第14条（1868）は，合衆国で生まれた人，
または合衆国に帰化した人は「合衆国市民」であると規定した。これにより，
多様な人々が市民権を得，多様性教育のための条件ができ，義務教育制度の整
備，公立学校の無償化，教員養成学校の設立，福祉・衛生の制度などの取り組
みが，いろいろな州で始まった（図10-1）。「市民」概念が明確になったこと
で，貧困者や移民や黒人も教育や福祉の対象となった。「学校が社会的混乱や
過激派の扇動，貧困といった問題を解決することはなかったが，文化の融合や
社会改善に対する期待は依然として学校の中核」であったし，「多くの教育学
者，学校職員，市民は，コモンスクールは移民の子どもたちを吸収・同化して
くれると信じていた」[4]のである。ここに多様性教育の起源を見ることができ
る[5]。

　3）　教育史研究のなかで国旗掲揚運動を取り上げたものは少ない。管見では以下の論文の
　　　みである。Morris G. Sica, "The School Flag Movement: Origin and Influence," *Social*
　　　Education, Vol.54, No.6（October, 1990）, pp.380-384.

270

図10−1 多民族の集合

出典：*Harper's Weekly*, November 20, 1869

図10−2 勇者を讃えよ

出典：*Harper's Weekly*, October 24, 1863

第10章 アメリカの公立学校における国旗掲揚運動の起源と機能転換 271

しかしながら，人種や宗教の多様性が重視されたのは，再建期の短期間であり，1870年代後半になると，急進派が衰退し，黒人や中国人や新移民が排除されるようになった。南部では，黒人差別を容認するジム・クロウ制度が作られていった。いったん芽生えた多様性教育は大きく広がることはなかった。

アメリカ国旗は南北戦争の中で広く使われ，合衆国（北軍）のシンボルとして普及した。国旗は戦闘における旗印であっただけでない。国家のために命を捨てた無名戦士を勇者として讃え，その棺を蓋うためにもつかわれた（図10-2）。国旗が国民としての意識を植え付けるとともに，アメリカ国民に一体感をもたらす道具になった[6]。南北戦争に北軍として従軍した元兵士は，1866年に，連邦への忠誠を唯一の資格要件として，米国陸軍軍人会（The Grand Army of the Republic, 以下，G.A.R.）を結成し，会員は1890年までに約41万人になっていた[7]。学校に国旗掲揚を強く働きかける大きな運動の中心となったのが，この団体であった。

第2節 国旗掲揚運動と国旗忠誠の誓い

1 愛国心の形成

戦場ではどこでも国旗を掲げるのが常であったが，学校に国旗を掲げる習慣はなかった。南北戦争以前の公立学校の校舎や教室を取り上げた図書のなかで，国旗を掲揚している図は見つけることができないし[8]，その時代の教科書にも

---

4) William J. Reese, *America's Public Schools: From the Common School to "No Child Left Behind"*, updated edition, (Baltimore, Md.: The Johns Hopkins University Press, 2011); W. J. リース（小川佳万・浅沼茂監訳）『アメリカ公立学校の社会史』（東信堂，2016年），62頁，69頁。

5) 紀平英作編『アメリカ史』上（山川出版社，2019年），第5章；貴堂嘉之『シリーズアメリカ合衆国史②南北戦争の時代：19世紀』（岩波書店，2019年），第3章など参照。

6) 貴堂嘉之『南北戦争の時代』，126-128頁。

7) 同上書，109頁。

8) Henry Barnard, *School Architecture; or Contributions to the Improvement of School-houses in the United States* (2d ed.1848; rep. New York: Teachers College Pr.1970); James Johonnot, *Country Schoolhouses* (New York: Ivison, Phinney, Blakeman & Co. 1866). なお，Warren Richard Briggs, *Modern American School Buildings* (New York: Robert Drummond, Printer, 1899) には，校舎の上に国旗が翻っている図が，数多く掲載されている。国旗を校舎の上に掲げる習慣が1890年代に一般化したことがわかる。

272

図10-3 われらの旗

出典：*Harper's Weekly*, July 16, 1864

国旗はほとんど出てこない[9]。図10-3は，雑誌ハーパーズ・ウィークリー（1864年7月16日発行）に掲載されているトマス・ナスト[10]の作品のひとつ「われらの旗」である。中央の大きな円の説明には「すべての権利の擁護者」，その上の円には「国旗の制作」，右回りに見ていくと，「戦地からの帰還」，「艦上にて」，「死者のまわりに」，「野営陣地にて」，「家庭にて」，「教会にて」，「病院にて」，「戦場にて」，「出征」と絵が並んでいる。国旗と戦争と宗教のつながりは明確に見て取れるが，その中に学校はなかった[11]。1876年の独立宣言

---

9) グインター『星条旗』，60頁。
10) Thomas Nast はこの雑誌の中でたくさんの風刺漫画を掲載し，当時の世論形成に大きな影響を与え，"President Maker"と呼ばれることもある。彼の絵では，アメリカの公立学校は必ず星条旗を掲げ，カトリック系の学校との区別を明確にしていた。このような絵が，1880年代になって国旗掲揚運動が盛り上がったときに大きな影響をもつようになったと思われる。Thomas Nast St. Hill, *Thomas Nast: Cartoons and Illustrations* (New York: Dover Publications, Inc., 1974).

第10章 アメリカの公立学校における国旗掲揚運動の起源と機能転換 273

100周年の祝祭や，翌年の1877年6月14日の国旗決議100周年の式典に際して，公共の建物に国旗を掲げようとする運動はあったが，長くは続かなかった。「戦争という熱狂的な事件が歴史になってしまうと，愛国心の高揚は次第に収まっていき，1887年には学校に国旗が掲げられることも少なくなっていた」[12] のである。

　教育者の間では，南北戦争後には子どもの愛国心形成が重視されるようになっていた。かつて南部連合に加わった南部のテネシー州ナシュヴィルで1889年に開催された全米教育協会（NEA）の全国大会では，「愛国心」が主要テーマのひとつであった。最初の報告者は，南北戦争の痛手を思い起こしつつ，「アメリカが偉大な国になるには，各地域が軍隊で区切られるのではなく，目印となる木があればよい。そして，共通の源と祖国への愛をもって平和に共存すること，『波のように多く，海のようにひとつ』というわれわれの団結力の強さで，バランスをとりながら世界平和をもとめるとよい」[13] と語った。かつて南部に属していた人々も，愛国心を掲げつつ，国家の統合を求めていた。だが，国旗への言及はなかった[14]。

　学校に国旗を掲げようとする動きは，1880年代末に再び盛り上がった。ニューヨーク市を例にみてみよう。ここでは，ジョージ・T. ボルチ大佐（Colonel George T. Balch, 1828-1894）が活躍した。ボルチは，ウェストポイント陸軍士官学校を卒業し，同校の教官を務め，南北戦争に従軍し，兵站にかかわる重要な仕事をした。戦後はしばらくニューヨーク市の会計監査などをしていたが，1889年からニューヨーク市教育委員会の会計監査に従事した[15]。

11）*Harper's Weekly*, Vol.XIII（July 16, 1874），pp.456-457. ボルチによると，南北戦争の時期には，どの公立学校にも国旗掲揚台は設置されていて，なんらかの行事があれば国旗が掲揚されていたという。Colonel Geo. T. Balch, *Methods of Teaching Patriotism*（New York: D. Van Nostrand Co., 1890），p.61.

12）Balch, *Methods of Teaching Patriotism*, pp.61-62; グインター『星条旗』，94-96頁。

13）A. S. Colyar, "Education and the Republic," *NEA, Journal of Addresses and Proceedings, 1889*, p.327.

14）南部においては北軍の象徴である国旗への言及はしにくかったと推測される。連邦離脱の象徴ともいえる南軍旗は，当時はワシントンの戦争省に保管されていたが，1905年にそれぞれの州に返還された。"Memorial Day at Norfolk — Returned Flag," *Evening Star*, May 18, 1905.

15）"[Obituary] George T. Balch," *The New York Times*, April 18, 1894.

ボルチ大佐がもっとも精力的に取り組んだのは，子どもたちの愛国心を育てることであった。そのために，すべての子ども，とくに増えつつあった移民に対して，アメリカの原則を教えこむ必要があった。これを実現する具体的な方策を彼は提言した。彼は1889年6月28日にニューヨーク市子ども救済協会に属する教師たちの会合で講演し，その講演が『愛国心を教える方法』（1890）として刊行された。この中で，愛国心教育の方法を具体的に五つにわけて説明している。①市民性バッジ（badge of citizenship）を子どもに与えて，授業中に身に着けさせる。②品行のよい生徒に報酬として生徒旗（scholar's flag）を与え，身に着けさせる。③学級全体として遅刻がなく，出席率が良ければ，報酬として学級旗（class flag）を与える。④学校全体が合衆国に忠誠を尽くしていることが示されれば，学校旗（school flag）を与える。⑤学校が授業中であるかどうかを示す信号旗（signal flag）を掲げさせる[16]。子どもはバッジや旗を好むので，競って愛国心を示すようになると，ボルチは考えたのである。

　しかし，ボルチ大佐は国旗掲揚を強制しようとはしなかった。「愛国者も聖人も法律でつくることはできません。法律をつくることは，本当の愛国心を育てるための王道ではありません。立法化は，この美徳を育てるのを促すのに役立つかもしれませんが，それを強制しても無駄です。愛国的な熱情を掻き立てる力は，外からの力で動き出すというより，心のなかから湧き出るものでなければなりません」[17]と強調していた。彼においては，愛国心形成と国旗崇拝とは直結してはいなかったことに留意しておこう。

2　退役軍人会の活動：愛国心と国旗の結合

　子どもの愛国心教育を国旗掲揚と関連づけるのに大きく貢献したのは，米国陸海軍人会（Grand Army of the Republic, G.A.R.）であった。この団体は，国旗を公立学校に掲げることを強く主張すると同時に，実際に公立学校に国旗を寄贈した。その贈呈式が大きなセレモニーとして各地で大々的に挙行された。たとえば，ニューヨーク州ロチェスターをみると，1889年2月22日のワシントン（初代大統領）誕生日の式典に合わせて，G.A.R.の支部はすべての公立

---

16)　Balch, *Methods of Teaching Patriotism*, pp.13-83.
17)　*Ibid.*, p.64.

学校に国旗を贈呈することをきめた。G.A.R. の委員会は市の教育委員会と協議して，市庁舎で開催されるワシントン生誕記念日式典のプログラムを作成した。プログラムによれば，音楽，祈祷（G.A.R. 従軍牧師），祝辞（市長），コーラス（参加者全員），ワシントン言行録紹介，コーラス（生徒全員），ワシントンとリンカン（講話），音楽（楽隊），自由と統一国家（講話），独唱とコーラス，ワシントンの記憶（演説），独唱とコーラス，戦場の旗（演説），コーラス（参加者全員），アメリカ国旗に関するシンポジウム，行進曲演奏（楽隊），国旗贈呈式，お礼の言葉（教育委員会委員長），そして，最後にコーラスであった[18]。

　この式典のクライマックスは国旗贈呈式であった。式典のはじめから徐々に子どもの愛国心を昂揚させながら，最後に国旗贈呈式とつなげている。国旗は「永続する忠誠心と愛国心のシンボル」[19] として，子どもの代表に対して，G.A.R. が授与した。国旗は翌年の式典のなかで，子どもから次の学年の子どもに継承される。国旗を直接に受け取る栄誉を担う生徒は，子どものなかから選ばれる。このようなシステムをつくることで，国旗を授与されることがいかに名誉なことであるかを，子どもは実感するのである。国旗は子どもの愛国心を掻き立てる道具であった。

　ところが，意外にも，式典の最後にあった教育委員会委員長の演説を読むと，教育者の立場では，国旗への関心が強くないことがわかる。教育委員会委員長は，国旗の贈呈を受ける理由を，国旗掲揚についてはほとんど言及することなく，つぎのように述べている。「公立学校は，社会の中のすべての階層の人々や条件を統一することのできる本当にただひとつの力です。……私たちが国旗を受け取る理由は，学校が若者を，知的な投票者，公平な心をもった陪審員，正直な裁判官，思慮深く高潔な立法者，清廉潔白で実行力のある公務員にすべきであると，われわれが信じているからです」[20]。すなわち，教育委員会としては，国旗を掲揚することが目的というより，「よい市民」の形成がねらいで

---

18) George H. Thomas Post, No. 4, Department of New York, Grand Army of the Republic, *Presentation of National Flag to the Public Schools of the City of Rochester on Washington's Birthday, 1889, in the City Hall* (Rochester, N. Y.: Democrat and Chronicle Print, 1889).

19) *Ibid.*, p.10.

20) *Ibid.*, p.48.

あった。

国旗の配布はG.A.R.の強い意向によって進められた。この式典の経費をすべてG.A.R.が負担した[21]ことはそのことを証明している。また，1889年2月には，G.A.R.のニューヨーク支部は，すべての学校に国旗を掲げることを求める州法を提案していた[22]。グインターは，「教育者や教育委員会が校庭に国旗を掲揚することに異議を唱えようものなら，米国軍人会の会員たちは，彼らに圧力を加えることも辞さなかった」[23]と述べているが，G.A.R.の強い姿勢を教育委員会が受け入れざるを得なかったのが実情であろう。

公立学校で国旗を掲げる運動を推進したのは，G.A.R.だけではない。G.A.R.の女子部ともいうべき婦人救済部隊（Woman's Relief Corps, W.R.C. 1883結成），アメリカ革命の息子たち（Sons of American Revolution, S.A.R. 1889年結成），アメリカ革命の娘たち（Daughters of American Revolution, D.A.R. 1890年結成）などが次々に結成された。退役軍人の関係者が中心になって結成されたこれらの諸団体は，公立学校に対して国旗掲揚の式典の開催を強力に求め，国旗掲揚運動を推し進めた。たとえば，1890年に，S.A.R.コネチカット州支部は，6月14日の国旗記念日には，ひろく国旗を掲げるべきであると提案した[24]。D.A.R.は「星条旗」を国歌にすること，さらに国歌と国旗を合衆国の象徴として普及させることに熱心であった[25]。

このような状況をみると，教育関係者は愛国心形成には熱心であったが，国旗掲揚を目的としていたとは言えない。退役軍人を中心とした愛国的な団体が最も積極的に公立学校に国旗を掲揚する運動を推進したとみるべきである[26]。

---

21) *Ibid.*, p.12.

22) Wallace Evan Davies, *Patriotism on Parade* (Cambridge, Mass.：Harvard University Press, 1955), p.219.

23) グインター『星条旗』，148頁。

24) Davies, *Patriotism on Parade*, p.218.

25) 中條献「『アメリカ革命の娘たち』（DAR）—国民化のプロセスにおける『時間』と『空間』」樋口映美・中條献編『歴史の中の「アメリカ」：国民化をめぐる語りと創造』（彩流社，2006年），71-91頁。

26) 退役軍人の多くは文字が読めなかった。1890年代のオハイオ州では，調査した23人のうち，文字が読めたのは5人だけだった。おそらくそのせいで，彼らは知識人をひどく嫌っていたと思われる。Davies, *Patriotism on Parade*, p.247.

3　子どもと国旗：子どもが大人を教育する

　退役軍人が学校での国旗掲揚を求めて積極的な活動を始めたとき，子どもは国旗をどのように受け止めていたのか。二つの自伝的児童小説をみてみよう。必ずしも事実ではないが，その時代の子どもの心情を示しているとみることができる。

　ひとつは，K.D. ウィギン（Kate Douglass Wiggin, 1856-1923）が1907年に発表した『レベッカの青春（*New Chronicles of Rebecca*）』である。この中に「国旗の救出」という章がある[27]。要約すると次のような話である。レベッカは17歳で女子高等学院を卒業する直前であった。国旗掲揚式の祭典が「この世紀には二度とあるまいと思われるような規模で」実施されることになった。そこで，レベッカらの女子生徒が共同で，国旗を制作し始めた。子どもたちは「これ以上は不可能と思えるほど道義心が向上した」。国旗を立派なものに仕上げるためにレベッカがどれほどの努力をしたかが詳細に描かれている。ところが，いよいよ国旗掲揚式の前日になって，国旗が盗まれたのである。国旗を盗んだのは近くに住んでいて，評判の良くないアブナーというおじさんであった。盗まれた国旗を偶然見つけたときのレベッカの心情を，ウィギンは次のように表現している。「赤い生地の小さな切れが片隅からのぞいていた。この数週間，食事のときも，眠っているときも，夢の中でさえ思いつづけていた国旗なのだ。見あやまるはずはなかった。待ちこがれ，そのために骨折り，そのために縫った，彼女の偶像の国旗，その国旗が，いまアブナー・シンプソンの荷馬車のうしろにのっているのだ」。そこでレベッカは必死の思いで国旗を取り戻したが，アブナーは国旗を「誰かの洗濯物」とか「ぼろっきれ」とけなす。その言葉にレベッカは愕然とする。さらに，アブナーは，「わしは，国なんてものに自分が何か特別な利害があるものか，ないものか，いっこうわからねえ。……わしが知ってるのは，自分の国に一文の借りもねえし，また国のなかに何一つ所有しちゃいねえてことだけだ」[28]　という。少女レベッカが勇気をもって，不道徳な大人にたいして，国旗と愛国心の大切さを，教えようとした話である。

　もうひとつの児童小説は，ローラ・インガルス・ワイルダー（Laura Ingalls

---

27)　K. D. ウィギン（大久保康夫訳）『レベッカの青春』（角川文庫，1971年），149-185頁。
28)　同上書，172頁，179頁，181頁，183頁。

Wilder, 1867-1957) の『大草原の小さな家』(*Little House on the Prairie*, 1935) である。この児童小説をもとに，NBCテレビ版が制作され，1974年から1983年にテレビ放送された[29]。その中に「100周年記念祭 (Centennial)」という章がある。アメリカの独立宣言100周年を祝う式典に際し，主人公のローラらが国旗を制作し，ロシア系移民ユーリーが国旗掲揚のポールの制作を請け負ったという話である。ローラ姉妹は国旗の制作に取り組めることに感激し，熱心に制作に取り組んだ。ところが，ユーリーは事情があり，ポールの完成を前に町を去らねばならなくなった。英語が読めないユーリーは，土地や家屋についての契約内容を理解していなかったために，住む家も土地も失ったのである。それでも彼はポールを制作し，村の集会場に持ってきた。そのとき彼は，「契約書が読めなかったのは自分の無知のせいだ。ロシアには自由がなく皇帝が君臨している。アメリカには自由がある。子どもは無償で学校に行ける。子どもは親に英語を教えてくれる。自由の国アメリカを誇りに思う」と語ったのである。この話でも，移民も愛国者であること，国旗を崇拝する子ども，そして，子どもが親を教育する姿が描かれている。

　いずれの話も，19世紀末に子どもが国旗を神聖なものとして受け入れたことを詳細に描いている。事実ではないにせよ，そのころ，国旗を崇拝する感情が子どもの間で広がったことを示している。そして，それが大人にも大きな影響を与える契機になったのである。

　現実に子どもに最も強い影響を与えて，国旗掲揚運動を盛り上げたのは，子ども向けの人気雑誌『若者の友 (*The Youth's Companion*)』であった。この雑誌は，子どもに国旗を崇拝する心情を引き起こすことに力を注いだ。「公立学校に掲揚された国旗がもつ愛国的影響力」という課題で，子どもからの作文コンテストを開催したり，自前の国旗を掲げている学校に，「学校での国旗の掲

---

29)　NBC Studios, *Little House on the Prairie* (CD-Rom), Season 2, Disc 7, "Centennial." NHKではこの章は1970年代には放送されていないが，タイトルは「自由よ永遠に」と訳されている。『大草原の小さな家』についての情報は下記ホームページを参照。アメリカでは1974年から1983年にかけてNBCで放送された。日本ではNHKで1975年から8年にわたって放送された。https://littlehouseontheprairie.com/little-house-on-the-prairie-tv-show/ ; https://www2.nhk.or.jp/archives/search/special/detail/?d=drama016 (2021年8月28日閲覧).

揚」の挿絵付き記念版を無料で配布したり，「国旗購入協力者証明書」を発行したりした[30]。『若者の友』に掲載された記事には，「以前は意味のない布の切れ端だったのに，『それが国旗になるととても重要な意味をもつようになるのだ』とミネソタの教師は述べている。ミズーリの教師は，『国旗に対する子どもの感情が大きく変化したことが私にはわかる。言葉では伝わらないことも，国旗を掲げることで子どもの愛国心が作られる』と述べていた」[31]などが紹介されている。この雑誌が子どもの気持ちをうまくとらえたのである。

4　コロンブス記念日式典の二面性：多様性の保障と統合の追求

　国旗掲揚運動がひとつの頂点に達したのは，1892年10月12日のコロンブス記念日式典であった。その日は，コロンブスがアメリカを「発見」してから400年目の記念日であり，全国の多くの都市で式典が開催された[32]。式典の公式プログラムが先にみた子ども向け雑誌『若者の友』1892年9月8日号で発表された[33]。この式典のなかで「国旗への忠誠の誓い（Pledge of allegiance to my flag）」という文言が初めて登場した[34]。文言の作者は同誌編集者のフランシス・ベラミー（Francis Bellamy, 1855-1931）であり，右手を上げるという儀式を定めたのは同誌編集者J・B・アップハム（James B. Upham）であった[35]。

　ベラミーは，公立学校祝賀行事実行委員会の委員長であった。ミシガン州，テネシー州，ロードアイランド州，マサチューセッツ州の教育長が詳細を決める執行委員であった[36]。ベラミーは1892年6月ころ，全国の教育長や教育者に手紙を出して，全国の約1300万人の子どもたちを，式典に参加させるよう

---

30)　グインター『星条旗』，172-184頁。
31)　"Schoolhouse Flag," *The Youth's Companion*, Vol.74（July 2, 1891），p.376.
32)　式典を挙行した日は都市によって異なっている。10月12日（水）が多いが，10月21日（金）のところも少なくない。これを記念する万国博覧会が1893年5月1日から10月3日までシカゴで開催された。
33)　"National School Celebration of Columbus Day: The Official Programme," *The Youth's Companion*, Vol.6, No.36（September 8, 1892），pp.446-447.
34)　詳細は，Ellis, *To the Flag*, chapter 1, Margarette S. Miller, *Twenty-Three Words*（Portsmouth, Virginia: Printcraft Press, 1976），chapter XIV など参照。
35)　当時は作者がベラミーであることは公表されていなかった。
36)　"Columbus Day," *Western Kansas World*（WaKeeney, Kan.），July 23, 1892.

に呼び掛けた。ベラミーのメッセージには,『若者の友』が式典を提案したこと,NEA も支持していること,全国どこでも同じプログラムにすべきこと,国旗を掲げ,子どもに国旗忠誠の誓いをさせること,教師の指導が重要であること,市民を呼び込み,学校を式典の中心にすること,等が記載されていた[37]。

　コロンブス記念日式典には二つの側面があった。ひとつは,この式典がアメリカ人を共通の理念で統合する機能をもっていたことである。国旗忠誠の誓いの儀式は,アメリカが欧州から離れ,ひとつの国家として統合されていること,国民としての自覚を促す格好の機会であった。とくに注目すべきことは,B. ハリソン大統領の宣言[38]を根拠にして,全国でほぼ同じ形式で式典が挙行されたことである。大統領は,「この国のどの学校の校舎にも国旗を掲げよう。そして,われわれの若者にアメリカ市民としての愛国的な義務を印象づけるような式典にしよう」と語りかけた。合衆国憲法修正第 1 条にあるとおり,連邦政府が教育に関する内容を直接に指示することはできない。逡巡するハリソン大統領に,ベラミーが強力に働きかけたことで,大統領の宣言が実現したのである[39]。大統領が宣言した公式プログラムは以下のとおりである。

　1. 大統領宣言の読み上げ（式典主催者）
　2. 国旗掲揚（退役軍人）
　3. 国旗忠誠の誓い（生徒）
　4. 神への感謝（祈祷または聖書朗読）
　5. コロンブス記念日の唱歌（生徒と聴衆）

---

37) "Columbus Day – Message to the Public School Teachers of America, Thirteen Millions of School Children Celebrating Everywhere in the Country at One Time," *The Record-union* (Sacramento, Calif.), June 14, 1892; "No Missing Links – In the Chain of Columbus Day Demonstrations, The National Columbian Public School Celebration Talks about the Plan for October 12," *The Salt Lake Herald* (Salt Lake City, Utah), May 22, 1892. 同じ内容の記事を,各地の新聞記事に見出すことができる。ベラミーが各地の新聞に働きかけていたからと思われる。

38) Benjamin Harrison, "Proclamation 335 – 400th Anniversary of the Discovery of America by Columbus," July 21, 1892.（https://www.presidency.ucsb.edu/documents/proclamation-335-400th-anniversary-the-discovery-america-columbus, 2021 年 7 月 14 日閲覧）。

39) Miller, *Twenty-Three Words*, p.93.

第10章 アメリカの公立学校における国旗掲揚運動の起源と機能転換 281

　6．演説（400年の意味）

　7．頌歌

　8．市民の演説と国歌

　このプログラムにしたがって，ニューヨーク市をはじめとして，多くの都市でコロンブス記念日式典が，学校の生徒を駆り出して，挙行された。州全体で取り組んだ場合もあり，たとえば，テネシー州では，教員が式典に参加し，カウンティ教育長を通して，州教育長に報告することになっていた[40]。

　コロンブス記念日式典がもつもうひとつの意味として，多様性があったことを見逃すことができない。式典の形式についてみると，国旗忠誠の誓いの儀式は統一されていなかった。腕を曲げて頭に当てるもの（ボルチ式）や，胸の前で横にするもの（ベラミー式）もあった[41]。腕を前に挙げ，手のひらを上に向ける（アップハム式）場合もあった[42]。それぞれの都市や町で決めればよかった。ベラミーが定めた国旗忠誠の誓いの文句は「わが国旗への忠誠」であり，アメリカ合衆国の国旗（星条旗）ではなかったのである。「わが国旗」が「合衆国の国旗」に変更されるのは1923年のことであった。

　1892年時点での多様性を象徴しているものとしてとくに注目すべきなのは，カトリック系学校の対応であった。コロンブス記念日式典をもっとも盛大に祝い，誇らしく思ったのは，彼らであった。コロンブスはイタリア人であり，カトリック教徒であったからである。多くの新聞記事は，式典とともに，コロンブスが科学を信じて偉大な功績をあげたこと，それが科学と公立学校の発展の基礎になったことを強調し，コロンブスを褒めたたえた[43]。コロンブス記念日式典は，イタリア系やアイルランド系のカトリックの人々を鼓舞したのである[44]。

　ニューヨーク市では10月8日（土）から10月13日（木）まで，大規模な

40）　"Columbus Day," *Daily Tobacco Leaf-chronicle*（Clarksville, Tenn.）, September 21, 1892.

41）　Miller, *Twenty-Three Words*, p.125f.

42）　Ellis, *To the Flag*, p.60.

43）　たとえば，"A Lesson of Patriotism," *Waterbury Evening Democrat*（Waterbury, Conn.）, September 12, 1892; "Children and Columbus Day," *The Austin Weekly Statesman*（Austin, Tex.）, August 4, 1892; "Columbus Day," *The State Republican*（Jefferson City, Mo.）, October 27, 1892 など。

式典が続いた。10月10日（月）ニューヨーク発信の記事によれば，「ニューヨークのコロンブス記念行事のなかのひとつの祭典である公立学校日は，式典全体のなかでは第二段階にあたっていた。土曜日と日曜日にあった祈祷や宗教的儀式にはあらゆる信条や宗派の人が参加していた。それに続けて（10日には），新世界を強力に高みへと押し上げていく教育の力がコスモポリタンなものであることを，同様に示したのである」[45]と紹介している。公教育が宗派や宗教を超えていることを力説したのである。10月12日（水）のパレードでは5万人を超える参加者があり，教育委員会の協力のもとに数千の生徒がパレードに参加したが，同時にカトリック系の学校の生徒もこれに加わっていた[46]。

　ニューヨーク州以外でも，多くの都市で宗派を超えて式典が挙行されていた。たとえば，ミネソタ州をみると，1892年10月22日の新聞によると，いろいろな都市で，「公立学校とG.A.R.が公式のプログラムを実行した。カトリック系学校も式典に貢献した。すべての人がまとまってパレードをした」[47]とある。10月26日の新聞では，朝9時半から式典があって星条旗を掲げたこと，スペインやアイルランドの国旗も同時に掲げたことを紹介している[48]。ネブラスカ州の公立学校では半日を休日にしたところが多く，他州に比べて式典は大規模ではなかったようだが，カトリック系の学校での式典が注目を浴びた[49]。ペンシルバニア州フリーランドでは，コロンブス記念日の大規模な式典に際し，イタリア系の市民がコロンブスの彫像を寄贈し，市が始まって以来最大ともいえるような大規模なパレードが実施された[50]。このようにコロン

---

44) 1891年3月に，ルイジアナ州でイタリア系移民が大衆によって虐殺されるという事件があった。イタリア政府との関係を憂慮したハリソン大統領が，コロンブス記念日式典をイタリア系の人々をなだめるのに利用したと指摘するものもある。Brent Staples, "How Italians Became White," *The New York Times*, October 12, 2019.

45) "Public School Day – Thousands of School Children in the Parade at New York," *Morris Tribune* (Morris, Minn.), October 12, 1892.

46) "Gotham Schools Celebrate — The National Flag Unfurled and Other Exercises Carried Out," *The Morning News* (Savannah, Ga.), October 21, 1892.

47) "Columbus Day: It is not Forgotten by the People of Minnesota," *St. Paul Daily Globe*, October 22, 1892.

48) "Columbus Day Celebration," *Morris Tribune* (Morris, Minn.), October 26, 1892.

49) "Columbus Day Celebrated," *Omaha Daily Bee* (Omaha, Neb.), October 22, 1892.

50) "Columbus Day was Observed in Great Style. — One of the Finest Displays Ever Made in the Town," *Freeland Tribune* (Freeland, Pa.), October 24, 1892.

ブス記念日式典がカトリック系の人々から好意的に受け止められたことは，国旗に込められた多様性の保障という理念が堅持されていたとみることができる。

　ただ，反面で，カトリック教徒への反感を表明する意見も少なくなかった[51]。コロンブス記念日式典のコスモポリタンな性格は波乱含みであった。

第3節　国旗敬意法と国旗記念日の制定——多様性の否定

　コロンブス記念日式典は，国旗掲揚運動と国旗忠誠の誓いを普及させる契機になった。その後，国旗掲揚運動はさらに高まりを見せ，多くの州で国旗敬意法が成立し，国旗忠誠の誓いが強制的になった。しかし反面で，国旗崇拝の高まりを警戒する知識人も少なくなかった。本章では，まず，国旗記念日の制定にまで至る国旗掲揚運動の成果を確認し，次に，運動に対する批判も続いていたことを確かめる。

1　国旗敬意法と国旗記念日の制定

　ボルチ大佐が1894年に急死したのち，ニューヨーク州で国旗掲揚運動の中心になったのは，州教育長チャールズ・R. スキナー（Charles R. Skinner, 1844-1928）であった。彼はニューヨーク州の下院議員などを経験したのち，1895年4月に州教育長に就任した。就任するとすぐに，国旗記念日（6月14日）に，学校で式典を実施するように州の公立学校に要請した。それだけではない。その年の10月には，国旗掲揚は公立学校教員の義務であり，守らない場合は教職を罷免されると宣言した[52]。1898年4月，アメリカとスペインとの戦争が始まる直前にニューヨーク市内で開催された講演会では，「子どもはもっとも高貴な市民性をもつように教育されなければならない。……我々は，アイルランド系アメリカ人，ドイツ系アメリカ人，スペイン系アメリカ人とかをあまりにしばしば耳にする。そのような呼称はアメリカ社会には存在しては

---

51)　*Omaha Daily Bee*（Omaha, Neb.）, October 16, 1892.

52)　"Flag Day in the Schools," *The New York Times*, June 15, 1895; "All Schools Must Have Flags – The Law Is Mandatory and Must Be Strictly Executed," *The New York Times*, October 9, 1895.

ならないと言いたい。彼らは完全なアメリカ人でなければならず，さもなけれ
ば存在してはならないのだ」[53] と語った。スキナーはたびたびこのような演説
を繰り返していた。彼の主張は，1898年4月22日に「州内の公立学校にお
いて，校舎に合衆国旗を掲げ，愛国的儀式を奨励することを定める法律」（国
旗敬意法）となって結実した。スキナー教育長の活動はこれにとどまらなかっ
た。国旗に敬意を示すための儀式をさらに具体的に示す図書を，州教育長の名
前で出版した。470頁にもなるその図書には，法律の解説はもちろん，国旗の
歴史，意味，国旗を讃える歌などが多数含まれていた[54]。スキナー教育長が，
国旗の儀式を厳格に定め，これに従わない教員を排除しようとしていたことは
明らかであった。

　1890年代には，国旗に敬意を示す儀式を詳細に述べる図書が次々に出版さ
れた。ボルチ大佐の肖像画を口絵にいれた『幼い市民のための愛国読本』が，
ボルチの図書（『愛国心を教える方法』）に対する補助版として1898年に出版さ
れた[55]。その中では，国旗への敬意の示し方や，国旗の起源，頌歌などにつ
いて，子ども向けのやさしい問答形式で詳細な説明がある。小学校で使いやす
い書物であった。青年向けには，たとえば，ユニテリアンの牧師チャールズ・
F. ドール（Charles F. Dole）が著した『アメリカ市民』が刊行されている。こ
の書は公民科の教科書として，よいアメリカ人とはなにかを説いたものである。
市民権の起源，市民と政府，経済的義務（ビジネスと金融），社会的権利と義務，
国際的義務についての解説で構成されている。だが，興味深いのは，1891年
版と1906年版の違いである。この教科書の1906年版では，国旗と愛国心が
追加されていたのである[56]。

　公立学校での国旗掲揚の式典は，1900年代になると，式典で演説する愛国
教師がだれであるかに注目が集まった[57]。その式典の主役が，G.A.R. が組織

---

53)　"Education in Patriotism," *The New York Times*, April 9, 1898.

54)　Charles R. Skinner, *Manual of Patriotism, For Use in the Public Schools of the State of New York* (New York: Brandon Printing Co., 1900).

55)　Wallace Foster, *Patriotic Primer for the Little Children, Auxiliary in Teaching the Youth of Our Country the True Principles of American Citizenship*, (Indianapolis, Ind.: Levy Bros. & Co., 1898).

56)　Charles F. Dole, *The American Citizen* (Boston: D. C. Heath & Co., 1891, rev. 1906) 筆者は1891年版と1906年版しか確認していない。

の役職に定めた「愛国教師（patriotic instructors）」であったからである。この役職は1890年代から各地の支部におかれていたようだが[58]，1906年から，「全国愛国教師」という役職が置かれた[59]。1914年には，愛国教師全国協会という組織もできていた[60]。ワシントン誕生日の式典などで，学校で国旗掲揚の行事が開催されるときには，彼らが子どもたちの愛国心を掻き立てるような演説をしたのである。

　国旗記念日は，1890年代においては州によって異なっていた。2月22日（ペンシルバニア州，ワシントンの誕生日），2月12日（ニューメキシコ州，リンカンの誕生日），9月29日（カンザス州）など，州ごとにいろいろであったが，20世紀になると6月14日に集約されていった[61]。1777年6月14日に，大陸会議で国旗が採択されたことにちなんでいる。ジョージ・ワシントンの求めに応じて，国旗をデザインし，縫い上げたとされるベッツィ・ロスの伝説がボルチ大佐の『幼い市民のための愛国読本』や『若者の友』などで紹介された。1893年にシカゴで開催された万国博覧会（コロンビア博覧会）では，「アメリカ国旗の家ならびにベッツィ・ロス記念協会」の会員証にロスを描いた絵が掲載され100万枚以上が売れたという[62]。伝説であり，事実とは異なるが，国旗記念日を6月14日に定めることが多くの州で受け入れられた理由のひとつと考えられる。1916年には，ウィルソン大統領が，6月14日を連邦が認定する国旗記念日として宣言した。

　20世紀になると，国旗掲揚運動はさらに広がった。コロンビア特別区で刊

57）　たとえば，"Move to Stir Up Patriotism," *The Daily Morning Journal and Courier* (New Haven, Conn.) February 9, 1907. その後はたくさん出現し，1914年にはNational Association of Patriotic Instructorsという団体もできていた。

58）　G.A.R.にいつこの役職ができたかは確認できていないが，デイヴィスによると，1890年ころである。Davies, *Patriotism on Parade*, p.215.

59）　Grand Army of the Republicの年報（*Journal of the 40ᵗʰ National Encampment of the Grand Army of the Republic, 1906*）の役職表を見ると，1906年に設置されたことがわかる。

60）　"Local Affairs," *The Democratic Advocate* (Westminster, Md.), April 24, 1914.

61）　理由は明確ではないが，シグランドの活躍によるとする研究がある。Allen D. Spiegel and Florence Kavaler, "Bernard J. Cigrand, DDS: Father of Flag Day and Renaissance Man," *Journal of Community Health*, Vol.32, No.3 (June, 2007), pp.203-216.

62）　和田光弘『記録と記憶のアメリカ：モノが語る近世』（名古屋大学出版会，2016年），424頁。

表 10-1 コロンビア特別区における国旗関連年表
(*The Evening Star* の記事より筆者が抜粋)

1892.10.12	コロンブス記念日式典
1896.06.11	国旗記念日祝賀会を開くには，公立学校が最もふさわしい
1898.06.13	4年前から国旗記念日に公立学校で記念式典を挙行
1900.06.06	S.A.R.が教育長に国旗記念日の式典挙行を要望
1901.12.07	S.A.R.が公立学校に国旗を提供
1902.06.14	国旗記念日式典は全国的な制度として確立
1903.06.15	国旗記念日行事は10年目。公立学校の生徒5万人が忠誠の誓い
1908.06.03	G.A.R.のPerhamが，公立学校での国旗記念日式典で指揮
1908.06.11	特別区教育委員会決議文。市民は国旗を掲げること（図10-4）
1909.06.10	G.A.R.が国旗記念日を宣言。特別区教育委員会許可
1917.06.14	公立学校での国旗掲揚儀式はG.A.R.が主催（図10-5）

行されていた新聞 *The Evening Star* に掲載された公立学校での国旗儀式に関する新聞記事から，典型的なものを列挙したものが表10-1である。コロンビア特別区は州ではないので，連邦政府の意向が最も直接的に反映されるところである。ここでは，新聞記事をみても，国旗掲揚儀式に関するものが他州に比べて抜きん出て多い。

　この表から明らかなように，1890年代の半ばから，公立学校で記念式典が開かれていた。公立学校における式典なので，教育委員会の許可が必要であるのはいうまもないが，当初から退役軍人会の強い要望にもとづいていたことは明らかである。事実上はS.A.RやG.A.R.という退役軍人会が主催者と言えるほどであった（図10-5）。このような動きをみると，1890年代から1910年代にかけて，国旗掲揚の儀式が厳密に定められつつあったことが確認できる。

2　国旗崇拝への警戒

　ここまで，国旗掲揚運動が順調に発展してきたことを見てきたが，実は，当初から，その動きに批判的な意見は少なくなかった。先に，ボルチ大佐が国旗崇拝に批判的であったことを紹介した。ロチェスターの教育委員会委員長も，国旗崇拝を強く推奨してはいなかった。

　こうした考え方は一部の知識人の間では珍しいことではなかった。たとえば，

図 10 - 4 新聞記事 *The Evening Star*, June 11, 1908

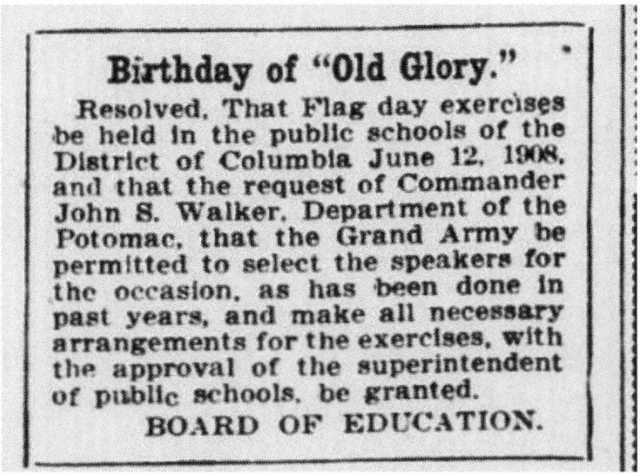

Birthday of "Old Glory."

Resolved, That Flag day exercises be held in the public schools of the District of Columbia June 12, 1908, and that the request of Commander John S. Walker, Department of the Potomac, that the Grand Army be permitted to select the speakers for the occasion, as has been done in past years, and make all necessary arrangements for the exercises, with the approval of the superintendent of public schools, be granted.

BOARD OF EDUCATION.

図 10 - 5 新聞記事 *The Evening Star*, June 14, 1917

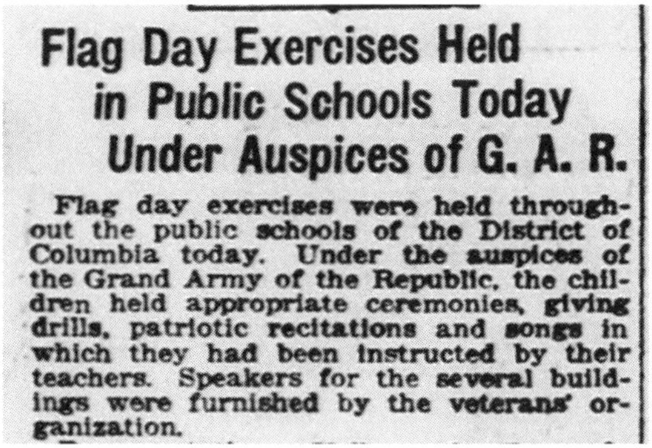

Flag Day Exercises Held in Public Schools Today Under Auspices of G. A. R.

Flag day exercises were held throughout the public schools of the District of Columbia today. Under the auspices of the Grand Army of the Republic, the children held appropriate ceremonies, giving drills, patriotic recitations and songs in which they had been instructed by their teachers. Speakers for the several buildings were furnished by the veterans' organization.

リベラルな雑誌として知られた『競技場（*The Arena*)』をみると，1890年にブラウン大学学長のE.ベンジャミン・アンドルーズ（E. Benjamin Andrews)[63] の記事がある。彼は，よい市民，愛国者を形成することが公立学校の役割であることを明言したうえで，「確かに，私はこの習慣（国旗を校舎に掲げること…筆者）を心から称賛しますが，現代では，合衆国の国旗が多くの人にとっては盲目的崇拝の対象になってしまう危険性があると危惧しています。

---

63) https://www.brown.edu/about/administration/president/people/past-presidents/elisha-benjamin-andrews-1889-1898（ブラウン大学のホームページ，2021年9月2日閲覧).

十字架の着用だけではキリスト教徒とは言えないように，国旗を校舎のうえに
掲げれば，それだけで私たちがこの国の繁栄のために忠実に尽くしているとい
うことにはなりません。星条旗に意味があるのではありません。星条旗が象徴
するもの，すなわち，自由，統合，権利，法律，諸国家の間に善を求める力，
これらこそが，市民としての私たちの熱情を正しく刺激するものなのです」
（傍点筆者）[64] と警告を発した。国旗そのものではなく，国旗のもつ統合機能に
注目したのである。

　ニューヨーク州で国旗敬意法が成立したあとには，「国旗を汚さないように
法律で強制したり，学校の子どもたちの目の前で国旗を誇示したり，国旗の日
にこの国を讃える朗読をしたり，特別に用意された教科書を使ったりして，国
民に愛国心を法律で教え込むことはできない。子どもは成長すると，現実の諸
問題に直面するものであり，（国家について…筆者），経験や観察にもとづかな
い派手な印象しかないとすれば，幻滅することになるだろう。……彼は，感情
を超えて，深刻な事実を見るのである。……彼らは，理論のうえからではなく，
実際に国旗が擁護しているものはなにかを問い始めるのである」[65] と，同雑誌
の記事は国旗敬意法を批判した。

　プリンストン大学教授のウィルソン（のちの大統領）は，トクヴィルを援用
しながら，情報や知識が多様であることが，民主主義の基礎になると考えた。
「私たちは，意見を戦わせたり，討論をしたりする知的な国家組織を持ってい
る。したがって，そこでは，意見の相違は，いわば一種の良心の命令であり，
私たちが発展し，洗練されていくのは，意見の相違のおかげであり，意見が単
一であるからではない」[66] という。したがって，国旗に対しても自分の意見を
もって反発することを容認するのである。

　これらの批判は，アメリカ人の愛国心を高めることを求めていた点では，運
動を推進していた人々と共通の立場である。だが，感情的に国旗を崇拝するよ

---

64)　E. Benjamin Andrews, "Patriotism and the Public Schools," *The Arena*, Vol.III
　　　(December, 1890), p.71.
65)　　Henry E. Foster, "The Decadence of Patriotism, and What It Means," *The Arena*,
　　　Vol.19 (June, 1898), pp.741-742.
66)　　Woodrow Wilson, "Spurious Versus Real Patriotism in Education," *The School
　　　Review*, Vol.7 (December, 1899), pp.602-603.

りも，理性的に国旗が意味するところをつかむこと，すなわち，自由や意見の相違を重視していたといえる。そのような多様性を維持しつつ，愛国心を涵養することで，国民の統合を図ろうとしたとみることができる。

3　国旗忠誠の誓いの拒否事件：排除の進行

1910年代になると，学校での国旗掲揚と国旗への忠誠の誓いは，ほぼすべての町で実施されるようになっていた。それと同時に，国旗忠誠の誓いを拒否する子どもや親を排除する動きが各地で起こった。彼らの多くは知識人ではないとしても，自らの信条に従った行動をとった。その思想を教育者がどのように受け止めたのか。いくつかの事例をみてみよう。

1912年10月，ニュージャージー州のハイスクールでは，ニューヨークの会計監査官の息子（17歳）が，学校の授業を欠席した。親が忠誠の誓いを拒否するように息子に命じたのであった。村の教育委員会は少年に再考を促したが，少年は親の言いつけを守って忠誠の誓いを拒否したので，結局，放校処分となった[67]。

1912年11月，ユタ州のソルト・レイク市では，13歳の少女が国旗への忠誠の誓いを拒んだ。新聞記事では，少女は，養父から社会主義を教えられ，アメリカ国旗よりも社会主義の方がよいと主張し，退学になった[68]。その後，ロサンゼルスの学校に入学することになったと新聞は報じている。

1916年3月，アイオワ州で，11歳の黒人少年が，「アメリカは白人の国だ。自分に祖国はない」と言い放ち，地区判事の命令にもかかわらず，学校で国旗に敬意を示すことを拒否した。彼は怠学取締官によって逮捕された[69]。

1918年12月，ミネソタ州ロチェスターのハイスクールでフランス語とスペイン語を教えていた教師はドイツ生まれであり，社会主義者，親ドイツとして解雇された。彼は国旗への宣誓を拒んでいたと噂されていた[70]。

---

67)　"Won't Uphold Flag, School Expels Boy," *The New York Times*, October 8, 1912.

68)　"Child Refuses to Salute Flag," *The Evening Standard* (Ogden City, Utah), November 2, 1912; "Girl Refuses to Salute Flag: Suspended from School," *The Chronicle=News* (Trinidad, Colo.), November 16, 1912.

69)　"Negro Boy Refuses Salute to American Flag," *The Day Book* (Chicago, Illinois), March 22, 1916.

類似の事例は探せばいくらも出てくると思われる。彼らの信条は明確に拒否され，彼らは公教育から排除された。国旗掲揚と国旗忠誠の誓いを強制したという点では，公教育が強い排除の機能を持つようになっていたのである。

おわりに

アメリカは南北戦争を経てひとつの国になり，市民権法によって「市民権」の概念が確立した。そのことは，多様な人々にアメリカ人になることを可能にした。多様性教育の起源をここに見ることができる。戦争時の旗印でもあった国旗は，その理念の象徴であった。

1890年ころまでは，愛国心の形成と国旗掲揚は直結していたわけではなかった。たしかに，国旗は愛国者をつくるための道具のひとつではあったが，国旗そのものよりも，国旗が意味する自由や正義が重視された。国旗には，多様な人々を包み込んでアメリカ人を形成するというコスモポリタン的性格もあった。

1892年のコロンブス記念日式典のころから，国旗そのものを崇拝する傾向が全国で強まっていった。『若者の友』のような児童向けの雑誌や，子ども向けの読本が子どもの愛国心を掻き立てた。G.A.R.等の退役軍人を中心とした組織も，教育委員会に強く働きかけて，子どもを動員して，公立学校での国旗掲揚と国旗忠誠の誓いを普及させようとした。愛国心は論理ではなく，心情であった。

1910年代になると，国旗忠誠の誓いを拒否する生徒が放校になるという事件が頻発するようになった。そのことは，国旗が自由や統合の象徴ではなく，異質なものを排除する道具になったことを意味している。公教育における多様性が否定されたのである[71]。もちろん，この動きを批判する知識人や教育者もいたのだが，大きな国旗掲揚運動のなかで，その声は目立たなくなった。

1916年，その時の大統領ウィルソンは，6月14日を連邦政府が定める国旗記念日に指定した[72]。ウィルソンは，かつて，国旗を盲目的に崇拝する姿勢

---

70) "State Brevities," *The Tomahawk* (White Earth, Becker County, Minn.), December 26, 1918.

を批判していた。世論の動きに迎合したのだろうか。その理由はわからないが，多様性を象徴するはずの国旗が，多様性を排除する機能をもつようになった現実を，そこに確認することができる。

---

71) この後の動向はよく知られている。1940年に連邦最高裁は，国旗への宣誓と敬礼が公立学校で事実上強制されることを容認した（ゴビティス事件判決）。ところが，1943年に連邦最高裁は，国旗への宣誓と敬礼を拒否することは精神の領域の問題であり，保護されると，逆の判断を示した（バーネット事件判決）。いずれも有名な判決なので本書では省略する。土屋英雄『自由と忠誠：「靖国」「日の丸・君が代」そして「星条旗」』（尚学社，2002年）など参照。

72) 宣言は1916年5月30日。Woodrow Wilson, "Proclamation 1335—Flag Day," Online by Gerhard Peters and John T. Woolley, The American Presidency Project https://www.presidency.ucsb.edu/node/212225,（2021年9月15日閲覧）.

第11章

市民性プロジェクトの授業とアメリカ化
帰化プロジェクトの実際

はじめに

　前章では国旗掲揚運動を対象として，多様性を保障する象徴であった国旗が，その逆に，国家としての統一性を求めて異質なものを排除する手段となったことを明らかにした。本章と次章では，多様性を探求したデューイにおける「よい市民」を継承する進歩主義学校の取り組みに注目する。具体的には，プロジェクト学習によるアメリカ化の授業に注目する。それにより，デューイが説く「よい市民」の理念を，国旗掲揚運動にみられる，たぶんに排除的な市民形成が推進されるなかで実践しようとした授業の実態を考察する。対象とするのは，ニューヨーク市にあるコロンビア大学ティーチャーズ・カレッジ附属校ホーレスマン・スクールである。進歩主義学校での，忠誠心を主たる問いとするプロジェクトにおける「よい市民」の教育について考察する。

　プロジェクトによるアメリカ化というと，いささか奇異に聞こえるかもしれない。周知のとおり，いわゆる「プロジェクト型学習」は，自ら考え自ら学ぶ学習活動とされる。知識の社会的構成を原理として，ひとりひとりの学びを尊重する協同学習や探究的活動の先駆ともいわれる。「プロジェクト・メソッド」は，その「プロジェクト型学習」のひとつの起源とされる。他方，19世紀末ころから連邦政府も関わって推進されたアメリカ化は，移民を主たる対象として国家に忠誠を誓わせ，愛国心を養うことをめざしたとされる。両者の間には，私と公，市民と国家，個性と社会性などをめぐって，少なからぬ相違あるいは対立がありそうである。それにしても，プロジェクトとアメリカ化という組み合わせに焦点化した考察は，管見では見当たらないようである。

本章では，プロジェクトを導入した授業において，どのようにしてアメリカ市民を形成しようとしたのかという問いについて，ホーレスマン・スクール（以下，適宜HMSと略記する）で実験された市民性教育に注目して検討する。同校では，キルパトリックの「プロジェクト・メソッド」を応用した市民性教育（以下，「市民性プロジェクト」）を開発して実践した[1]。新教育（進歩主義教育）運動を背景に，主体的に考える「民主的市民」[2] の形成をめざしてのことであった。そのHMSでは「帰化プロジェクト（Naturalization project）」という，これから市民権を得てアメリカ市民になろうとしている移民を支援するプロジェクトが行われた。帰化するための法的手続きについても，かなりの時間を割いて学んだ。

とりわけHMSがあったニューヨーク市では，アメリカ化が積極的に推進された。ニューヨーク市でのアメリカ化は，まずはニューヨーク市民，もっといえば「白人のニューヨーカーになる」ことをめざしたといわれる[3]。では，HMSの市民性プロジェクトはどうだったか。プロジェクトという方法を用いたにせよ，アメリカ化の手法を意図的に取り入れた市民形成に同化主義的な側面はなかったのか。同校の思惑とは別に，アメリカ化に与する結果になりはしなかったか。

これらの問いについて，実際に行われた授業の内容や方法を，授業の記録に基づいて再現し，その実態に迫ることで考察する。市民性プロジェクトの授業実践に関する報告は簡素なものが多く，実際に行われた授業の実際を明らかにすることは容易ではない。そこで，帰化プロジェクトの実践報告で言及されている資料，文献，推薦図書，人物，地名，建造物などを手がかりに，可能な範囲で授業を再現する。帰化プロジェクトは，当時，アメリカ化の授業として注目された[4]。アメリカ化の影響を強く受けたことはまちがいない。ここではそ

---

1) 佐藤隆之『市民を育てる学校：アメリカ進歩主義教育の実験』（勁草書房，2018年）。

2) William H. Kilpatrick, "The Project Method," *Teachers College Record*, Vol.19, No.4 (September, 1918), p.322.

3) Clif Stratton, *Education for Empire: American Schools, Race, and the Paths of Good Citizenship* (Oakland, California: University of California Press, 2016), pp.145-172.

4) John T. Greenan, *Readings in American Citizenship* (Boston: Houghton Mifflin, 1928), pp.14-22.

294

の影響について，授業に焦点化して検討する。

　本章では，第1節で，帰化プロジェクトの目的を確認する。第2節で，授業の全体の流れと授業の導入部をみる。第3節で，授業の展開部として，帰化の法的手続きの学習を中心に具体的にみていく。第4節で，その授業が「プロジェクト・メソッド」に基づき，生徒の生活経験にねざした目的的活動を軸とする段階と，帰化の法的手続きを中心にアメリカ化政策を忠実に習得する段階の二つを交差させて構成されていたことを明らかにする。

　帰化プロジェクトの授業は，移民が帰化してアメリカに対して忠誠心をもてるようにすることが最終的な目標である。愛国心の教育が「よい市民」の形成になったのかという問いに答えることは，次章の課題とする。

第1節　帰化プロジェクトの目的

　帰化プロジェクトは，「教室で教えるプロジェクト」として紹介されている。「教室で教えるプロジェクト」とは，教室で行う，各教科を中心とする授業で実践しうるプロジェクトをさす。帰化プロジェクト以外で紹介されているのは，「各国政府の比較」（いくつかの国の政府の仕組みや国旗について学ぶプロジェクト），「安全第一プロジェクト」，「アメリカ合衆国憲法修正第18条」[5]，「年表」（世界史の重要な出来事を年表にして時間感覚を養うプロジェクト）などである。いずれもHMSで市民性教育を担当としたロイ・W. ハッチ（Roy W. Hatch）が，コミュニティ・シヴィックス，アメリカ史と結びつけた政治（Government），「現代問題」といった科目で実践した[6]。

　そのひとつである帰化プロジェクトのプロジェクト名は，「トニー・ダ・プラト（Tony Da Prato）」といった。「イタリア人，22歳，アメリカ在住2年間。職業は運転手で，市民になることを希望している。彼はなにをしなければならないか」という問いを探究する[7]。渡米して2年経ち，現在は運転手をしてい

---

5)　飲料用アルコールの製造・販売等を禁止するかつてのアメリカ合衆国憲法の修正条項のひとつ。

6)　Roy W. Hatch, *Training in Citizenship* (New York: Charles Scribner's Sons, 1926), pp.146-162.

7)　*Ibid.*, p.157.

るトニー・ダ・プラトという22歳のイタリア人がアメリカ人になるのを，どう支援するかを考えるプロジェクトだった。実施されたのは，1920年代半ば[8]，HMS女子高等部2年生[9]の科目「現代問題」においてあった。4週間かけて実施した。その後，帰化してアメリカ人になるまでを劇化するプロジェクト（劇プロジェクト）を行い，学校集会で全校生徒に発表している[10]。

劇プロジェクトは，「トニー・ダ・プラトの帰化，あるいは，トニー・ダ・プラトという在留外国人（alien）がいかにしてアンソニー・D.プラット（Anthony D. Pratt）というアメリカ人になったか」というタイトルで生徒たちが，英語教師の指導の下，脚本を書いた[11]。"Tony Da Prato"というイタリア名が，帰化することにより"Anthony D. Pratt"というアメリカ名に変わっている。劇の内容については，第12章で検討する。

帰化プロジェクトにおいてはまた，当時の様々な市民育成法が用いられた。教科ごとのプロジェクト，学校集会，劇化，時事問題，単元融合[12]などである。時事問題に関していうと，アメリカ化が高揚した時期のタイムリーなプロジェクトだった。

イタリア移民はその当時，緊要な社会問題となっていた。1820年から1870年にかけては2万5千人程度であったが，1880年代になると30万人，1890年代には60万人，さらに20世紀に入ると200万人と急増していた。

---

8) 学習課題として「1924年移民法」が言及されているから，1924年以降であろう（*Ibid.*, p.160.）。授業の報告が『市民性の訓練』として公刊されたのは1926年だから，1924年か1925年に実践されたことになる。ここで学んだことは劇化されたが，劇に対する生徒のコメントの日付は「5月17日」である（*Ibid.*, p.142.）。

9) 当時ホーレスマン女子高等部は6年制で，前半の3年間がジュニア・ハイスクール，後半の3年間がシニア・ハイスクールとなっていた。ホーレスマン女子高等部2年生というのは，正確にはシニア・ハイスクールの2年生ということになる。女子高等部の下には6年生の初等部があった。初等部から数えると，女子高等部2年は11年生になる。

10) *Ibid.*, pp.164-165.

11) *Ibid.*, pp.164-173.

12) ホーレスマン女子高等部ジュニア・ハイスクールでは，1916年に創設された社会科の影響を受けて，歴史，地理，公民を統合した「社会科における融合単元」（*Ibid.*, p.276.）が設けられた。劇化でも英語科や公民科を結びつけた（*Ibid.*, p.164.）。同シニア・ハイスクールでも同様に融合が進められ，「今日の問題」に「プロジェクト・メソッドというアプローチ」で取り組んだのが「現代問題」という科目であった。「アメリカ合衆国はどのようにして現在の財政システムをつくりあげたか」，「黒人問題の解決策とは」といった時事問題に総合的に取り組んだ（*Ibid.*, p.318.）。

1920年になるころには減少するが，それまでに400万人以上，外国生まれの
アメリカ人の10%強を占めるまでになっていた。そのうちニューヨークに留
まった者は3分の1程度である。出稼ぎのようなかたちで，帰化せずに一時的
に滞在する者も多かった[13]。後述のように，1830年代は西欧・北欧からのい
わゆる「旧移民」が大勢を占めていたが，南北戦争後の80年代には，南欧・
東欧を中心とする，イタリア人を含めた「新移民」の時代となる。「新移民」
は「旧移民」より劣った人種とみなされ，その急増はアメリカの存亡にかかわ
るという危惧が広まる。その受け入れの是非が，論争を呼ぶこととなった。

　そのように帰化プロジェクトは，期間，活動に関わった生徒の規模（帰化を
劇化したプロジェクトは全校生徒が見た），用いられた複数の方法，課題の緊要
性などからして，市民性プロジェクトのなかでも代表的なプロジェクトとみな
された。帰化プロジェクトの別名「トニー・ダ・プラト」は，移民の個人名で
あるにもかかわらず，ハッチの著書『市民性の訓練』の索引に拾われてい
る[14]。

第2節　授業の「導入」部——「要の問い」と『帰化法令集』

1　授業全体の流れ

　帰化プロジェクトに関する実践報告は，「アプローチ（*Approach*）」，「探求
（*Investigation*）」，「授業外での読書」，第1ステップ（*First Step*）から第5ステ
ップ（*Fifth Step*）に分けて記されている[15]。

　「アプローチ」とは，帰化プロジェクトの探究法のことであり，授業で取り
組む問いが列挙されている。この問いに即して授業が展開されているので，こ
の後で詳しく論じる。

　「探求」は生徒が授業で使用する文献リストである。「授業外での読書」も文
献リストで，授業外で読んでレポートを書くことになっていた。

---

13)　Library of Congress, "Immigration and Relocation in U. S. History: Italian" https://
　　www.loc.gov/classroom-materials/immigration/italian/ 2024年8月21日閲覧。
14)　Hatch, *Training in Citizenship*, p.328.
15)　*Ibid.*, pp.157-160. イタリック体は原文の通り。

第1ステップから第5ステップのうち，第1ステップから第4ステップは授業の展開部に相当する。第5ステップは授業の終末部に相当し，忠誠宣誓を主題として，移民の帰化に対して自分たちが果たすべき責任を学習する。

「アプローチ」により問いを立てる導入部，その問いを軸とする展開部，終末部という三部に分けると全体の流れをつかみやすい。本章で取り上げるのは導入部と展開部で，終末部はこの後の第12章で論じる。

2 初回の授業

まず導入部から見ると，帰化プロジェクトの授業の初回には，主に二つの活動に取り組んでいる。ひとつは，帰化プロジェクトの問いの設定である。イタリア人トニー・ダ・プラトがアメリカ人になるためにはどうすればよいかということに関して，「トニーはどんな質問をするか」，つまり，トニー自身がなにを知りたいかを生徒に尋ねて，意見を出し合った。このイタリア人が帰化するに際して知りたいであろうことを，彼の身になって想像するのである。いまひとつは，帰化に関する法的規定に関する学習である。これについては米国労働省帰化局が発行した法令集を用いて，帰化に関する知識を習得した。

ひとつ目の問いの設定は，帰化プロジェクトの授業展開の要となる，一連の問いから構成されている。目的的活動を授業や単元の基礎とするという「プロジェクト・メソッド」の原理に基づいているとみてよいだろう。次のような問いが記されている。（ ）と①〜⑮の番号は，全体を見やすくするために筆者が追加した。

　（導入部）
　①私（トニー・ダ・プラト…筆者）はどこに行かなければならないか。
　②一番近い帰化裁判所（Naturalization Court）はどこか。
　③連邦ビルはどこにあるのか。それはなんの建物か。
　④どうやってそこに行けばよいか。
　（展開部）
　⑤手続きにかかる費用はいくらか。
　⑥裁判官はどんな質問をするのか。

⑦私のアメリカ滞在期間は帰化の条件を満たしているか。

⑧年齢の条件は満たしているか。

⑨証言台に立たなければならないのか。

⑩投票できるようになるまでの時間はどれぐらいか。

⑪英語を読み書きできなければならないのか。

⑫（英語は…筆者）どこで学べるのか。

⑬私の妻や子どもの国籍はどうなるのか。

⑭エマヌエーレ王（King Emanuel)[16]に対する忠誠の義務を放棄しなければ
　ならないのか（二重の忠誠 [dual allegiance]）。

⑮イタリアに忠誠の義務があるのなら，イタリア軍に服役しなければならな
　いのか。[17]

　このような問いは，クラスの生徒が知っている情報を出し合いながら，黒板
に書くことで設定された。加えて，生徒が管理する「質問箱」を設置し，常時
問いを受け付けてもいる。この活動は，「興味を蓄える（Pool their interests)」
と表現されているように，生徒が興味をもち，知りたいと思えることを引き出
して，集積することを意図していた[18]。

　①から⑮の問いは，問いを立て，考え，答えるという探究の過程の基礎とな
り，授業の流れをつくっている。そのような重要な位置を占めていることから，
ここではそれを「要の問い」と呼んでおく。帰化プロジェクトにおいては，
「要の問い」のなかに，さらなる問いがいくつも用意された。

　初回の授業における二つ目の学習は，法に定められた帰化の過程に関する学
習であった。具体的には，米国労働省帰化局『帰化法令集（*Naturalization
Laws and Regulations*)』(U. S. Department of Labor, Bureau of Naturalization
1920) が配布され[19]，帰化に関する法的規定を公民のノートに写した。こち
らの学習では，帰化に関する基本的な知識を習得した。

---

　16)　ヴィットーリオ・エマヌエーレ3世（1869年11月11日―1947年12月28日）のこ
　　とで，サヴォイア朝の第3代イタリア国王であった。

　17)　Hatch, *Training in Citizenship*, p.157.

　18)　*Ibid.*, p.157.

以上から明らかなように，初回の授業には，「プロジェクト・メソッド」と
アメリカ化の影響が混在している。「要の問い」の設定においては，「プロジェ
クト・メソッド」に基づき，生徒ひとりひとりの興味や疑問などから目的を立
てることに力を入れている。他方，『帰化法令集』の書き取りは，国が定めた
帰化の条件を習得させようとするものである。

このようなプロジェクトとアメリカ化の交差は，帰化プロジェクト全体にも
認められる。①から⑮の「要の問い」は，「どこに行くべきか」を問う①から
④（導入部）と，帰化の過程や法的規定に関連する⑤から⑮（展開部）の二つ
に分けられる。導入部では問いを設定して探究するプロジェクトが軸であり，
展開部では連邦政府の取り決めに従うアメリカ化が軸となる。

これをプロジェクトは名ばかりで実質的には統一性を重んじたアメリカ化が
優勢だったとみるか，アメリカ化に抗して学習者の個性や相違を反映させた多
様性の教育に道を開いたとみるかは，解釈が分かれるところであろう。繰り返
し確認すれば，ここではその解釈をする前に，そもそもそれがどのような授業
実践であったのかを，できるだけ実証的に明らかにすることをめざす。以下に
おいては，報告中で言及されている文献，資料，推薦図書，人物，地名，建造
物の名称などを手がかりに，問いに対する答えを含めて，可能な範囲で，この
授業の学習内容・方法を再現する。まずは導入部の授業について検討を続ける。

3　次の日の授業

「どこに行くべきか」

初回に続く授業では，生徒たちが立てた，「要の問い」の①〜④に取り組む。
①〜④は，帰化を希望する者が，ニューヨーク市マンハッタン内で「どこに行
くべきか」を問う内容となっている。

ここで注目したいのは，「どこに行くべきか」についてさらにいくつも問い
を立て，丁寧に取り組んでいることである。

---

19)　同法令集は改訂を何度もくり返している。帰化プロジェクトで使用した可能性があ
るのは，1920年9月24日改訂版か1924年6月15日改訂版である。注8に記したように，
帰化プロジェクトが実施されたのは1924年か1925年の5月と考えられるので，授業で
使用されたのは1920年版と推察される。

図11-1 ニューヨーク市パークロウの郵便局 (1906年)

出典 : The New York Times photo archives 1906 "Park Row, New York City, 1906, Post office," (https://commons.wikimedia.org/w/index.php?curid=2923821 2024年8月12日閲覧)

　「どこに行くべきか」ということは，帰化の法的手続きには直接関係しない。にもかかわらず力が入れられた理由のひとつは，その問いは，HMSがあり，生徒たちが生活を送るニューヨーク市マンハッタンという行政区（borough）を対象としており，生活経験をふまえて考えやすいということにあるだろう。また，「どこに行くべきか」ということは，トニーというイタリア人がニューヨーク市で市民になることを，生徒たちが実際に手助けできる支援であった。「どこに行くべきか」を問い，考えることは，生活経験に基づいてなすことを学び，実践するというプロジェクト活動であった。

　授業の流れをたどると，まず①のトニーが最初に行くべきところは，憲法修正第14条の学習をきっかけとしている。「憲法修正第14条から生徒たちは，市民権は国から与えられるものであることに気づき，トニーを連邦ビル（Federal Building）（郵便局あるいは連邦裁判所 [Federal Court House]）に導くことができるだろう」と記されている[20]。

　この記述から，「要の問い」の①～③までの答えが推測できる。憲法修正第

---

20) Hatch, *Training in Citizenship*, p.157.

14条とは，南北戦争後の1868年に批准され，黒人およびアメリカ生まれの者すべてに市民権を認めた規定である。それによれば市民権は国から付与されるが，では付与してもらうためにはどこに行けばよいのかという話しになり，教師の助言もあって，目的地は帰化裁判所ということにおそらくはなる。こうして「①私はどこに行かなければならないか」に答える。次に問われる「②一番近い帰化裁判所はどこか」の答えが図11−1の中央に見える「連邦ビル（郵便局あるいは連邦裁判所）」であり，続けて③でそれがどこにあり，いかなる建物かを話し合う。

　この「連邦ビル」というのは，生徒たちにとって，そして今はもう存在しないので現在の私たちにとっても，いささかわかりにくい。「連邦ビル（郵便局あるいは連邦裁判所）」と記されているとおり，なんの建物なのかがはっきりしない。なぜそのような呼び方をされるのか。そもそもどこにあるのか。そのような疑問の声が生徒からあがったのではないか。そこで次に，「連邦ビル」はどこにあり，なんのための建物なのかという③の問いに取り組むことになる。この答えを，ニューヨーク市マンハッタンという生徒が暮らすコミュニティの事実関係に立ち入って探ってみたい。

「どこにあるのか」

　この答えを探るヒントは，「ブロードウェイのウールワースビルの反対側にある大きな郵便局内の連邦裁判所」という帰化プロジェクトに基づいた劇中の台詞にある[21]。先に述べたように帰化プロジェクトの最後には，それまでの学習成果を総括して劇を制作して発表した。その台詞では，「連邦ビル（郵便局あるいは連邦裁判所）」が「大きな郵便局内の連邦裁判所」と呼ばれている。行くべきところは，どうやら「大きな郵便局」でもあるらしい。ではそれはマンハッタンのどこにあるのか。

　その手がかりとなるのが，やはり先の台詞で言及されている，ウールワースビルとブロードウェイである。図11−2の向かって左に写っている高い建物がウールワースビルである。この建物は，実業家フランク・W・ウールワース

21）　*Ibid.*, p.165.

図 11-2　ウールワースビル（左）

出典：New York Architecture *The Woolworth Building*
（https://www.nyc-architecture.com/SCC/SCC019.htm，
2021年8月14日閲覧）

（Frank W. Woolworth, 1852-1919）の新本社として1913年に建造された，ネオ・ゴシック様式のビルである。1930年までは世界一の高さを誇った。帰化プロジェクトが行われた当時はまだ世界一であったから，生徒たちも知っていたことだろう。

　図11-2でいうと，このウールワースビルの右横を縦に走っているのが，ブロードウェイである。そして，ブロードウェイを挟んで，ウールワースビルの東側（図11-2でいうと右側）に位置し，図11-2中央に写っている建物が，トニーが行くべきところとして生徒たちが「気づくことができる」場所とされる「大きな郵便局」であり，「連邦ビル（郵便局あるいは連邦裁判所）」であった。図11-1はこの建物の1906年ころの写真である。1880年ころに完成し，

1939年には取り壊されて今は存在しない。

この建物は様々な呼び方をされているが、どのような建物であったのか。地上5階、地下2階建てのこの建造物には、地上に中央郵便局、3階と4階には法廷および連邦政府機関が入っていた。だから、「郵便局」ともいえるし、「連邦裁判所」ともいえるし、「連邦ビル」ともいえる。同じ本の中でも、「連邦ビル」と呼ばれたり、「旧総合郵便局と合衆国裁判所（Old General Post Office and U. S. Courts）」と呼ばれたりしている[22]。

この建物はまた「市庁舎郵便局（The City Hall Post Office）」とも呼ばれた[23]。

図11-3 郵便局と市庁舎

出典：Nathan Silver, *Lost New York*, Expanded ed. (New York: Mariner Books, 2007), p.107.

図11-3は、図11-1とは逆方向（マンハッタンの北側）から撮影した写真である。中央上にそびえ立つのがウールワースビル、その左下にあるのが郵便局である。そして、郵便局と向かい合わせで、写真の手前に写っているのが「市庁舎（シティ・ホール）」である。そのような位置関係から「市庁舎郵便局」という名称も用いられた。「郵便局」は市庁舎と並んで、ニューヨーク市行政の中心地を象徴する建物であった。

「どうやって行くか」

ここまでのところで「③連邦ビルはどこにあるのか。それはなんの建物か。」が判明し、では実際に「④どうやってそこに行けばよいか」という問いに移る。帰化裁判所がある連邦ビル（あるいは郵便局。以下、連邦ビルに統一。）の位置を知る手がかりは、やはり帰化プロジェクトの劇中の台詞にあるブロードウェイ

---

22) マール社編集部『100年前のニューヨーク』（マール社、1996年）、79頁。
23) Nathan Silver, *Lost New York*, Expanded ed. (New York: Mariner Books, 2007), p.106.

304

図11−4 ニューヨーク市マンハッタンと帰化プロジェクト

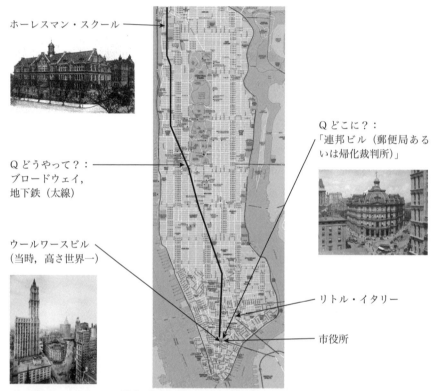

ホーレスマン・スクール

Q どうやって？：
ブロードウェイ，
地下鉄（太線）

ウールワースビル
（当時，高さ世界一）

Q どこに？：
「連邦ビル（郵便局あるいは帰化裁判所）」

リトル・イタリー

市役所

ホーレスマン・スクールの写真の出典：James. E. Russell, ed., "Horace Mann School: Dedication Number," *Teachers College Record*, Vol.3, No.1 (1902), p.2.

にある。ブロードウェイは，マンハッタンのほぼ真ん中を南北に貫き，HMS
のすぐ横を通っている。生徒たちと連邦ビルは，ブロードウェイによって一直
線でつながっていたことになる（図11-4の太線参照）。

　学校から連邦ビルに行く交通手段には，ブロードウェイの直下を走っていた
地下鉄があった。この路線は，1904年10月27日に，HMSの北にあるハー
レムと，市庁舎がある行政区を結ぶ「ブロードウェイ7番街線」として開業し
ていた[24]。帰化プロジェクトが行われたころには，高架鉄道に代わって市民
の足として定着していた。地下鉄はまた，工事中の事故，人身事故，脱線事故
などで，度々耳目を驚かす存在でもあった。生徒たちも利用し，そのような事
故について知っていただろう。その地下鉄が連邦ビルにたどり着くためのひと
つの手段であった。

　このように，授業の導入部では，地元のマンハッタンという近隣コミュニテ
ィでの探究に取り組む。その後，帰化の法的手続きに関する授業の展開部に移
る。

第3節　授業の「展開」部——法的手続きに関する学習

　法で定められた帰化の条件に関する学習は，「要の問い」⑤〜⑮において行
われた。帰化プロジェクトの授業の「展開」に相当する学習であり，生徒は帰
化の実際のプロセスや背景などを，第1ステップから第5ステップに分けて学
ぶ。第5ステップは授業の終末部に相当し，忠誠心とはなにかを問う重大な場
面であり，愛国心の教育に注目する本書ではとくに重要なので，次章で詳細に
考察する。本節では第1ステップから第4ステップまでを検討する。

1　第1ステップ：第1書類（first paper）——身分や保護に関する学習

　第1ステップは，帰化の「意思申請書（Declaration of Intention）」ともいわ
れる「第1書類」を主たる対象とする。この授業に関する報告は下記のとおり
である。

---

24)　小池滋，和久田康雄編『都市交通の世界史：出現するメトロポリスとバス・鉄道網
の拡大』（悠書館，2012年），31-38頁。

> 第1書類。トニーは連邦ビルに「意思申請書」を提出しなければならない。帰化裁判所の事務員から入手。1ドル。
>
> 問い：
> 1　どのような質問が彼にされるだろうか。
> 2　彼の身分はなにか。
> 3　どのような保護を彼は受けられるか。[25]

　繰り返し確認すれば，実践報告はこのように簡潔に記されており，実際に行われた授業の詳細は明らかではない。ここでは初日の授業で用いていた『帰化法令集』や，「探求」と呼ばれた生徒が参照すべき文献リストの筆頭に記されている『新しいアメリカ人のための公民』[26] に掲載され，授業で使用された可能性がある「第1書類（意思申請書）」（以下，基本的には「意思申請書」で統一）の実物（図11-5[27]）をもとに授業を再現してみたい。

　まず注目したいのは，ここでもまた問いが新たに設定されていることである。第1ステップには三つの問いが用意されている。「意思申請書」の実物を参照すると，次のような学習が行われたと推察される。「意思申請書」は，名前，年齢，職業を記したうえで，下記のことを「宣誓」する内容となっていた。a〜jは筆者が付けた。

　a．肌の色，身長，体重，髪の色，目の色，その他の見た目の特徴
　b．生まれた場所，生年月日（年は西暦）
　c．現住所
　d．どこから渡米したか，渡米したときの船名
　e．渡米する直前の居住地

---

25)　Hatch, *Training in Citizenship*, p.158.
26)　Mabel Hill and Philip Davis, *Civics for New Americans* (Boston: Houghton Mifflin Company, 1922).
27)　文中の "the District of Columbia" に付けられている注1は，従来 "District" とのみ記されていたのが，1918年5月9日をもって変更されたという注記である。

第11章　市民性プロジェクトの授業とアメリカ化　　307

図11-5 第1書類（意思申請書）

DECLARATION OF INTENTION.

(Invalid for all purposes seven years after the date hereof.)

------ ------, ss:

I, ------ ------, aged------ years, occupation--------, do declare on oath (affirm) that my personal description is: Color------, complexion ------, height ------, weight ------, color of hair ------, color of eyes ------, other visible distinctive marks ------; I was born in ------, on the ------ day of ------, anno Domini ------; I now reside at ------; I emigrated to the United States of America from ------, on the vessel ------; my last foreign residence was ------. It is my bona fide intention to renounce forever all allegiance and fidelity to any foreign prince, potentate, state, or sovereignty, and particularly to ------, of which I am now a citizen (subject); I arrived at the (port) of ------, in the State (Territory or the District of Columbia [1]) of------, on or about the ------ day of ------, anno Domini ------; I am not an anarchist; I am not a polygamist nor a believer in the practice of polygamy; and it is my intention in good faith to become a citizen of the United States of America and to permanently reside therein. So help me God.

(Original signature of declarant) ------ ------.

Subscribed and sworn to (affirmed) before me this ------ day of ------, anno Domini ------.

[L. S.]

------ ------,
(Official character of attestor.)

出典：U. S. Department of Labor, Bureau of Naturalization, *Naturalization Laws and Regulations* (Washington: Government Printing Office, 1920), p.17.

f．「忠誠宣誓」からの一文「いかなる外国の王子，君主，国家，主権，とりわけ私が今市民（臣民）である（　）［出身国の君主名がここに入る[28]］に対するすべての忠誠や忠義を，絶対かつ完全に，拒絶かつ放棄する」の宣誓。

g．到着した場所（港），アメリカ（領土あるいはコロンビア特別区）のどこか，到着した年月日

h．無政府主義者ではない。

i．多妻主義者ではないし多妻主義を信じていない。

j．誠意をもってアメリカ合衆国の市民になろうとし，永久にアメリカに住む意思がある。

---

28)　Hatch, *Training in Citizenship*, p.172.

このような記載事項からすると，第1ステップで学んだこととして，問い「1　どのような質問が彼にされるだろうか」については，意思申請書で尋ねられる上記のa〜jの各項目が想定される。問い「2　彼の身分はなにか」に関しては，アメリカにいるがアメリカ人でない移民の呼称として言及されている，"denizen"（外国人居住者）や"alien"（在留外国人）などを学んだと推測される。問い「3　どのような保護を彼は受けられるか」についても，選挙権やアメリカから受けられる保護にふれている。帰化しておらず，アメリカ市民でないことが理由で，投票もできなければ，なにかあったときに国の保護も受けられないことなどを学ぶ。

第1ステップでは「要の問い」のいくつかについても答える。「⑤手続きにかかる費用はいくらか。」について，この段階では1ドルかかることがわかる。「⑥裁判官はどんな質問をするのか。」という問いの一部が学習事項になっている。

2　第2ステップ：待機期間―市民権，選挙権，国籍などに関する学習

次に第2ステップについてみると，ここで言及されている「待機期間」とは，意思申請書を提出してから次の第3ステップで第2書類（最終書類）を提出するまでに，アメリカに居住することが求められている期間のことである。第2ステップの解説は以下のとおりである。

待機期間。既に2年間滞在しているので，最終書類まで3年間待つ。彼は外国人居住者（denizen）であり，国がない人である。市民になるまではずっと在留外国人（alien）である。

問い：

1　選挙で投票できるか。どこでできるか。

2　市民権と選挙権の違いはなにか。

3　アメリカ国外でアメリカ人の親から生まれた人は，アメリカの保護を受けるためにはなにをしなければならないか。

第 11 章　市民性プロジェクトの授業とアメリカ化　309

4　もし子どもが船上で生まれ，父親はイタリア人で第1書類を受けとっており，
　　母親はアメリカ人であるなら，その子どもの国籍はどうなるか。
5　アメリカ人女性がフランス人と結婚したらフランス人になるのか。1922年
　　の帰化法を参照。

宿題：
　女性と子どもの市民権
　異なる国の市民権の基本[29]

　ここでもやはり問いが新たに設定されている。主たる学習は，問い1〜2
の帰化によって可能になることと，問い3〜5の帰化に関する条件である。
帰化申請者トニーが，最終書類提出までに求められている5年の待機期間中に，
市民になることでアメリカから受けられる保護や，アメリカ市民になるための
条件について理解するという想定での学習である。
　学習事項として次のようなことがあげられる。まず冒頭に記されている，市
民と在留外国人の相違について[30]，教科書代わりに用いたと推察される『新
しいアメリカ人のための公民』を参照してみたい。それによると，市民の種類
は，①アメリカ生まれ，②帰化，③プエルトリコやハワイのような併合などに
分かれる。在留外国人とは，市民権を手にしようとせず，アメリカ市民の資格
が認められていない者とされる。在留外国人は，アメリカで長いこと暮らして
いるために母国から保護を受ける権利を失い，なおかつアメリカ市民としての
保護も受けられない者であるが，その責任は本人にあると記されている[31]。
この段階ではトニーは意思申請書を提出済みで市民になろうとしているが，ま
だ正式に認められていないので，「国がない人」ということになる。
　これを受けて問い1では市民権を得ると選挙で投票できることを，問い2で

---

29)　*Ibid.*, p.158.
30)　ちなみに，外国人居住者（denizen）は，イギリスでは，市民権を与えられた国籍取
　　得者・帰化人を意味する。アメリカでは，文字どおり，外国人でありながらアメリカに
　　住んでいる居住者ということになるだろう。それに対して，在留外国人（alien）には，
　　「外国の（foreign）」や「見知らぬ（strange）」の意がある。
31)　Hill and Davis, *Civics for New Americans*, p.125.

は市民権と選挙権の相違について学ぶ。市民権は，自然権と同等の意味で国民が享受するすべての権利を意味したり，参政権と区別してそれ以外の自由を意味したりする。アメリカの場合，合衆国憲法上の規定はあっても，実質的に黒人に保障されていない権利である公民権として使用されることがある。帰化プロジェクトで学んだ市民権は，上記の問い1から，参政権と区別されない権利をさすと推測される。

次に問い3の学習事項は，アメリカ市民になった場合に，アメリカという国家から受けられる保護についてである。保護の内容は説明されていないが，国内外で犯罪や動乱などに巻き込まれたときの保護が想定される。『新しいアメリカ人の公民』の第3章「生命と財産に関する市民の保護」では，警察，消防，健康，移民を対象とする公私の奉仕活動などが保護として取り上げられている[32]。

問い4と5は，アメリカ人になるための条件を，生地や両親の国籍という視点から，様々なケースを想定して考える応用問題である。このうち5では，参照すべき法規として「1922年の帰化法」が言及されている。同法では，「女性は在留外国人と結婚しても，夫が市民になる資格があれば市民権を失わない」となっている。よって，問い「5　アメリカ人女性がフランス人と結婚したらフランス人になるのか」の答えは，夫となるフランス人がアメリカ市民になる資格があれば，このアメリカ人女性は結婚しても国籍を失わないということになる。

なお，問い5にも関わる女性の市民権については，「宿題」として「女性と子どもの市民権」で子どもの市民権と合わせて学んだ。「異なる国の市民権の基本」についても調べることになっていた。女性や他国にまで広げた市民権学習が行われた。「要の問い」の「⑬私の妻や子どもの国籍はどうなるのか」についても，「女性と子どもの市民権」で学ぶことができた。

3　第3ステップ：最終書類（final papers）と第4ステップ：査問

「最終書類」とは「帰化申請書（Petition for Naturalization）」のことである

---

32)　*Ibid.*, pp.38-64.

（以下，基本的には「帰化申請書」で統一）。この申請書の記載事項を取り上げる第3ステップについては，簡潔に次のように記されている。

最終書類。3年後，トニーは18歳以上なので，「帰化申請書」を帰化裁判所に提出し，4ドル払う。二人の証人が出席して，下記の申告を裏付けなければならない。[33]

この第3ステップの主たる学習事項については，ここで言及されている「帰化申請書」と「申告」が手がかりとなる。「申告」からみると，次の第4ステップで学ぶ裁判所での「査問」では，帰化申請者をよく知る二人の証人が，裁判所で申請者について証言することになっていた。

申告の内容は，①帰化申請書提出以前に5年間在米である，②提出後の居住地（1年間），③「よい道徳的人格（good moral character，以下，適宜GMCと略記）」を身につけている，④アメリカ政府の基本原理に賛同している，⑤アナキストや多妻主義者ではない，などであった。このうち④のアメリカ政府の基本原理に関しては，この後の第4ステップでトニー自身が，アメリカの歴史を含めて，裁判官からの質問に答えることが求められた。

帰化申請書の実物とGMCに注目して，第3ステップの学習内容を検討してみたい。「帰化申請書」は11項目からなるが，うち8項目目までは「意思申請書」とほぼ同じである。8は「忠誠宣誓」の一文であり，ここでも「忠誠宣誓」について学習することになる。9〜11が「帰化申請書」における新たな学習事項である。

9は，英語が話せるという条件であり，「要の問い」の⑪「英語を読み書きできなければならないのか」の答えとなる。10は，この「帰化申請書」を提出する前までに5年間連続してアメリカに居住し，かつ「帰化申請書」提出後，1年間アメリカのどこかの州（あるいは準州，コロンビア特別区）に居住するという条件である。11は，他の裁判所には市民権の申請をしていないという条件である。このように，「忠誠宣誓」を再読しながら，英語，帰化にかかる期

33）　Hatch, *Training in Citizenship*, p.159.

間や居住地といった視点から，帰化の条件に関する理解をさらに深める。

GMCは，古くから市民権を得るための条件のひとつとされてきた。国家が定めた法規ではなく，移民局ごとに判断するため明確に定義するのは難しいが，ここでは米国市民権・移民局（The U.S Citizenship and Immigration Services）が現在作成している，移民に関する基本政策の第12巻「市民権と帰化」の「Part F　よい道徳的人格」を参照して概説する。そのなかでGMCは，「申請者が居住するコミュニティの平均的な市民の基準を満たす人格」と規定されている。その「基準」としては，家族関係，犯罪歴，学歴，職歴，違法行為，コミュニティ活動への参加などがある[34]。なかでも犯罪歴がとくに重視され，近年はその傾向が強まっていると指摘されている[35]。GMCも，帰化してなるべき「よいアメリカ市民」の学習の一部となっていたと推察される。

この後に続く第4ステップは，帰化の法的手続きの最終段階となる「査問」をテーマとする。帰化申請者が裁判所に出頭して，裁判官から査問を受ける段階についての学習であった。新しい学習内容としては，「アメリカ政府の根本原理に対するトニーの支持」や「トニーは，政府やアメリカ史に関する一般的な質問に答えなければならない」とあるとおり，「アメリカ政府の根本原理」や「アメリカ史」があげられる[36]。アメリカの行政や歴史は，公民科や歴史科の内容である。第4ステップでは，そのような他の授業の学習事項を生かしながら，教科を横断して「査問」について学んだと推察される。

以上の学習をふまえて行われる帰化プロジェクトの最終段階が第5ステップであり，主題は忠誠宣誓であった。忠誠宣誓は，第1ステップの意思申請書や，第3ステップの帰化申請書のなかで言及されていたが，ここに至って，メインテーマに設定されたのである。この第5ステップの活動は，授業の終末部に含まれるので，次章で検討する。

34）　U.S. Citizenship and Immigration Services, "Part F Good Moral Character," in *Policy Manual*, 2021.（Current as of July 22, 2021, https://www.uscis.gov/policy-manual/volume-12-part-f，2024年8月19日閲覧）.

35）　Kevin Lapp, "Reforming the Good Moral Character Requirement for U.S. Citizenship," *Indiana Law Journal*, Vol.87, Issue 4（2012）, pp.1571-1637.

36）　Hatch, *Training in Citizenship*, p.159.

第4節　アメリカ化とプロジェクトの交差

1　ローカルな生活経験とナショナルな帰化の学習

　ここまで論じてきた帰化プロジェクトの授業を総括すると，大きな特徴とし
て，授業がプロジェクトと帰化の法的手続きに関する学習の二つから構成され
ていることが指摘できる。ひとつは，帰化するためにどこに行くべきかという
問いを，生徒が生活を送り，HMSがあるニューヨーク市マンハッタンという
コミュニティで探究するニューヨーク市学習であった。生徒の生活経験にねざ
した目的的活動である点に「プロジェクト・メソッド」の影響が認められる。

　いまひとつは，帰化に関する法的手続きの学習であり，基本的には連邦政府
主導のアメリカ化政策と合致している。最初の授業では，米国労働省帰化局
『帰化法令集』に記されている規定を筆写した。その後には，帰化の過程を第
1ステップから第4ステップにわけて忠実に学習している。こちらは基本的に，
アメリカ化の影響を反映している。当時は移民帰化局がいくつも教科書を作成
していたけれども[37]，教科書に準拠した授業になっていたわけではなかった。
しかし，帰化に関する法の習得に力が入れられている。

　以上の二つを見ると，アメリカ化とプロジェクトの交差を指摘できる。帰化
の法的手続きに関する学習の第2ステップでは，女性の市民権について，「宿
題」として「女性と子どもの市民権」で，子どもの市民権と合わせて学んだ。
「異なる国の市民権の基本」についても調べることになっていた。女性や他国
にまで広げた市民権のプロジェクト学習となっている。「探求」と「授業外で
の読書」という二つの文献リストも，前者はアメリカ化の推進を基本とするの
に対して，後者は元移民の自伝や伝記であり，様々な国からの移民が帰化して
活躍する様子を学ぶ。

　帰化の法的手続きの第3ステップで学ぶ「よい道徳的人格（GMC）」は，帰
化プロジェクトとアメリカ化の合致を示す証左である。GMCは帰化申請書の
一項目であり，移民が帰化するための条件となっていた。先述のとおり，

---

[37]　粂井輝子「アメリカ合衆国移民帰化局編集教科書にみるアメリカニズム」『白百合女
子大学研究紀要』第39号（2003年），73-91頁。

GMCは国家ではなく，移民局ごとに定めたから，一定の多様性は認められていた。ただしそれは，国家に対する従順が強調される傾向にあるという先の批判にみるように，国家に従順であることに重きをおいてきた。GMCの習得には，アメリカ化の影響がみてとれる。

　このようなアメリカ化とプロジェクトの交差は，生徒が生活を送るコミュニティや学校におけるローカルな活動と，国が定め，国に帰化する法的手続きにおけるナショナルな活動の交差でもある。ローカルな側面においては，マンハッタンという地元のコミュニティに関する学習が行われ，「連邦ビル（郵便局あるいは連邦裁判所）」と呼ばれる建物がなんであり，それがどこにあるのかという謎解きのミニ・プロジェクトが展開された。あるイタリア人の帰化というと生徒からは距離があろうが，自分たちのコミュニティと結びつけることで，その距離を縮めようとしている。連邦ビル，帰化裁判所，ブロードウェイ，ウールワースビル，市庁舎，地下鉄などは，生徒が日常生活で見聞きしたり，実際に利用したりしていたと推測される。イタリア移民問題に関しても，連邦ビルから数ブロック北に，多くのイタリア移民が居住したリトル・イタリーがあった（図11-4参照）。

　その後に連邦政府主導で定められた帰化の法的手続きの学習へと進む。ナショナルな側面が学習活動の中心となっている。最終的には帰化法を論題とするディベートで国家の問題について議論したうえで，劇化プロジェクトに取り組む。生徒のローカルな生活経験からナショナルな問題へと展開し，生徒の手へと再び戻されるという流れとなっている。第9章で言及した公教育におけるローカリズムとナショナリズムの関連が，ここでも確認できる。

　その関連の中心は，内容的にはアメリカ化の学習といえる。しかし，その学習においても，問いと思考の連鎖で授業が展開されていた。また，授業の始めに登場する「連邦ビル」や終わりに行われる劇化では，地域や学校での生活や活動に基づくプロジェクトに重点がおかれている。ローカルとナショナルを交差させて，アメリカ化とプロジェクトが統合されている。

2　アメリカ化の推進と改善

　帰化プロジェクトの授業でアメリカ化とプロジェクトが組み合わされていた

ことは，それに対する当時の評価にも示されている。帰化プロジェクトの劇化は，基本的には，帰化の法的手続きの理解を促進する実践として注目された。その評価は，帰化の法的手続きの問題点をプロジェクトで改善する実践に対する評価とも読める。

　帰化プロジェクトの劇化は，『アメリカ市民性読本』（1928）というテキストにおいて紹介されている。同書は，タイトルが示すように，アメリカの市民性に関連する複数の文献の一部を，政治・社会・経済の三部に分けて編集したものである。そのなかでは，帰化プロジェクトの劇化が，「第1部　政治の読物」の「第2章　アメリカ化」で取り上げられている。帰化プロジェクトの劇化は，基本的には，アメリカ化を教えるための教材であり実践とみなされている。

　ただし，『アメリカ市民性読本』は，帰化政策は十分ではなく，改善の余地を残しているという立場をとっていた。批判的である理由は，最も同化あるいはアメリカ化しやすい者を対象としており，在留外国人の10人に1人しか帰化できていないことや，帰化申請者の60％しか市民権が認められていない現状にあった。「アメリカ化の手続き」には問題点があり，在留外国人が市民になることをためらわせていると指摘されている[38]。

　帰化プロジェクトの劇化は，そのような状況を学校の授業で改善する取り組みとしても意義が認められている。『アメリカ市民性読本』においてそれは，「在留外国人が市民になるための法的手続きを明解に示している」と評価されている[39]。これだけをみると，帰化プロジェクトの劇化は，アメリカ化を推進する方法とみなされているようである。

　しかし，帰化プロジェクトの劇化の抜粋の直後には，入国管理局長による1927年の移民法改訂案が抜粋されている[40]。この提案とセットでみると帰化プロジェクトの劇化は，アメリカ化の法的手続きの問題点に気づかせる取り組みとしても評価されていた，という解釈も可能である。というのも，二つの抜粋を読んだ後の課題として，「帰化の過程で求められる条件のなかで，どれが

38）　Greenan, *Readings in American Citizenship*, p.14.
39）　*Ibid.*, p.14.
40）　*Ibid.*, pp.22-29.

最も在留外国人にとって難しいと思うか」という問いが記されている[41]。帰化プロジェクトによる帰化の学習を手がかりに，帰化の法的手続きの問題点を検討することが求められているのである。帰化プロジェクトは，アメリカ化について，その法的手続きを学びつつ，批判的に検討し，改善策を模索する試みともいえる。

おわりに

　以上，本章では，市民性プロジェクトのひとつである帰化プロジェクトにおいて，どのような授業が行われたのかを再現した。帰化プロジェクトとは，あるイタリア人の帰化を支援するためになにができるかを探究するプロジェクトであった。授業の導入部で自分たちが生活するコミュニティでできることについて，できるだけ生徒自身が問いや目的を立て，プロジェクトとして学習活動を実践することに力がいれられていた。と同時に，米国労働省帰化局刊の『帰化法令集』にある帰化に関する法規を書写し，帰化に関する知識の習得にも時間を割いた。授業の展開部でも，第1ステップから第4ステップに分けて，帰化の手続きを，最初の第1書類（意志申請書）の記入から，帰化裁判所で「査問」に至るまで忠実に学習する。ただし，裁判所でどのような質問がされるか，帰化することで受けられる保護はなにかといった問いがいくつも設定されていた。このように帰化プロジェクトは，国が定めた帰化に関する法規や手続きを，学校がある地元のコミュニティと結びつけて学習できるようにしていた。単元が，帰化の法的手続きの学習と，生徒の地元であるニューヨーク市マンハッタンにおける生活経験に根ざしたプロジェクト学習を交差させて構成されていた。

　そのようなアメリカ化とプロジェクトの交差の着地点が，授業の最終目標とされた忠誠宣誓であった。では，アメリカ化とプロジェクトを組み合わせて構成されているこの授業では，どのような忠誠心が教え学ばれることになったのか。愛国心がある「よいアメリカ国民」か。それとも，多様性を尊重する「よい市民」か。次の章で考察する。

---

41) *Ibid.*, p.28.

第12章

帰化プロジェクトにおける
忠誠心の教育と課題

はじめに——帰化プロジェクトの授業の終末

　本章では，帰化プロジェクトの最終的な目標に設定された「忠誠宣誓（oath of allegiance）」の意味を，プロジェクトをとおして教え学ばれた国家や移民に対する責任という観点から再解釈する。「忠誠宣誓」とは，法的に定められた帰化手続きの最終段階で，法廷にて行うことになっていた儀式であった。それを取り入れながら，それぞれの生徒の個性を尊重して多様性を重んじようとしたプロジェクト学習における忠誠心とは，いかなる意味を有していたのだろうか。第10章で詳しく論じたように，19世紀末ころから公立学校では，「忠誠の誓い（pledge of allegiance）」という，アメリカ国旗に忠誠を誓う儀式による愛国心の教育が行われていた。帰化プロジェクトは，それと違っていたのか否か。

　このような問いについてまずは，前章の第11章で取り上げた帰化プロジェクトの終末部における第5ステップを再現する。授業全体の構成（第1節），移民に対する共感の学習（第2節），移民とは誰かを考えて移民と生徒を相互関係に位置づける学習（第3節），移民法の改訂という時事問題に関するディベート（第4節）について，どのような授業を行ったのか明らかにする。それをふまえて，授業をとおして学ばれたであろう「忠誠宣誓」の意味を解釈する。アメリカ国家に対して果たすべき移民の責任の他に，生徒自身のアメリカ国家に対する責任や，移民がアメリカ国民になることを支援する生徒の責任を意味していたことを指摘する（第5節）。最後に，帰化プロジェクトには多様性を保障しようとする試みと，当時の愛国心の教育と重なる試みが混在していたこ

とを，前者は「各国政府の比較プロジェクト」と「アイルランド・プロジェクト」，後者は劇プロジェクトを取り上げて論じる（第6節）。以上の検討から，帰化プロジェクトにおける「よい市民」の実践と課題を，愛国心の中核をなす忠誠心の教育という観点から解明する。

第1節　帰化プロジェクト第5ステップの構成
——移民の忠誠宣誓を助ける責任

　忠誠宣誓を主題とする帰化プロジェクトの第5ステップの直接の目的は，忠誠宣誓に関する「責任」に設定された。その授業について，前章から引き続き本章でも，実践報告の確認から始めたい。

忠誠宣誓：
<u>責任</u>
1. 「市民権の書類を提出するための移民の負担は5ドルではなく25ドルである」という男性の発言はなにを意味するか。
2. 在留外国人が市民になるのをどう助けるか。
3. 移民に対してはどのような態度をとるべきか。（シャフラーの詩「人間のくず」参照）
4. 「わたしたちはみな移民であるか，移民の子どもである。」クラスのなかの異なる人種グループを見つけよう。
5. 移民が提供しうる最高のことを受け入れ，あなたが移民に与えうる最高のことを準備しよう。他の人が帰化の書類を入手して提出するのを助けよう。
6. 優れた移民リストをつくろう。
7. ディベート：1924年移民法は，1890年の国勢調査に基づくべきかそれとも1910年の国勢調査に基づくべきか。
8. 帰化裁判所を劇にしよう。[1]　（下線部の原文はイタリック体）

　1から8のうち7までが，移民の帰化に関わる問い（1〜3）や課題（4〜

7）である。8は帰化プロジェクトの総括を兼ねた劇化である。帰化の法的手続きに関する第4ステップまでの学習とはちがって，第5ステップでは自分たちで答えを考えるプロジェクト学習が前面に打ち出されている。

　全体を貫く視点として設定されているのが，「責任」である。ここでいう「責任」は，移民のアメリカに対する「責任」とも，移民がアメリカに帰化できるようにすることに対する生徒の「責任」ともとれそうだ。

　第5ステップの大きな流れを示すと，1においては，移民が市民権に関わる書類を提出する費用は5ドルではなく25ドルかかるという発言の真意が問われている。正解は記されていないが，授業の第1ステップでは「意思申請書」を提出する際に1ドル，第3ステップで「帰化申請書」を提出する際に4ドル，計5ドル支払うことを生徒は学んでいた。貧しい移民にとっての5ドルは，その5倍の25ドルに匹敵する大きな負担であることを理解させようとしたと推測される。

　2では，在留外国人が市民権を獲得することをどう手助けするかを考える。実際，社会センターとしての学校では，移民の親を対象とする英語の授業を学校で行っていた。

　続く3以降の問いは，①貧しく，劣悪な環境での生活を強いられることが多い移民に対する共感，②移民に関する多面的な理解（自分たちも移民であることの確認，アメリカにおける移民の貢献や優れた移民の調べ学習など），③移民に関わる時事問題の把握の三点を軸としている。実際にすぐできる手助けというよりも，行動以前に求められる共感，理解，現状の把握などが，主たる学習事項となっている。そのうえで最後の8では，帰化プロジェクト全体を振り返り，イタリアの若者の帰化を劇化した。

　では，3〜7においてどのような学習を行ったのか。その学習における「忠誠宣誓」や「責任」の意味はなにか。

---

　1)　Roy W. Hatch, *Training in Citizenship* (New York: Charles Scribner's Sons, 1926), pp.159-160.

第2節 移民に対する共感の学習──文学作品を用いた市民性教育

　3からみると，移民に対して責任ある態度を，「シャフラーの詩」である「人間のくず（Scum of the Earth）」を教材として，形成しようとしている。「シャフラー」とは，元移民のアメリカの作家ロバート・H. シャフラー（Robert H. Schauffler,1879-1964）のことである。シャフラーは，当時のオーストリアのブルノ（現チェコ共和国）で生まれ，2歳の時にアメリカに渡った。その体験を元に1911年に公表された「人間のくず」は，アメリカの中産階級と，貧しい移民の分断をテーマとした詩集であった。スロバキア人，チェコ人，クロアチア人，ポーランド人などのスラブ人が主に言及されている[2]。

　この詩を用いた授業は，文学作品というアートを用いての，生徒の情感にはたらきかける授業として特徴化できる。帰化プロジェクトの導入部の「どこに行くべきか」では，帰化するための機関やその場所について，生活経験を生かして探究したり，法的手続きの知識を習得したりした。基本的には知的な学習であった。それに対して，「人間のくず」という蔑称を与えられた移民の苦境を吐露した詩を読むことは，生徒の心情に訴える学習といえる。

　帰化プロジェクトではシャフラーの詩のような文学作品を，積極的に活用している。たとえば，授業外の課題として，移民の自伝や伝記を読んでレポートを書くことになっていた。表12-1は課題の文献一覧を元に作成したものである。実践報告に記されているのは著者名と文献名のみで，生没年，刊行年，①～③（①は著者の職業や専門，②は生地とアメリカに移住した年，③は著作の紹介）は筆者による補足である。

　ここに取り上げられている作品はみな，書き手自身が移民であり，アメリカに移住してからの生活を著した作品である。文献リストにはこの他にもう一冊，「6. ジョセフ・ハズバンド（Joseph Husband,1885-1938）『選ばれたアメリカ人─異国の地に生まれた偉大な市民の伝記（*American by Adoption: Brief Biographies of Great Citizens Born in Foreign Lands*）』（1920）」があげられて

---

2)　Robert H. Schauffler, "'Scum O' The Earth'," *The Atlantic Monthly*, Vol.108, No.5 (1911), pp.614-616.

表12-1 授業外の読書

1. アブラハム・リーバニー（Abraham Rhibany, 1869-1944）『遠い旅（*A Far Journey*)』(1913)	①神学者，文献学者。 ②オスマン帝国支配下のシリア（現在のレバノン）生まれ。1891年にアメリカに移住し，ニューヨーク市で暮らす。 ③リーバニー初の著作。シリアとアメリカでの彼自身の生活を著した。
2. エドワード・A. スタイナー（Edward A. Steiner, 1866-1956）『在留外国人から市民へ—私のアメリカ物語（*From Alien to Citizen; The Story of My Life in America*)』(1914)	①アイオワ州グリネル大学の宗教学者。 ②ハンガリーの支配下にあったスロバキアのユダヤ系の家庭に生まれた。ハイデルベルク大学で博士号を取得した翌1886年，19歳のときにアメリカに移住。 ③タイトルが示すように，スタイナーが帰化してアメリカ市民になるまでの自伝。
3. スタイナー『移民の足跡（*On the Trail of the Immigrant*)』(1906)	①ドイツ，北欧人，ユダヤ人，スラブ人，ハンガリー，ギリシャなどを各章で取り上げ，移民がアメリカにどのようにしてやってきて生きているのかを記した書。帰化プロジェクトで扱うイタリア人も，二つの章で論じられている。
4. ジェイコブ・A. リース（Jacob A. Riis, 1849-1914）『アメリカ人をつくる（*The Making of American*)』(1901)	①ジャーナリスト，社会改良家，写真家。 ②デンマーク，ユトランド半島の西端の町リーベに生まれる。15歳から大工の仕事に従事，1870年にアメリカに移住。大工，坑夫，日雇い労働者などさまざまな職業を経て1873年からニューヨークで新聞記者となる。 ③リースの自伝。
5. メアリー・アンティン（Mary Antin, 1881-1949）『約束の地（*The Promised Land*)』(1912)	①アメリカの作家，移民の権利に関する活動家。 ②ロシア帝国ヴィテプスク（現ベラルーシ）に生まれ，1884年に移住。 ③アメリカ移住からアメリカ化の過程を記した自伝。

出典：Hatch, *Training in Citizenship*, p.158. を元に筆者作成

いる。タイトルが示すように，アメリカ市民になった著名な移民の伝記であるが，これについては，「優れた移民」に関する調べ学習の手がかりとなるので，後ほど解説する。この6冊のなかから1冊を選んでレポートを書くことになっていた。そのような詩，自伝，伝記などの文学作品をとおして多様な移民の生き様を学び，共感とそれにねざした責任感を涵養しようとした。

322

第3節　移民とは誰か──移民の歴史と現在

　詩の授業の後に続く4から7では，現在の移民について，過去に遡り，現実と往還しながら理解を深める。それにより，移民に対する責任感を養おうとしている。

　まず4では生徒たち自身も移民であることに目を向ける。ホーレスマン・スクールでは，外国生まれの両親の子どもが約半数，外国生まれの祖父母をもつ子どもが約3分の1，残りはどちらかの親が外国生まれで，祖父母の代までアメリカ生まれの生徒はほとんどいなかった[3]。

　次いで5では，新たにアメリカ市民になろうとしている移民と，既にアメリカ市民である自分たちが相互にどう協力し合えるかを検討する。生徒から移民に対してできることとしては，帰化関連の書類の入手を手伝うことがあげられている。ひとつ前の4で，自分たちも過去に遡れば移民であることを確認し，これからアメリカ市民になろうとしている移民と自分たちとの相違は時間的な問題にすぎないことを学んでいる。それをふまえて，帰化した移民とアメリカ市民とが互恵的な関係において支え合うべきこと，ついては自分たちには移民がアメリカ市民になることを助ける責任があることを実感させる内容となっている。帰化に関する書類の入手の手助けは，ささやかながらも自分たちから移民に与えうる「最高のこと」であった。

　さらに6では，アメリカに対する移民の貢献について，「優れた移民」を対象として調べる。それにより，5の学習事項のひとつ「移民が提供しうる最高のこと」について理解を深める。「優れた移民」について学んだことについては，先述の「授業外の読書」の文献リストにあげられていた「6.『選ばれたアメリカ人──異国の地に生まれた偉大な市民の伝記』」が参考になる。本書では，表12-2のように，著名な元移民が9名取り上げられている。生没年と職業は筆者による。

　「優れた移民」としては，表12-2にある著名人が候補になったと推察される。

---

3)　Hatch, *Training in Citizenship*, p.72.

表12-2 ハズバンド『選ばれたアメリカ人──異国の地に生まれた偉大な市民の伝記』(1920)
で取り上げられている元移民

- スティーブン・ジラード (Stephen Girard, 1750-1831)：フランス生まれの実業家。
- ジョン・エリクソン (John Ericsson, 1803-1889)：スウェーデン生まれの発明家，機械技師。
- ルイ・アガシ (Louis Agassiz, 1807-1873)：スイス生まれの生物学者・地質学者でハーバード大学教授。
- カール・シュルツ (Carl Schurz, 1829-1906)：元アメリカ合衆国内務長官。ドイツ生まれのアメリカ人初の上院議員。
- セオドア・トマス (Theodore Thomas, 1835-1905)：ドイツ生まれのバイオリニスト，指揮者。
- アンドリュー・カーネギー (Andrew Carnegie, 1835-1919)：スコットランド生まれの実業家。
- ジェームズ・J. ヒル (James J. Hill, 1838-1916)：カナダ生まれの鉄道経営者。
- オーギュスト・セントゴーデンズ (Augustus Saint-Gaudens, 1848-1907)：アイルランド生まれの彫刻家。
- ジェイコブ・A. リース：デンマーク生まれのジャーナリスト，社会改良家，写真家。

出典：Joseph Husband, *American by Adoption: Brief Biographies of Great Citizens Born in Foreign Lands* (Boston: The Atlantic Monthly Press, 1920) を元に筆者作成

このように4から6は，移民とは誰かということを，自分たちの出自を確認しながら，アメリカにおける移民の歴史と現在に注目して考える。

第4節　移民をめぐる時事問題のディベート

以上をふまえて7では，現実に立ち返り，1924年移民法という時事問題についてディベートを行った。「1924年移民法は，1890年の国勢調査に基づくべきかそれとも1910年の国勢調査に基づくべきか」という論題は，まさにその当時論争となっていた。1924年移民法は，日本人にとっては排日移民法として知られる。誰が帰化不能外国人，つまりアメリカ人になれないのかの基準を再設定したことで，アメリカ移民史の転換点となった。帰化プロジェクトとの関わりでいえば，同法はイタリア人を排斥の対象としていた。1890年か

1910年のどちらの国勢調査に基づくかを問うことは，イタリアからの移民を制限すべきか否かを議論することにほかならなかった。

　その事情について概説すると，1924年移民法で採用された国別移民割当制度は1921年移民法から導入されていた。1921年移民法では，1910年の国勢調査に基づいてアメリカに居住していた移民一世人口の3％を，年間の移民許可総数とした。それに対して1924年移民法では，移民増加前の1890年の国勢調査の2％に戻して受け入れる移民総数を減らした。と同時に，1910年の国勢調査では45％が割り当てられた南欧・東欧からの移民を，15％に抑制した[4]。結果として南欧からのイタリア移民は制限されることになった。その適否を帰化プロジェクトでは取り上げたわけである。

　このディベートはそのような法改正に合わせ，時宜を得たタイミングで行われている。1924年移民法は1924年5月26日に成立し，7月1日に発効した。帰化プロジェクトが実施されたのは，先にふれたように1924年か1925年ころと推測され，劇が行われたのは5月である。まさに1924年移民法が制定されようとしていたさなかに行われたことになる。

　タイムリーであったことにまして興味深いのは，それが当時の世論や社会情勢などに抵抗するような試みであったことである。第一次世界大戦後，軍隊が徴兵に用いた大規模なテストを主たる根拠として，移民排斥や人種差別が勢いを増していた。「1890年か1910年か」問題の答えは，時流に即せば，南欧・東欧諸国からの移民を制限する「1890年」だった。教育史家ダイアン・ラヴィッチによれば，このような移民排斥主義者の主張は，当時教育測定でめざましい成果を上げていた心理学者が関わって作成された軍隊テストによってお墨付きを与えられていた。それゆえに，市民感情に大きな影響を与えた。学校関係者も含めた多くの人々が移民排斥に傾き，移民問題について冷静に受けとめられるような状況ではなかった[5]。それをふまえてラヴィッチは，新移民が急増する以前の1890年国勢調査を基準とすることは，立場を超えて広く支持さ

---

4)　小田悠生「アメリカ移民法における『家族』―市民権，永住権と家族の権利」『アメリカ太平洋研究』第15巻（2015年3月），62頁。

5)　Diane Ravitch, *Left Back: A Century of Battles Over School Reform* (New York: Touchstone Book, 2000), p.155.; ダイアン・ラヴィッチ（末藤美津子・宮本健市郎・佐藤隆之訳）『学校改革抗争の100年：20世紀アメリカ教育史』（東信堂，2008年），158頁。

れたと解釈し，こう指摘している。

> 愛国心と100％のアメリカ中心主義を求める世間の声が強かったその時代
> に，……軍隊テストに関する世間一般の理解が，移民制限を求める運動を
> 後押ししたのである。1921年と1924年に連邦議会は，南欧と東欧から
> の新しい移民を制限するために，1890年の国勢調査を踏まえた国籍の割
> り当て人数に基づいて，将来の移民を制限する法律を可決した。これらの
> 法律は，アメリカ労働組合から支持されたばかりでなく，幅広く超党派の
> 支持も得ていた。[6]

「世間一般の理解」が「超党派」で形成され，「愛国心と100％のアメリカ中
心主義」を求めるアメリカ化を後押ししていた。ディベートの論題「1924年
移民法は，1890年の国勢調査に基づくべきかそれとも1910年の国勢調査に
基づくべきか」に関する世論も，1890年に傾いていた。7のディベートは，
そのような情勢を批判的にとらえ，自らが果たすべき責任を考える試みであっ
たといえる。
　かくして第5ステップでは，1〜7の問いや課題について考え，移民がアメ
リカに忠誠を誓い，アメリカ市民になることを促進する責任感を養うことをめ
ざした。では，帰化プロジェクト全体をとおして，忠誠について生徒たちはど
のような学習をしたと考えられるか。

第5節　帰化プロジェクトにおける忠誠宣誓と責任の一解釈

　第5ステップの主題に設定されている忠誠宣誓は，ここで明らかにした学習
の内容や方法をふまえれば，次のように解釈できるだろう。まず帰化プロジェ
クトの最終段階の主題が忠誠宣誓による責任感の涵養であったことが示すよう
に，忠誠宣誓は責任の問題として論じられている。誰から誰に対する責任かと
いう観点から，忠誠宣誓の意味は三つ想定される。

---

6)　*Ibid.*, p.155.；同上訳書，158頁。

第一に，忠誠宣誓は，移民の，アメリカに対する責任をさす。その意味としては，移民にとってメリットが多いのだから，法的に帰化しうる移民はすべからくアメリカ市民になるべきであり，忠誠宣誓はそのための儀式であり行為であるということになる。

第二に，忠誠宣誓は，生徒の，移民に対する責任をさす。移民のアメリカ化は，既にアメリカ人になっている自分たちにとってもメリットが多い。よって，それを積極的に推進する責任を生徒も負っている。移民と生徒は，アメリカに対して忠誠を誓う責任を共有することになる。

第三に，この移民と共有された忠誠宣誓は，生徒の，アメリカに対する責任でもある。帰化した移民にアメリカ国家が保障する保護や権利は，生徒たちも享受している。生徒たちは，移民がアメリカ市民になることを支援する過程において，そのことを確認する。それをとおして，生徒たちはアメリカに対する責務を担うことを誓い直す。

このように忠誠宣誓における責任は，①移民のアメリカに対する責任（移民→アメリカ），②生徒の移民に対する責任（生徒→移民），③生徒のアメリカに対する責任（生徒→アメリカ）という三層からなる。忠誠心は基本的に，アメリカ化を推進するものであり，国の維持・発展に貢献する態度や行動をさす。

ただし，忠誠宣誓に対する責任を担うことを目標とする第5ステップは，第11章で考察したアメリカ化とプロジェクトの交差という観点からすれば，プロジェクトの方に軸足をおいていた。8つの問いや課題から構成され，それを探究する学習となっている。

とりわけ第5ステップの4〜6においては移民とは誰かを学ぶが，広くアメリカ国外の国々に目が向けられている。その結果，アメリカ化と世界が交わるようなプロジェクト学習になっていた。たとえば，文献リスト「授業外の読書」の文学作品で取り上げられている移民は，実に多様である。具体的には，シリア，スロバキア，ドイツ，北欧人，ユダヤ人，スラブ人，ハンガリー，ギリシャ，イタリア，デンマーク，ベラルーシ，フランス，スウェーデン，スイス，スコットランド，カナダ，アイルランドなどであり，これらの国や民族の移民について学ぶことになった。

また7のディベートは，アメリカにおける人種問題にふれながら，生徒が果

たすべき責任について，世論から距離をおいて批判的に考える試みであった。

　総じて帰化プロジェクトをとおして生徒が学ぶ忠誠宣誓は，帰化の法的手続きに関する知識を習得し，それを活用して，移民にとって，ひいては自分たちにとって，よりよい社会へと改善することを，国家に対して誓うことともとれる。そこにおける責任は，自分たちで，考え，答えを導き出そうとする，自立的でかつ共同的な態度を含意する。

　その責任とは，忠誠宣誓の三つの意味の中の②と③に当てはめればこうもいえるだろう。②生徒の移民に対する責任（生徒→移民）は，移民を鋳型にはめ込むようなものではなく，移民の境遇に共感し，その存在や貢献に敬意を払い，移民を排斥するようなアメリカ化に改善を迫る責任である。③生徒のアメリカに対する責任（生徒→アメリカ）は，新たな移民がアメリカ市民になりやすく，ひいては，自分たちもアメリカ市民として生活しやすい環境整備や支援を検討する責任である。「国際的ナショナリズム」に依拠し，多様性を重んじて，漸進的に社会を改善しようとする革新主義思想にも支えられて，そのような意味での忠誠宣誓と責任が学ばれたと解釈できる。

　他方，第11章で論じたように，帰化プロジェクト終了後に行われた劇プロジェクトをみると，国旗掲揚や忠誠宣誓といった儀式が取り入れられている。アメリカ化とプロジェクトの交差がそこにおいても確認できる。アメリカ化の影響も色濃い。そこで最後に，帰化プロジェクトの一部で行われた，多様性と愛国心を重視する授業について考察する。多様性については，帰化プロジェクトと同じく「教室で教えるプロジェクト」とされる「各国政府の比較」プロジェクトと，そのなかで取り上げられているイギリスからのアイルランドの独立をテーマとする「アイルランド」プロジェクトを取り上げる。愛国心については，劇プロジェクトに注目する。

第6節　市民性プロジェクトにおける多様性と愛国心

1　他国に関する授業
各国政府の比較プロジェクト
まず注目したいのは，時事問題とも絡めていくつかの国の現代史を学び，そ

れぞれの政府について比較検討するプロジェクトである[7]。事の発端は，ウェールズ王のニューヨーク訪問にあった。女子生徒はウェールズ王の「プリンスの魅力」に興味を持った。この機をとらえて，王の旅程を公民のノートに書かせ，「なぜ皆さんは，この若いお方の写真を欲しいと思うのですか」と問うた。この問いからウェールズ，イングランドに関するプロジェクトが開始され，イングランド王という存在やそれがもつ権限，両国の政体などについて調べた。

　以後，次のような展開で，各国政府の比較検討がプロジェクトとして行われた。まず，アメリカ大統領の権限と比較して表を作成する。次に，フランスで選挙が行われたのを機に，フランス政府について学習して表に追記する。その後，日本，スイス，ブラジル，スペイン，イタリアなどについても学習して「政府の比較」という図12−1のような表を，縦横15インチ（約38cm）×35インチ（約89cm）で作成した。

　その他，他国を対象とするプロジェクトには次のようなものがあった[8]。

・ロシアの暴動の原因は何か。
・世界大戦期にスイスはいかにして中立を維持したか。
・フランスはどのようにして共和国になったのか。
・どのようにしてイギリスで立憲政治が成立したのか。
・なぜイタリアは『地理的な表現』（オーストリアの政治家メッテルニヒが，イタリアに政治的重要性はないという意味で用いた言葉とされる…筆者）以上の重要性を有するようになったのか。
・日本が国連の5カ国代表のひとつであるのはなぜか。
・カナダは自治国家か。
・ポーランドはなぜ「古代の権利と特権」を要求するのか。

　このなかには，帰化プロジェクトに関わる「イタリア・プロジェクト」もある。そのような国々について学習するに至った経緯についての説明はないが，「生徒たちが主体的に」と記されている[9]。

---

7) Hatch, *Training in Citizenship*, pp.146-147, pp.218-219.
8) *Ibid.*, pp.219-220.

第 12 章　帰化プロジェクトにおける忠誠心の教育と課題　｜　329

図 12 - 1　政府の比較

A CHART (15 x 35) ON
COMPARATIVE GOVERNMENTS

	United States	England	France	Other Nations
Nations	(Flag)	(Flag)	(Flag)	1. Japan 2. Switzerland 3. Italy 4. Brazil 5. Belgium 6. Spain 7. Germany (before 1914) etc.
Head	President: Woodrow Wilson. Qualifications. Term, Powers, etc.	King: George V. Hereditary Monarch. Powers, etc.	President: Paul Deschanel. Term, Powers, etc.	
Cabinet	Appointed by President. List name and position of each.	Prime Minister: Lloyd George. Method of election. Responsible government.	Prime Minister: Millerand Powers.	
Upper House	The Senate: Qualifications. Term. How Elected. Senators from N. Y.	House of Lords: How composed. Present day powers. Act of 1911.	The Senate: Number, term. How elected. Powers.	
Lower House	House of Representatives: Qualifications. Term. How Elected. Powers, etc. District representative.	House of Commons: Number. Term. How elected. Importance of.	Chamber of Deputies: Number, Term. How elected. Importance of a "bloc."	
Remarks	The Supreme Court. The Constitution.	The Unwritten Constitution a. Magna Charta. b. Bill of Rights. c. etc.	The III Republic and the Constitutional Laws of 1875.	

出典：Hatch, *Training in Citizenship*, p.234.

　全体としてそれは，図 12 - 1 のような，各国政府を比較するプロジェクト
となった。各国の国旗についても調べているが，「忠誠の誓い」で掲揚するア
メリカ国旗と比較するというねらいがあったのかもしれない。以上のような取
り組みをとおして，アメリカ以外の諸国の歴史・文化・政体などを学習してい
た。

アイルランド・プロジェクト

　もうひとつ取り上げたいのがアイルランド・プロジェクトである。ホーレス
マン・スクールは移民のための学校ではなかったし，特定の移民の歴史や文化
を強調する学習や劇が行われたわけでもなかった。高等部の課外活動「私たち
の市民活動協会（Our Active Civic Association）」に関する説明では，ほぼすべ

---

9)　Hatch, *Training in Citizenship*, p.219.

てのヨーロッパの国の生徒が前年に参加したと記されている[10]。繰り返し確認すれば、学年によって異なるが、外国生まれの両親の子どもが約半数、外国生まれの祖父母をもつ子どもが約3分の1、残りはどちらかの親が外国生まれで、祖父母の代までアメリカ生まれの生徒はほとんどいなかった。ヨーロッパに祖先をもつ生徒や、ヨーロッパからの移民の親をもつ生徒が大半であった。

　生徒の人種・民族に関わるプロジェクトも行われた。その一例が、1870年から1914年にかけてのアイルランド自治獲得運動に関するプロジェクトである[11]。このプロジェクトはアイルランド・プロジェクトと呼ばれ[12]、「なぜアイルランドはホームルール（Home-rule）を要求するのか」を問いとして1920年に行われた[13]。「ホームルール」はアイルランドの自治を意味し、同運動のスローガンであった。最終的には、1920年の時点でアイルランドが取りうる選択として、現状維持、自治権獲得、独立の三つを生徒に考えさせた。現実に問われている社会問題に取り組むことで、「真の社会的状況」に身を置かせた[14]。

　ここで注目したいのは、アイルランド・プロジェクトにおいて教師が、プロジェクトに関わる事実関係以上に、「寛容、礼儀正しい声の調子、バランスがとれた判断、オープン・マインド、事実に基づいた説得力」などを重視したということである[15]。帰化プロジェクトの最後に行われる劇プロジェクトでも、「役を演じることによる想像力の発達」や「異なる人々の理解や共感の発達」をねらいとしている[16]。「寛容」や「オープン・マインド」はこれと重なるだろう。キルパトリックは「オープン・マインド、他者の見方に対する寛容」を実践できたとして、アイルランド・プロジェクトを高く評価した[17]。

　具体的には、アイルランド・プロジェクトの一環として教師は、スコットラ

---

10) *Ibid.*, p.72.

11) アイルランドは、12世紀以降イギリスの支配下にあり、長年にわたって独立運動が行われ、アメリカへの移民も多かった。

12) Hatch, *Training in Citizenship*, p.224.

13) *Ibid.*, pp.216-217, p.224, pp.229-234.

14) *Ibid.*, p.216.

15) *Ibid.*, p.217.

16) *Ibid.*, p.163.

17) William H. Kilpatrick, "Citizenship by Practising Citizenship," in Hatch, *Training in Citizenship*, pp.vii-viii.

ンド長老派を祖先にもつ生徒の発言に注目した。「オープン・マインド，他者の見方に対する寛容」を養うというアイルランド・プロジェクトの目的に関わるからであった。この生徒は，自分の祖先のことを考慮すれば，アルスター（Ulster，アイルランド北部の地域）の人々には当然共感するが，アイルランドの独立を支持すると発言した[18]。この発言を教師が評価したのは，スコットランドに出自がある生徒からすれば，アイルランドの独立は，自分の祖先が所属していた，グレートブリテン及びアイルランド連合王国（イングランド，ウェールズ，スコットランド，アイルランドからなり，1801年成立。）からの離反を意味するからであった。それは自分の祖先の国からの離反であり，本来受け入れがたいはずである。しかし，この生徒は，そのような個人的な感情や事情を脇において，アイルランドの人々にとってよかれと思う判断をしている。そこに「オープン・マインド，他者の見方に対する寛容」を教師は見て取った。

　実際，このプロジェクトを行った後の1922年にアイルランドは独立し，北アイルランドのみが連合王国にとどまる。アイルランドの独立を支持した生徒は，現実を予知する結果となった。

2　劇プロジェクトにおける国旗掲揚と忠誠宣誓

　その一方で，愛国心の教育もホーレスマン・スクールでは行われた。第10章で論じた国旗掲揚や忠誠宣誓が実践されたのである。帰化プロジェクトは，英語の教師の指導のもとで，その成果を劇化する劇プロジェクトへと発展し，集会の時間に発表された[19]。当時，劇化は，市民性教育の有力な方法のひとつであった。第2章で指摘したように，ジョセフ・リーも演劇による市民形成を説いていた。ホーレスマン・スクールの市民性教育でも劇化を採用した。同校の市民性教育を担当したロイ・W. ハッチの著作『市民性の訓練』では，参考文献として『子どものための愛国的な劇と野外劇』[20]があげられている。劇プロジェクトと愛国心の教育との重なりが見て取れる。

---

18)　　Hatch, *Training in Citizenship*, p.224.
19)　　*Ibid.*, pp.164-165.
20)　　Constance D. Mackay, *Patriotic Plays and Pageants for Young People* (New York: Holt, 1912).

具体的には，その劇プロジェクトは，10の劇から構成された。「1．トニー・ダ・プラトの帰化，あるいはどのようにしてトニー・ダ・プラトという在留外国人が，アントニー・D．プラトというアメリカ人になったか」に始まり，「9．国旗をつくる者たち（Makers of the Flag）」，「10．国旗のつくり手（The Flagmakers）」で締めくくられている。国旗掲揚や忠誠宣誓は，9と10に取り入れられた。

「9．国旗をつくる者たち」は，内務省長官だったフランクリン・L．レイン（Franklin L. Lane）が，同省の職員を前に，1914年6月14日の国旗の日に行った講演のタイトルからとっている。同講演では，国に対する貢献や奉仕が旗づくりになぞらえられている。劇中では，舞台の後方に大きな国旗を掲げ，国旗の後ろに，自由の女神像の衣装を着た女子が控えていた。生徒たちは，コミュニティ，ひいては国に貢献する日常的な行為（たとえば，道ばたで会った見知らぬ人を助ける，家で母親の家事を手伝う）を演じる。その後，演者が国旗の前を通ると，国旗の後ろに控えている自由の女神役の女子が，善行を讃える声かけをする[21]。

「10．国旗のつくり手」では，まずひとりの生徒が舞台の前に出て，レインの講演「国旗をつくる者たち」を朗読する。その後，生徒たちは，様々な善行に関するエピソードをグループで演じながら国旗に敬礼し，それを国旗の声の役を務める生徒が，国旗のつくり手となったことをねぎらうという劇が繰り返される。劇のエピソードには，負傷しながら戦った兵士とそれを手当てする看護婦，テスト勉強，お年寄りの手助け，母親の手伝い，動物愛護，スポーツマンシップ，などがあり，「国旗のつくり手」となる善行を演じる[22]。

ボーイスカウトやガールスカウトと結びつけた劇も行われた。市民性や愛国心が直接取り上げられている点で重要である。ボーイスカウトやガールスカウトは，敵状を探る斥候や偵察を意味するスカウト活動を中心として，国家に役立つ市民の形成をめざして，20世紀初頭に創始された。そのスカウト活動を利用して，愛国心ある市民となるための劇が行われた。まず「国旗づくりとしてのガールスカウト」という劇では，「愛国心あるいは市民性」を示す出来事，

21）　Hatch, *Training in Citizenship*, p.175.
22）　*Ibid.*, pp.175-190.

詩，逸話などを調べてくるという課題がだされ，お互いに調べたことを紹介し合った[23]。この劇では，愛国心と市民性が同一視されている。また，「ボーイスカウトの市民性」という劇では，同い年の不良とスカウトのやりとりが劇化された。ゴミを通りに捨てている不良たちにスカウトが，「よりよい市民性 (better citizenship)」に言及しながら，「よい市民（good citizen）」になることを勧め，改心させる内容となっている[24]。

　以上の劇をグループに分かれて演じた後，劇プロジェクトの終幕では全員が舞台にあがり，国旗に向かって忠誠の誓いを暗唱した[25]。このようにホーレスマン・スクールでは，帰化プロジェクトで学んだことを劇化する劇プロジェクトにおいて，国旗を掲揚し，忠誠を宣誓する儀式が行われた。それは，愛国心ある「よい市民」の形成をめざしていた。

おわりに

1　帰化プロジェクトにおける忠誠心とアメリカ市民

　本章では，帰化プロジェクトの授業の終末にあたる第5ステップに焦点を絞って，その目標である忠誠宣誓をどのように達成しようとしたのかをみてきた。帰化手続きの最終段階で裁判所にて帰化申請者が行う忠誠宣誓をテーマに，それに対する自分たちの責任の意味を問う内容となっていた。この段階ではそれまでの帰化の法的手続きを中心とする学習から一転して，元移民が書いた詩，偉大な移民の調べ学習，移民の数を制限する1924年移民法の是非をめぐるディベートといった，探究的な活動が行われた。それをとおして学ぶ忠誠宣誓における責任とは，①移民のアメリカに対する責任，②生徒の移民に対する責任，③生徒のアメリカに対する責任を意味した。そこにみる忠誠心は基本的に，移民も生徒も共に，アメリカという国の維持・発展に貢献する態度や行動をさす。

　そこから読みとれる「よい市民」は，アメリカをよりよい国家に改善しうる市民を想定している。それは，既存のアメリカを堅持し，鋳型にはめ込まれる

23）　*Ibid.,* pp.184-188.
24）　*Ibid.,* pp.188-190.
25）　*Ibid.,* p.191.

ような市民と同じではない。すなわち，移民を排斥するようなアメリカ化に改善を迫り，新たな移民がアメリカ市民になりやすく，ひいては自分たちも生活しやすい環境整備や支援に，新旧の移民として協力できる市民を意味した。

　その忠誠心の授業は，アメリカという国だけを対象としていたわけでもなかった。各国政府に関する比較プロジェクトのように他国を知り，アイルランド・プロジェクトのように自分の出自やアメリカ市民という立場に固執することなく，他国の問題を批判的に考えることがめざされていた。

　ここでいうアメリカ市民とは，第3章で検討したデューイにおける「よい市民」の原理からみると，重なるところと，そうでないところがある。「子どもとしての市民」でいう，家庭から国外，現在の生活から過去と未来という視点は，自分たちの出自から現在を再考し，未来のよりよい社会のあり方を検討する学習に読みとれる。市民が身につけるべき能力としては，とりわけ芸術と歴史，探究とコミュニケーションが取り入れられている。文学作品を用いて移民の現状と過去を知り，移民がおかれた窮状を想像する。それをもとに，問いを立てて探究し，ディベートを行っていた。移民の帰化という観点から実際に「奉仕できること」も重視されていた。そのような社会奉仕ができる「リーダーシップ」も求められた。アメリカ化の影響を受けている帰化の法的手続きの学びも，移民に対する支援に必要な情報をまずは入手し，それに基づいて考えるという意味での「従順」ともみなせるだろう。

　総じて忠誠宣誓に対する責任をテーマとする第5ステップは，デューイが説く「ケアし，ケアされる市民」からすれば，既にアメリカ人となった自己と，これからアメリカ人になろうとする「他者」としての移民の関係性を問い，再構築する試みであった。移民に対する責任は，自分たちが移民を「ケアする」責任である。と同時に，かつて自分たちの祖先は，「ケアされる」存在であった。現在の自分たちの生活は，「偉大な元移民」に「ケアされている」。帰化プロジェクトは，「ケアし，ケアされる市民」の学習とも接点が認められる。

2　残された課題：革新主義の「よい市民」形成に対する示唆

　他方，実践を短い授業記録から読み解く限界もあり，「よい市民」が形成できたとまではいいがたいところも散見される。この課題は，第Ⅱ部で考察した

第12章　帰化プロジェクトにおける忠誠心の教育と課題　　335

「学校における『よい市民』形成の可能性」ともかかわる。

　まず，帰化プロジェクトがどこまで生徒主体で展開しえたか。既にアメリカ人となっている生徒たちが，移民が忠誠を誓い，帰化するように促すことにどれほど興味・関心をもちえたか。マンハッタンという近隣コミュニティでの生活にねざしたプロジェクトにしたとしても，その生活はアメリカで主流となっていた「アメリカ的生活様式」―部屋の掃除の仕方や歯の磨き方からプロテスタントの自恃の価値まで―を基準とする「共通文化の形成」だったともいわれる[26]。

　また，多様な国の移民にふれたとしても，帰化プロジェクトが行われた時代背景をみると，その多様性の意味は限定的であったとも考えられる。帰化プロジェクトが行われた1920年代のアメリカは，1920年に成立した国際連盟への不参加にみるように孤立主義をとった。そのような時流にあって帰化プロジェクトの学習で生徒たちは，どこまでアメリカ国外にまで視野を広げ，多様性の現実や意義を実感しえたか。そこに課題があったとすれば，デューイが説く「社会を理解する市民」に対応できていたかという疑問も残る。

　そもそもの問題として，帰化プロジェクトの独自性も検討を要する。『アメリカ市民性読本』でも問いを設定して探究するプロジェクト的な方法が取り入れられていた[27]。

　この他，ホーレスマン・スクールという私立学校では可能であったかもしれないが，それ以外の学校でどこまで適用可能であったかという問題もある。ロサンゼルスで行われた同様のケースでは，アメリカの民主主義に移民が果たす役割の重要性を強調したものの，実際には事実や特定の政治的価値の解釈の暗記が行われたという。英語力のなさが複雑なディスカッションを妨げたのであ

---

26) Noah Pickus, *True Faith and Allegiance: Immigration and American Civic Nationalism* (Princeton: Princeton University Press, 2005), p.100.

27) 教科書代わりにしたと推察される『新しいアメリカ人のための公民』(Mabel Hill and Philip Davis, *Civics for New Americans* [Boston: Houghton Mifflin Company, 1922]; Hatch, *Training in Citizenship*, p.158.) も，各章ごとに問いが掲載されており，一方的な教え込みにとどまるわけではない。同書は，「ようこそ，新しくやってきた人たち」から始まり，アメリカ市民が享受できる機会，保護，公共サービス（水道，電気，交通機関など），コミュニティが提供するサービス，社会の改善，市民に関わる行政などから構成されている。アメリカ市民となるメリットの解説が中心であり，アメリカ化を推進する内容となっているが，章末には関連する問いが列挙されている。

る。Yes-No（たとえば，合衆国憲法を支持しますか？）や単語（たとえば，アメリカ国旗は何色ですか—赤，白，青）で答えられる問答式教授法を用いて，理解より忠誠（allegiance）が重視されたという[28]。それが公立学校の現実であった

　帰化プロジェクトには，このようにいくつもの課題や疑問が残る。「帰化」を目的とした時点でそれは，生徒を「よいアメリカ国民」にするためのプロジェクトであったようにも思える。

　かくして，帰化プロジェクトの実態を愛国心に認めるか，それとも多様性に認めるかは，解釈がわかれる。教育史家デイヴィッド・タイヤックは，革新主義期は基本的に，アメリカ化が推進され，統一性や同一性重視の公民教育が行われたとする。その時代にあっても多様性重視の試みがあったとする。その具体例としてあげられているのが，劇を取り入れた，進歩主義教育者による移民のための学校である。その学校では，移民がアメリカだけではなく自民族の歴史や文化を学ぶ，「文化横断的な学習」に力を入れた。その一環として，「……移民によってアメリカ社会に与えられた『贈り物』を強調するようなページェント，ダンス，劇，民族の祭りを支援した」。文化多元主義的なこの取り組みは「『文化間教育』運動（"intercultural education"movement）」と呼ばれ，コロンビア大学ティーチャーズ・カレッジの進歩的な教育者も参加した[29]。このような解釈によれば，劇を含む進歩主義学校の取り組みの統一性のなかに，多様性の萌芽がみられることになる。基本的にそれは，「差異性を歓迎しながら，究極的には同化をめざしていた」のであり，「強制的なアメリカ化というよりは段階的移行という戦略であった」[30]。逆に言えば，「究極的には同化をめざしていた」が「差異性を歓迎し」てもいたのであり，多様性を重視する端緒が開かれていたともとれる[31]。

　以上のような課題，疑問，解釈の揺れをふまえれば，帰化プロジェクトの試

28）　Pickus, *True Faith and Allegiance*, p.99.
29）　David Tyack, *Seeking Common Ground: Public Schools in a Diverse Society* (Cambridge, Massachusetts: Harvard University Press, 2003), pp. 79-80.；デイヴィッド・タイヤック（黒崎勲・清田夏代訳）『共通の土台を求めて：多元化社会の公教育』（日日教育文庫，2005年），90-91頁。
30）　*Ibid.*, p.79.；同上訳書，91頁。

みは，学校における「よい市民」形成の理念と実際（限界）の両面を体現していた。ジョセフ・リーとクラレンス・A. ペリーが主導した「よい市民」形成が，現実には優勢であった。デューイが説く「よい市民」の理念はそれに対するアンチテーゼであり，影響を及ぼしたところもあれば，実現されなかったところもあった。

　以上，第Ⅲ部では，愛国心や忠誠心の学校教育が「よい市民」の形成になるかという問いについて検討してきた。第9章で考察したように，ペリーが指導したコミュニティ・センター運動はリクリエーションに重点を置くようになり，学校を中心として民主主義を支える市民を形成するという理念から離れていった。結果として，近隣住区論にみるように，陸の孤島のような閉鎖的なコミュニティで「アメリカ市民」を形成することになった。それは学校を社会の中心に位置づけてはいたが，デューイが説く社会センターとしての学校とは対照的に，特定の階層に限定されており，民主的な「よい市民」を形成したとはいいがたかった。同様に，第10章で論じた国旗掲揚運動も，当初，国旗は，人種や宗教などにおいて様々な人々が結集し，ひとつにまとまる機能を果たしていた。しかし，公教育に導入され，普及する過程において，多様性を否定する結果となった。
　第11章と第12章では，進歩主義学校での，デューイを理論的基礎とする，「よい市民」形成を考察した。第11章で明らかにしたように，帰化プロジェクトでは，帰化の法的手続きの学習と，生徒の地元であるニューヨーク市マンハッタンにおける生活経験に根ざしたプロジェクト学習を交差させていた。第12章では，帰化プロジェクトの授業の終末部を考察した。それは忠誠宣誓を

31）　公立学校における文化間・集団間教育（intercultural and intergroup education）の1920年代から1970年代にかけての変容を，「多様性のための教授」という観点からたどった論考によれば，教室レベルでの多様性に対応する取り組みは，1920年代には文化間・集団間教育と呼ばれていた。その変容をたどることで，「民主的な市民性教育を，文化に基づくカリキュラム，偏見を弱める教育学，学校全体での反差別の取り組みと結びつける」ことをめざしている。ホーレスマン・スクールにおける帰化プロジェクトは，1920年代における文化間・集団間教育のひとつであり，民主的市民の育成をめざす取り組みであった。Lauri D. Johnson and Yoon K. Pak, "Teaching for Diversity: Intercultural and Intergroup Education in the Public Schools, 1920s to 1970s," *Review of Research in Education*, Vol.43, No.1（2019）, p.2.

目標として，責任について探究する授業であった。移民がアメリカに忠誠を誓い，帰化して責任を果たすだけではなく，移民がそうなれるように自分たちが責任を果たすことや，移民共々アメリカに忠誠を誓い直し，移民と協力してアメリカをよりよくする責任を負うべきことを再確認しようとしていた。デューイが説く，多様性を保障する「よい市民」との重なりが認められる。

　総じてそうした進歩主義学校で行われた愛国心や忠誠心の教育は，いくつもの限界や制約を抱えながら，コミュニティ・センター運動や国旗掲揚運動のようなアメリカ化と合致する一大勢力に，プロジェクト学習という方法を用いて抗う試みであった。それは，「よい市民」の意味を，アメリカの政治や法律などを基に一元化し，鋳型にはめ込むような市民形成は意図していなかった。移民の帰化支援という具体的な活動において，「よい市民」とはなにかを探究することに力を入れていた。

　その一方で，その授業が多様性を尊重する「よい市民」形成であったともいいがたい理由が複数あった。ボーイスカウトやガールスカウトをモデルとすることで，市民性を愛国心と等置するという矛盾もきたしていた。生徒の問いから始まる帰化プロジェクトを発展させた劇プロジェクトが，国旗掲揚の儀式で締めくくられるというのは，その矛盾を象徴している。公立学校で行われていた国旗掲揚や忠誠宣誓も導入されていたことからすれば，当時の愛国心の教育とプロジェクト学習の相違は，あまり強調すべきではないだろう。

　愛国心や忠誠心の学校教育が「よい市民」の形成になるかという問いの答えは，多様性と統一性の関係性をめぐる解釈の仕方にもよる。その解釈の対象となる学校での取り組みやその背景にある思想をまずは，できるだけ詳細に，また総合的に分析する必要がある。その試みである第Ⅲ部が示しているのは，一部のアメリカ市民に限定されたコミュニティ・センター運動，公立学校での国旗掲揚や忠誠宣誓の儀式，進歩主義学校におけるプロジェクトに基づく授業が，革新主義期におけるアメリカの学校での「よい市民」形成の一端をそれぞれ担い，ときに重なりあっていた実態である。

終 章

「よい市民」形成の実態と論理

　本章では，本書で考察したアメリカ革新主義期における「よい市民」形成について，ジョセフ・リー，クラレンス・A.ペリー，そして，ジョン・デューイの思想とそれを反映させた教育の実態を三者に分けて要約し，それぞれの思想とそれを実践した帰結を示す。それらをふまえて，愛国心または多様性を重視する二つのパターンの「よい市民」が，いかなる点において重なり合い，また，対立していたのかを明らかにする。それにより，本書の副題とした「愛国心の教育」と「多様性の保障」の関係という観点から，革新主義期の「よい市民」形成についてひとつの解釈を提示する。最後に，残された課題を，実態解明と理論的検討の二つに分けて指摘する。

第1節　ジョセフ・リーの思想と活動
──子ども救済から「よい市民」の形成へ

　ジョセフ・リーは，「アメリカ遊び場運動の父」と呼ばれることがある。彼は，1906年に結成されたアメリカ遊び場協会（1911年に名称をアメリカ遊び場リクリエーション協会，1930年に全米リクリエーション協会に変更）の代表として，1900年代から1930年代にかけて，アメリカにおけるリクリエーション運動を主導した。この協会は子どものための遊び場を設置するという福祉的な契機から結成されたが，のちには，「よい市民」を形成するための教育に積極的に取り組むようになった。

　第1章では，19世紀末から20世紀30年代までのジョセフ・リーの活動を追った。リーは，1890年代からボストンで子どもの遊び場設置のための活動を始め，マサチューセッツ公民連盟（MCL）を結成して，地域改善や子ども救

済に取り組んだ。1906年にアメリカ遊び場協会（L.H.ギューリック会長）が結成されたとき，協会は公立学校と連携して，子どもの遊びを指導することをめざした。このときリーは副会長であった。

リーは，1910年に同協会の会長に就任すると，協会の目標を，若者の道徳を高め，「市民性」を形成することに変更した。協会の名称は1911年にアメリカ遊び場リクリエーション協会に変更され，さらに1930年には全米リクリエーション協会になった。つまり，リーが指導していた協会はリクリエーション運動の推進へと方針転換をし，学校との連携をなくしたのである。アメリカ遊び場協会の後身である全米リクリエーション協会は，リクリエーションによる道徳性と市民性の形成を，明確に理念として提示した。

第2章では，リーが構想した「よい市民」形成の論理を解明した。リーは，19世紀末にボストンの慈善家として活動を始めた。「慈善」の内容を考えるなかでリーが見出したのは，「アメリカ的精神」の重要性であった。理想的な慈善は，「金持ちが貧しい人のために働くのではなく，市民が市民のために働く」ことであった。リーは，ひとりひとりの精神の発達段階に着目し，リクリエーションによって本能を解放すれば，家庭，学校，国家への忠誠心が形成され，「アメリカ的精神」をもつ「よい市民」，すなわち「愛国者」が形成されると考えた。「アメリカ的精神」は愛国心と不可分の関係にあった。そのことは，同時に，「アメリカ的精神」を受け入れない人々を排除することにもつながった。実際に，彼は移民制限運動の最も強硬な主張者のひとりであった。

第5章では，19世紀末から始まった遊び場運動と学校教育との関係を具体的に解明した。遊び場運動と公教育制度とのつながりは多様であり，公立学校と連携して，子どもに遊び場を提供することをめざす福祉的な活動が，多くの都市で実施されつつあった。とくに，インディアナ州ゲーリー市の学校改革は影響が大きかった。

リーの活動は，こうした傾向を転換させた。リーはアメリカ遊び場協会の方針を自ら方向づけて，遊び場運動と公立学校との連携をなくし，遊び場運動を青少年へのリクリエーションに変えた。リーは，1930年ころには，中産階級の青少年に大人向けのリクリエーションを普及させることを活動の中心に据えたのである。リーが学校教育に期待することはほとんどなかった。

第2節　クラレンス・A. ペリーの思想と活動
── 「アメリカ的生活様式」のための環境整備

　第6章では，ニューヨーク州ロチェスターで実施された社会センターとしての学校を取り上げた。類似の試みが，インディアナ州ゲーリー市など，いくつかの都市で実施されており，これらをまとめて「社会センター運動」と呼ぶことができる。この運動に共通していたのは，公立学校の校舎を起点として，住民参加の民主主義を実現し，住民が主体的に「市民」を形成することをねらいとしていたことであった。それは，革新主義の時代において，学校による社会改革を実現させようとした最も注目を集めた実験のひとつであった。

　ロチェスターで社会センターを実際に始め，指導したのは，エドワード・J. ウォードであった。彼は，公立学校の校舎を，住民自治のための話し合いや学習の場所として開放し，民主主義が生まれる場所にしようとした。また，コミュニティの中心にある公立学校には，学校と民衆をつなぎ，民衆の道徳を形成することを期待した。つまり，社会センターによる市民の形成を試みたのである。この運動に協力し，詳細な実態調査に基づいて理論づけたのが，クラレンス・A. ペリーであった。

　しかし，社会センター運動は，1910年代半ばには衰退した。その理由は，住民が実際に参加した活動の多くが，公立学校の校舎を利用したリクリエーションであったことに求められる。ウォードは，学校教育と連携してニューイングランドにかつて存在した古き良きコミュニティの復活を期待したが実現しなかった。リクリエーションに参加したのは，ジョセフ・リーのような裕福な成人であった。社会センター運動は学校教育との連携を失い，孤立し，消滅したのである。

　第9章では，社会センター運動が変質して生じたコミュニティ・センター運動を取り上げた。その運動の中心にいたのはペリーであった。社会センター運動は，公立学校を中心に据えて，そこでの活動をとおして，市民形成を図った。これに対して，コミュニティ・センター運動はナショナルな観点から，「アメリカ市民」を形成することをめざした。ペリーはいずれの運動にも深く関与し，

ローカルな「社会センター運動」を，ナショナルな「コミュニティ・センター運動」へと転換することを可能にする理論を作りあげた。もう一度振り返ってみよう。

ペリーが1910年代に積極的に取り組んだのは，公立学校の校舎を社会センターにしようとする社会センター運動であった。運動の当初のねらいは公立学校の設備を地域住民に開放し，地域住民の交流や討論や投票やリクリエーションなどを実施する場所にすることによって，学校を基盤にした民主主義的な社会を形成することであった。

しかし，1916年に社会センター協会がコミュニティ・センター協会に改称されたのち，協会の活動の目的は変更された。ローカルな観点から地域を改造することから，ナショナルな観点からアメリカ人を形成することが，協会の主眼になったのである。ペリーは，この変更を積極的に推進した。ペリーは，アメリカをひとつの社会に組織することをめざし，校舎が家庭となり，同質的なコミュニティができたときに，親密な人間関係ができると考えた。コミュニティの親密性と同質性を保障するものが，具体的には，「アメリカ的生活様式」であった。「質のよい家庭」で育ち，「質のよい環境」のなかで生活することが，「よい市民」になるための条件であり，リクリエーションはそのような環境にふさわしい活動であった。このような「質のよい環境」を実現したものが，ペリーが提案した有名な近隣住区論であった。近隣住区論に基づく都市計画は，現在では大都市の郊外にあって，裕福な中産階級の人々のためのコミュニティになっている。

だが，「よい」の内容を「アメリカ的」なものに限定する限り，排外主義につながることは避けられない。リーは，リクリエーションをとおして青少年にアメリカへの忠誠心を形成する一方で，移民を徹底的に排除しようとした。ペリーも，コミュニティの同質性や親密性を重視することによって，結局のところ，コミュニティから異質な人々を排除することを容認した。異質なものを排除したとき，「アメリカ的」が「よい」と同義となり，それを批判的に検討することができなくなったのである。

しかし，民主主義社会は，そこで生きているすべての人が，人間として尊重され，可能な限り自由に生きることができるように構築されなければならない。

終 章 「よい市民」形成の実態と論理　　343

それは，異質なものを排除するのではなく，多様な人々が共存する社会となる
であろう。そのような社会における「よい市民」を形成することは，学校教育
における市民性教育の課題となる。その課題を考え続けたのが，ジョン・デュ
ーイであった。

第3節　デューイの思想と進歩主義学校における実践

　ジョン・デューイは，ジョセフ・リーやクラレンス・A.ペリーとは異なる
タイプの「よい市民」形成の典型として取り上げた。第Ⅰ部では，「よい市
民」をめぐるデューイの探求を，19世紀末から1920年代前半まで跡づけた。
第Ⅱ部では，それに基づく学校はどのような学校であり，いかにして「よい市
民」を形成しようとしたかを検討した。第Ⅲ部では，ニューヨーク市にある進
歩主義学校ホーレスマン・スクールにおける市民形成の実験に注目し，プロジ
ェクトによってどのようにして忠誠心を教えたのかを論じた。同校はデューイ
のフォロワーであるウィリアム・H.キルパトリックの「プロジェクト・メソ
ッド」を理論的基礎としており，その市民形成はデューイの影響を受けていた。

1　デューイの「よい市民」の理念
　第3章では，デューイの市民性教育の原点ともされる「教育の根底にある倫
理的原理」を読解し，「よい市民」の理念について論じた。この論考から読み
取れる市民は，「子どもとしての市民」，アメリカ固有の民主主義に合致した市
民，社会を理解する市民の三つに類型化された。第一に，「子どもとしての市
民」とは，今ここを生きている子どもの生活経験全体（「ホール・チャイルド」）
を基礎としながら，過去の先人や文化遺産にふれ，未来の社会の担い手として
の市民を育てるという観点から提起されていた。第二に，この原理を基に，ア
メリカという国家にふさわしい民主的市民が論じられていた。アメリカ伝統の
共和主義に基づき，ひとりひとりが「リーダーシップ」を発揮できるとともに，
必要な知識や技能を獲得しながら思考できるという意味で「従順」であること
が「よい市民」の条件とされた。それはケアという視点から，アメリカのよう
な多様性や自由が重んじられる民主的社会の担い手として，他者のケアの仕方，

自分のケアのされ方を心得ている市民ともいえた。第三に，社会を理解する市民とは，とらえどころがなく，しかも絶えず変動している社会を，科学と想像力を活かして理解と改善に努める市民であった。それは，科学的で（科学を社会進歩に有効活用する），倫理的で（そのように進歩させることに責任を負う），芸術的で（想像力を働かせて社会を理解し改善する），民主的な（集団の構成員全体に配慮する）市民である。

　以上は「よい市民」形成の「原理」ともなったが，「原理」といっても，デューイは「子どもをよい市民にする特定の研究や対応の様式があると仮定すること」を否定している[1]。ここでいう「原理」は普遍的・絶対的ではなく，仮説的・暫定的である。「よい市民」の意味も同様で，時代や社会の変化や要請に合わせて探求が継続されていく。

　第4章では，その「よい市民」の探求を跡づけた。探求を継続した主たる理由は，概して「よい市民」は狭くとらえられがちであり，個々の成長や社会の維持・発展を担保するものへと適宜拡張し続ける必要があるからであった。デューイが説く市民性が「拡張的市民性」といわれるのはそれゆえである。「よい市民」を明確に定義づけることよりは，状況やニーズに合わせることを重視するがゆえに，「よい市民」の構成要素を細かに特定することには批判的であった。そのような細分化や特定化は，「よい市民」とそうでない市民を図らずも線引きし，民主主義の理念に反すると考えられた。民主的市民のあり方は，人種・民族，職業，階層，ジェンダー，宗教などに基づく「よさの多様性」を反映し，多様であるべきであった。その多様性がコミュニティや国家といった集団に混乱をきたさないよう，形式的で表面的な社会奉仕ではない真の社会奉仕に基づく「社会的有用性」で，統一性をもたらそうとしていた。総じてそれは，国家に統一をもたらす愛国心の教育を視野に入れつつ，多様性を保障する原理を示している。

---

1)　John Dewey, *Ethical Principles Underlying Education*, 1897, EW, Vol.5, p.59.；ジョン・デューイ（上野正道・村山拓訳）「教育の根底にある倫理的原理」（上野正道［訳者代表］『学校と社会，ほか』（東京大学出版会，2019年），53頁。

2　社会センターとしての学校における「よい市民」の形成

　第7章では，デューイが主張する社会センターとしての学校における市民の形成について考察した。「運動」と呼ばれるまで一時盛り上がりをみせ，現在もコミュニティ・スクールのようなかたちで注目を集め続けている社会センターとしての学校論は，デューイによって先鞭がつけられた。社会センターとしての学校は二つに分けられた。ひとつは，デューイ・スクールで実践されたオキュペーションの原理を，コミュニティとしての学校に活かそうとする萌芽的コミュニティ型である。もうひとつは，貧困や人種などの問題がより深刻で，最低限の生活を営める福祉にいっそう力をいれる社会的セツルメント型である。どちらも民主的な社会の担い手の育成をめざして，身体的福祉＝幸福（physical welfare）を教育原理としている。

　この原理は，ひとりひとりが健康でいられるようにする福祉があってはじめて，それぞれが協力して社会全体の幸福をもたらしうるという前提に立つ。それは，「リクリエーションによる道徳性と市民性」（リー），「アメリカ的生活様式」（ペリー）のような特定の目標に向かって「よい市民」を形成するのとは，娯楽，遊び，生活の重視などにおいて重なりながらも，異なるアプローチをとる。身体的福祉＝幸福を軸としながら社会的福祉＝幸福（social welfare）を実現しようする。すなわち，ひとりひとりの子どもの心身の健康と，社会全体の繁栄・成功（健全さ）という二つの "health" を相互関係におき，個々が社会をつくり，社会が個々をつくるという互恵的な関係性に「よい市民」の基礎を求める。

　そのようにデューイの社会センターとしての学校論における「よい市民」は，社会と分かちがたく結びつけられている。社会と結びついた学校においては，個人とアメリカ外の世界も結びつけられていた。それにより，国外にも関心を向け，理解しようとするグローバルな市民を形成しようとした。また，学校で行う教育と社会の福祉も結びついていた。それにより，貧困や人種などの理由でハンディを負った子どもたちを含めて，主体的に学べる心身の健康をまずは保障しようとした。そうすることで，それぞれが自分なりに成長しながら，社会に関与し，貢献できる市民を育成しようとした。デューイの社会センターとしての学校においては，「よい市民」を形成するために，愛国心や国に対する

忠誠心を画一的に教え込むことは目的としていなかった。個人を国家にはめ込むことを否定し，個人の成長と社会の維持・発展を両立させることに力が入れられた。そのために，学校と社会，福祉と幸福，個人の健康と社会の繁栄，個人と世界，教育と福祉などの二項を関係づけた。

第8章では，デューイが説く社会センターとしての学校の実例として，ニューヨーク市におけるゲーリー・プランの実験を再検討した。ゲーリー・プランは，インディアナ州ゲーリー市でウィリアム・ワートが創始した方法であり，デューイは，社会センターとしての学校のひとつとして『明日の学校』の中で高く評価していた。ゲーリー・プランでは，全児童生徒を教室で各教科を学ぶグループと，教科の教室以外の場所（体育館，運動場，作業室，講堂など）で学ぶグループに分ける「二重学校」制をとった。それにより，学校の施設・設備が常時まんべんなく使えるようにした。と同時に，デューイ・スクールのオキュペーションに類する，なすことによる学びを導入し，近隣コミュニティとの関係も強化した。それを基礎として，市民性教育にも力を入れた。その典型が，健康・衛生・安全・自然保護などをテーマとする探究的な啓蒙活動である「キャンペーン活動」であり，自分たちのみならず，コミュニティ生活の改善に貢献することをめざした。その前提にあったのが身体的福祉＝幸福の教育原理であり，学校の内外で，身体を使い，知識や技能を応用し，共に学び合うようにしていた。

導入には課題もあった。移民の子どもや貧困家庭の子どもも対象とされたが，当時普及していた「アメリカ的生活様式」がひとつの基準となっていた。ゲーリー・プランの導入にデューイ自身は，効率性，経済性，柔軟性，実現性などの諸点から賛同したが，ユダヤ人コミュニティからは抵抗を受けた。結果的に，ゲーリー・プランの実験は推進派だったニューヨーク市長が選挙で落選したことにより頓挫した。このような結果からすると，学校は「よい市民」を作る場となったとはいいがたく，検討の余地を多分に残している。

3　進歩主義学校における忠誠心の教育と課題

第10章では，公立学校で始まった国旗掲揚の儀式が普及する過程をたどった。アメリカは，南北戦争を経験し，憲法修正をし，アメリカで生まれたすべ

ての人間に市民権が付与されることになった。いわば，このときに形式的ながら，ようやく国民として意識が明確になったとみることができる。19世紀末には，国旗は国家統合の象徴となり，公立学校ではどこでも，大統領の肖像画が掲げられ，国旗掲揚と国旗への忠誠の誓いの儀式が行われるようになった。

国旗掲揚と国旗忠誠の誓いの儀式は，二つの点で学校教育に大きな影響を与えた。ひとつは，生徒を儀式に駆り出すことをとおして，生徒に愛国心を喚起したこと，もうひとつは，国旗への忠誠を誓わない人々を排除する根拠になったことである。もちろん，排除された人々からの抵抗は20世紀になっても続いていたが，どこまでも，「抵抗」という形であった。忠誠の誓いの儀式の強制は，市民の多様性が否定された時代を象徴している。

第11章と第12章では，そのような国旗掲揚と忠誠の誓いの儀式による愛国心の教育が優勢となっていた時代における，進歩主義学校の実践を取り上げた。ニューヨーク市にある進歩主義学校のひとつであり，デューイの影響を受けたホーレスマン・スクールでは，忠誠心とはなにかを探究するプロジェクト学習が行われた。それは，国旗掲揚や忠誠の誓いの儀式を取り入れながらも，抗うような試みであった。

第11章では，市民性の育成を目的とするプロジェクト（「市民性プロジェクト」）のひとつとして，帰化プロジェクトを取り上げた。帰化プロジェクトとは，あるイタリア人の帰化を支援するためになにができるかを，生徒が中心となって探究するプロジェクトであった。最終的には，忠誠心とはなにか，それに対して果たすべき責任とはなにかを考えることをめざした。同校があったマンハッタンというコミュニティを生かし，帰化に関する法規や手続きに関する知識を学習できるようにしていた。それはアメリカ化とプロジェクトを交差させて構成された授業であった。

第12章では，帰化プロジェクトの終末で目標に設定された，忠誠心をめぐる責任に関する授業に注目した。この段階では，それまでの帰化の法的手続きを中心とする学習から一転して，元移民が書いた詩，自分たちの祖先や偉大な移民の調べ学習，移民の数を制限する1924年移民法の是非をめぐるディベートなどの探究的な活動が行われた。そこにみる忠誠心は基本的に，移民のみならず生徒も共に，アメリカという国の維持・発展に貢献しようとする態度や行

動をさす。それは，既存のアメリカを堅持し，鋳型にはめ込むような忠誠心とは異なり，アメリカの問題点を理解し，よりよい国家へと改善するという理念への忠誠心を含意した。その授業はアメリカという国に閉ざされることなく，「各国政府の比較プロジェクト」のように他国を知り，また，「アイルランド・プロジェクト」のように自分の出自に固執せず，他国の出来事や事情について考えることをめざしていた。

　他方，実践を短い授業記録から読み解く限界もあり，「よい市民」が育成できたとまではいいがたいところも散見される。帰化プロジェクトがどこまで生徒主体で展開しえたのか。既にアメリカ人となっている生徒たちが，移民に忠誠を誓わせ帰化させることにどれほど興味・関心をもちえたか。多様な国の移民にふれたとしても，帰化プロジェクトが行われた時代背景をみると，その多様性の意味は限定的であったことだろう。帰化プロジェクトが行われた1920年代のアメリカは，1920年に成立した国際連盟への不参加にみるように，孤立主義をとった。そのような時流にあって生徒たちは，どこまでアメリカ国外に視野を広げ，他国の人々に共感し，理解できたか。多様性の意義を実感しえたか。マンハッタンという近隣コミュニティでの生活にねざしたプロジェクトにしたとしても，その「生活」はアメリカで主流となっていた「アメリカ的生活様式」を基準としたものにすぎないのではないか。問いを設定して探究するプロジェクト的な方法を取り入れたアメリカ化の試みは他にいくつもあり，帰化プロジェクトの独自性も問われてしかるべきである。私立の進歩主義学校であったために，公立学校における市民形成とは異なっていたことも指摘した。劇プロジェクトでは，アメリカ国旗を舞台に置き，その前で善行を演じ，忠誠を誓う劇が行われた。「よい市民」は愛国心がある市民とみなされていた。以上のような疑問がいくつも残るとすると，帰化プロジェクトが，デューイが説く民主的な市民や移民の市民性の育成に，どこまで成功したかについても慎重な判断を要する。

終　章　「よい市民」形成の実態と論理 349

第4節　愛国心と多様性の交差

1　「よい市民」と「よい人間」

　以上のとおり，本書では，愛国心を重視するパターンと，多様性を重視する
パターンの二つに便宜上分けて，19世紀末ころから1920年代にかけてのア
メリカ革新主義期における「よい市民」形成について考察した。その二つを交
わらせることでみえてくる，その思想や実態について，考察の目的とした三つ
の問いに答えるかたちで総括する。

　第一の問いは，「よい市民」とはなにか（「よい市民」の思想・理念）であった。
ジョセフ・リーとクラレンス・A. ペリーは，「よさ」を「アメリカ的精神」や
「アメリカ的生活様式」と等置した。その育成法としては，リクリエーション
を重視する。リーは人間の本能を解放することが，「よい市民」に直結すると
考えていた。遊びやリクリエーションで本能を開花させながら集団活動を行う
ことで，所属している集団，ひいては国家に対する愛国心を形成しようとした。

　それに対してジョン・デューイは，子どもの身体を教育の基礎に位置づけ，
ひとりひとりが身をもって行動しながら，知性をはたらかせ，協力して思考す
ることを重視した。その際，私の健康や幸福が，あなたの健康や幸福と分かち
がたく結びついている互恵性も重視された。子どもの生来的な本能の重要性は，
デューイも認めるところである。しかし，本能を他者，社会，奉仕などと一体
化してとらえていた点では大きく異なる。そのように，ひとりひとりが共に考
える市民は，ジョエル・ウェストハイマーが現在の市民性概念のモデルとして
提起した，「考え，関与する市民」に引き継がれている。

　また，リーは，市民の「よさ」を国内に閉じて「よいアメリカ市民」を論じ，
それを世界市民のモデルとした。それに対してデューイは，科学の発達に伴う
交通・通信の普及に注目し，国境を超えた「よさ」を追求しようとした。

　多様性を重視するパターンでは，愛国心は上から教授されるものではなく，
個々が他者と共に考える過程を経た結果とみなされる。それは12章で考察し
た，デューイの影響を受けた進歩主義学校における，忠誠心の育成を目的とす
る授業実践が示していた。ひとりひとりが出発点となり，それぞれの人種・民

族，文化などに配慮しようとしている点でそれは，多様性に軸足をおいていた。

このような異同は，序章で言及した政治学者デイヴィッド・リッチによる三つの市民性概念からすると，次のように説明できるだろう。リッチは，「国家」を基準とする市民性を，遵法を重んじる市民性Ⅰと，参加と立法を重んじる市民性Ⅱの二つに分けていた。そのうえで，「社会」を基準とする市民性として，「徳のある行動」や，「政治的手段や技能を駆使して適切に参加する義務」を果たせる市民性Ⅲを提起していた。この市民性Ⅲは，そのように「行動」し，「義務」を果たせる，「よい人間」を意味した。それは遵法や立法以上のこととされた。市民性の基準を「国家」と「社会」に設定して，「よい市民」と「よい人間」に分けるのが特徴的である。

このような市民性概念によれば，リーとペリーが説く「よい市民」は，「国家」を基準としている。その「国家」とは，とりわけ19世紀末ころから急増した東欧や南欧からの新移民が大量に流入する前のアメリカをさす。そのアメリカに忠誠を尽くす愛国心を彼らは求めた。愛国心をもつために，「アメリカ的精神」（リー）や「アメリカ的生活様式」（ペリー）を身につけたのが「よい市民」であった。それは，遵法の市民性Ⅰに近く，参加・立法の市民性Ⅱにまで至っているとはいいがたい。

他方，デューイが説く「よい市民」は，市民性Ⅱにくわえて，市民性Ⅲ，つまり「よい人間」と重なる。国際的ナショナリズムに立つとされるデューイの市民性の基準は，「国家」を超えている。彼は，アメリカ国外の国際社会を視野に入れ，参加し，行動し，義務を果たす有徳の市民を視野に入れていた。それはリッチがいうところの「よい人間」に近い。

それゆえにデューイは，市民性Ⅰを否定するわけではないが，選挙権の行使を含めた遵法にとどまる市民性教育には批判的だった。リーダーシップがとれてケアできることや，そのために社会を理解し，貢献しようとすることを市民の条件としていた。それは，参加して立法にまで関与できる市民性Ⅱと重なる。

アメリカで生活する市民である以上，「国家」という基準は，デューイが説く「よい市民」にも当てはまる。実際，彼は，アメリカ固有の民主主義に即した市民のあり方を論じていた。その意味での愛国心やアメリカという国や政府に対する忠誠心は，デューイにおいても求められることになる。

終　章　「よい市民」形成の実態と論理　　351

　ただし，デューイの場合，愛国心は，「国家」を超えた「社会」という基準
とも整合的であるべきであった。「国家」を基準とする「よい市民」が，「社
会」を基準とする「よい人間」でもあることが重要視された。換言すれば，市
民性Ⅰ・Ⅱにおける愛国心の教育と，市民性Ⅲにおける多様性の保障の両立を
課題としていたといえる。

　もとよりデューイは，人間の教育とは別に市民の教育があると考えてはいな
かった。彼は，市民あるいは国民との対立を超えた次元で，「よい人間」とし
て市民性を論じていた。両者の原理はひとつだったのである。

　経験主義の立場からすれば，教育は経験に基づいており，意図的・計画的に
統制できるものではない。人間は「形成される（forming）」というよりは，特
定の環境や状況のなかでの経験に基づいて「生成する（becoming）」（本書でい
う「形成」は，この「生成」に近い）。この「よい人間」の「生成」としての教
育を，学校における意図的・制度的な教育でどう実現するか。これをデューイ
は，「教育のあり方の，非制度的なものと制度的なものとの間の，付随的なも
のと意図的なものとの間の，正しい均衡を保持する方法」の問題とし，教育哲
学の最重要課題のひとつとした[2]。本書では，この最重要課題に，デューイが
市民性という観点から取り組んだ成果を論じたともいえるだろう。

2　学校における「よい市民」形成と愛国心

　では，以上のような革新主義期アメリカにおける「よい市民」の理念・思想
は，学校でどう実践されたのか。それはいかなる結果になったのか。それが本
書の第二の問い，学校は「よい市民」を作る場となったか（学校における「よ
い市民」形成の可能性）であった。その問いを，愛国心の教育に焦点化して，
学校での実践（学校によるコミュニティの形成［コミュニティ・センター］，国旗
掲揚儀式，進歩主義学校におけるプロジェクト）を分析したのが，第三の問い，
愛国心の教育が「よい市民」の形成になるか（愛国心教育の実態）であった。
どちらの問いも学校を論点としている。

　まず第二の問いをみると，三者とも学校の教育を学校外にまで広げ，社会と

2）　John Dewey, *Democracy and Education*, 1916, MW, Vol.9, p.12.；ジョン・デューイ
　　（松野安男訳）『民主主義と教育（上）』（岩波文庫，1975年），23頁。

関係づけて論じた点では共通点が認められる。ペリーが終生関わった社会セン
ター運動は，デューイが1902年に発表した「社会センターとしての学校」か
ら，大きな影響を受けていた。デューイとはかなり意味合いが異なるが，アメ
リカの国際化を意識したコミュニティ形成をペリーは説く。学校の校舎を活用
し，コミュニティと結びついた国民形成に取り組んだ。学校はその中心に位置
づけられていた。

　リーは，教育の専門家ではないこともあり，公教育制度が普及していく時代
に背を向けるように，学校にそもそも期待を寄せなかった。遊び場協会のよう
な社会組織において，地域と連携しつつ，リクリエーション，遊び，余暇に関
わる活動を行うことで，市民を形成しようとした。そのような活動への参加を
とおしてコミュニティ精神を涵養し，その先に社会と国家の進歩や発展を見据
えている。それでも学校を，リクリエーション活動や奉仕活動の一拠点として
位置づけてはいる。

　これに対して，デューイは，先にふれたように，学校における民主的教育の
限界を指摘しつつ，学校における市民の教育を論じ，また，それを実践してい
ると評価して「社会センターとしての学校」に注目した。学校という制度では
十分に対応しきれない非制度的な教育を行うためにも，学校をコミュニティと
結びつけることを早くから説いた。「よい人間」を学校で形成することには限
界を認めつつも，学校という制度を有効活用しようとしている。

　そのような彼らの主張からすれば，学校は「よい市民」形成の場となりうる
かという問いには，必ずしも肯定的ではなく，慎重であった，ということにな
るだろう。学校に全幅の信頼をおかず，その役割に限界を認めていた点では，
リー，ペリー，デューイには一定の共通性が認められる。学校教育の基礎を，
リクリエーション，遊び，余暇活動や，身体をとおしての教育におくことも，
それぞれの理解は相違するにせよ，重なるところがある。

　リー，ペリー，デューイの三者は，フレーベルの影響を多かれ少なかれ受け
ていた。子どもの遊びが大人の仕事につながるというリーの主張は，デューイ
に一脈通じるところがある。その他にも，遊びをとおして市民性を知識として
習得するのではなく経験すべきという見解や，市民性形成法としての演劇の重
視も同様である。セツルメントの影響も大きかった。弱い立場にある者に，一

方的に施すのではなく，参加を促して自立への道を開く支援を行うというセツルメントの理念も共通に読み取れた。リー，ペリー，デューイは，同時代人として，よって立つ理論を同じくするところもあった。ただし，その解釈や実践への適用において，かけ離れた主張となったことはたしかである。

　次に第三の問いである愛国心教育の実態は，愛国心を重視するパターンと，多様性を重視するパターンに大きく分けて整理してみたい。前者について考察の対象としたのは，コミュニティ・センター（第9章）と国旗掲揚儀式（第10章）による国民形成である。それらは，リーやペリーが説く「よい市民」の理念・思想，あるいは市民性Iを実践する取り組みとおさえることができる。「よい市民」は，学校における愛国心の教育で形成しうることが前提になっている。

　後者については，ある進歩主義学校におけるアメリカに対する忠誠心を最終目標とするプロジェクト型の授業（第11・12章）を取り上げた。それはデューイの影響を受け，市民性IIを実践しようとし，市民性IIIを射程にいれた取り組みといえる。第12章で論じたように，ホーレスマン・スクールでは，「よいアメリカ国民」を超え，「よい人間」に接近しようとしていたと考えられた。「よい人間」は，第3章で検討したデューイにおける「よい市民」の原理と，「子どもとしての市民」，形式的ではない社会奉仕ができる市民，「リーダーシップ」と「従順」を兼ね備えた市民，「ケアし，ケアされる市民」とも重なることを指摘した。そのような「よい市民」を育成しようとする帰化プロジェクトにおいては，移民の市民性を尊重することが，移民によるアメリカへの貢献からして，アメリカに対する忠誠心につながるとみなされていた。国際的ナショナリズムに通底する理念がそこにはみてとれよう。

　プロジェクトの授業における愛国心の教育と，コミュニティ・センターや国旗掲揚儀式との相違は，愛国心と多様性には重なり合うところがあることからすれば，あまり強調すべきではないかもしれない。帰化プロジェクトは，徳としての愛国心を植え付けるのではなく，それがなにかを考え，議論し，意味を形成する過程に重きをおいている。愛国心を暗黙の了解とはせずに，国に対して忠誠心をもつ責任を問うなかで検討する。もちろん，愛国心を学校で教えることはできないとしたわけではない。進歩主義学校でも，忠誠心を目標とする

授業を学校で行っていたが，愛国心の教育は，プロジェクト化することで，多様性と両立させうるとみなされていたのである。愛国心を学校で教育すべき，あるいは教育しうるという前提は，共有されていたと考えられる。

3　二つの「よい市民」の乖離

以上にみるように，アメリカ革新主義期における教育改革は，「よい市民」の意味を問い直し，「よい人間」という独自の「よい市民」概念を導きだしながら，学校内外でそれを形成することをめざしていた。その点で，アメリカにおける市民性教育史において画期をなしている。

ただし，「よい市民」から「よい人間」へと高めるという革新主義期の実験は，「挑戦」にとどまった。その理由は，いくつか想定される。社会が急速に変貌を遂げたために，市民が果たすべき役割が不明確であったこと。市民が考えるために必要な情報が不足するという事態を見越して，専門家に政府の組織運営を委ねようとしたものの，その組織運営に市民がどう関わるかの議論が尽くされていなかったこと。経済を支配している資本家を統治する方法をもたなかったため，政府が利益集団を調停できなかったこと，などである。そのために共和主義的市民性は頓挫し，革新主義期における「よい市民性への挑戦」は成就しなかったとされる[3]。

アメリカ革新主義期における「よい市民」形成が「挑戦」にとどまったことは，『よい市民―アメリカ市民生活史』(1998) を著したマイケル・シュドソン (Michael Schudson) も指摘している。シュドソンは，アメリカにおけるメディア，ジャーナリズム，ポピュラー・カルチャーなどに関わる歴史や社会学を専門とする立場から，アメリカ市民の生活史を分析することで市民性概念の変容をたどっている。選挙における投票のような「政治的経験」に注目している。それによると，革新主義期の市民性概念は，脱政治化されて民主的で包括的になる一方，市民性の理解が困難になり，市民を図らずも政治から遠ざける結果になった。つまり，革新主義期に投票は，既存の政府や社会を維持するためではなく，新たに承認された市民が参加し，公共的な目標を実現するための

---

3)　David M. Ricci, *Good Citizenship in America* (Cambridge, U.K.: Cambridge University Press, 2004), pp.129-130.

終　章　「よい市民」形成の実態と論理 ┃ 355

行為となった。しかし，そのような行為は，理解するのも実践するのも容易ではなく，「よい市民」のハードルをあげることになった。結果として，「よい市民」になることに対する関心を弱め，政治的な関与を損ねた。市民性概念は脱政治化されて民主的で包括的になったが，新たに市民に包括されることとなった者が皆，期待された「よい市民」となったわけではなかった[4]。

　ここで指摘されているのは，民主的で包括的な市民形成の論理とその実態には乖離があった，ということである。その理由は，「投票できる市民」に比べて，「参加的で能動的な市民」は，理解も実践も困難であるがゆえに，政治に対する関心や関与を損ねたことに求められている。形式的にではあれ投票できるという意味での「よさ」と，人種・民族，階層，ジェンダーなど，異質なものに対して寛容であるという意味での「よさ」の間には，質的な相違が少なからずある。「よい市民」と「よい人間」の間にある「よさ」もそうである。後者のより高次な「よさ」が，革新主義期には新たに提起された。しかし，その二つの「よさ」の間にある距離を縮めたり，埋めたりする論理を確立するには至らなかった。それゆえに革新主義期の「よい市民」は「挑戦」にとどまったと解釈されている。社会センター運動も住民で社会をつくることをめざしたが，実際の事業内容は，運動競技や社交ダンスのようなリクリエーションが中心だった。市民がコミュニティの問題や課題について議論するには至らなかった。

　本書で論じた，愛国心に基づく「よい市民」と，多様性に基づく「よい市民」という二つの「よさ」についても，同様の乖離が指摘できるであろう。序章で述べた，アメリカ革新主義期の「よい市民」形成の前提となるナショナリズムの展開にみるように，時代の趨勢は連邦政府の関与を背景としてアメリカ化に傾いていた。アメリカ建国時の理念の共和国は，南北戦争を経て国民意識が生まれ，国旗のような象徴をとおして強化されることで変容した。1910年代になると，国旗忠誠の誓いを拒否する生徒が放校になるという事件が頻発した。国旗は自由や統合の象徴ではなく，異質なものを排除する道具となり，公教育における多様性が否定された。それを批判する知識人や教育者もいたが，国旗掲揚運動のなかで，往々にしてその声はかき消された。1916年には，時

---

4)　Michael Schudson, *The Good Citizen: A History of American Civic Life* (Harvard University Press, 1998), pp.146-147.

の大統領ウィルソンが，6月14日を連邦政府が定める国旗記念日に指定した。それ以前にウィルソンは，国旗に対する盲目的な崇拝を批判したが，それを否定するかのような出来事であった。デューイは同じ1916年に，『民主主義と教育』で「よさの多様性」に基づく民主的な市民を説いた。それがリーやペリーに影響を与えた痕跡は見当たらない。両者は水と油のような関係であった。それが現実であったことを本書は示している。

　では，二つの「よい市民」の乖離は，どう解釈すればよいか。革新主義期の「よい市民」形成の理論や実践の限界なのか。

4　「愛国心の教育」と「多様性の保障」の解釈

　まず注目したいのは，革新主義期の「よい市民」形成の鍵概念とした愛国心と多様性は，対等に交差しているわけではない，ということである。両者の関係は，前者に後者が抵抗し，修正するという布置においてとらえられる。前者が優勢で，後者がそこに潜む問題に歯止めをかけ，改善を迫る，という構図となっている。

　本書で「愛国心の教育」，「多様性の保障」とした理由もそこにあった。革新主義期においては，アメリカ化を背景に，愛国心があるということを「よい市民」とし，それを目的とする「教育」が学校内外で行われた。その典型が，リーやペリーであり，全米の公立学校に取り入れられた国旗掲揚や忠誠宣誓の儀式であった。

　それに対して，多様性を尊重できる市民を「よい市民」とする立場は，多様性を，「愛国心の教育」と同じ意味合いで，一義的な目的として「教育」しようとしてはいない。様々な人々（人種・民族，職業，階層，ジェンダー，宗教など）の立場（地位・状況・見方など）や権利が損なわれないようにすることをめざす。障がいがないように保つことに重点をおく。文字どおり，多様性を「保障」しようとした。

　革新主義期においては，そのような「愛国心の教育」と「多様性の保障」という二つの立場の拮抗関係において，「よい市民」とはなにかを問い，学校であれ，学校外の組織であれ，市民を「形成」しようとした。

　その関係性において「愛国心の教育」と「多様性の保障」を解釈するうえで

想起したいのは，デューイが説く「拡張的市民性」である。デューイは，市民や市民性について考察した初期の論考で，市民の捉え方は，常に既存の国家，社会，多数派に合わせるかたちで，狭くなりがちであり，それゆえに絶えず拡張する必要があると述べていた。革新主義期を背景とする主張であり，時代の制約は免れないだろうが，市民や市民性概念に関わる総論として，そう提言していた。そのような前提にたち，時流に即して，「よい市民」とはなにかを探求し続けていた。その「時流」はリーとペリーが代表していた。それを受けて本書は，リー，ペリーについてまず考察し，それに対するデューイの反応を考察するという構成をとって，その全容をとらえようとしてきた。

　その結果からすると，「多様性の保障」による「よい市民」が，「愛国心の教育」による「よい市民」に改善を迫り，多様性の安定的な確保に力をいれていたことが理解される。その理由はいくつか想定される。

　第一に，多様性を重視する「よい市民」は，理解するのも実践するのも実際には容易ではないという現実である。それは，リッチが指摘する「よい人間」，先に言及したシュドソンが論じる高次の「よさ」，ウェストハイマーが説く「考え，関与する市民」と重なる。それゆえにハードルが高い。

　第二に，多様性に基づく場合，望ましい「よい市民」であっても，全員に，一様に課すことはできない。それを強いることは，多様性の理念に反するおそれがあるからである。

　第三に，同様に，多様性を重視するかぎり，「愛国心の教育」もひとつの見識として尊重されることになる。デューイは，リーやペリーに典型的な愛国心の教育による「よい市民」形成を，手厳しく論難するようなことはしていない。そうすることは多様性の理念に反するからであろう。

　総じて，アメリカ革新主義期の「よい市民」形成論史をひもとくことでみえてくるのは，そのような「愛国心の教育」に基づく「よい市民」と「多様性の保障」に基づく「よい市民」における二つの「よさ」の位置関係である。このような二つの「よい市民」の関係性を，革新主義期における「よい市民」をめぐる議論や実践は，実に明瞭に示している。

　ひとつの国を愛する「よさ」は，常に必要とされ，時に優位になる。アメリカの市民となるのだから，アメリカという国の制度や法律や生活などを学び，

それに基づいて行動するというのは，国民国家の形態を維持する以上，ある意味当然である。それが現実であり，一概に問題視しえない。リーやペリーが移民を徹底して排除することになった根拠としての「アメリカ的精神」や「アメリカ的生活様式」は，いつの時代にも勢いを増す可能性がある。近年のアメリカ第一主義がそれを物語っている。

その「愛国心の教育」は，排除や分断と隣り合わせである。「多様性の保障」を原理とする「よい市民」は，狭く固定されがちな市民性を拡張し，排除や分断に改善を迫る仕掛けであったといえるだろう。つまり，「多様性の保障」は，市民のあり方をひとつに固定し，思考停止に陥り，取り付く島がないような分断に歯止めをかけ，改善への道を開くように機能する。そのような立場から，「愛国心の教育」そのものではなく，異質なものの受け入れをめぐるコミュニケーションが成り立たず，決定的な分断が生まれ，改善の道が閉ざされてしまうという事態を批判した。そうすることで，社会的な公正や正義に適う「よさ」や，それにふさわしい教育を考えるための基礎を与える。それが革新主義期における「多様性の保障」に基づく「よい市民」であった。

第5節　残された課題

1　「よい市民」形成の実態解明

ジョセフ・リーもクラレンス・A. ペリーも，「よい市民」の形成を目的として活動を続けたが，彼らが成し遂げた「よい市民」の形成は，異質なものを排除することによって可能になった。リーは，「アメリカ的精神」を受け入れない人を排除しようとした。ペリーは，「アメリカ的生活様式」のなかで生きることを理想としたために，「質のよい」家庭と「質のよい」環境にない異質な人々は考慮の外に置いた。彼らの対応は，当時においては現実的であり，アメリカ社会の動向に掉さしたものであった。国民統合を意図した「愛国心の教育」が，排除の機能をもつようなった経緯は，本書のなかで，ある程度，解明された。

しかしながら，検討すべき課題はいくつも残っている。第一に，社会史的背景の解明である。遊び場運動は児童福祉事業の一環として始まったが，学校理

念によるか公園理念によるか，公教育の一部か，私的な事業かなどをめぐる論
争が存在したにもかかわらず，「愛国心の教育」に集約されていったのはなぜ
か。国民統合の象徴であるはずの国旗掲揚と国旗への忠誠の誓いの儀式にたい
しても，当初は批判があったにもかかわらず，「愛国心の教育」と特定の人々
の排除を正当化する機能をもつようになったのはなぜか。そのメカニズムを解
明するには，アメリカ社会のなかで，その心情が発生した教育の実態を，社会
史，経済史，政治史のなかで見る必要がある。

第二に，国際関係史のなかでアメリカ社会の動向をとらえることである。こ
の時期に，アメリカはモンロウ主義を脱し，国際社会での存在感と影響力を格
段に大きくした。アメリカ国内で「アメリカ的精神」が強調され，「アメリカ
市民」の概念が問われるようになったのは，移民の流入という理由のみによる
のではなく，アメリカという国家が国際社会との関係を深めざるをえなくなっ
たからである。「アメリカ的精神」は，アメリカの中からだけでとらえること
はできない。

第三に，学校教育の概念と範疇の再検討が必要になるであろう。「市民の形
成」は学校のみでできるものではなく，地域や家庭教育の影響を含めて，その
メカニズムの解明が必要である。本書は，学校教育の概念を再検討する意図か
ら，福祉事業，社会センター，リクリエーション運動なども，学校教育との関
連のなかで取り上げた。それらの事例は，今後の学校制度あるいは公教育制度
の改革へのヒントになるであろう。

2 「よい市民」の理論的検討

以上は教育の実態についての分析であるが，「よい市民」についての理論的
な検討も必要になる。それに関して，ここで取り上げたデューイに代表される
「よい市民」やその影響に関する課題を二つあげておきたい。

ひとつは，本書では論じられなかった，1920年代半ば以降の展開を跡づけ
ることである。それにより，デューイが想定する市民性概念をいくつか付け加
えられるであろうことは，既に指摘しておいた。とりわけ1927年の『公衆と
その問題』における「グレイト・コミュニティ」論や，大恐慌をふまえての新
たな市民性の展開は重要になる。また，デューイの探求に触発されるかのよう

にして，デューイが説く「よい市民」の意義や示唆に関する研究が継続されている。その継続は本書の課題でもある。

いまひとつは，市民性の多様性の根本にある「原理」に関する検討である。デューイ自身，「教育の根底にある倫理的原理」ではそれを明確に論じていなかった。そのことをネル・ノディングズが，批判的に検討していることも本論でふれた。その批判的検討を，ノディングズに学んだハナン・A. アレクサンダー（Hanan A. Alexander）が，さらに批判的に乗り越えようとしている。その試みは，「よい市民」を育成する「原理」を検討するうえで示唆に富む。

ノディングズによると，デューイは「道徳的市民」になる過程は説明しているが，「道徳的市民」として実際に判断したり，評価したりするための規準（criteria）を明らかにしていない[5]。そのような批判からノディングズは，デューイとエイミー・ガットマン（Amy Gutmann）を批判的に発展させて，ケアと熟慮のうえに成り立つ「熟慮的市民（deliberative citizens）」を提起している[6]。

アレクサンダーはそのノディングズについて，マイケル・ウォルツァー（Michael Walzer）の「厚い（thick）」道徳と「薄い（thin）」道徳[7]を手がかりに，「薄さ」を問題視する[8]。「厚い」道徳とは，特定の人々の個別的な道徳に関わる。個別主義的で，個々の道徳に焦点化することから「厚い」とされる。他方，「薄い」道徳とは，特定の個別の人々を超えて広がり，共有された道徳に関わる。アレクサンダーがノディングズを「薄い」と批判する理由は，判断の「規準」を示すことでデューイを補完しようとしたノディングズが普遍主義的になっていることにある。その結果，自らが説くケア倫理を損ねているというのである。このようなアレクサンダーのような「原理」をめぐる検討を参照

---

5) Nel Noddings, "Thoughts on John Dewey's "Ethical Principles Underlying Education"," *The Elementary School Journal*, Vol.98, No.5, 1998, p.481.

6) Nel Noddings, *Education and Democracy in the 21st Century* (New York: Teachers College Press, 2013), p.131.

7) Michael Walzer, *Thick and Thin: Moral Argument at Home and Abroad* (Notre Dame: University of Notre Dame Press, 1994)；マイケル・ウォルツァー（芦川晋・大川正彦訳）『道徳の厚みと広がり：われわれはどこまで他者の声を聴き取ることができるか』（風行社，2004 年）。

8) Hanan A. Alexander, "Caring and Agency: Noddings on Happiness in Education," *Educational Philosophy and Theory*, Vol.45, No.5, 2013, p.493.

して，「よい市民」の多様性を保障する「原理」や「よい人間」について理解を深めることが課題となる。

　この「原理」をつきつめることは，第7章や第8章で論じた，デューイが説く「よい市民」の学校での実践や，その応用可能性の解釈にも関わるはずである。デューイは，時流から距離をおいて，目的とすべき「よい市民」を，その時々の必要性に応じて探求し続けた。それが今日に至るまで影響を与え続けている。この探求の基礎におかれている「原理」について精査することで，それをどう実現するかについても理解を深めることができる。それにより，第11章や第12章で論じた，デューイの流れをくむ実践についても，その妥当性や問題点をより丁寧に考察できるにちがいない。

　以上のような課題は，私たちがこれから「よい市民」をさらに探求するための出発点ともいえる。革新主義期における「よい市民性への挑戦」を私たちが継承し，発展させ，これからも「挑戦」していくための基礎としたい。

あとがき

　筆者二人が顔をあわせて議論するようになったのは，2005 年 8 月からであった。末藤美津子（当時は東京未来大学）さんの声掛けに始まり，3 人でダイアン・ラヴィッチ『学校改革抗争の 100 年：20 世紀アメリカ教育史』（東信堂，2008 年刊）を翻訳した。佐藤さんと私はアメリカの進歩主義教育の思想と歴史を共通の研究テーマとしており，研究業績をとおしてお互いによく知っていたし，学会等で会うこともあったが，共同で仕事をしたのはこれが最初だった。それ以後，5 回の学術研究助成基金助成金をいただき，間断なく二人で共同研究を続けた。列挙すれば，以下のとおりである。

① アメリカにおけるメディアとしてのペーパー・テストの普及に関する社会史的研究（2008-10 年度，代表：宮本，課題番号 20653060）
② 20 世紀初頭のアメリカの小学校における講堂と多目的室の出現過程に関する史的研究（2011-13 年度，代表：宮本，課題番号 23531031）
③ アメリカ新教育の市民性教育における「よい市民」育成の思想と実践に関する史的研究（2013-15 年度，代表：佐藤，課題番号 25381049）
④ 20 世紀初頭米国のスクール・ソーシャルセンターにおける道徳教育としての市民性教育（2016-18 年度，代表：佐藤，課題番号 16K04496）
⑤ アメリカにおける愛国心を形成する学校行事・儀式の普及とダイバーシティ教育の起源（2019-23 年度，代表：佐藤，課題番号 19K02462）

　多くの章はこれらの補助金（研究助成金）による研究成果である。章ごとに示せば次のとおりである。

序章（第 1 節・第 2 節）
佐藤隆之・宮本健市郎「研究の目的と方法及び研究成果の概要」『アメリカ新教育の市民性教育における「よい市民」育成の思想と実践に関する史的研究』（科研費助成事業　25381049　代表：佐藤隆之，2019 年 3 月），1-20 頁。

序章（第3節）
宮本健市郎「アメリカ・ナショナリズムの展開と『よい市民』の形成」『アメリカ教育研究』（アメリカ教育学会編）第30号（2020年3月），1-11頁。

第1章
宮本健市郎「ジョセフ・リーにおける慈善とリクリエーションの思想―アメリカ遊び場協会での仕事を中心に―」『教育学論究』（関西学院大学教育学会編）第7号（2015年12月），179-188頁。

第2章
宮本健市郎「ジョセフ・リーにおける『よい市民』形成の論理」『アメリカ教育研究』（アメリカ教育学会編）第28号（2018年3月），55-73頁。

第3章，第4章
佐藤隆之「デューイにおける市民性を育成する学校―『スクール・コミュニティ』から『よい市民性』の教育哲学へ」『日本デューイ学会紀要』第57号（2016年10月），93-102頁。

第5章
宮本健市郎「アメリカにおける遊び場運動の起源と展開：アメリカ遊び場協会の成立と変質」『教育学論究』（関西学院大学教育学会編）第6号（2014年12月），173-183頁。

第6章
宮本健市郎「革新主義時代における社会センター運動の興隆と衰退―校舎開放と参加民主主義の実験―」『教育学論究』（関西学院大学教育学会編）第11号（2019年12月），143-154頁。

第7章

佐藤隆之「デューイのソーシャルセンターとしての学校と welfare」『日本デューイ学会紀要』第 64 号（2023 年 10 月），105-114 頁。

第 8 章（第 1 節）
佐藤隆之「アメリカ進歩主義教育における講堂の活用の目的と実際―1910 年代ニューヨーク市の学校改革を中心として―」『早稲田大学大学院教育学研究科紀要』第 24 号（2014 年 3 月），57-70 頁。

第 9 章
宮本健市郎「コミュニティ・センター運動の始まりと変質―校舎開放から近隣住区論へ―」『新教育運動における「国際化」の進展と「郷土」形成論の相克に関する比較史的研究』（科研費助成事業 17K04550 代表：渡邊隆信，2020 年 3 月），41-53 頁。

第 10 章
宮本健市郎「アメリカの公立学校における国旗掲揚運動の起源と機能転換―統合から排除へ―」『教育学論究』（関西学院大学教育学会編）第 15 号（2021 年 12 月），143-152 頁。

第 11 章
佐藤隆之「市民性プロジェクトによるアメリカ化と多様性の教育―忠誠に関わる儀式・行事に注目して―」『学術研究―人文科学・社会科学編―』（早稲田大学教育・総合科学学術院）第 69 号（2021 年 3 月），119-137 頁。

第 12 章
佐藤隆之「市民性プロジェクトの授業とアメリカ化―帰化プロジェクトにおける忠誠宣誓の再解釈―」『学術研究―人文科学・社会科学編―』（早稲田大学教育・総合科学学術院）第 70 号（2022 年 3 月），101-124 頁。

第 11 章・第 12 章

佐藤隆之「新教育のなかの探究と『他者』―プロジェクトの実践と課題―」日本教育学会第82回大会「課題研究II 探究のなかで『他者』と出会う」（2023年8月27日，於・東京都立大学）発表資料。

終章（書き下ろし）

　この間，佐藤は『市民を育てる学校：アメリカ進歩主義教育の実験』（勁草書房，2018年），宮本は『空間と時間の教育史：アメリカの学校建築と授業時間割からみる』（東信堂，2018年）を，それぞれ単著として刊行した。科研での共同研究の成果が随所に生かされたことはいうまでもない。

　本書は，これらの研究の延長であり，現時点での総まとめである。私たちは，日本およびアメリカ社会においても，民主主義が危機に立っているという認識を共有している。それゆえ，次世代の人間の形成を構想する教育学研究者として，民主主義を支える「よい市民」とはなにかを，問い直し，根本から考え直すことは，自らの使命と考えている。本書によってその使命の一部が果たされたとすれば本望である。

　本書には，民主主義に対する失望も希望も描かれている。研究対象が近いとはいえ，著者2名の見解が完全に一致しているわけでもない。進歩主義教育を批判的に捉えようとする宮本と，進歩主義教育とりわけデューイに希望を見出そうとする佐藤との間には，鋭い対立も存在している。それでも，お互いがその違いを認識しつつ，違いを乗り越えて合意できるところを模索した。話し合いをとおして合意を探ることは民主主義の本旨である。本書を作成する過程が小さな民主主義の実践であったといえるかもしれない。本書が，日本の民主主義の発展にすこしでも寄与できることを願っている。

　本書の校正に当たっている最中に，ドナルド・トランプ氏がふたたび大統領に就任した。トランプ氏は憲法修正第14条で認められた「出生地主義」の廃止を目指すことを，先に大統領であった時期から，何度も公言してきた。連邦軍をつかってでも「不法移民」を国外退去させるという政策は実施されつつある。市民の多様性を認めない政策が実現するのであろうか。

　たしかに，約250年のアメリカ史を振り返れば，移民やマイノリティを排

斥する政策は，これまでもしばしば実行されてきた。本書で紹介したとおり，1924年の移民法は，原国籍にもとづいて，合衆国への移民を厳しく制限した。200年前を思い起こすと，第7代大統領ジャクソン（在職1829-1837）は，デモクラシーを掲げつつも，1830年に先住民強制移住法を制定し，先住民を，住んでいた土地から追い出すことを合法化した。いずれの政策も，特定の人々のみを「よい市民（アメリカ人）」であるとみなし，それとは異なる人々を排除したのである。

　だが，「よい市民」とはなにを意味するのか，トランプ政権の再登場によって，その議論が収束することはないだろう。「明白なる天命」を掲げていた19世紀半ばと，世界の最強国として経済繁栄を極め，安定を最優先した1920年代と，国際秩序が揺らぎ，アメリカの威信が低下しつつある現代では，「よい市民（アメリカ人）」の内実も変化しつつある。アメリカにおける「よい市民」の理念と実態は，国際環境のなかで，あらためて考察する必要がある。本書はアメリカ国内における学校教育の議論に限定されている。新教育の国際連携を視野にいれなければ，この課題に応えることはできないであろう。次の課題として，挑戦していきたいと思う。

　トランプ氏の大統領就任の直前，2024年12月29日に，「最良の元大統領」といわれるカーター氏が100歳で亡くなった。イラン革命があり，失政を批判されることが多いが，「人権外交」を掲げ，パナマ運河の返還条約の締結や，中東和平合意（キャンプ・デイビッド合意）を成し遂げ，大統領退任後も，国際協調のための活動を続け，2002年にはノーベル平和賞を受賞した。アメリカの限界と傲慢さを認識したうえで，道義と対話による平和実現を目指したカーター氏には，統一と多様性の保障というアメリカの理念がたしかに生きていた。カーター氏のなかにも葛藤はあったであろう。だが，その葛藤こそがアメリカ的精神である。その精神を我々は忘れてはならない。

　佐藤さんとの20年近くにわたる共同作業は，私の研究歴のなかでかけがえのない幸運であった。本書が学術界にどれだけ貢献できるかは自信がないが，私は共同研究の楽しさを十分に味わうことができた。本書の刊行を提案してくれた佐藤さんに，心から感謝している。私はまもなく定年により関西学院大学を去るが，本書をひとつの糧として，今後も民主主義の発展のために努力して

いきたいと思う。

　出版に際しては，早稲田大学出版部の畑ひろ乃さんに文章のチェックや装丁等でお世話になった。厚くお礼を申し上げます。

　2025 年 1 月 29 日

宮本　健市郎

主要参考文献

＊米国議会図書館，Internet Archive, HathiTrust 等で提供されているデジタル版書籍・雑誌・新聞等を含む。
＊訳本がある場合，参照し，訳文には変更したところがある。

外国語図書・雑誌論文

Alexander, Hanan A. "Caring and Agency: Noddings on Happiness in Education," *Educational Philosophy and Theory*, Vol.45, No.5 (2013), pp.488-493.

Almack, John C. *Education for Citizenship*, New York: Houghton Mifflin, 1924.

Andrews, E. Benjamin "Patriotism and the Public Schools,"*The Arena*, Vol.III (December, 1890), pp.71-80.

Annual Report of the Massachusetts Civic League, for the Year ending November 30, 1903.

Balch, Colonel Geo. T. *Methods of Teaching Patriotism in Public Schools*, New York: D. Van Nostrand Co., 1890.

Barnard, Henry *School Architecture; or Contributions to the Improvement of School-houses in the United States* (2nd ed.), 1848; reprinted, New York: Teachers College Press, 1970.

Bellah, Robert N., Richard Madsen, William M. Sullivan, Ann Swidler and Steven M. Tipton, *Habits of the Heart: Individualism and Commitment in American Life*, Berkeley: University of California Press, 1985.（島薗進・中村圭志訳）『心の習慣：アメリカ個人主義のゆくえ』みすず書房，1991。

Bellah, Robert N., Richard Madsen, William M. Sullivan, Ann Swidler and Steven M. Tipton, *The Good Society*, New York: Knopf, 1991.（中村圭志訳）『善い社会：道徳的エコロジーの制度論』みすず書房，2000。

Board of Education, U. K. *The Playground Movement in America and Its Relation to Public Education, Education Pamphlets*, No.27, London: HMSO, 1913.

Bodner, John E. *Remaking America: Public Memory, Commemoration, and Patriotism in the Twentieth Century*, Princeton, N.J.: Princeton University Press, 1992.（野村達朗他訳）『鎮魂と祝祭のアメリカ：歴史の記憶と愛国主義』青木書店，1997。

Bonner, M. W. "The Politics of the Introduction of the Gary Plan to the New York City School System," Ph. D. dissertation, Rutgers University, New Brunswick, NJ, 1978.

Bourne, Randolph S. *The Gary Schools*, Boston: Houghton Mifflin, 1916.

Bourne, Randolph S. "Trans-National America," *The Atlantic Monthly*, Vol.118 (July, 1916), pp.86-97.

Bowman, LeRoy "Notes and News on Community Interests," *Social Forces*, Vol.4, Issue 2 (December, 1925), pp.360-363.

Braucher, Howard S. "Leadership in Neighborhood Centers," *The Playground*, Vol.X, No.11 (February, 1917), pp.464-465.

Briggs, Warren Richard *Modern American School Buildings*, New York: Robert

Drummond Printer, 1899.

Bryant, Sara C. *I am an American: First Lessons in Citizenship*, Boston: Houghton Mifflin Company, 1920.

Burris, William P. *The Public School System of Gary, Ind.*, United States Bureau of Education, Bulletin, No.18, 1914.

Bushnell, C. J. "The Community Center Movement as a Moral Force," *International Journal of Ethics*, Vol.30, No.3 (April, 1920), pp.326-335.

Butler, George D. *Pioneers in Public Recreation*, Minneapolis, Minn.: Burgess Publishing Co., 1965.

Callahan, Raymond E. *Education and Cult of Efficiency: A Study of the Social Forces That Have Shaped the Administration of the Public Schools*, Chicago: University of Chicago Press, 1962. (中谷彪・中谷愛訳)『教育と能率の崇拝』教育開発研究所, 1996。

Carpenter, James J. "The Development of a More Intelligent Citizenship: John Dewey and the Social Studies," *Education and Culture*, Vol.22, Issue 2 (2006), pp.31-42.

Case, Roscoe D. *The Platoon School in America*, California: Stanford University Press, 1931.

Cavallo, Dominick *Muscles and Morals: Organized Playgrounds and Urban Reform, 1880-1920*, New York: University of Pennsylvania Press, 1981.

"Certain Basic Assumptions Underlying the Work of the National Recreation Association," *Recreation*, Vol.28, No.7 (October, 1934), p.313.

Chudacoff, Howard P. *Children at Play: An American History*, New York: New York University Press, 2007.

Cohen, Ronald D. and Raymond A. Mohl *The Paradox of Progressive Education: The Gary Plan and Urban Schooling*, Port Washington, N.Y.: Kennikat Press, 1979.

Cohen, Ronald D. *Children of the Mill: Schooling and Society in Gary, Indiana, 1906-1960*, New York: Routledge, 2002.

Collier, John "Book Review of *The Wider Use of the School Plant* by Clarence A. Perry," *National Municipal Review*, Vol.1, Issue 3 (July, 1912), pp.527-528.

Collier, John "Social Centers," *National Municipal Review*, Vol.II, No.3 (July, 1913), pp.455-460.

Collier, John "City Planning and the Problem of Recreation," *Annals of the American Academy of Political and Social Science*, Vol.51 (January, 1914), pp.208-215.

Collier, John "School Buildings as Coordinating Places for the Civil Energies of the War," *American City*, Vol.16, No.6 (June 1917), pp.588-590.

Collier, John "Community Councils – Democracy Every Day," *The Survey*, Vol.40, No.22 (August 31, 1918), pp.604-606; Vol.40, No.25 (September 21, 1918), pp.689-691; Vol.40, No.26 (September 28, 1918), pp.709-711, 725.

Colyar, A. S. "Education and the Republic," *NEA: Journal of Addresses and Proceedings*, 1889, pp.311-328.

Committee on Public Education *Plain Facts about the Gary Schools*, New York City, 1917.

"Constitution of the Playground Association of America," *The Playground*, Vol.1, No.3 (June, 1907), pp.13-15.

"A Constructive Creed," *The Playground*, Vol.IV, No.3 (June, 1910), p.73.

Cooley, Edwin G. *Vocational Education in Europe: Report to the Commercial Club of Chicago*, Chicago: The Commercial Club of Chicago, 1912.

Cooper, Tova *The Autobiography of Citizenship: Assimilation and Resistance in U. S. Education*, New Brunswick, New Jersey: Rutgers University Press, 2015.

Cremin, Lawrence A. *The Transformation of the School: Progressivism in American Education, 1876-1957*, New York: Alfred A. Knopf, 1961.

Crèvecoeur, Hector St. John *Letters from an American Farmer*, London: T. Davies, 1782. (秋山健・後藤昭次・渡辺利雄訳)『アメリカ農夫の手紙』研究社，1982。

Cummings, Edward, Joseph Lee and Edward T. Hartman "Massachusetts Civic League: Its Work and Object," *The General Federation Bulletin*, Vol.II, No.2 (1904), pp.37-39.

Cummings, Edward, Joseph Lee and Edward T. Hartman, *Massachusetts Civic League, Its Legislative Function*, (Boston, 1905?).

Curtis, Henry S. "Foreword by the Secretary," *The Playground*, Vol.I, No.1 (April, 1907), pp.9-10.

Curtis, Henry S. "Playground Progress and Tendencies of the Year," *Proceedings of the First Annual Congress of the Playground Association of America, held on August 3, 1907*, pp.25-29.

Curtis, Henry S. "The Growth, Present Extent and Prospects of the Playground Movement in America," *The Pedagogical Seminary*, Vol.16, No.3 (September, 1909), pp.344-350.

Curtis, Henry S. "The Neighborhood Center: The School is Already the Geographical Center of the Community, and the Center of Much of the Neighborhood's Interest," *American City*, Vol.VII (July, 1912), pp.14-17.

Curtis, Henry S. "The School Center," *The Survey*, Vol.30 (April 19, 1913), pp.89-91.

Curtis, Henry S. *Play and Recreation for the Open Country*, Boston: Ginn and Company, 1914.

Curtis, Henry S. *Education Through Play*, New York: Macmillan Co., 1915.

Curtis, Henry S. *School Grounds and Play, Department of the Interior, Bureau of Education, Bulletin*, 1921, No.45.

Cyphers, Christopher J. *The National Civic Federation and the Making of a New Liberalism, 1900-1915*, Santa Barbara, CA: Praeger, 2002. (伊藤健市訳)『全国市民連盟の研究：アメリカ革新主義期における活動』関西大学出版部，2016。

Davies, Wallace Evan *Patriotism on Parade*, Cambridge, Mass.: Harvard University Press, 1955.

DeGroot, E. B. "Suggestions to Instructors in Municipal Playgrounds and Gymnasiums," in Everett Bird Mero ed. *American Playgrounds and Gymnasiums*, Boston, Mass.: American Gymnasia Co., 1908, pp.98-107.

Dickason, Jerry G. "The Origin of the Playground: The Role of the Boston Women's Clubs,

1885-1890," *Leisure Sciences*, Vol.6, No.1 (1983), pp.83-98.

Dole, Charles F. *The American Citizen*, Boston: D. C. Heath & Co., 1891, rev. 1906.

Dorgan, Ethel Josephine *Luther Halsey Gulick, 1865-1918*, New York: Bureau of Publications, Teachers College, 1934.

Eliot, Charles "The Full Utilization of a Public School Plant," *Journal of Proceedings and Addresses of the NEA*, 1903, pp.241-247.

Ellis, Richard J. *To the Flag: The Unlikely History of the Pledge of Allegiance*, Lawrence, Kansas: University Press of Kansas, 2005.

Erickson, Ansley T. and Andrew R. Highsmith "The Neighborhood Unit: Schools, Segregation, and the Shaping of the Modern Metropolitan Landscape," *Teachers College Record*, Vol.120, No.3 (2018), pp.1-35.

Etzioni, Amitai "Citizenship Tests: A Comparative, Communitarian Perspective," *The Political Quarterly*, Vol.78, Issue 3 (2007), pp.353-363.

Fallace, Thomas D. "Was John Dewey Ethnocentric?: Reevaluating the Philosopher's Early Views on Culture and Race," *Educational Researcher*, Vol.39, Issue 6 (2010), pp.471-477.

Fallace, Thomas D. "Tracing John Dewey's Influence on Progressive Education, 1903-1951: Toward a Received Dewey," *Teachers College Record*, Vol.113, No.3 (2011), pp.463-492.

Fallace, Thomas D. *Race and the Origins of Progressive Education, 1880-1929*, New York: Teachers College Press, 2015.

Finfer, Lawrence A. "Leisure as Social Work in the Urban Community: The Progressive Recreation Movement, 1890-1920," Ph.D. dissertation, Michigan State University, 1974.

Forbes, George Mather "Lessons Learned in Rochester with Reference to Civic and Social Center Development," *Bulletin of the University of Wisconsin, Extension Division*, Serial No.464, General Series, No.301, November, 1911.

Ford, Phyllis M. "Luther H. Gulick, 1865-1918," Hilmi Ibrahim ed. *Pioneers in Leisure and Recreation, Reston*, Va.: American Alliance for Health, Physical Education, Recreation & Dance, 1989, pp.79-92.

Foster, Henry E. "The Decadence of Patriotism, and What It Means," *The Arena*, Vol.19 (June, 1898), pp.740-751.

Foster, Wallace *Patriotic Primer for the Little Children, Auxiliary in Teaching the Youth of Our Country the True Principles of American Citizenship*, Indianapolis, Ind.: Levy Bros. & Co., 1898.

Frost, Joe L. *A History of Children's Play and Play Environments: Towards a Contemporary Child-saving Movement*, New York: Routledge, 2010.

Furuya, Jun "American Exceptionalism: A View from Japan," *Nanzan Review of American Studies*, Vol.19, No.1 (Summer, 1997), pp.13-21.

George H. Thomas Post No. 4, Department of New York, Grand Army of the Republic, *Presentation of National Flag to the Public Schools of the City of Rochester on Washington's Birthday, 1889, in the City Hall*, Rochester, New York: Democrat and

Chronicle Print, 1889.

Gillette, Jr. Howard, "The Evolution of Neighborhood Planning: From the Progressive Era to the 1949 Housing Act," *Journal of Urban History*, Vol.9, No.4 (August, 1983), pp.421-444.

Glassberg, David "The Design of Reform: The Public Bath Movement in America," *American Studies*, Vol.20 (Fall, 1979), pp.5-21.

Glenn, John M. et al. *Russell Sage Foundation, 1907-1946*, New York: Russell Sage Foundation, 1947.

Glueck, Eleanor T. *Extended Use of School Buildings, U. S. Bureau of Education, Bulletin*, 1927, No.5.

Goodman, Joyce "Willystine Goodsell (1870-1962) and John Dewey (1859-1952): History, Philosophy and Women's Education," *History of Education*, Vol.48, No.6 (2019), pp.837-854.

Goodrich, S. G. *A Pictorial Geography of the World*, Boston: C. D. Strong, 1856.

Graham, Patricia A. *Progressive Education From Arcady to Academe: A History of Progressive Education Association, 1919-1955*, New York: Teachers College Press, 1967.

Greenan, John T. *Readings in American Citizenship*, Boston: Houghton Mifflin, 1928.

Guenter, Scot M. *The American Flag, 1777-1924: Cultural Shifts from Creation to Codification*, London and Toronto: Associated University Presses, 1990. (和田光弘・山澄亨・久保田佳子・小野沢透訳)『星条旗：1777－1924』名古屋大学出版会，1997。

Gulick, Luther Halsey "The Playground," *The Playground*, Vol.I, No.1 (April, 1907), pp.7-8.

Hanmer, Lee F. and Clarence A. Perry *Recreation in Springfield, Illinois*, New York: Russell Sage Foundation, 1914.

Hansen, David T. "Rethinking the Ethical and Political Purposes of the School in the 21st Century," *Bulletin of John Dewey Society of Japan*, No.59 (2018), pp.1 (150)-9 (142).

Hartsoe, Charles E. compiled and edited *Building Better Communities: The Stories of the National Recreation Association (1906-1965)*, Champaign, IL: Sagamore Publishing, L.L.C., 2006.

Hatch, Roy W. *Training in Citizenship*, New York: Charles Scribner's Sons, 1926.

Hayden, Dolores *Grand Domestic Revolution: A History of Feminist Designs for American Homes, Neighborhoods, and Cities*, Cambridge, Mass.: MIT Press, 1981. (野口美智子・藤原典子他訳)『家事大革命：アメリカの住宅，近隣，都市におけるフェミニスト・デザインの歴史』勁草書房，1985。

Higham, John *Strangers in the Land: Patterns of American Nativism, 1860-1925*. New Brunswick: Rutgers University Press, 1983, originally published in 1955.

Hill, Mabel and Davis, Philip *Civics for New Americans*, Boston: Houghton Mifflin Company, 1922.

Hofstadter, Richard *The Age of Reform: From Bryan to F.D.R.*, New York: Alfred Knopf, 1955, (斎藤眞他訳)『アメリカ現代史：改革の時代』みすず書房，1967。

Hoy, Suellen M. *Chasing Dirt: The American Pursuit of Cleanliness*, New York : Oxford University Press, 1995.（椎名美智訳）『清潔文化の誕生』紀伊国屋書店，1999。

Jackson, Henry E. *A Community Center: What It Is and How to Organize It, U. S. Bureau of Education, Bulletin*, 1918, No.11.; New York: Macmillan Co., 1918.

Johnson, Lauri D. and Yoon K. Pak, "Teaching for Diversity: Intercultural and Intergroup Education in the Public Schools, 1920s to 1970s," *Review of Research in Education*, Vol.43, No.1 (2019), pp.1-31.

Johnson, Ronald N. "Forgotten Reformer: Edward J. Ward and the Community Center Movement, 1907-1921," *Mid-America: An Historical Review*, Vol.74, No.1 (January, 1992), pp.19-35.

Johnson, Tony W. and Ronald F. Reed *Philosophical Documents in Education*, 4th edition. Boston: Parson, 2012.

Johonnot, James *Country Schoolhouses*, New York: Ivison, Phinney, Blakeman & Co., 1866.

Jones, David Benjamin "Playground Association of America: A Thwarted Attempt at the Professionalization of Play Leasers," Ed. D. dissertation, University of Oregon, 1989.

Jorgensen, C. Gregg *John Dewey and the Dawn of Social Studies: Unraveling Conflicting Interpretations of the 1916 Report*, Charlotte, North Carolina: Information Age Publishing, Inc., 2012.

Kilpatrick, William H. "The Project Method," *Teachers College Record*, Vol.19, No.4 (September, 1918), pp.319-335.

Kilpatrick, William H. "Citizenship by Practising Citizenship," in Hatch, Roy W., *Training in Citizenship*, New York: Charles Scribner's Sons, 1926, pp.iii-ix.

King, Moses *King's View of New York*, New York: Sackett & Wilhelms, 1903.（マール社編集部編，鈴木智子訳）『100年前のニューヨーク』マール社，1996。

Knapp, Richard F. and Charles E. Hartsoe *Play for America*, Arlington, VA: National Recreation and Park Association, 1979.

Lapp, Kevin"Reforming the Good Moral Character Requirement for U.S. Citizenship," *Indiana Law Journal*, Vol.87, Issue 4 (2012), pp.1571-1637.

Lawhon, Larry Lloyd, "Neighborhood Unit: Physical Design or Physical Determination?" *Journal of Planning History*, Vol.8, No.2 (May, 2009), pp.111-132.

The League of Civic Clubs *Rochester Social Centers and Civic Clubs: Story of the First Two Years*, Rochester, N. Y.: published by the Civic Clubs, 1909.

Lee, Joseph *Constructive and Preventive Philanthropy*, New York: The Macmillan Co., 1902.

Lee, Joseph "Juvenile Law-breakers in Boston," *American Statistical Association Publication*, Vol.VIII (September, 1903), pp.409-413.

Lee, Joseph "Public Spirit in Town and Village," *General Federation Bulletin*, Vol.I, No.2 (December, 1903), pp.35-36.

Lee, Joseph "The Playground as a Part of the Public School," *Proceedings of the National Conference of Charities and Correction at the 31st Annual Session* (June, 1904), pp.459-471.

Lee, Joseph *Public Relief and How the Private Citizen Can Help*, *Leaflets*, Massachusetts Civic League, No.6, 1905.

Lee, Joseph "Immigration," *The Proceedings of the National Conference of Charities and Correction*, Vol.33 (1906), pp.279-285.

Lee, Joseph "Legislative Work of the Massachusetts Civic League," *General Federation Bulletin*, Vol.III, No.4 (January, 1906), pp.201-202.

Lee, Joseph "Medical Inspection in the Public Schools," *The Federation Bulletin*, Vol.III, No.6 (March, 1906), pp.320-322.

Lee, Joseph "Play as a School of the Citizen," *Charities and the Commons*, Vol.18 (August 3, 1907), pp.16-21.

Lee, Joseph "A Boy Learns Citizenship in Group Games," in Everett B. Mero ed. *American Playgrounds, Their Construction, Equipment, and Utility*, Boston: American Gymnasia Co., 1908, p.264.

Lee, Joseph "Assimilation and Nationality," *Charities and the Commons*, Vol.19 (January, 1908), pp.1453-1455.

Lee, Joseph "The Boy Goes to Work," *Educational Review*, Vol.38 (November, 1909), pp.325-343.

Lee, Joseph *The Integrity of the Family a Vital Issue*, *Educational Briefs*, No.29 (January, 1910).

Lee, Joseph "How to Start and Organize Playgrounds," *The Playground*, Vol.III, No.9 (February, 1910), pp.1-11.

Lee, Joseph "Suggestion for a Constitution for a Playground Association," *The Playground*, Vol.III, No.9 (February, 1910), pp.11-12.

Lee, Joseph "The Literacy Test," *The Survey*, Vol.XXV (March 11, 1911), pp.984-985.

Lee, Joseph "Play as an Antidote to Civilization," *The Playground*, Vol.V, No.4 (July, 1911), pp.110-126.

Lee, Joseph "Play for Home," *The Playground*, Vol.VI, No.5 (August, 1912), pp.146-158.

Lee, Joseph "Democracy and the Illiteracy Test," *The Survey*, Vol. XXXIX (January 18, 1913), pp.497-499.

Lee, Joseph *Play in Education*, New York: Macmillan, 1915.

Lee, Joseph "Play the Life Saver," *The Playground*, Vol.VIII, No.12 (March, 1915), pp. 417-422.

Lee, Joseph "Looking Ahead Five Years," *The Playground*, Vol.IX, No.1 (April, 1915), pp.11-12.

Lee, Joseph "Athletics and Patriotism," *The Outlook*, Vol.112 (March 1, 1916), p.529.

Lee, Joseph "Football in the War," *The Playground*, Vol.X, No.9 (December, 1916), pp.320-324.

"A Letter From President Roosevelt in Favor of Public Playgrounds," *The Playground*, No.1 (April, 1907), p.5.

Lillie, Linda M. *"The Political Economy of the Social Studies Curriculum: An Historical*

Focus on Citizenship Education in Public Schools," Ph. D. dissertation, Ohio University, 1996.

Mason, Gregory "An Americanization Factory: An Account of What the Public Schools of Rochester Are Doing to Make Americans of Foreigners," *The Outlook*, Vol.112 (February 23, 1916), pp.439-448.

Mason, Gregory "Americans First: How the People of Detroit Are Making American of the Foreigners in Their City," *The Outlook*, Vol.114 (September 26, 1916), pp.193-201.

Mattson, Kevin *Creating a Democratic Public: The Struggle for Urban Participatory Democracy During the Progressive Era*, University Park, Pennsylvania: Pennsylvania University Press, 1998.

McKelvey, Blake "Rochester's Public Schools," *Rochester History*, Vol.31, No.2 (April, 1969), pp.1-28.

Mero, Everett B. ed. *American Playgrounds, Their Construction, Equipment, Maintenance and Utility*, Boston: American Gymnasia Co., 1908.

Miller, Margarette S. *Twenty-Three Words*, Portsmouth, Virginia: Printcraft Press, 1976.

Mirel, Jeffery E. *Patriotic Pluralism: Americanization Education and European Immigrants*, Cambridge, Massachusetts: Harvard University Press, 2010.

Morse, Jedidiah *Geography Made Easy*, Boston: Thomas and Andrews, 1813.

Mumford, Lewis "Neighborhood and the Neighborhood Unit," *The Town Planning Review*, Vol.24, No.4 (January, 1954), pp.256-270.

Mumford, Lewis *The City in History*, New York: Charles E. Tuttle Inc., and Harcourt, Brace & World Inc., 1961. (生田勉訳)『歴史の都市　明日の都市』新潮社，1969。

"National School Celebration of Columbus Day: The Official Programme," *The Youth's Companion*, Vol.65, No.36 (September 8, 1892), pp.446-447.

Ngai, Mae M. *Impossible Subjects: Illegal Aliens and the Making of Modern America*, Princeton, N.J.: Princeton University Press, 2004. (小田悠生訳)『「移民の国アメリカ」の境界：歴史のなかのシティズンシップ・人種・ナショナリズム』白水社，2021。

Noddings, Nel *The Challenge to Care in Schools: An Alternative Approach to Education*, New York: Teachers College Press, 1992. (佐藤学監訳)『学校におけるケアの挑戦：もう一つの教育を求めて』ゆみる出版，2007。

Noddings, Nel "On Community," *Educational Theory*, Vol.46, No.3 (1996), pp.245-267.

Noddings, Nel "Thoughts on John Dewey's "Ethical Principles Underlying Education"," *The Elementary School Journal*, Vol.98, No.5 (1998), pp.479-488. (Nel Noddings, *Educating Moral People: A Caring Alternative to Character Education*, New York: Teachers College Press, 2002, pp.73-84.)

Noddings, Nel *Education and Democracy in the 21st Century*, New York: Teachers College Press, 2013.

Noddings, Nel and Laurie Brooks *Teaching Controversial Issues: The Case for Critical Thinking and Moral Commitment in the Classroom*, New York: Teachers College Press, 2016. (山辺恵理子監訳 木下慎・田中智輝・村松灯訳)『批判的思考と道徳性を育

む教室：「論争問題」がひらく共生への対話』学文社，2023。

Parker, Walter C. "Citizenship Education in the United States: Regime Type, Foundational Questions, and Classroom Practice," in *Handbook of Moral and Character Education*, 2nd ed., Larry Nucci, Tobias Krettenauer, Darcia Narvae, eds., New York: Routledge, 2014, pp.347-367.

Perry, Clarence A. *Wider Use of the School Plant*, New York: Charities Publication Committee, 1910.

Perry, Clarence A. *Public Lectures in School Buildings; Suggestions for Their Organization and Sources of Speakers and Topics*, New York: Department of Child Hygiene of the Russell Sage Foundation, 1910.

Perry, Clarence A. *Recreation the Basis of Association Between Parents and Teachers*, No.87, New York: Department of Child Hygiene of the Russell Sage Foundation, 1911.

Perry, Clarence A. "A Survey of the Social-Center Movement," *The Elementary School Teacher*, Vol.13, No.3 (November 1912), pp.124-133.

Perry, Clarence A. "School as a Social Center," *A Cyclopedia of Education*, ed. by Paul Monroe, Vol.5, New York: Macmillan Co., 1913, pp.260-267.

Perry, Clarence A. *The Extension of Public Education, U. S. Bureau of Education Bulletin*, 1915, No.28.

Perry, Clarence A. *Significant School Extension Records: How to Secure Them, U. S. Bureau of Education, Bulletin*, 1915, No.41.

Perry, Clarence A. "Essentials of Useful Record Keeping," *The Playground*, Vol.IX, No.9 (December, 1915), pp.314-316.

Perry, Clarence A. *Community Center Activities*, New York: Russell Sage Foundation, 1916.

Perry, Clarence A. *School Extension Statistics for 1915-16, U. S. Bureau of Education, Bulletin*, No.30, 1917.

Perry, Clarence A. "The Quicksands of Wider Use; A Discussion of Two Extremes in Community-center Administration," *The Playground*, Vol.X, No.6 (September, 1916), pp.200-208.

Perry, Clarence A. "Leadership in Neighborhood Centers," *The Playground*, Vol.X, No.11 (February, 1917), pp.462-464.

Perry, Clarence A. "The Relation of Neighborhood Forces to the Larger Community: Planning a City Neighborhood from the Social Point of View," *Proceedings of the National Conference of Social Work*, Vol.51 (1924), pp.415-421.

Perry, Clarence A. "The Local Community as Unit in the Planning of Urban Residential Areas," in *The Urban Community: Selected Papers from the Proceedings of the American Sociological Society, 1925*, ed. by E. W. Burgess, eds., Chicago: University of Chicago Press, 1926, pp.238-241.

Perry, Clarence A. "The Rehabilitation of the Local Community," *Social Forces*, Vol.4, No.3 (March, 1926), pp.558-562.

Perry, Clarence A. "Is Commercial Recreation as Octopus?" *The Playground*, Vol.XXI,

No.11 (February, 1928), pp.604-606.

Perry, Clarence A. *The Neighborhood Unit*, New York: Committee on Regional Plan of New York and Its Environs, 1929. (倉田和四夫訳)『近隣住区論：新しいコミュニティ計画のために』鹿島出版会，1975。

Perry, Clarence A. "Provisions for Play in the Neighborhood Unit: How the New Regional Plan for New York Would Extend Recreation Facilities," *Playground and Recreation*, Vol.XXIII, No.7 (October, 1929), pp.434-437.

Perry, Clarence A. "The Tangible Aspects of Community Organization," *Social Forces*, Vol.8, No.4 (June, 1930), pp.558-564.

Perry, Clarence A. and Marguerita P. Williams *New York School Centers and Their Community Policy*, New York: Russell Sage Foundation, 1931.

Perry, Clarence A. *Housing for the Machine Age*, New York: Russell Sage Foundation, 1939.

Peterman, William *Neighborhood Planning and Community-Based Development: The Potential and Limits of Grassroots Action*, Thousand Oaks, California: Sage Publications, 2000.

Pickus, Noah *True Faith and Allegiance: Immigration and American Civic Nationalism*, Princeton: Princeton University Press, 2005.

Putnam, Robert D. *Bowling Alone: The Collapse and Revival of American Community*, New Yor: Simon & Schuster, 2000. (柴内康文訳)『孤独なボウリング：米国コミュニティの崩壊と再生』柏書房，2006。

Putnam, Robert D. *Our Kids: The American Dream in Crisis*, New York: Simon & Schuster, 2015. (柴内康文訳)『われらの子ども：米国における機会格差の拡大』創元社，2017。

Rainwater, Clarence E. *The Play Movement in the United States: A Study of Community Recreation*, Chicago: University of Chicago Press, 1922.

Ravitch, Diane *Left Back: A Century of Battles Over School Reform*, New York: Touchstone Book, 2000. (末藤美津子・宮本健市郎・佐藤隆之訳)『学校改革抗争の100年：20世紀アメリカ教育史』東信堂，2008。

Ravitch, Diane *The Death and Life of the Great American School System: How Testing and Choice are Undermining Education*, New York: Basic Books, 2010. (本図愛実監訳)『偉大なるアメリカ公立学校の死と生：テストと学校選択がいかに教育をだめにしてきたのか』協同出版，2013。

Rayan, Alan *John Dewey: And the High Tide of American Liberalism*, New York: W. W. Norton & Company, 1995.

Reese, William J. *Power and the Promise of School Reform: Grassroot Movement During the Progressive Era*, Boston: Routledge & Kegan Paul, 1986.

Reese, William J. *America's Public Schools: From the Common School to "No Child Left Behind"*, Baltimore, Maryland: Johns Hopkins University Press, 2005 (小川佳万・浅沼茂監訳)『アメリカ公立学校の社会史：コモンスクールからNCLB法まで』東信堂，

2016。

Reese, William J. "Progressive Education," John L. Rury & Eileen H. Tamura eds. *The Oxford Handbook of History of Education*, New York: Oxford University Press, 2019, pp.459-474.

Regulating the Use of Public School Buildings and Grounds in the District of Columbia, 63rd Congress, 2nd Session, Senate Report, No.391 (March 30, 1914).

Renner, Andrea "A Nation That Baths Together: New York City's Progressive Era Public Baths," *Journal of the Society of Architectural Historians*, Vol.67, No.4 (December, 2008), pp.504-531.

Report of the Massachusetts Board of World's Fair Managers, Boston: Wright & Potter Printing Co., State Printers, 1894, pp.137-141.

Reuben, Julie A. "Beyond Politics: Community Civics and the Redefinition of Citizenship in the Progressive Era," *History of Educational Quarterly*, Vol.37, No.4 (Winter, 1997), pp.399-420.

Rhodes, Chip *Structures of the Jazz Age: Mass Culture, Progressive Education, and Racial Disclosures in American Modernism*, New York: Verso, 1998.

Ricci, David M. *Good Citizenship in America*, Cambridge, U.K.: Cambridge University Press, 2004.

Riis, Jacob A. *How the Other Half Lives: Studies among the Tenements of New York*, New York: Charles Scribner's Sons, 1890. (千葉喜久枝訳)『向こう半分の人々の暮らし：19世紀末ニューヨークの移民下層社会』創元社，2018。

Roholt, Ross V., R. W. Hildreth, and Michael Baizerman "The "Citizen" in Youth Civic Engagement," *Child & Youth Services*, Vol.29, No.3-4 (2007), pp.107-122.

Russell, James. E. ed. "Horace Mann School: Dedication Number," *Teachers College Record*, Vol.3, No.1, 1902.

Saltmarsh, John "Education for Critical Citizenship: John Dewey's Contribution to the Pedagogy of Community Service Learning," *Michigan Journal of Community Service Learning*, Vol.3 (1996), pp.13-21.

Sapora, Allen V. H. "The Contributions of Joseph Lee to the Modern Recreation Movement and Related Social Movement in the United States," Ph. D. dissertation, University of Michigan, 1952.

Sapora, Allen V. H. "Joseph Lee," in Hilmi Ibrahim, ed. *Pioneers in Leisure and Recreation*, Reston, VA: American Alliance for Health, Physical Education, Recreation, and Dance, 1989, pp.65-78.

Schauffler, Robert H. 1911 "'Scum O' The Earth'," *The Atlantic Monthly*, Vol.108, No.5 (1911), pp.614-616.

"The Schoolhouse Flag," *The Youth's Companion*, Vol.64 (July 2, 1891), p.376.

Sica, Morris G. "The School Flag Movement: Origin and Influence," *Social Education*, Vol.54, No.6 (October, 1990), pp.380-384.

Silver, Nathan, *Lost New York*, Expanded ed., New York: Mariner Books, 2007.

Skinner, Charles R. *Manual of Patriotism, For Use in the Public Schools of the State of New York*, New York: Brandon Printing Co., 1900.

Snedden, David and William H. Allen *School Reports and School Efficiency for the New York Committee on Physical Welfare of School Children*, New York: Macmillan, 1908.

Snyder, C. B. J. "Public School Building in the City of New York," in *Modern School Houses: Being a Series of Authoritative Articles on Planning, Sanitation, Heating and Ventilation*, New York: Swetland Publishing Co., 1910, pp.45-57.

Solis, Julia *New York Underground: The Anatomy of a City*, New York: Routledge, 2005. (綿倉実香訳)『ニューヨーク　地下都市の歴史』東洋書林，2011。

Spiegel, Allen D. and Florence Kavaler "Bernard J. Cigrand, DDS: Father of Flag Day and Renaissance Man," *Journal of Community Health*, Vol.32, No.3（June, 2007), pp.203-216.

St. Hill, Thomas Nast *Thomas Nast: Cartoons & Illustrations*, New York: Dover Publications, Inc. 1974.

Stevens, Jr., Edward W. "Social Centers, Politics, and Social Efficiency in the Progressive Era," *History of Education Quarterly*, Vol.12, No.1（Spring, 1972), pp.16-33.

Stratton, Clif *Education for Empire: American Schools, Race, and the Paths of Good Citizenship*, Oakland, California: University of California Press, 2016.

Taylor, Joseph S. "A Report of the Gary Experiment in New York City," *Educational Review*, Vol.51（January-May, 1916), pp.8-28.

Taylor, Joseph S. *Duplicate Schools in the Bronx*, New York: The Board of Education, 1916.

Thomas, William I. "The Adventitious Character of Woman," *American Journal of Sociology*, Vol.12, No.1（1906), pp.32-44.

Thorburn, Malcolm "John Dewey, William Wirt and the Gary Schools Plan: A Centennial Reappraisal," *Journal of Educational Administration and History*, Vol.49, No.2（2017), pp.144-156.

Tsanoff, Vasil Stoyan *Educational Value of the Children's Playgrounds: A Novel Plan of Character Building*, Philadelphia: The Autor, 1897.

Tyack, David *Seeking Common Ground: Public Schools in a Diverse Society*, Cambridge, Massachusetts: Harvard University Press, 2003.（黒崎勲・清田夏代訳）『共通の土台を求めて：多元化社会の公教育』日日教育文庫，2005。

U. S. Department of Labor, Bureau of Naturalization, *Naturalization Laws and Regulations*, Washington: Government Printing Office, 1920.

Van der Ploeg, Piet "Dewey and Citizenship Education: Schooling as Democratic Practice," *The Palgrave Handbook of Citizenship and Education*, London: Palgrave Macmillan, 2019, pp.1-14.

Vertovec, Steven and Robert Cohen, *Conceiving Cosmopolitanism: Theory, Context and Practice*, Oxford: Oxford University Press, 2002.

Volk, Kenneth S. "The Gary Plan and Technology Education: What Might Have Been?" *Journal of Technology Studies*, Vol.31, Issue 1（2005), pp.39-48.

Walzer, Michael *Thick and Thin: Moral Argument at Home and Abroad*, Notre Dame:

University of Notre Dame Press, 1994.（芦川晋・大川正彦訳）『道徳の厚みと広がり：われわれはどこまで他者の声を聴き取ることができるか』風行社，2004。

Wang, Jessica Ching-Sze "Reconstructing Deweyan Democratic Education for a Globalizing World," *Educational Theory*, Vol.59, Issue 4 (2009), pp.409-425.

Ward, Edward J. "The Little Red School House," *The Survey*, Vol.XXII, No.19 (August 7, 1909), pp.640-649.

Ward, Edward J. "The Schoolhouse as the Civic and Social Centre of the Community," *Addresses and Proceedings of the NEA, 1912*, pp.436-449.

Ward, Edward J. "The Public Schoolhouse for the Public," *Journal of Education*, Vol.75, Issue 25 (June 20, 1912), pp.710-711.

Ward, Edward J. "Public School Property for Social Uses," *Journal of Education*, Vol.76, Issue 1 (June 27, 1912), pp.9-12.

Ward, Edward J. ed. *The Social Center*, New York and London: D. Appleton and Co., 1913.

Ward, Edward J. "Using the School Houses," *The Commoner*, Vol.13, No.391 (April 4, 1913), pp.4-5.

Ward, Edward J. *The Schoolhouse as the Polling Place, U. S. Bureau of Education Bulletin*, 1915, No.13.

Ward, Edward J. "The Community Secretary," *Journal of Education*, Vol.83, No.23 (June 8, 1916), p.624.

"Washington Schoolhouses for the People," *The Survey*, Vol.32, No.13 (June 27, 1914), p.337.

Wegner, Kathryn L. "Progressive Reformers and the Democratic Origins of Citizenship Education in the United States during the First World War," *History of Education*, Vol.42, No.6 (2013), pp.713-728.

Weiler, Kathleen "No Women Wanted on the Social Frontier: Gender, Citizenship and Progressive Education," in Madeleine Arnot and Jo-Anne Dillabough, eds. *Challenging Democracy: International Perspectives on Gender, Education and Citizenship*, London: Routledge, 2000, pp.122-137.

Weiler, Kathleen "The Historiography of Gender and Progressive Education in the United States," *Paedagogica Historica*, Vol.42, No.1&2 (2006), pp.161-176.

Weiner, Melissa F. *Power, Protest and the Public Schools: Jewish and African American Struggles in New York City*, Rutgers University Press, 2012.

Westheimer, Joel *What Kind of Citizen?: Educating Our Children for the Common Good*, New York: Teachers College Press, 2015 (Second edition, 2024).

Weston, Olive E. "The Public School as a Social Center," *The Elementary School Teacher*, Vol.6 (October, 1905), pp.108-116.

"What is Community Service?" *The Playground*, Vol.XIV, No.1 (April, 1920), p.11-12.

Wiggin, Kate Douglass *New Chronicles of Rebecca*, 1907.（大久保康夫訳）『レベッカの青春』角川文庫，1971。

Wilder, Laura Ingalls *Little House on the Prairie*, 1935; NBC Studios (CD-ROM), Season 2, Disc 7, "Centennial" 1974-1983.

Wilson, Woodrow "Spurious Versus Real Patriotism in Education," *The School Review*, Vol.7 (December, 1899), pp.599-620.

Wilson, Woodrow "The Need of Citizenship Organization: A Lucid Analysis of the Civic and Social Center Movement — How it is Helping to Solve the Fundamental Problem of Modern Society," *American City*, Vol.5 (November, 1911), pp.265-268.

Wirt, William A. *Newer Ideals in Education: The Complete Use of the School Plant, An Address Delivered before the Public Education Association in the New Century Drawing Room*, January 30, 1912. (Compliments of the Public Education Association of Philadelphia, May 1912).

Wirt, William A. "Creating a Child World," *The Platoon School*, Vol.1, No.1 (January, 1927), pp.4-7.

Wirt, William A. *The Great Lockout in America's Citizenship Plants*, Gary, Ind.: Printed by Students of Horace Mann School, 1937.

Yoshioka, Carleton "Henry Stoddard Curtis, 1870-1952," in Hilmi Ibrahim et al., *Pioneers in Leasure and Recreation*, Reston, VA.: American Alliance for Health, Physical Education, Recreation, and Dance, 1989, pp.103-113.

Zeublin, Rho Fisk "Playground Movement in Chicago," *The Playground*, No.4 (July, 1907), pp.3-5, 11-13. ［著者は Zueblin の誤植と思われる。］

デューイ著作

＊原則，3,4,7,8章は，次のデューイ全集から引用した。参照した主なデューイの著作を，*The Early Works* は EW，*The Middle Works* は MW，*The Later Works* は LW と略記したうえで巻数を付して記す。

Jo Ann Boydston ed. *The Collected Works of John Dewey: The Early Works, 1882-1898*. Carbondale: Southern Illinois University Press, 1967-1972. 5 Vols.

Jo Ann Boydston ed. *The Middle Works of John Dewey, 1889-1924*. Carbondale: Southern Illinois University Press, 1976-1983. 15 Vols.

Jo Ann Boydston ed. *The Later Works of John Dewey, 1925-1953*. Carbondale: Southern Illinois University Press, 1981-1991. 17 Vols.

Dewey, John *Ethical Principles Underlying Education*, 1897, EW, Vol.5, pp.54-83. 上野正道・村山拓訳「教育の根底にある倫理的原理」上野正道［訳者代表］『学校と社会，ほか』東京大学出版会，2019，47-78 頁。

Dewey, John *The School and Society*, 1899, MW, Vol.1. 市村尚久訳『学校と社会・子どもとカリキュラム』講談社学術文庫，1998。

Dewey, John "The School as Social Centre," 1902, MW, Vol.2, pp.80-93. ("The School as Social Center," *The Elementary School Teacher*, Vol.III, No.2 (October, 1902), pp.73-83.) 千賀愛・藤井佳世訳「社会センターとしての学校」上野正道［訳者代表］『学校と社会，ほか』東京大学出版会，2019，331-345 頁。

Dewey, John and James H. Tufts, *Ethics*, 1908, MW, Vol.5.

Dewey, John *Moral Principles in Education*, 1909, MW, Vol.4, pp.267-291. 藤井佳世訳「教育における道徳的原理」上野正道［訳者代表］『明日の学校, ほか』東京大学出版会, 2019, 1-27 頁。

Dewey, John "Some Dangers in the Present Movement for Industrial Education," 1913, MW, Vol.7, pp.98-103.

Dewey, John and Evelyn Dewey *Schools of To-Morrow*, 1915, MW, Vol.8. 増田美奈・杉山二季・佐藤知条・千賀愛・齋藤智哉訳『明日の学校』上野正道［訳者代表］『明日の学校, ほか』東京大学出版会, 2019, 79-271 頁。

Dewey, John *Democracy and Education*, 1916, MW, Vol.9. 松野安男訳『民主主義と教育』上下 岩波文庫, 1975。

Dewey, John "Nationalizing Education," 1916, MW, Vol.10, pp.202-210.

Dewey, John "Organization in American Education," 1916, MW, Vol.10, pp.397-411.

Dewey, John "The Need of an Industrial Education in an Industrial Democracy," 1916, MW, Vol.10, pp.137-143.

Dewey, John "Education and Social Direction," 1918, MW, Vol.11, pp.54-57.

Dewey, John *Human Nature and Conduct: An Introduction to Social Psychology*, 1922, MW, Vol.14.

Dewey, John "Education as a Religion," 1922, MW, Vol.13, pp.317-322.

Dewey, John "Social Purposes in Education," 1923, MW, Vol.15, pp.158-169.

Dewey, John *The Public and its Problems: An Essay in Political Inquiry*, 1927, LW, Vol.3, pp.236-372.

Dewey, John "The Fruits of Nationalism," 1927, LW, Vol.3, pp.152-157.

Dewey, John "Education and Our Present Social Problems," 1933, LW, Vol.9, pp.127-135.

Dewey, John "The Challenge of Education to Democracy," 1937, LW, Vol.11, pp.181-190.

新聞など（年代順）

"(no title)" *The Ketchum Keystone* (Idaho), January 1, 1887.

"Grammatical Questions," *Wessington Springs Herald* (South Dakota), December 9, 1887.

"For More Playgrounds: An Organized Movement in Behalf of the Children, to Minimize the Necessity for Hospitals and Charity Asylums……," *The New York Times*, December 11, 1890.

"No Missing Links — In the Chain of Columbus Day Demonstrations," *The Salt Lake Herald* (Salt Lake City, Utah), May 22, 1892.

"Columbus Day — Message to the Public School Teachers of America," *The Record-union* (Sacrament, Calif.), June 14, 1892.

"Children and Columbus Day," *The Austin Weekly Statesman* (Austin, Tex.), August 4, 1892.

"A Lesson of Patriotism," *Waterbury Evening Democrat* (Waterbury, Conn.), September 12, 1892.

Harned, P. L. "Columbus Day," *Daily Tobacco Leaf-chronicle* (Clarksville, Tenn.),
September 21, 1892.

"Public School Day — Thousands of School Children in the Parade at New York," *Morris Tribune* (Morris, Minn.), October 12, 1892.

" (No title) " *Omaha Daily Bee* (Omaha, Nebraska), October 16, 1892.

"Gotham Schools Celebrate — The National Flag Unfurled and Other Exercises Carried Out, " *The Morning News* (Savannah, Ga.), October 21, 1892.

"Columbus Day: It is not Forgotten by the People of Minnesota," *St. Paul Daily Globe*, October 22, 1892.

"Columbus Day Celebrated," *Omaha Daily Bee* (Omaha, Neb.) October 22, 1892.

"Columbus Day was Observed in Great Style. — One of the Finest Displays Ever Made in the Town," *Freeland Tribune* (Freeland, Pa.) October 24, 1892.

"Columbus Day Celebration," *Morris Tribune* (Morris, Minn.), October 26, 1892.

"Columbus Day," *The State Republican* (Jefferson City, Mo.), October 27, 1892.

"[Obituary] George T. Balch," *The New York Times*, April 18, 1894.

"Flag Day in the Schools," *The New York Times*, June 15,1895.

"All Schools Must Have Flags – The Law Is Mandatory and Must Be Strictly Executed," *The New York Times*, October 9, 1895.

"Education in Patriotism," *The New York Times*, April 9, 1898.

"Topics of the Times," *The New York Times*, May 8, 1901.

"Book and Men," *The New York Times*, December 6, 1902.

"Up-to-Date Charity," *The New York Times*, August 8, 1903.

"Memorial Day at Norfolk – Returned Flag," *Evening Star*, May 18, 1905.

"Playgrounds in All Large Cities," *Washington Times*, April 12, 1906.

"President on Playgrounds," *The New York Times*, April 13, 1906.

"Second Day's Session — Action by Playground Association of America," *The Evening Star*, April 13, 1906.

"No Small Spaces for Playgrounds," *The Washington Times*, April 14, 1906.

"Move to Stir Up Patriotism," *The Daily Morning Journal and Courier* (New Haven, Conn.), February 9, 1907.

"President Says Get Playgrounds — Wants One Within Easy Walking Distance of Every Boy and Girl — Necessary as Schools," *The New York Times*, February 21, 1907.

"Birthday of 'Old Glory'," *The Evening Star*, June 11, 1908.

"Bath before Books, is Maxwell's Maxim," *The New York Times*, September 12, 1908.

"Making Schoolhouse Pay Big Dividends," *The Detroit Times* (Detroit, Michigan), March 7, 1911.

"New Uses for the Schools – Plan to Utilize Some of the 60 per cent Waste Time," *The Sun* (New York, N. Y.), October 8, 1911.

"School Social Center and the Nation: How Idea is Spreading over Country," *The Detroit Times*, October 23, 1911.

"Get the Most out of the School Plant," *The Pensacola Journal* (Pensacola, Fla.), November 22, 1911.

"The Neighborhood Spirit and Training for Citizenship," *The Twin Falls Times* (Idaho), December 1, 1911.

"Won't Uphold Flag, School Expels Boy," *The New York Times*, October 8, 1912.

"Child Refuses to Salute Flag," *The Evening Standard* (Ogden City, Utah), November 2, 1912.

"Girl Refuses to Salute Flag: Suspended from School," *The Chronicle=News* (Trinidad, Colo.), November 16, 1912.

"Use of the Schoolhouse for Social Center Development," *The New York Times*, November 17, 1912.

"City Recreations for Benefit of All," *The New York Times*, April 21, 1913.

"Local Affairs," *The Democratic Advocate* (Westminster, Md.), April 24, 1914.

Barrows, Alice (Alice Barrows Fernandez) "Professor Dewey, of Columbia, Says Value of Work-Study-and-Play Has Already Been Established — Should be Extended to Other Schools — Richer Opportunities for Children," *New York Tribune*, December 16, 1915.

"Expert Answers Gary Plan Critic: Randolph S. Bourne Declares System Would Meet N. Y. Problems," *New York Tribune*, October 12, 1915.

"It's Rather Unusual," *The Day Book* (Chicago, Ill.), November 1, 1915.

"Professor Ward Advocate Discussion and Training in Schools," *The New York Times*, December 30, 1915.

"Negro Boy Refuses Salute to American Flag," *The Day Book* (Chicago, Illinois), March 22, 1916.

"Forum Right Asked by Commissioners," *The Evening Star* (Washington, D.C.), April 11, 1916.

"Community Center Idea Spreads Over Country," *The New York Times*, April 16, 1916.

"Want City Control for Public Centers," *The New York Times*, April 22, 1916.

"Flag Day Exercises Held in Public Schools Today Under Auspices of G. A. R." *The Evening Star*, June 14, 1917.

"State Brevities," *The Tomahawk* (White Earth, Becker County, Minn.) December 26, 1918.

"Most Visited School in U. S.: Park View Organized on Plan of New England Village," *Washington Herald*, June 13, 1920.

"White House to Greet Playground Leaders," *The New York Times*, April 5, 1931.

"Joseph Lee, Expert in Recreation, Dies," *The New York Times*, July 29, 1937.

"Honor Paid Joseph Lee: Cities Pay Tribute to His Work in the Interest of Recreation," *The New York Times*, July 24, 1938.

"Edward J. Ward Services Today," *The Evening Star*, January 7, 1944.

Staple, Brent "[Opinion] How Italians Became White," *The New York Times*, October 12, 2019.

文書館等の史料

"Massachusetts Civic League, Fund-raising Brochure, 1928, in Harvard University, Harvard Art Museums.

"Constitution of the Immigration Restriction League," in Massachusetts Historical Society, Joseph Lee Papers.

Constitution of War Camp Service, Inc., dated November 1, 1918, in Joseph Lee Papers, Massachusetts Historical Society.

"Constitution of Community Service (Incorporated)," n. d, (1920?) in Joseph Lee Papers, Massachusetts Historical Society.

Lee, Joseph "The Purpose of Community Service," dated on December 19, 1919, Joseph Lee Papers, Massachusetts Historical Society.

Lee's letter to Mr. Woodruff, dated on March 5, 1906, in the National Recreation Records, in Social Welfare Archives in University of Minnesota.

Playground Association of America, Constitution and By-Laws, revised June 7, 1910, National Recreation Association records in Minnesota, Social Welfare History Archives, University of Minnesota Libraries.

Pamphlet for the 9th Recreation Congress, Atlantic City, New Jersey, October 9-12, 1922, in National Recreation Association Records, Social Welfare History Archives, University of Minnesota Libraries.

日本語文献

生澤繁樹『共同体による自己形成：教育と政治のプラグマティズムへ』春風社，2019。

石生義人『アメリカ人と愛国心：白人キリスト教徒の愛国心形成に関する社会学的研究』彩流社，2011。

石田雅樹「ジョン・デューイにおける『デモクラシー』と『効率性』―進歩主義教育，職業教育，ゲーリー・プラン」『宮城教育大学紀要』第55巻（2021），45-52頁。

一村小百合「子どもの遊び場について考える―アメリカでのプレイグラウンド運動がもたらした効果とは」『関西福祉科学大学紀要』12号（2008），91-100頁。

小田悠生「アメリカ移民法における『家族』―市民権，永住権と家族の権利」『アメリカ太平洋研究』第15巻（2015），58-70頁。

笠間浩之『〈砂場〉と子ども』東洋館出版社，2001。

亀井俊介『サーカスが来た！：アメリカ大衆文化覚書』文芸春秋，1980。

川端美季『近代日本の公衆浴場運動』法政大学出版局，2016。

貴堂嘉之『移民国家アメリカの歴史』岩波書店，2018。

貴堂嘉之『シリーズアメリカ合衆国史②南北戦争の時代：19世紀』岩波書店，2019。

紀平英作編『アメリカ史』上下　山川出版社，2019。

粂井輝子「アメリカ合衆国移民帰化局編集教科書にみるアメリカニズム」『白百合女子大学研究紀要』第39号（2003），73-91頁。

倉石一郎『アメリカ教育福祉社会史序説：ビジティング・ティーチャーとその時代』春風社，2014。

小池滋・和久田康雄編『都市交通の世界史：出現するメトロポリスとバス・鉄道網の拡大』悠書館，2012。

小玉重夫『シティズンシップの教育思想』白澤社，2003。

五島敦子『アメリカの大学開放：ウィスコンシン大学拡張部の生成と展開』学術出版会，2008。

斉藤仁一朗『米国社会科成立期におけるシティズンシップ教育の変容：社会科の誕生をめぐる包摂と排除，両義性』風間書房，2021。

佐々木豊「アメリカ都市『コミュニティ』の再生―革新主義時代における『スクール・ソーシャル・センター』運動」『史学』（三田史学会）第61巻（1991），107-132頁。

佐藤隆之『市民を育てる学校：アメリカ進歩主義教育の実験』勁草書房，2018。

佐藤隆之「進歩主義学校における『良きアメリカ市民』の育成―コミュニティを基盤とする市民性プロジェクトと『民主的愛国主義』」『アメリカ教育研究』（アメリカ教育学会）第30号（2020），12-23頁。

佐藤隆之「コミュニティとプロジェクトに基づく市民性教育の原理―『コミュニティとしての学校』の再構築」『教育学研究』（日本教育学会）第87巻，第4号（2020），521-532頁。

菅野文彦「アメリカ革新主義期における都市公立学校の機能拡大に関する考察―welfare-oriented progressives による民間事業からの影響に着目して―」『日本の教育史学』（教育史学会）第29集（1986），150-168頁。

千賀愛『デューイ教育学と特別な教育的配慮のパラダイム：実験学校と子どもの多様な困難・ニーズへの教育実践』風間書房，2009。

千賀愛「『明日の学校』（1915）と貧困地区のインディアナポリス第26公立学校の実践」『北海道教育大学紀要　教育科学編』第66巻，第2号（2016），55-64頁。

田中喜美『技術教育の形成と展開：米国技術教育実践史論』多賀出版，1993。

谷口和也・斉藤仁一朗「社会的・歴史的文脈をふまえた社会科成立の再解釈―社会の二層性と AHA 七人委員会の歴史教育論―」『社会科研究』（全国社会科教育学会）第74号（2011），21-30頁。

土屋英雄『自由と忠誠：「靖国」「日の丸・君が代」そして「星条旗」』尚学社，2002。

中條献「アメリカ革命の娘たち（DAR）―国民化のプロセスにおける『時間』と『空間』」，樋口映美・中條献編『歴史の中の「アメリカ」：国民化をめぐる語りと創造』彩流社，2006，71-91頁。

中野耕太郎『戦争のるつぼ：第一次世界大戦とアメリカニズム』人文書院，2013。

中野耕太郎『20世紀アメリカ国民秩序の形成』名古屋大学出版会，2015。

中野耕太郎『シリーズアメリカ合衆国③20世紀アメリカの夢：世紀転換期から一九七〇年代』岩波書店，2019。

西崎文子『アメリカ外交の歴史的文脈』岩波書店，2024。

日本デューイ学会編『民主主義と教育の再創造：デューイ研究の未来へ』勁草書房，2020。

橋川喜美代「『幼稚園令』に盛り込まれたアメリカ・プレイグラウンド運動の影響」『鳴門教育大学研究紀要』（教育科学編）第17巻（2002），105-113頁。

長谷川洋・玉置伸伍「都市美運動の起源と意義―アメリカ都市美運動に関する研究（1）―」『福井大学工学部研究報告』第39巻，第2号（1991），171-187頁。

長谷川洋・玉置伸伍「初期都市美運動における計画実現戦略—アメリカ都市美運動に関する研究（2）—」『福井大学工学部研究報告』第40巻，第1号（1992），219-236頁。

古矢旬『アメリカニズム：「普遍国家」のナショナリズム』東京大学出版会，2002。

本間長世『理念の共和国：アメリカ思想の潮流』中央公論社，1976。

松本悠子「アメリカ人であること・アメリカ人にすること—20世紀初頭の「アメリカ化」運動におけるジェンダー・階級・人種—」『思想』No.884，岩波書店，1998，52-75頁。

松本悠子『創られるアメリカ国民と「他者」：「アメリカ化」時代のシティズンシップ』東京大学出版会，2007。

南川文里『未完の多文化主義：アメリカにおける人種，国家，多様性』東京大学出版会，2021。

宮本健市郎「アメリカ進歩主義教育運動におけるコミュニティと学校—1910年代のゲーリースクールの研究—」『東京大学教育学部紀要』第23巻（1983），275-285頁。

宮本健市郎『空間と時間の教育史：アメリカの学校建築と授業時間割からみる』（関西学院大学研究叢書 第196編），東信堂，2018。

森分孝治『アメリカ社会科教育成立史研究』風間書房，1994。

米澤正雄「ジェーン・アダムズのセツルメント事業に対するデューイの評価—『ソーシャル・センター』としての学校論における教師論的視点の欠落—」『教育研究集録』（筑波大学大学院・教育思想研究会）第3集（1980），5-14頁。

和田光弘『記録と記憶のアメリカ：モノが語る近世』名古屋大学出版会，2016。

渡辺俊一『アメリカ都市計画とコミュニティ理念』技報堂出版，1977。

事項・書名索引

あ 行

愛国教師 patriotic instructors　284, 285
　―全国協会　285
愛国心　ii-v, 1, 2, 7-12, 14-16, 21, 22,
　25-30, 73, 74, 76, 77, 92-94, 99, 102, 131,
　141, 233, 252-255, 268, 269, 271,
　273-277, 279, 284, 285, 288-290, 292,
　294, 305, 316-318, 325, 327, 331-333,
　336-340, 344, 345, 347-351, 353-358, 363
　―教育　2, 16, 28, 256, 274, 351, 352
愛国的多元主義　8
アイルランド・プロジェクト　318, 329,
　330, 331, 334, 348
『明日の学校』Schools of To-Morrow
　28, 95, 114, 191, 194, 195, 198, 201-203,
　207, 213, 217, 220-222, 228, 230, 346
『遊び場』The Playground　38, 41, 42,
　46, 50, 160, 162
遊び場運動　ii, 10, 25, 27, 32, 33, 37, 44,
　45, 50, 51, 54, 75, 145-147, 149, 150,
　158-160, 162, 164, 166, 167, 170, 184,
　185, 205, 232, 236, 265, 339, 340, 358
アファーマティブ・アクション　iv
アメリカ遊び場協会 Playground
　Association of America (PAA)　iii,
　26, 33, 38-42, 44, 49, 70, 75, 145, 150,
　158-160, 162-167, 182, 184, 185, 237,
　339, 340, 364
アメリカ遊び場リクリエーション協会
　Playground and Recreation
　Association of America (PRAA)
　41, 44-49, 65, 73, 163, 165-167, 185, 248,
　339, 340

アメリカ化 Americanizaition　ii, iii, iv,
　2, 8-11, 18, 22, 26, 104, 105, 111-114,
　107, 122, 123, 132, 138, 218-220, 231,
　252, 292-295, 299, 313-316, 325-327,
　334, 336, 338, 347, 348, 355, 356, 365
アメリカ革命の息子たち Sons of
　American Revolution (S.A.R.)　276
アメリカ革命の娘たち Daughters of
　American Revolution (D.A.R.)　173,
　276
アメリカ合衆国憲法修正第 14 条　22,
　269, 300
アメリカ公共空間協会 American Civic
　Association (ACA)　39, 40, 159
アメリカ社会センター協会 Social Center
　Association of America　181, 189,
　190, 236, 240
アメリカ第一　10, 157
アメリカ的生活様式 American Way of
　Life　23, 25, 28, 29, 69, 117, 258,
　262, 335, 341, 342, 345, 346, 348-350,
　358
アメリカ的精神　26, 59, 61, 68-70, 73-76,
　340, 349, 350, 358-359
『アメリカにおけるよい市民性』Good
　Citizenship in America　4, 97
イタリア　298, 319, 324, 326, 328
移民制限連盟 Immigrant Restriction
　League　58
移民排斥主義　114, 324
移民法（1924 年）　22, 29, 104, 115, 317,
　323-325, 333
インディアナポリス第 26 公立学校
　195, 197

「うるわしのアメリカ」Aemrica, the Beautiful　21

オキュペーション　84, 86, 88, 89, 118, 120, 199, 201, 202, 204, 205, 215, 225, 228, 345, 346

か　行

ガールスカウト　332, 338

改革教育 Reform Paedagogik　19

科学　9, 26, 56, 88, 90, 100, 102, 105, 109-111, 112, 123, 124, 127, 133-136, 138, 140, 171, 191, 224, 281, 344, 349

革新主義 progressivism　ii-v, 1-4, 6-12, 14, 16, 18, 20, 23, 29, 30, 33, 77, 80, 82, 90, 108, 113, 132, 141, 144, 168, 170, 182, 223, 226, 231, 233, 327, 334, 336, 339, 341, 349, 351, 354-358

拡張的市民性　139, 141, 344, 357

学校施設開放　173, 243, 264

『学校施設利用の拡大』Wider Use of the School Plant　237, 238, 241

学校施設利用法案　244, 248

学校センター　168, 178, 186, 187

『学校と社会』The School and Society　84, 197

学校理念　149-151, 158, 163-165, 167, 184, 232, 261, 358

帰化不能外国人 aliens ineligible for citizenship　22, 323

帰化プロジェクト　29, 292-299, 301-303, 305, 310, 312-320, 323-325, 327, 328, 330, 331, 333-338, 347, 348, 353, 365

『帰化法令集』Naturalization Laws and Regulations　296, 299, 306, 313, 316

帰属本能 belonging instinct　65-67, 71, 75, 76

キャンペーン活動　214-216, 230, 346

『教育学百科事典』A Cyclopedia of Education　241

「教育と社会の方向性」　92

『教育における遊び』Play in Education　61, 65, 68

「教育の国家化」　94

「教育の根底にある倫理的原理」　26, 77, 78, 101, 104, 108, 110-112, 124, 129, 138, 197, 343, 359

共感　iv, 41, 110, 111, 128, 129, 138, 140, 317, 319-321, 327, 330, 331, 348

共和主義 republicanism　iii, 1, 2, 6, 8, 11, 13, 343, 354

禁酒主義者　56

近代国民国家 nation state　ii, iii, 93

近隣 neighborhood　47, 85, 87, 105, 113, 156, 178, 181, 182, 218, 231, 244, 253, 256, 257, 259, 262, 264

近隣住区（論）neighborhood unit　170, 236, 237, 248, 256-263, 265, 266, 337, 342, 365

ケア　84, 85, 91, 94-98, 102, 105, 127, 130, 215, 334, 343, 344, 350, 353, 360

芸術　11, 48, 88, 90, 100, 102, 123-125, 128, 138-140, 334

ゲーリー・スクール　195, 202, 203-207, 209-211, 213-215, 217, 218, 220, 221, 223, 225-233

ゲーリー・プラン Gary Plan　151, 153, 206-209, 211, 213, 220-225, 228-232, 346

ゲーリー市　27, 28, 151, 153, 173, 177, 196, 206, 213, 216, 218, 220, 223-225, 340, 341, 346

劇プロジェクト　295, 318, 327, 330-333, 338, 348

権威的愛国主義　105

健康＝繁栄 health　202, 205

「建設的綱領」Constructive Creed　42, 43, 70

建設的慈善 constructive philanthropy　54-61, 68-70, 201

現代産業教育の危機　104

公園理念　149-151, 157, 158, 163, 165,

事項・書名索引 391

167, 184, 358
公共運動競技連盟（ボルティモア）Public
　Athletic League　156, 157
公共図書館 public library　56, 57, 151,
　153
　—設置運動　56
公衆浴場運動　24
公教育制度　iii, 2, 12, 122, 136, 138, 144,
　145, 160, 245, 340, 352, 359
公民科 civics　13, 132, 134, 135, 218, 219,
　231, 236, 284, 312
公民教育　8, 336
公立学校運動競技連盟 Public Schools
　Athletic League　154
国際的ナショナリズム　111, 113-115,
　131, 140, 321, 350, 353
黒人　13, 269, 271, 289, 300, 310
コスモポリタニズム　12, 115
コスモポリタン　8, 114, 115, 282, 283,
　290
国歌　276, 281
国旗　29, 254, 268, 269, 271-282, 284,
　285, 287-290, 292, 294, 317, 239, 332,
　333, 336-338, 347, 348, 353, 355, 356,
　359
　—記念日　276, 283, 285, 356
　—敬意法　283, 284, 288
　—掲揚　2, 8, 28, 29, 268, 269, 271,
　274-280, 283-286, 289, 290, 292, 327,
　331, 332, 337, 338, 346, 347, 351, 353,
　356, 359, 365
　—忠誠の誓い Pledge of Allegiance
　269, 271, 280, 281, 283, 289, 290, 347,
　355
子ども救済　iii, 10, 33-35, 37, 51, 75, 144,
　145, 237, 274, 339
　—運動　33
コミュニタリアン（共同体主義者）　iv
コミュニティ・シヴィックス　12, 13,
　294

コミュニティ・スクール　iii, 192, 194,
　345
『コミュニティ・センター』The
　Community Center　253, 255
コミュニティ・センター community
　center　2, 28, 29, 168, 170, 180, 189,
　205, 236-238, 240, 244, 246-249, 251-
　256, 263-266, 337, 338, 341, 342, 351,
　353
コミュニティとしての学校　3, 87, 197,
　204, 215, 345
コロンブス記念日式典　279-283, 290
コロンブス・デイ Columbus Day　21

さ　行

在留外国人　295, 308-310, 315, 316, 318,
　319, 332
産業教育　86, 104, 108, 121, 122, 123,
　125, 209, 225
産業民主主義　76, 77, 102
参政権　18, 108, 118-120, 138, 178, 310
ジェンダー　iv, 12, 117, 120, 121, 128,
　140, 144, 335, 356
シカゴ万国博覧会　21
識字テスト illiteracy test　59, 132
慈善　32, 33, 36, 50, 51, 54, 55, 57, 59-60,
　69, 95, 96, 130, 149, 167, 201, 340
　—矯正事業　35
　—組織協会 Charity Organization
　Society (COS)　60
市民クラブ連盟（ロチェスター）League
　of Civic Clubs　174, 179
市民権　24, 127, 133, 269, 284, 290, 293,
　300, 301, 308-313, 315, 319, 347
　—法（1866）　269, 290
市民社会センター全国会議 national
　conference on civic and social center
　development　180
市民性 citizenship　i, iv, 2-7, 12, 14, 26,
　28, 43, 44, 48-51, 54, 55, 61, 68, 70-73,

75, 79-82, 84-88, 91-93, 96-99, 101,
103-113, 116-128, 130-139, 141, 169-171,
177, 181, 191, 197, 207, 218-220,
229-231, 238, 240, 254, 283, 296, 332,
333, 338, 340, 344, 345, 347-361
―教育　　ii, iv, 2, 3, 7, 8, 12, 13, 21, 33,
47, 54, 75-82, 90, 101, 103, 107, 108,
122, 135, 139, 141, 170, 182, 192, 194,
197, 206, 207, 213, 215, 218, 219, 227,
230-232, 238, 293, 294, 320, 331, 343,
346, 350, 354, 363
―テスト　　27, 132, 133, 135, 136, 138
『市民性の訓練』 *Training in Citizenship*
296, 331
ジム・クロウ制度　　271
社会科　　132, 135, 137, 141, 171, 236, 365
社会主義 socialism　　15, 67, 95, 287
『社会センター』 *The Social Center*
246
社会センター運動　　10, 27, 28, 167-171,
178-185, 190, 232, 236-238, 240, 243,
263-266, 341, 342, 352, 364
社会センターとしての学校　　27, 108,
112, 113, 115-117, 119, 138, 150, 171,
172, 191-195, 197, 199, 201, 203-206,
216, 217, 219, 228-233, 319, 337, 341,
345, 346
「社会センターとしての学校」（デューイ）
iii, 2, 28, 87, 95, 104, 105, 110-112,
114-117, 119, 120, 129, 171, 172, 191,
352
「社会センターとしての公立学校」　　172
社会的福祉＝幸福 social welfare　　192,
199-202, 204, 205, 207, 216-218, 229,
233, 345
社会的有用性　　130, 131, 140, 344
社会奉仕　　89, 128-131, 138-140, 205, 232,
334, 344, 353
習慣　　43, 57, 60, 70, 72, 79, 86, 89, 90, 99,
101, 102, 258, 271, 287

消費　　23, 25, 97, 98, 102, 126
職業教育　　104, 108, 112, 121-123, 138,
225, 226, 238, 240
女性　　13, 27, 105, 116-121, 139, 147, 172,
203, 219, 309, 310, 313
ショトーカ運動　　57
新移民　　iv, 21, 57, 105, 111, 138, 271,
296, 324, 350
人格教育　　10
新教育 New Education　　i, 11, 19, 144,
293
新教育連盟 New Education Fellowship
19
人種　　ii, 6, 28, 77, 110-117, 128, 138, 140,
200, 204, 226, 230, 232, 262, 268, 269,
271, 296, 330, 337, 344, 345, 349, 355,
356
身体　　28, 37, 44, 55, 75, 85, 89, 90, 95,
101, 155, 193, 194, 198, 199, 202, 207,
213-216, 220, 222, 231, 346, 349, 352
身体的福祉＝幸福（physical welfare）
89, 192, 198, 199, 201, 202, 204-207,
210, 213, 214, 216, 217, 219, 222, 229,
230, 233, 345, 346
進歩主義教育 progressive education　　i,
ii, 13, 14, 16-19, 90, 113, 120, 170, 226,
363, 365, 366
―協会 Progressive Education
Association　　17, 19, 170
正義　　95, 96, 130, 252, 290, 358
星条旗　　276, 281, 282, 288
青年道路清掃団　　24
世界市民　　12, 349
セツルメント　　111, 113, 192, 193, 198,
200, 352
全国愛国教師　　285
全国コミュニティ・センター協会 National
Community Center Association
189, 236, 267, 251, 253, 255, 264, 266
全国産業教育振興協会 National Society of

事項・書名索引 393

the Promotion of Industrial
　　Education　　121
全国慈善矯正会議 National Conference of
　　Charities and Correction　　58
全国市民連盟 National Civic Federation
　　14, 15
全国リクリエーション協会 National
　　Recreation Association　　49, 167
全米教育協会 National Education
　　Association (NEA)　　255, 264, 273,
　　280
想像力　　26, 88, 89, 99-102, 129, 138, 140,
　　330, 344

た　行

第一次世界大戦　　11, 73, 74, 76, 94, 104,
　　108, 111, 114, 132, 138, 166, 169, 203,
　　227, 251, 324
退役軍人会　　286
大正新教育　　19
『大草原の小さな家』Little House on the
　　Prairie　　278
多からなる一　　8, 131
多元主義　　15, 106
多様性　　ii-v, 1, 2, 8-12, 14, 15, 28, 29, 77,
　　92, 94, 95, 102, 105-108, 113, 115, 131,
　　140, 141, 248, 266, 268, 269, 271, 281,
　　283, 289, 290-292, 299, 314, 316, 317,
　　327, 335-339, 343, 344, 347-351, 353,
　　355-357, 360
　―教育　　269, 271, 290
探究　　89, 102, 108, 298, 305, 334
地域奉仕社 Community Service, Inc.
　　44, 45, 47
忠誠心　　2, 10, 26, 28, 29, 34, 43, 51, 62,
　　64, 65, 67, 68, 70, 72-77, 92, 93, 98, 220,
　　226, 228, 231, 233, 252, 275, 292, 294,
　　305, 317-318, 326, 333, 334, 337, 338,
　　340, 342, 343, 346-350, 353
忠誠宣誓 oath of allegiance　　297, 306,

311, 312, 316-319, 325-327, 331-334,
　　337, 338, 356
駐屯兵地域奉仕社 War Camp
　　Community Service, Inc. (WCCS)
　　44-49
DEI (Diversity, Equity, Inclusive)　　iv
デューイ・スクール（シカゴ大学附属実験
　　学校）　　86, 120, 195, 204, 206, 220,
　　225-228, 231-233, 345, 346
ドイツ　　19, 40, 45, 92, 123, 159, 160, 252,
　　289, 326
同化　　iv, 70, 110-116, 269, 315, 336
闘争本能 fighting instinct　　65-67, 75, 76
道徳　　25, 26, 32, 43, 44, 47, 51, 54-56, 64,
　　67, 68, 75, 83, 86, 99, 133, 144, 183, 255,
　　261, 266, 340, 341, 360
　―教育　　10, 44, 82, 83, 197, 266, 363
都市計画 city planning　　23, 29, 145, 146,
　　150, 165, 167, 170, 224, 267, 342
都市美運動 City Beautiful Movement
　　23, 24

な　行

ナショナリズム nationalism　　11, 12, 15,
　　22, 93, 94, 102, 113, 115, 131, 236, 252,
　　256, 268, 314, 355
なすことを学ぶ　　14, 107, 227
南北戦争 the Civil War　　iv, 210, 21, 29,
　　56, 57, 269, 271, 273, 290, 296, 301, 346,
　　355
二重学校　　209, 213, 214, 346
ニューヨーク公園遊び場協会 The New
　　York Society for Parks and
　　Playgrounds　　153
ニューヨーク市　　2, 25, 27, 28, 34, 38, 40,
　　146, 150, 153-155, 159, 164, 173, 177,
　　187, 206, 208, 209, 212, 220, 221,
　　223-225, 228-232, 237, 248, 255, 256,
　　273, 281, 283, 292, 293, 299-301, 313,
　　316, 337, 343, 346, 347

―近郊地域計画　256
―子ども救済協会　274
『人間の教育』 Die Menschenerziehung
　62

は 行

ハルハウス　112, 113, 116
反基礎づけ主義　80, 83, 141
万国博覧会　35, 285
反復説 recapitulation theory　62, 158
批判的思考　105
婦人救済部隊 Women's Relief Corps
　(W.R.C.)　276
ブラウン判決　4
プラグマティズム　11
プラツーン・スクール　207, 213, 222
プロジェクト・メソッド　3, 292-294,
　297, 299, 313, 343
プロジェクト学習　2, 29, 292, 313, 316,
　317, 319, 326, 337, 338, 347
文化間教育　336
文化的多元主義　11
米国陸海軍人会 The Grand Army of the
　Republic (G.A.R.)　274
ボーイスカウト　166, 332, 338
ホール・チャイルド whole child　85, 89,
　101, 139, 343
ホーレスマン・スクール Horace Mann
　School (HMS)　207, 292-295, 300,
　305, 313, 322, 329, 331, 333, 335, 343,
　347, 353
ボストン家族福祉協会　34
本能 instinct　26, 62-65, 67-69, 75, 135,
　165, 340, 349

ま 行

マサチューセッツ緊急衛生協会
　Massachusetts Emergency and
　Hygiene Association (MEHA)
　147-149

マサチューセッツ公民連盟 Massachusetts
　Civic League (MCL)　33, 35-37,
　54-56, 339
民衆大学 People's Institute　246
民主主義　iii-v, 8, 15, 18, 27, 59, 74,
　76-78, 81, 92, 94, 98, 99, 102, 107, 115,
　121-123, 125, 128, 130, 136, 138, 139,
　169, 177-182, 198, 201, 205, 225, 238,
　240, 244, 245, 249, 252, 253, 255, 261,
　264, 265, 288, 335, 337, 341, 343, 344,
　350, 366
『民主主義と教育』 Democracy and
　Education　81, 99, 104, 107, 115,
　125, 126, 128, 130, 131, 138, 140, 229,
　356
民主的（な）市民　v, 26, 89, 91, 92, 101,
　104, 126, 130, 140, 228, 293, 343, 344,
　348, 355
民主的愛国主義　105

や 行

友愛訪問員 friendly visitors　60
優生学 eugenics　55
ユダヤ（人）　6, 35, 229, 230, 232, 326,
　346
よい市民 good citizen　i-iii, v, 1, 2, 4-7,
　10-16, 18, 20-30, 33, 48, 54, 58, 65, 68,
　69, 73, 75, 77-88, 90, 92, 94, 96-98,
　101-106, 108, 109, 111, 116, 124,
　130-141, 144, 177, 191, 194, 197, 199,
　201-207, 218, 219, 229, 230, 232, 233,
　276, 287, 292, 294, 316, 318, 333, 334,
　336-340, 342-346, 348-361, 366
―性 good citizenship　i, 4-7, 14, 43,
　44, 48, 49, 61, 70, 81, 91-93, 104,
　123-127, 130, 131, 133-137, 218-220,
　333, 354, 361
『よい社会』 The Good Society　105
よい政府クラブ Good Government Club
　153

事項・書名索引 395

よい道徳的人格　311-313
よい人間 good person　1, 4-7, 82, 88, 350-355, 357, 361
幼稚園令　32
予防的慈善 preventive philanthropy　55

ら 行

ライシウム運動 lyceum movement　56, 57
ラッセル・セイジ財団 Russell Sage Foundation　162, 185, 237, 242, 243, 250, 251, 255, 256, 258, 264
リーダーシップ　50, 91, 92, 98, 102, 334, 343, 350, 353
リクリエーション recreation　iii, 26-29, 42-51, 70, 71, 98, 125, 128, 139, 145, 154, 156, 157, 160, 163, 165-168, 172, 173, 181, 182, 185, 189, 190, 232, 233, 237, 238, 240-243, 246, 249, 251, 255, 256, 258, 265, 337, 340-342, 345, 349, 352
　——運動 recreation movement　ii, 33, 75, 76, 146, 164, 166, 167, 169, 189, 232, 251, 265, 266, 339, 340, 359
リベラリズム　14, 15
レイシズム racism　33
歴史科　98-101, 312
『レベッカの青春』 New Chronicles of Rebecca　277
労働・学習・遊びプラン work-study-play plan　151, 221, 223
労働者　14, 15, 23, 27, 50, 58, 59, 61, 69, 74, 85-87, 96, 104, 112, 122-125, 137, 140, 220, 226, 227, 231
ロチェスター Rochester　27, 41, 167, 169, 173-175, 177, 179-181, 185, 190, 236, 240, 245, 246, 252, 274, 286, 289, 341
ロチェスター・システム　252

わ 行

『若者の友』 The Youth's Companion　272, 280, 285, 290

人名索引

あ 行

アダムズ，ジェーン　38, 41, 113, 159, 160, 192

アップハム，J. B.　279

アルドリッジ，ジョージ・W.　179

アンドルーズ，E. B.　289

ウィギン，K. D.　277

ウィルソン，マーガレット　245, 248

ウィルソン，ウッドロウ　18, 45, 46, 181, 251, 285, 288, 290, 356

ウェストハイマー，ジョエル　2-4, 7, 79, 105, 106, 349, 357

ウエストブルック，ロバート・B.　225-227

ウェストン，O. E.　172

ウォード，エドワード・J.　27, 169, 174, 177-183, 185, 186, 189, 190, 201, 236-238, 240, 243-246, 248, 249, 251-253, 255, 257, 265, 266, 341

ウォルツァー，マイケル　360

エマソン，R. W.　17, 56

エンソア，ベアトリス　19

か 行

カーティス，ヘンリー・S.　38-41, 150, 159, 160, 162, 164-166, 182-185, 265, 266

ギューリック，ルーサー・H.　38-41, 155, 159, 160, 162, 164-166, 184, 231, 248, 340

キルパトリック，ウィアム・H.　3, 4, 17, 293, 330, 343

グインター，S. M.　276

グー，ジョンB.　56, 57

倉橋惣三　32

クーリー，チャールズ・A.　260

クレミン，ローレンス・A.　16-18

コリア，ジョン　246-249, 251, 253, 255, 256

コロンブス，クリストファー　279, 281, 282

さ 行

サイファース，クリストファー・J.　14, 15

ザクルシェフスカ，マリー　147

ジェイムズ，ウィリアム　34

ジャクソン，アンドリュー　6

ジャクソン，ヘンリー・E.　253-257

シャフラー，ロバート・H.　318, 320

スキナー，C. R.　283, 284

ステフェンス，リンカン　174

ストーバー，チャールズ・A.　153, 154

た 行

タイヤック，デイヴィッド　8, 336

タフト，W. H.　18, 178

デグルート，E. B.　157

デューイ，ジョン　i, ii, iv, v, 3, 4, 11, 12, 14, 15, 17, 26-29, 77-141, 171-173, 191-194, 197, 201, 205, 206, 208, 209, 215, 218-2232, 248, 292, 334, 335, 337-339, 343-353, 356, 357, 359-361, 366

ドール，チャールズ・F.　284

トクヴィル，アレクシス・ド　288

トルストイ　34

な　行

ナスト，トマス　272
ノディングズ，ネル　78, 96, 98, 105, 118, 360

は　行

パーカー，フランシス・W.　17
パーキンス，ドワイト・H.　23, 165
ハイアム，ジョン　114, 115
ハッチ，ロイ・W.　394, 396, 331
ハミルトン，アレクサンダー　15
バロウズ，アリス　221-224
ハンマー，リー・F.　243
ヒューイット，エイブラム・S.　153, 154
フォーブズ，ジョージ・M.　174, 177, 179-181
フレーベル，フリードリヒ　17, 62, 352
ペスタロッチ，ヨハン・ハインリヒ　17
ベラー，ロバート・N.　iv, 79, 80, 98, 105, 106
ベラミー，フランシス　279-281
ペリー，クラレンス・A.　v, 11, 12, 27-29, 170, 185, 186, 189, 190, 237, 238, 240-243, 245, 247, 249, 251, 255-266, 337, 339, 341-343, 349-353, 356-358
ホイ，スーエレン　24
ホール，G.スタンレー　40, 62, 159
ボーン，ランドルフ・S.　113, 225
ボルチ，ジョージ・T.　273, 274, 283-286

ま　行

マックスウェル，W. H.　24
マックファーランド，ヘンリー　38
松本悠子　23, 117
マンフォード，ルイス　263
南川文里　9

ら　行

ラヴィッチ，ダイアン　324
リー，ジョセフ　ii, v, 10-12, 15, 25-27, 29, 33-42, 44-52, 54-63, 65-77, 98, 103, 104, 108, 160, 164-166, 184, 185, 331, 337, 339-343, 349, 350, 352, 353, 356-358
リース，ジェイコブ　146, 154, 159, 160, 223
リッチ，デイヴィッド　2, 4, 6, 7, 97, 350, 357
リンド，ジェニー　56, 57
ルソー，J.-J.　17
レイン，フランクリン・L.　332
ロイス，ジョサイヤ　34, 72
ロウ，セス　153
ロス，ベッツィ　285
ローズヴェルト，セオドア　18, 38, 159, 160, 162

わ　行

ワイルダー，ローラ・インガルス　277
ワシントン，ジョージ　21, 269, 275, 285
ワート，ウィリアム・A.　28, 207, 216, 217, 226, 229, 346

The Making of "Good Citizens" in American Schools:
Fostering Patriotism and Ensuring Diversity during the Progressive Era

MIYAMOTO Kenichiro, SATO Takayuki

This book aims to elucidate the ideas and realities concerning the making of citizens in the United States of America (hereafter referred to as "America") during the Progressive Era, spanning from the late 19th century to the 1920s. As "the Republic of Ideals" founded on trans-historical and trans-ethnic principles, America has a tradition of ensuring diversity. Simultaneously, the country focused on inculcating patriotism to strengthen its sense of national unity. This book examines these contrasting positions and interpretations from the perspective of educational history and thought. The meaning of "good citizens" is explored through two opposing approaches: one by emphasizing patriotism and the other by attempting to ensure patriotism with diversity.

This book consists of three parts: Part One clarifies the meaning of "good citizens," Part Two investigates the possibilities of schools in making "good citizens," and Part Three shows the realities of education for patriotism.

Part One: What Are "Good Citizens"? : An Analysis of the Thoughts and Ideals

The first part examines the ideals and theories of "good citizens." During the Progressive Era, this question intertwined with the inquiry into what constitutes a "good person," and formed the foundation for subsequent discussions on citizenship education in America.

Chapter 1 focuses on Joseph Lee's work on philanthropy and recreation. He was the president of the Playground Association of America from 1910 to 1937, and promoted the practice of providing children, adolescents, and adults with opportunities for play and recreation. He asserted that play and recreation during leisure time boosts morality, citizenship, and loyalty toward the community.

Chapter 2 closely examines Lee's educational theories on the making of "good citizens." He believed that recreation could release human instincts and foster loyalty to family, school, and nation. For Lee, this would result in "good citizens" who embodied the "American spirit" and the "American way of life."

Chapter 3 delves into John Dewey's fundamental ideas on citizenship as presented in his 1897 work, "Ethical Principles Underlying Education." Dewey grounded citizenship in children's lived experiences, using this basis to discuss democratic citizenship fitting for the people of America. He envisioned citizens as capable of understanding and improving a dynamic, ever-changing society through science and imagination.

Chapter 4 traces Dewey's ongoing inquiry into "good citizenship" from the early 20th century to the mid-1920s. It highlights how he valued the diversity of moral goodness and continually redefined the meaning of "good citizenship" in response to changing times and needs. Dewey's exploration included considerations of community, immigration, women, labor, democracy, citizenship tests, and more.

Part Two: Schools and the Making of "Good Citizens": What Can We Expect from Schools?

The second part investigates how schools attempted to make "good citizens" and the outcomes of these efforts, focusing on the Social Center Movement. This represents a dual direction during the Progressive Era: using public schools as spearheads for social reform while simultaneously aligning schools with the existing social structure.

Chapter 5 shows the relationship between the Playground Movement and public schools, and examines the ways of making "good citizens" through the co-operation between schools and the society. Although the collaboration succeeded in some cities, Joseph Lee, the leader of the Playground Movement, changed the course of the movement to recreation for the youth and teaching patriotism outside public schools.

Chapter 6 explores the Social Center Movement initiated in Rochester, New York, which aimed to promote participatory democracy and citizenship using public school facilities. Leaders, such as Edward J. Ward and Clarence A. Perry, played key roles in theorizing and implementing this movement. However, their efforts gradually shifted to recreational activities, such as athletics, fork dancing, social clubs, etc., that were popular among wealthy citizens.

Chapter 7 focuses on "the School as Social Center" by examining John Dewey's pioneering contributions to this concept. Dewey's principles of schools as social centers emphasize physical and social welfare as foundations for happiness. In "the School as Social Center," the aim was to cultivate citizens who could freely and willingly engage in community service, following the discipline of the community, through physical activities such as sewing, spinning, cooking, and crafting.

Chapter 8 presents an analysis of the experimental introduction of the Gary Plan in New York City, which aimed to cultivate "alert and intelligent citizens," who were physically and mentally healthy and capable of contributing to their community, based on the educational principles of physical and social welfare, as outlined in Chapter 7. This chapter examines the practices and characteristics of such citizenship education while addressing its challenges.

Part Three: Education for Patriotism and Loyalty to Make "Good Citizens":
Community, Ceremonies, and Classroom Instruction

The third part examines whether education for patriotism contributed to making "good citizens."

Chapter 9 investigates the Community Center Movement led by Clarence A. Perry. While the Social Center Movement tried to make wider use of the school plant as the basis of making good citizens, the Community Center Movement sought to cultivate "American citizens" from national and international perspectives. The neighborhood unit of Perry's own making consisted of "good citizens" and included the school and playground at the center, but excluded people who were unfamiliar with "the American way of life." He emphasizes recreation and extends his efforts to urban planning, including schools. This movement represented an exclusivist theory of citizenship formation centered on the "American" ideals of goodness.

Chapter 10 traces the development and dissemination of flag-raising ceremonies in public schools. Following the Civil War, the national flag became a symbol of unity, and by the late 19th century, flag-raising ceremonies and the Pledge of Allegiance became commonplace in public schools across the United States. These practices exemplified patriotic education, but also served as grounds for excluding individuals who refused to pledge allegiance to the flag. This chapter sheds light on how the enforcement and widespread adoption of the flag-raising ceremony contributed to the denial of diversity among citizens.

Chapter 11 focuses on the Naturalization Project, a classroom initiative implemented as a form of project-based learning in progressive schools in New York City. This project involved students investigating how to support an Italian immigrant's naturalization process. It aimed to encourage students to understand and fulfill the responsibilities of allegiance while incorporating experiential learning within the Manhattan community where the school was located. Through this, students gained knowledge about the laws and procedures surrounding naturalization. This chapter highlights how this project attempted to harmonize patriotic education with the promotion of diversity.

Chapter 12 focuses on lessons addressing the responsibilities associated with loyalty, which was the ultimate goal of the Naturalization Project. These lessons included inquiry-based learning activities, such as studying poems written by former immigrants, researching their own ancestors or notable immigrants, and debating the merits of the 1924 Immigration Act, which limited immigration numbers. The concept of loyalty observed in these lessons emphasized the attitudes and actions of all students, regardless of whether they were immigrants, in contributing to the maintenance and development of the United States. While incorporating elements such as the flag-raising ceremony and the Oath of Allegiance, the project fundamentally represented a citizen formation initiative that challenged these traditional practices. This chapter also highlights the issues within the project that arose due to the influence of Americanization.

The final chapter synthesizes the analysis of Lee, Perry, and Dewey's views on "good citizenship" during the Progressive Era. Although their efforts revealed many discrepancies between fostering patriotism and ensuring diversity simultaneously, they all recognized the importance and necessity of making good citizens in the early 20th century as America became a dominant power in the world. Their experiments suggest how to create good citizens, and what schools can do for this in contemporary education.

Keywords: Good citizen, citizenship education, patriotic education, diversity, Joseph Lee, Clarence A. Perry, John Dewey

著者略歴

宮本　健市郎（みやもと　けんいちろう）

1956 年生まれ。1986 年東京大学大学院教育学研究科博士課程単位取得退学。
京都大学博士（教育学）。1990 年兵庫教育大学学校教育学部講師。1993 年同
助教授。2005 年神戸女子大学文学部教授。2009 年関西学院大学教育学部教授。
専門は教育学，教育史，教育方法史，とくにアメリカ教育史。
主な著書に『アメリカ進歩主義教授理論の形成過程：教育における個性尊重は
何を意味してきたか』（東信堂），『空間と時間の教育史：アメリカの学校建築
と授業時間割からみる』（東信堂）など。

佐藤　隆之（さとう　たかゆき）

1966 年生まれ。1998 年早稲田大学大学院教育学研究科博士後期課程単位取
得退学。博士（教育学）早稲田大学。2000 年玉川大学教育学部講師，2005
年同准教授。2008 年早稲田大学教育・総合科学学術院准教授。2011 年同教授。
専門は教育思想（アメリカ）。
主な著書に『キルパトリック教育思想の研究：アメリカにおけるプロジェク
ト・メソッド論の形成と展開』（風間書房），『市民を育てる学校：アメリカ進
歩主義教育の実験』（勁草書房）など。

早稲田大学学術叢書 61

「よい市民」形成とアメリカの学校
革新主義期における愛国心の教育と多様性の保障

2025 年 3 月 31 日　　初版第 1 刷発行

著　者……………宮本　健市郎・佐藤　隆之
発行者……………須賀　晃一
発行所……………株式会社　早稲田大学出版部
　　　　　　　　〒 169-0051　東京都新宿区西早稲田 1-9-12
　　　　　　　　TEL03-3203-1551　　https://www.waseda-up.co.jp
装　丁……………笠井亞子
印刷・製本…………中央精版印刷株式会社

©Kenichiro Miyamoto, Takayuki Sato 2025 Printed in Japan　　ISBN978-4-657-25701-7
無断転載を禁じます。落丁・乱丁本はお取替えいたします。

刊行のことば

　1913（大正2）年、早稲田大学創立30周年記念祝典において、大隈重信は早稲田大学教旨を宣言し、そのなかで、「早稲田大学は学問の独立を本旨と為すを以て　之が自由討究を主とし　常に独創の研鑽に力め以て　世界の学問に裨補せん事を期す」と謳っています。

　古代ギリシアにおいて、自然や社会に対する人間の働きかけを「実践（プラクシス）」と称し、抽象的な思弁としての「理論（テオリア）」と対比させていました。本学の気鋭の研究者が創造する新しい研究成果については、「よい実践（エウプラクシス）」につながり、世界の学問に貢献するものであってほしいと願わずにはいられません。

　出版とは、人間の叡智と情操の結実を世界に広め、また後世に残す事業であります。大学は、研究活動とその教授を通して社会に寄与することを使命としてきました。したがって、大学の行う出版事業とは大学の存在意義の表出であるといっても過言ではありません。これまでの「早稲田大学モノグラフ」「早稲田大学学術叢書」の2種類の学術研究書シリーズを「早稲田大学エウプラクシス叢書」「早稲田大学学術叢書」の2種類として再編成し、研究の成果を広く世に問うことを期しています。

　このうち、「早稲田大学学術叢書」は、アカデミック・ステイタスの維持・向上のための良質な学術研究書として刊行するものです。近年の学問の進歩はその速度を速め、専門性の深化に意義があることは言うまでもありませんが、一方で、複数の学問領域の研究成果や手法が横断的にかつ有機的に手を組んだときに、時代を画するような研究成果が出現することもあります。本叢書は、個人の研究成果のみならず、学問領域を異にする研究者による共同研究の成果を社会に還元する研究書でもあります。

　創立150周年に向け、世界的水準の研究・教育環境を整え、独創的研究の創出を推進している本学において、こうした研鑽の結果が学問の発展につながるとすれば、これにすぐる幸いはありません。

2016年11月

早稲田大学